EXCEL
GANZ LEICHT

Franz Böhm

EXCEL GANZ LEICHT

impian

Genehmigte Lizenzausgabe für Impian GmbH, Leverkusen, 2025

Lektorat: Janina Bahlmann, Nicole Winkel
Sprachkorrektorat: Petra Heubach-Erdmann
Umschlaggestaltung: Nele Schütz Design
unter Verwendung von Shutterstock
Druck und Bindung: CPI books GmbH, Leck
Printed in Germany

ISBN 978-3-96269-193-6

Inhaltsverzeichnis

Einleitung

Geht nicht – gibt's nicht!

Sie haben mit Microsoft Office oder dem kostenlosen LibreOffice ein Programm installiert, mit dem Sie alle Ihre Office-Aufgaben effektiv lösen können. Wenn es dabei um die Verarbeitung von Zahlen geht, steht Ihnen die Tabellenkalkulation Excel beziehungsweise Calc des jeweiligen Programms zur Seite, mit der Sie alle Berechnungen und Kalkulationen »problemlos« durchführen können.

Leider hat Microsoft Excel – wie auch sein freies Pendant LibreOffice Calc – einen kleinen Haken. Das »problemlose« Berechnen gilt nur für all diejenigen, die sich in der Materie auskennen. Zwar bieten Ihnen die Programme jede Menge Funktionen an, aber wie Sie diese Funktionen anwenden, kombinieren und effektiv einsetzen, wird Ihnen nur widerstrebend verraten. Und genau hier möchte ich Ihnen mit meinem Buch helfend zur Seite stehen und die Angst vor Formeln und Funktionen nehmen.

In diesem Buch geht es gleich ab dem ersten Kapitel richtig zur Sache. Auf allgemeine Programmbeschreibungen wurde bewusst weitgehend verzichtet; diese finden Sie ausführlich in den Hilfedateien der Programme und den dazu bereits erschienenen Büchern. Dafür erhalten Sie hier jede Menge Tipps, Know-how und praktische Beispiele, die Sie wirklich verwenden können, sowie gezielte Lösungsvorschläge für konkrete Aufgabenstellungen.

Sie können die angebotenen Lösungen direkt verwenden, sie aufgrund der knappen, aber aufschlussreichen Erklärungen leicht an Ihre Bedürfnisse anpassen oder sie als Anregung für eigene Formeln und Lösungen zugrunde legen. Zum Abschluss jedes Tipps finden Sie eine Liste aller dabei verwendeten Funktionen mit Funktionssyntax.

Dabei werden Sie sehr schnell bemerken, dass es meistens mehr als eine Lösungsmöglichkeit gibt und eine Funktion selten allein verwendet wird. Sie werden überwiegend mit verschachtelten Funktionen arbeiten, Lösungen herbeiführen und so Ihr Verständnis für das Arbeiten mit einer Tabellenkalkulation und den zugehörigen Funktionen mühelos erweitern und vertiefen.

Sie brauchen die angebotenen Beispiele nicht einmal abzuschreiben. Sie erhalten sie – und noch viele weitere Alternativlösungen und Anregungen – als sofort einsetzbare Formeln sowohl im Format `*.xlsx` für Excel als auch im Format `*.ods` für Calc zum Download.

Um die Formeln herunterzuladen, geben Sie den unten stehenden Code unter

```
https://mitp.code-load.de/
```

in das Textfeld ein und klicken auf EINLÖSEN.

```
cb84dfx217
```

Einer effizienten Arbeit steht also nichts mehr im Wege und in Zukunft gilt auch für Sie der anfangs erwähnte Grundsatz:

»Geht nicht – gibt's nicht!«

Viel Erfolg bei der Arbeit wünscht Ihnen

Franz Böhm

Kapitel 1

Datum und Uhrzeit

1.1 Zeitberechnungen

1.1.1 Eine aktualisierbare Uhrzeit einfügen

Problem

In einem Formular soll die aktuelle Zeit angezeigt werden. Die Zeit soll sich beim Öffnen der Datei oder beim Drücken der Taste [F9] automatisch aktualisieren.

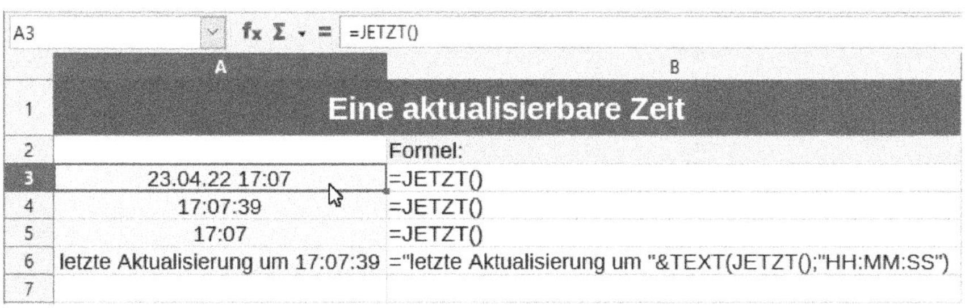

Lösung

Schreiben Sie die Funktion = `JETZT()` in die Zelle, in der die aktuelle Uhrzeit angezeigt werden soll.

Hintergrund

Die Formel wird bei jeder Neuberechnung der Arbeitsmappe aktualisiert.

Wählen Sie zusätzlich START|FORMAT|ZELLEN, Registerkarte ZAHLEN, Kategorie UHRZEIT und dann das gewünschte Zeitformat.

Diese Funktion kann auch in Text eingebettet werden, wie die Formel in folgendem Beispiel zeigt:

```
="letzte Aktualisierung um "&TEXT(JETZT();"HH:MM:SS")
```

Verwendete Funktionen

`JETZT()`
`TEXT(Wert;Format)`

1.1.2 Zahlen in Minuten umwandeln

Problem

Sie möchten Minutenangaben, die als reine Zahlenwerte eingegeben wurden, in einen Zeitwert mit Stunden und Minuten umwandeln. In der Zelle A3 steht beispielsweise der Wert 175 für eine geleistete Arbeitszeit von 175 Minuten. Dieser Wert soll zu einem echten Zeitwert umgerechnet werden, sodass in der Zelle C3 die Uhrzeit »02:55:00« steht.

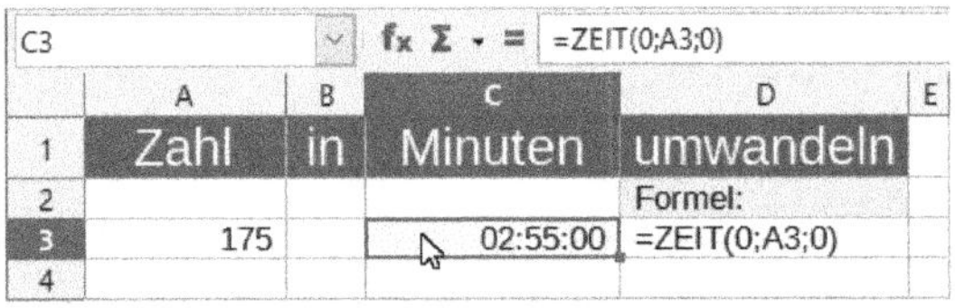

Lösung

Wenn nur Zahlenwerte für die Minuten (und eventuell auch für Stunden und Sekunden) in der Zelle stehen, können Sie diese direkt mit der Tabellenfunktion `ZEIT()` in einen »echten« Zeitwert umrechnen. Dazu schreiben Sie in die Zelle C3 die Formel:

```
=ZEIT(0;A3;0)
```

Als Ergebnis erhalten Sie die Zahl: »0,121527777777778«, formatiert mit dem Zahlenformat `HH:MM:SS` die Zeit »02:55:00«. Sie können aber auch jedes andere verfügbare Zeitformat verwenden.

Hintergrund

Die Funktion `ZEIT()` erwartet drei Parametereingaben: Stunden, Minuten und Sekunden. Fehlt Ihnen eine Angabe, setzen Sie den entsprechenden Parameter einfach auf `0`.

Verwendete Funktionen

`ZEIT(Stunde;Minute;Sekunde)`

1.1.3 Wie errechnen Sie aus Minuten die Stunden und Minuten als Dezimalzahl?

Problem

Die geleistete Arbeitszeit wird nur in Minuten angezeigt. Sie möchten aus dieser Zahl die Stunden und die Minuten als Dezimalzahl berechnen.

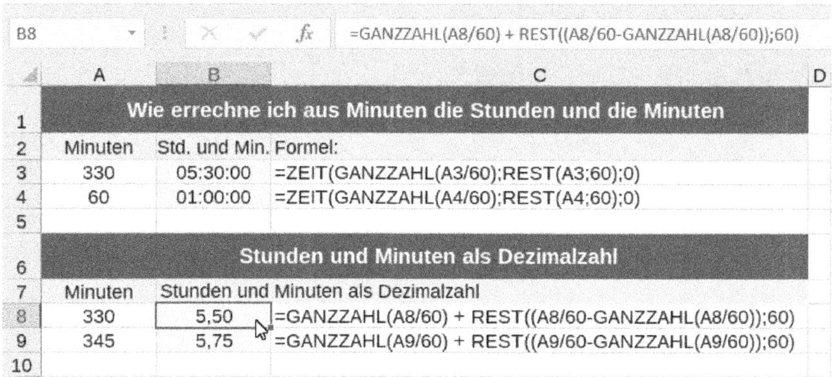
B8 =GANZZAHL(A8/60) + REST((A8/60-GANZZAHL(A8/60));60)

	A	B	C	D
1	Wie errechne ich aus Minuten die Stunden und die Minuten			
2	Minuten	Std. und Min.	Formel:	
3	330	05:30:00	=ZEIT(GANZZAHL(A3/60);REST(A3;60);0)	
4	60	01:00:00	=ZEIT(GANZZAHL(A4/60);REST(A4;60);0)	
5				
6	Stunden und Minuten als Dezimalzahl			
7	Minuten	Stunden und Minuten als Dezimalzahl		
8	330	5,50	=GANZZAHL(A8/60) + REST((A8/60-GANZZAHL(A8/60));60)	
9	345	5,75	=GANZZAHL(A9/60) + REST((A9/60-GANZZAHL(A9/60));60)	
10				

Lösung

In der Zelle A3 steht die Arbeitszeit in Minuten: »330«.
In die Zelle B3 schreiben Sie die Formel:

```
=ZEIT(GANZZAHL(A3/60);REST(A3;60);0)
```

Als Ergebnis erhalten Sie die Dauer: »05:30«.

Soll dieses Ergebnis als Dezimalzahl ausgegeben werden, mit der Sie auch weiterrechnen können, verwenden Sie die Formel:

```
=GANZZAHL(A8/60) + REST((A8/60-GANZZAHL(A8/60));60)
```

Die Formel geht davon aus, dass die umzurechnenden Minuten in der Zelle A8 stehen. Als Ergebnis erhalten Sie »5,50« (Stunden), was auch zu weiteren Berechnungen verwendet werden kann.

Hintergrund

Diese Formel errechnet zuerst mithilfe der Funktion `GANZZAHL()` die Stunden aus den übergebenen Minuten und addiert anschließend mithilfe der Funktion `REST()` die verbleibenden Minuten als Dezimalzahl.

Verwendete Funktionen

`GANZZAHL()`
`REST()`
`ZEIT()`

1.1.4 Uhrzeiten runden

Problem

Wie können Sie eine Uhrzeit im Format `HH:MM:SS` auf ganze Minuten runden?

B3 =RUNDEN(A3*1440;0)/1440

	A	B	C
1	Uhrzeiten runden		
2	**Uhrzeit:**	**auf Min. gerundet:**	**Formel:**
3	07:15:25	07:15	=RUNDEN(A3*1440;0)/1440
4	07:15:31	07:16	
5	07:35:45	07:36	
6			
7		**auf Std. gerundet**	
8	07:30:00	08:00	=RUNDEN(A8*24;0)/24
9	07:29:15	07:00	
10			
11		**auf 5 Min. gerundet**	
12	07:32:00	07:30	=RUNDEN(A12*24/(1/12);0)*(1/12)/24
13	07:36:00	07:35	
14			
15		**auf 10 Min. gerundet**	
16	07:32:00	07:30	=RUNDEN(A12*24/(1/6);0)*(1/6)/24
17	07:36:00	07:40	
18			
19		**auf 15 Min. gerundet**	
20	07:32:00	07:30	=RUNDEN(A20*24/(1/4);0)*(1/4)/24
21	07:38:00	07:45	
22			
23	**Dezimalwerte in Stundenangaben umrechnen**		
24	**Uhrzeit:**		
25	6,36	06:21:36	=A25/24
26			
27		**auf Min. gerundet:**	
28	6,36	06:22:00	=RUNDEN(A28*60;0)/1440
29			

Lösung

In der Zelle A3 steht die Uhrzeit, beispielsweise »07:15:25«.
In die Zelle B3 schreiben Sie die Formel:

```
=RUNDEN(A3*1440;0)/1440
```

Hintergrund

Zuerst wird die Uhrzeit in Tagesminuten umgerechnet (24 Stunden mal 60 Minuten = 1440 Minuten). Nach der Rundung erfolgt eine Division durch die Zahl 1440, um den Zeitwert wieder in Stunden und Minuten umzuwandeln. Soll die Uhrzeit auf ganze Stunden gerundet werden, brauchen Sie die Formel nur abzuwandeln in:

```
=RUNDEN(A3*24;0)/24
```

Verwendete Funktion

```
RUNDEN(Zahl[;Stellen])
```

1.1.5 Mit Uhrzeiten rechnen (Stundenlohn – Tageslohn – Durchschnittsgeschwindigkeit)

Problem

Wie können Sie den Stundenlohn aus dem bezahlten Lohn sowie den geleisteten Arbeitsstunden errechnen?

E9 fx =(B9-A9)*24*D9

	A	B	C	D	E	F	G	H	I
1	Mit Uhrzeiten rechnen (Stundenlohn-Tageslohn-Durchschnittsgeschwindigkeit)								
3	Stundenlohn berechnen					Durchschnittsgeschwindigkeit			
4	Arbeitslohn:	Arbeitszeit:	Stundenlohn:			Kilometer:	Fahrzeit:	Durchschnittsgeschwindigkeit:	
5	560,00 €	08:15	67,88 €	=A5/(B5*24)		530 km	04:15:20	124,54 km/h	=F5/(G5*24)
6									
7	Tageslohn berechnen								
8	Arbeitsbeginn	Arbeitsende	Arbeitszeit:	Stundenlohn		Tageslohn	Formel:		
9	06:15:00	15:30:00	09:15:00	10,00 €		92,50 €	=(B9-A9)*24*D9		
10									

Lösung

Schreiben Sie in die Zelle A5 den erhaltenen Lohn: `560,00 €`.
In die Zelle B5 tragen Sie die Stundenzahl ein: `8:15`.
In die Ergebniszelle C5 schreiben Sie folgende Formel:

```
=A5/(B5*24)
```

Als Ergebnis erhalten Sie: »67,88 €«.

Hintergrund

Um ein richtiges Ergebnis zu erhalten, müssen Sie die Dezimalzahl, die hinter der Stundenzahl steht, erst durch die Multiplikation mit 24 auf eine 24-Stunden-Basis bringen. Mit der so gewonnenen Dezimalzahl kann nun der Stundenlohn errechnet werden. Steht in A1 »12:00« Uhr und in A2 »18:00« Uhr, so können Sie mit der Formel `=A2-A1` die Zeitdifferenz bestimmen. Sie erhalten als Ergebnis »06:00«.

Intern rechnen Calc und Excel grundsätzlich ohne Zahlenformate, also mit Dezimalwerten. Dabei gibt es für jede Uhrzeit zwischen 0:00 Uhr und 24:00 Uhr einen Dezimalwert zwischen 0 und 1. Im obigen Beispiel rechnet das Programm dabei ganz einfach: `0,75 - 0,5 = 0,25`. Dieses Ergebnis entspricht der formatierten Zeit: »06:00 Uhr«.

Auf der Basis von Dezimalzahlen lässt sich jede beliebige Uhrzeit bis auf die Sekunde genau abbilden. Soll umgekehrt eine Dezimalzahl in eine Uhrzeit verwandelt werden, teilen Sie einfach die Dezimalzahl durch 24. Zum Beispiel liefert die Division von `=7,5/24` das Ergebnis »07:30« (mit dem Zahlenformat `HH:SS` formatiert).

> **Tipp**
>
> In gleicher Weise können Sie die Kilometerzahl durch eine Zeitangabe teilen, sodass als Ergebnis die Durchschnittsgeschwindigkeit errechnet wird. Die Anzahl der Kilometer geteilt durch die so ermittelte Dezimalzahl der Zeit ergibt die Durchschnittsgeschwindigkeit. Das Ergebnis wird mit dem benutzerdefinierten Zahlenformat `0,00" km/h"` angezeigt.

1.1.6 Positive und negative Zeitdifferenzen darstellen

Problem

Bei einem Trainingslauf war als voraussichtliche Ankunftszeit 15:00 Uhr vorgegeben. Die tatsächliche Ankunftszeit wurde erfasst und soll in Calc oder Excel ausgewertet und dargestellt werden. Wie können Sie die Zeitdifferenzen ausweisen?

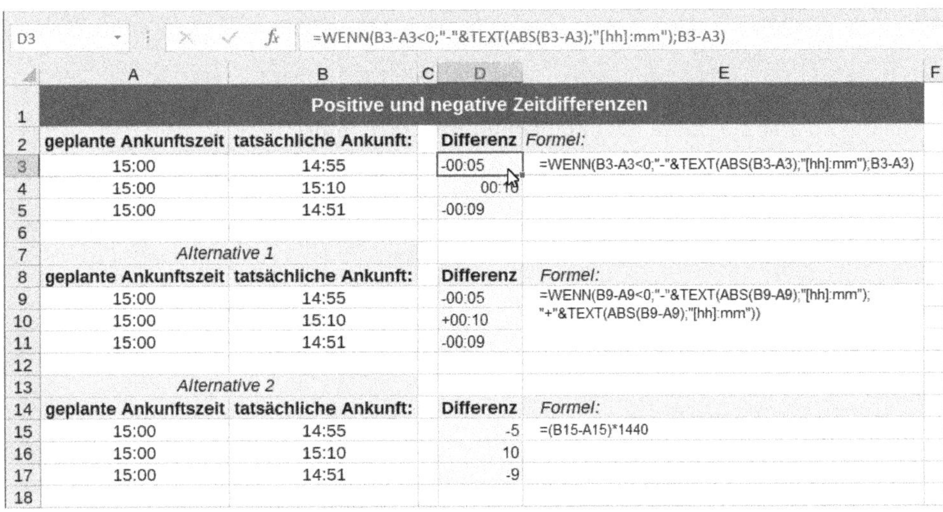
D3 =WENN(B3-A3<0;"-"&TEXT(ABS(B3-A3);"[hh]:mm");B3-A3)

	A	B	C	D	E
1	Positive und negative Zeitdifferenzen				
2	geplante Ankunftszeit	tatsächliche Ankunft:		Differenz	*Formel:*
3	15:00	14:55		-00:05	=WENN(B3-A3<0;"-"&TEXT(ABS(B3-A3);"[hh]:mm");B3-A3)
4	15:00	15:10		00:10	
5	15:00	14:51		-00:09	
6					
7	*Alternative 1*				
8	geplante Ankunftszeit	tatsächliche Ankunft:		Differenz	*Formel:*
9	15:00	14:55		-00:05	=WENN(B9-A9<0;"-"&TEXT(ABS(B9-A9);"[hh]:mm");
10	15:00	15:10		+00:10	"+"&TEXT(ABS(B9-A9);"[hh]:mm"))
11	15:00	14:51		-00:09	
12					
13	*Alternative 2*				
14	geplante Ankunftszeit	tatsächliche Ankunft:		Differenz	*Formel:*
15	15:00	14:55		-5	=(B15-A15)*1440
16	15:00	15:10		10	
17	15:00	14:51		-9	
18					

Lösung

In der Spalte A sind ab Zeile 3 die geplanten Ankunftszeiten eingetragen.
In der Spalte B erfassen Sie ab Zeile 3 die tatsächliche Ankunftszeit.
In die Zelle D3 geben Sie folgende Formel ein:

```
=WENN(B3-A3<0;"-"&TEXT(ABS(B3-A3);"[hh]:mm");B3-A3)
```

Als Ergebnis erhalten Sie die Zeitdifferenz als Textwert; hier: »-00:05«.

Alternative: Geben Sie in eine Zelle folgende Formel ein:

```
=(B15-A15)*1440
```

Als Ergebnis erhalten Sie die Zeitdifferenz als serielle Zahl; hier: »-5«. Kopieren Sie die Formeln in die übrigen Ergebniszellen.

Hintergrund

Im ersten Fall werden die positiven Zeitergebnisse als Zeitwerte und die negativen Zeitwerte als Textwerte ausgegeben (vgl. Ausrichtung der Textwerte und der Zahlenwerte!).

Als Ergebnis der Alternative erhalten Sie die Zeitergebnisse als rechenbare Minutenwerte (1 Tag = 24 Stunden * 60 Minuten = 1440 Minuten). Diese Darstellung eignet sich besonders, wenn Sie mit den ausgewiesenen Ergebnissen weiterrechnen müssen.

Verwendete Funktionen

```
ABS(Zahl)
TEXT(Zahl;Format)
WENN(Prüfung;DannWert;SonstWert)
```

1.1.7 Berechnung der Arbeitszeit mit Pausenzeit nach sechs Stunden

Problem

Bei der Berechnung der Arbeitszeiten wird eine Pause von 15 Minuten angerechnet, wenn die Arbeitszeit mehr als 6 Stunden beträgt. Wie errechnen Sie die tatsächlich geleistete Arbeitszeit?

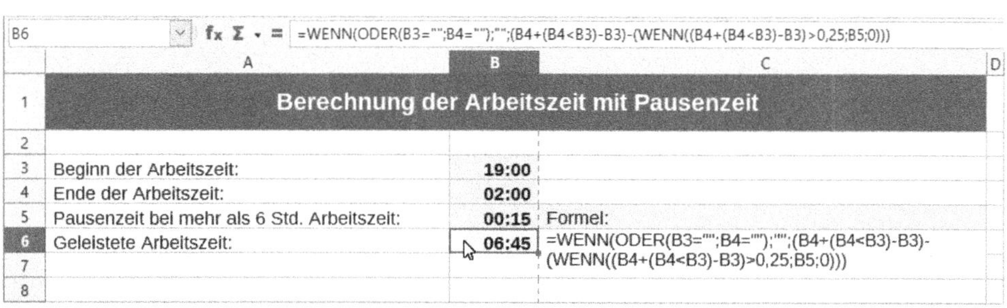

Lösung

Schreiben Sie in die Zelle B3 den Beginn der Arbeitszeit 19:00, in die Zelle B4 das Ende der Arbeitszeit 02:00 und in die Zelle B5 die anzurechnende Pause 0:15 (wenn die Arbeitszeit länger als 6 Stunden ist).
Die anzurechnende Arbeitszeit erhalten Sie in die Zelle C6 mit folgender Formel:

```
=WENN(ODER(B3="";B4="");"";(B4+(B4<B3)-B3)-(WENN((B4+(B4<B3)-B3)>0,25;B5;0)))
```

Als Ergebnis erhalten Sie 06:45 Stunden.

Hintergrund

Im ersten Teil der Formel wird durch eine `WENN()`-Funktion eine Fehlermeldung unterdrückt, falls keine Arbeitszeiten eingetragen wurden (`ODER(B3="";B4="");""`), sowie die eigentliche Arbeitszeit berechnet (`=B4+(B4<B3)-B3`). Die Formel berücksichtigt dabei auch einen eventuellen Tageswechsel der Uhrzeiten (`B4<B3`). Von der berechneten Stundenzahl wird anschließend die Pausenzeit abgezogen, falls die gesamte Arbeitszeit mehr als 6 Stunden (`>0,25`) ist.

Verwendete Funktionen

`ODER(Wahrheitswert1[;Wahrheitswert2[;...[;Wahrheitswert 255]]])`
`WENN(Prüfung;Dann_Wert; [Sonst_Wert])`

1.1.8 In Industrieeinheiten (60 min = 100 Einheiten) erfasste Arbeitszeit in Stunden und Minuten umwandeln

Problem

Wie können Sie die auf Ihrem Arbeitsblatt in 100er-Industrie-Zeiteinheiten ausgewiesene Arbeitszeit in Stunden und Minuten umrechnen?

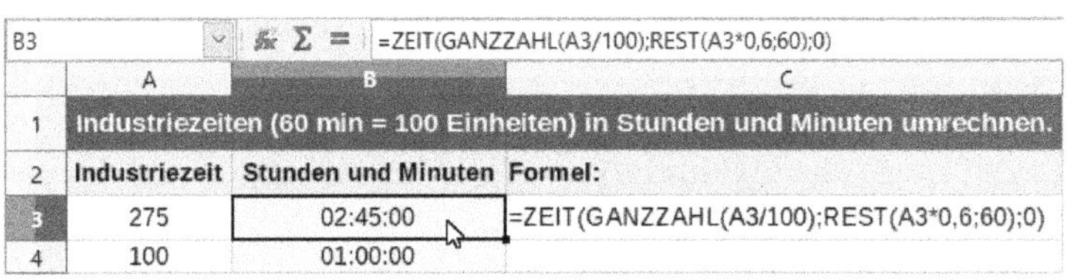

B3 =ZEIT(GANZZAHL(A3/100);REST(A3*0,6;60);0)

	A	B	C
1	Industriezeiten (60 min = 100 Einheiten) in Stunden und Minuten umrechnen.		
2	Industriezeit	Stunden und Minuten	Formel:
3	275	02:45:00	=ZEIT(GANZZAHL(A3/100);REST(A3*0,6;60);0)
4	100	01:00:00	

Lösung

In die Zelle A3 schreiben Sie die ausgewiesene Zeiteinheit, z.B. `275`.
In die Zelle B3 schreiben Sie die Formel:

```
=ZEIT(GANZZAHL(A3/100);REST(A3*0,6;60);0)
```

Als Ergebnis erhalten Sie die Zeitangabe: »02:45:00«; (2 Stunden, 45 Minuten)

Hintergrund

Die Formel errechnet zuerst mithilfe der Funktion `GANZZAHL()` die Stunden, die sich aus dem in Dezimalzahl übergebenen Wert ergeben, und anschließend mithilfe der Funktion `REST()` die verbleibenden Minuten. Die so gewonnenen Daten werden zum Schluss mithilfe der Funktion `ZEIT()` in den aktuellen Zeitwert umgewandelt.

Verwendete Funktionen

`GANZZAHL(Zahl)`
`REST(Divident;Divisor)`
`ZEIT(Stunde;Minute;Sekunde)`

1.2 Tagesberechnungen

1.2.1 Gestern – Heute – Morgen

Problem

In einer Zelle eines Formulars soll immer der aktuelle Tag angezeigt werden.

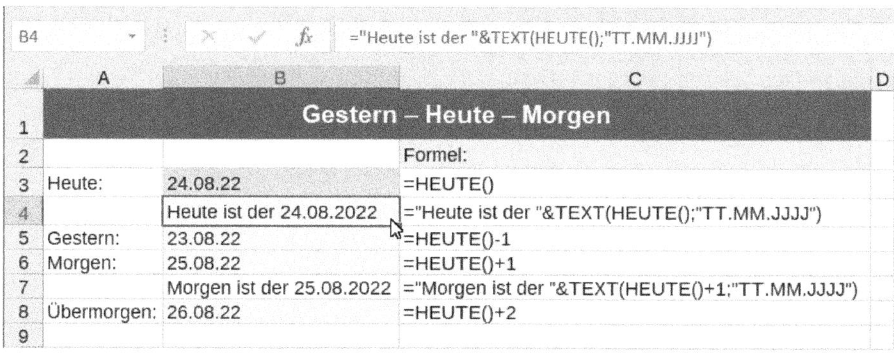
B4 ="Heute ist der "&TEXT(HEUTE();"TT.MM.JJJJ")

	A	B	C	D
1	Gestern – Heute – Morgen			
2			Formel:	
3	Heute:	24.08.22	=HEUTE()	
4		Heute ist der 24.08.2022	="Heute ist der "&TEXT(HEUTE();"TT.MM.JJJJ")	
5	Gestern:	23.08.22	=HEUTE()-1	
6	Morgen:	25.08.22	=HEUTE()+1	
7		Morgen ist der 25.08.2022	="Morgen ist der "&TEXT(HEUTE()+1;"TT.MM.JJJJ")	
8	Übermorgen:	26.08.22	=HEUTE()+2	
9				

Lösung

Schreiben Sie die Formel

```
=HEUTE()
```

in die Zelle, die das aktuelle Datum anzeigen soll.

Hintergrund

Die Funktion `HEUTE()` liefert das aktuelle Datum. Die Funktion wird bei jeder Änderung der Tabelle neu berechnet. Diese Funktion hat keine Parameter.

Eingebettet in die Funktion `TEXT()` kann das Datum auch formatiert und mit Text versehen werden. Das Ergebnis »Heute ist der 06.04.2022« erhalten Sie beispielsweise mit der Formel:

```
="Heute ist der "&TEXT(HEUTE();"TT.MM.JJJJ")
```

Natürlich können Sie sich auch den gestrigen Tag anzeigen lassen. Die Formel lautet in diesem Falle: = `HEUTE()-1`, für den morgigen Tag rechnen Sie einfach einen Tag hinzu = `HEUTE()+1`.

Verwendete Funktionen

```
TEXT(Wert;Format)
HEUTE()
```

1.2.2 Welches Datum hat der nächste Freitag?

Problem

Die bestellten Waren werden immer an einem bestimmten Tag, hier am nächsten Freitag abgeholt. An welchem Datum erfolgt die nächste Abholung?

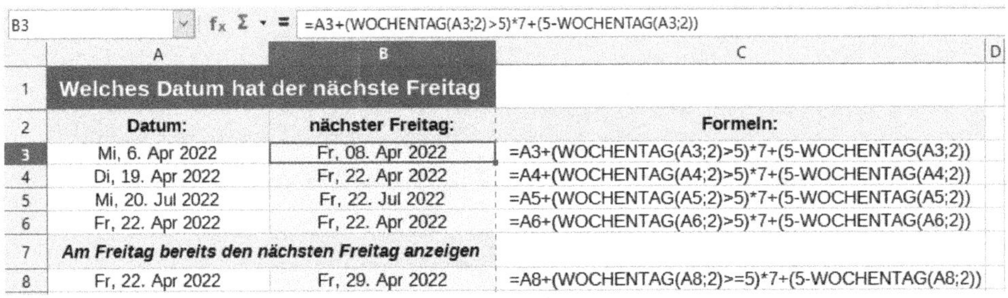

B3 | =A3+(WOCHENTAG(A3;2)>5)*7+(5-WOCHENTAG(A3;2))

	A	B	C	D
1	Welches Datum hat der nächste Freitag			
2	Datum:	nächster Freitag:	Formeln:	
3	Mi, 6. Apr 2022	Fr, 08. Apr 2022	=A3+(WOCHENTAG(A3;2)>5)*7+(5-WOCHENTAG(A3;2))	
4	Di, 19. Apr 2022	Fr, 22. Apr 2022	=A4+(WOCHENTAG(A4;2)>5)*7+(5-WOCHENTAG(A4;2))	
5	Mi, 20. Jul 2022	Fr, 22. Jul 2022	=A5+(WOCHENTAG(A5;2)>5)*7+(5-WOCHENTAG(A5;2))	
6	Fr, 22. Apr 2022	Fr, 22. Apr 2022	=A6+(WOCHENTAG(A6;2)>5)*7+(5-WOCHENTAG(A6;2))	
7	*Am Freitag bereits den nächsten Freitag anzeigen*			
8	Fr, 22. Apr 2022	Fr, 29. Apr 2022	=A8+(WOCHENTAG(A8;2)>=5)*7+(5-WOCHENTAG(A8;2))	

Lösung

Schreiben Sie in die Zelle A3 das aktuelle Datum: `06.04.2022` (= Mittwoch). In die Zelle B3 schreiben Sie folgende Formel:

```
=A3+(WOCHENTAG(A3;2)>5)*7+(5-WOCHENTAG(A3;2))
```

Als Ergebnis erhalten Sie: »08.04.2022«.

Hintergrund

Zum Einsatz kommt die Funktion `WOCHENTAG()`.

Das Argument `Zahl` ergibt eine ganze Zahl von 1 bis 7. Wird das Argument `Art` nicht angegeben, hat der Sonntag den Wert 1, hat das Argument `Art` den Wert 2 oder 11, erhält den Wert 1 der Montag.

Ausgehend vom Datum in Zelle A3 prüft die Formel im ersten Teil, ob der Freitag der laufenden Woche bereits verstrichen ist. Je nach zurückgeliefertem Wahrheitswert `Wochentag()>5` liefert die Funktion den Wert 0 (=`FALSCH`), wenn der Freitag noch bevorsteht, oder 1 (=`WAHR`), wenn der Freitag bereits verstrichen ist. Ist der Freitag bereits verstrichen, wird zur Wochentagszahl der Wert `1*7` (= 7 Tage oder 1 Woche) hinzugerechnet und somit der entsprechende Wochentag der nächsten Woche als Ausgangswert zugrunde gelegt.

Der zweite Teil der Formel berechnet die fehlenden Tage bis zum nächsten Freitag. Ergab die Wahrheitsprüfung im ersten Teil der Formel den Wert `WAHR`, ergibt sich hier eine negative Zahl, sodass als Ergebnis wieder der nächste Freitag erscheint. Im Ergebnis werden zum 06.04.2022 zwei Tage hinzugerechnet; das entsprechende Datum ist Freitag, der 08.04.2022. Soll am Freitag bereits der nächste Freitag angezeigt werden, so wandeln Sie die Formel wie folgt ab:

```
=A3+(WOCHENTAG(A3;2)>=5)*7+(5-WOCHENTAG(A3;2))
```

Verwendete Funktionen

`WENN(Prüfung[;[DannWert][;[SonstWert]]])`
`WOCHENTAG(Zahl[;Art])`

1.2.3 Welches Datum hat der nächste »Freitag, der 13.«?

Problem

Alle Terminvereinbarungen, die auf einen »Freitag, den 13.« entfallen, sollen vermieden werden. Wie können Sie solche »Unglücksfreitage« errechnen lassen?

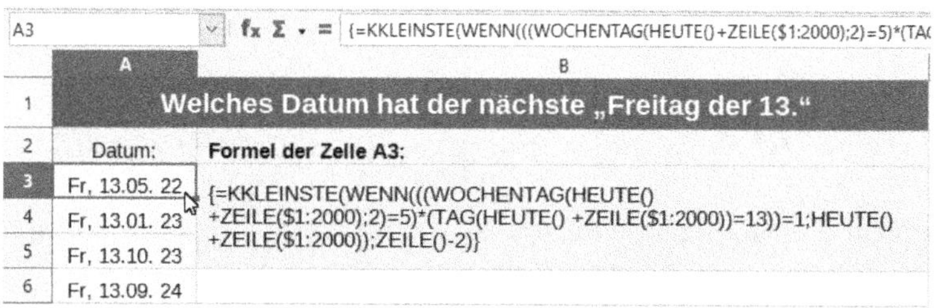
A3 | {=KKLEINSTE(WENN(((WOCHENTAG(HEUTE()+ZEILE($1:2000);2)=5)*(TA(

	A	B
1	Welches Datum hat der nächste „Freitag der 13.“	
2	Datum:	Formel der Zelle A3:
3	Fr, 13.05. 22	{=KKLEINSTE(WENN(((WOCHENTAG(HEUTE() +ZEILE($1:2000);2)=5)*(TAG(HEUTE() +ZEILE($1:2000))=13))=1;HEUTE() +ZEILE($1:2000));ZEILE()-2)}
4	Fr, 13.01. 23	
5	Fr, 13.10. 23	
6	Fr, 13.09. 24	

Lösung

Den nächsten Freitag, der auf einen 13. fällt, erhalten Sie beispielsweise in der Zelle A3 mit der Matrixformel:

```
=KKLEINSTE(WENN(((WOCHENTAG(HEUTE()+ZEILE($1:$2000);2)=5)*(TAG(HEUTE()+
ZEILE($1:$2000))=13))=1;HEUTE()+ZEILE($1:$2000));ZEILE()-2)
```

Beenden Sie die Eingabe mit `Strg`+`Shift`+`Enter`. Als Ergebnis erhalten Sie den nächsten Freitag, der auf einen 13. Monatstag entfällt.

Hintergrund

Der Formelteil `WENN(((WOCHENTAG(HEUTE()+ZEILE($1:$2000);2)=5)*(TAG(HEUTE()+ZEILE($1:$2000))=13))=1` prüft durch eine `WENN()`-Funktion ausgehend vom heutigen Tag `=HEUTE()` mit dem Zähler `ZEILE($1:$2000)`, wann in den nächsten 2000 Tagen ein Datum auf den Wochentag 5 (= Freitag) und zugleich auf den 13. Monatstag entfällt. Treffen beide Voraussetzungen für eine Zeilennummer zu, ergibt sich der Wahrheitswert 1 und die `WENN()`-Funktion addiert zum aktuellen Tag die Zahl der gefundenen Zeilennummer.

Das Ergebnis der Matrix ist eine Liste aller gefundenen Freitage, die auf den 13. eines Monats entfallen. Die umschließende Funktion `KKLEINSTE()` extrahiert daraus mithilfe des Parameters `RangC` mit dem Wert `ZEILE()` das kleinste Datum, das zugleich dem nächsten Freitag den 13. entspricht. Nachdem sich die Formel in Zeile 3 befindet, muss der Zähler noch um -2 berichtigt werden.

Um weitere Freitage, die auf einen 13. fallen, angezeigt zu erhalten, kopieren Sie die Matrixformel und fügen sie in die darunter liegenden Zellen ein. Die Funktion `KKLEINSTE()` errechnet automatisch mit dem Zähler `ZEILE()-2` die folgenden Datumswerte der nächsten 2000 Tage.

Verwendete Funktionen

```
HEUTE()
KKLEINSTE(Daten;RangC)
TAG(Zahl)
WENN(Prüfung;DannWert;SonstWert)
WOCHENTAG(Zahl[;Art])
ZEILE(Bezug)
```

1.2.4 Der wievielte Freitag im Monat ist der 12.08.2022?

Problem

Jeden 3. Freitag im Monat wird beispielsweise das Altpapier abgeholt. Wie können Sie ermitteln, wie oft der Freitag in diesem Monat bereits verstrichen ist?

D3 =WENN((WENN(WOCHENTAG(A3;11)=5;ABRUNDEN((A3-DATUM(JAHR(A3);MONAT(A3);1))/7;0)+1;"")=3);"Altpapier!";"")

	A	B	C	D	E
1	Wie viele Freitage im Monat sind bereits verstrichen?				
2	Datum:	Woche im Monat:	Freitag des Monats:	Altpapier wird abgeholt	Formeln:
3	Mo, 01. Aug 22	1			
4	Di, 02. Aug 22	1			Formel in B3:
5	Mi, 03. Aug 22	1			=ABRUNDEN((A3-DATUM(JAHR(A3);MONAT(A3);1))/7;0)+1
6	Do, 04. Aug 22	1			
7	Fr, 05. Aug 22	1	1		Formel in C3:
8	Sa, 06. Aug 22	1			=WENN(WOCHENTAG(A3;11)=5;ABRUNDEN((A3-
9	So, 07. Aug 22	1			DATUM(JAHR(A3);MONAT(A3);1))/7;0)+1;"")
10	Mo, 08. Aug 22	2			
11	Di, 09. Aug 22	2			Formel in D3:
12	Mi, 10. Aug 22	2			=WENN((WENN(WOCHENTAG(A3;11)=5;ABRUNDEN((A3-
13	Do, 11. Aug 22	2			DATUM(JAHR(A3);MONAT(A3);1))/7;0)+1;"")=3);"Altpapier!";"")
14	Fr, 12. Aug 22	2	2		
15	Sa, 13. Aug 22	2			
16	So, 14. Aug 22	2			
17	Mo, 15. Aug 22	3			
18	Di, 16. Aug 22	3			
19	Mi, 17. Aug 22	3			
20	Do, 18. Aug 22	3			
21	Fr, 19. Aug 22	3	3	Altpapier!	
22	Sa, 20. Aug 22	3			

Lösung

In A14 steht das Datum 12.08.2022.
In B14 schreiben Sie die Formel:

```
=ABRUNDEN((A14-DATUM(JAHR(A14);MONAT(A14);1))/7;0)+1
```

Als Ergebnis erhalten Sie die Zahl 2. Das Altpapier wird also am nächsten Freitag abgeholt.

Hintergrund

Zuerst wird die Anzahl der Tage zwischen dem Datum in A2 und dem ersten Tag des entsprechenden Monats errechnet.

Die Anzahl der errechneten Tage wird durch 7 geteilt (entspricht 7 Tagen = 1 Woche) und auf eine Ganzzahl abgerundet. Nachdem die ersten Tage der Woche aufgrund der Berechnungsmethoden von Calc und Excel den Wert 0 erhalten, müssen Sie zum Ergebnis der Berechnung den Wert 1 hinzurechnen. Als Ergebnis der obigen Prüfung erhalten Sie den Wert 2. Der 12.8.2022 liegt in der Woche mit dem 2. Freitag des Monats. Das Altpapier wird am nächsten Freitag abgeholt.

Tipp

Sollen die Wochennummern des Monats nur neben jedem Freitag angezeigt werden, ändern Sie die Formel ab in:

```
=WENN(WOCHENTAG(A3;11)=5;ABRUNDEN((A3-
DATUM(JAHR(A3);MONAT(A3);1))/7;0)+1;"")
```

Die Wochennummern werden jetzt nur angezeigt, wenn der Wochentag gleich 5 = Freitag ist.

Mit folgender Formel können Sie sich sogar einen Hinweis auf die Altpapierleerung anzeigen lassen:

```
=WENN((WENN(WOCHENTAG(A3;11)=5;ABRUNDEN((A3-
DATUM(JAHR(A3);MONAT(A3);1))/7;0)+1;"")=3);"Altpapier!";"")
```

Verwendete Funktionen

```
ABRUNDEN(Zahl[;Stellen])
DATUM(Jahr;Monat;Tag)
JAHR(Zahl)
WOCHENTAG(Zahl[;Art])
MONAT(Zahl)
```

1.2.5 Den wievielten Tag des Jahres haben wir heute?

Problem

Sie möchten wissen, der wievielte Tag des Jahres heute ist?

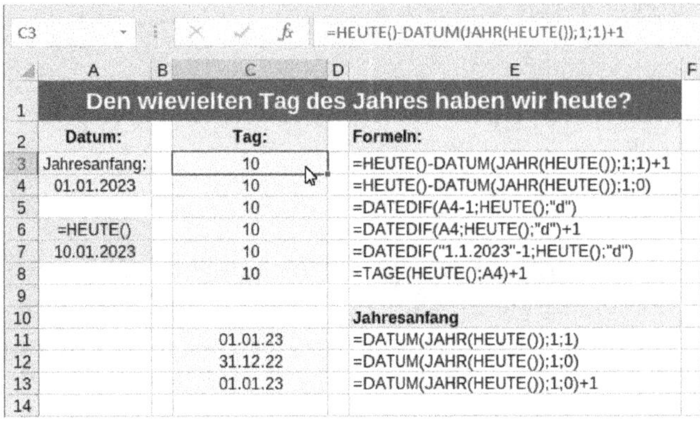

C3 =HEUTE()-DATUM(JAHR(HEUTE());1;1)+1

	A	B	C	D	E	F
1	Den wievielten Tag des Jahres haben wir heute?					
2	**Datum:**		**Tag:**		**Formeln:**	
3	Jahresanfang:		10		=HEUTE()-DATUM(JAHR(HEUTE());1;1)+1	
4	01.01.2023		10		=HEUTE()-DATUM(JAHR(HEUTE());1;0)	
5			10		=DATEDIF(A4-1;HEUTE();"d")	
6	=HEUTE()		10		=DATEDIF(A4;HEUTE();"d")+1	
7	10.01.2023		10		=DATEDIF("1.1.2023"-1;HEUTE();"d")	
8			10		=TAGE(HEUTE();A4)+1	
9						
10					**Jahresanfang**	
11			01.01.23		=DATUM(JAHR(HEUTE());1;1)	
12			31.12.22		=DATUM(JAHR(HEUTE());1;0)	
13			01.01.23		=DATUM(JAHR(HEUTE());1;0)+1	
14						

Lösung

Benutzen Sie die Formel:

```
=HEUTE()-DATUM(JAHR(HEUTE());1;1)+1
```

Alternativ stehen Ihnen in Excel die Funktion `DATEDIF()`, in Calc die Funktion `DATUMDIF()` zur Verfügung. Jede dieser Formeln liefert Ihnen die aktuelle Tageszahl des entsprechenden Kalenderjahres.

So liefert Ihnen die Formel

```
=DATEDIF(A3-1;HEUTE();"d")
```

die aktuelle Tageszahl des in der Zelle A3 eingetragenen Kalenderjahres.

Hintergrund

Mit der Formel »Tageszahl von Heute« minus »Tageszahl vom 01.01. des Jahres« wird die Anzahl der dazwischen liegenden Tage berechnet. Beachten Sie dabei, dass der 1. Januar den Wert 0 hat (1-1=0). Sie müssen deshalb einen Tag hinzuaddieren.

Alternativ dazu können Sie die Funktion `TAGE(Datum2; Datum1)` verwenden. Das Ergebnis liefert die Anzahl der Tage zwischen den beiden Daten. `Datum1` ist das Anfangsdatum, `Datum2` ist das End-Datum. In beiden Fällen erhalten Sie das richtige Ergebnis.

Verwendete Funktionen

`DATUM(Jahr;Monat;Tag)`
`DATEDIF(Ausgangsdatum;End-Datum;Einheit)` (nur Excel)
`DATUMDIF(Start-Datum;End-Datum;Intervall)` (nur Calc)
`HEUTE()`
`JAHR(Zahl)`
`TAGE(Datum2;Datum1)`

1.2.6 Wie viele Tage sind es bis zum Jahresende?

Problem

Wie berechnen Sie die tatsächlich verbleibenden Tage bis zum Jahresende?

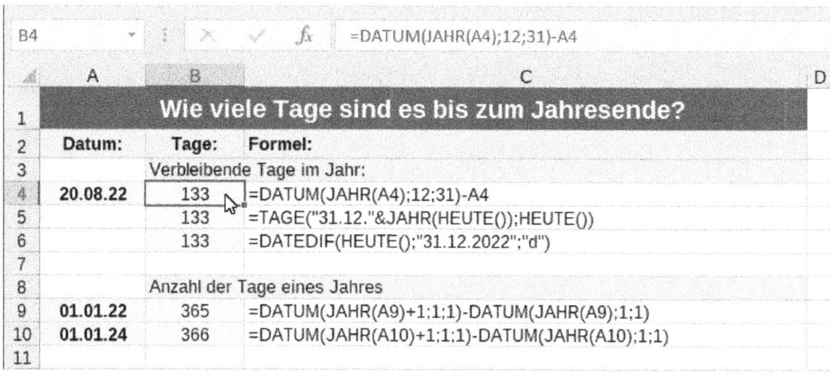

Lösung

Die nachfolgenden Formeln können Sie dazu in Excel verwenden:

```
=DATUM(JAHR(HEUTE());12;31)-HEUTE()
```

oder

```
=DATEDIF(HEUTE();"31.12.2022";"d")
```

In jedem Fall ziehen Sie vom Zieldatum 31.12. das Ausgangsdatum ab und berechnen so die Tagesdifferenz.

Verwenden Sie Calc, nehmen Sie die Formel

```
=TAGEIMJAHR(HEUTE())-(HEUTE()-DATUM(JAHR(HEUTE());1;0))
```

oder alternativ `=DATUMDIF(HEUTE();"31.12.2022";"d")`. Als Ergebnis erhalten Sie die verbleibenden Tage des aktuellen Kalenderjahres.

Hintergrund

Die Funktion `TAGEIMJAHR()` berechnet die Anzahl der Kalendertage des Jahres, in das das im Parameter `Datum` angegebene Datum fällt. Im Kalenderjahr 2022 ergibt sich die Zahl 365. Von dieser Zahl zieht man die bereits vergangenen Tage des aktuellen Kalenderjahres ab.

Alternativ dazu können Sie die verbleibenden Tage eines Kalenderjahres auch mit der Funktion `DATEDIF()` (in Calc: `DATUMDIF()`) errechnen. In dieser Funktion werden die Tage zwischen dem Start- und dem End-Datum durch Angabe des 3. Parameters `Intervall` mit dem Wert `d` (=Anzahl der Tage) errechnet.

Verwendete Funktionen

```
DATUM(Jahr;Monat;Tag)
HEUTE()
JAHR(Zahl)
TAGE(Datum2;Datum1)
TAGEIMJAHR(Datum)
DATEDIF(Start-Datum;End-Datum;Intervall)
DATUMDIF(Start-Datum;End-Datum;Intervall)
```

1.2.7 Individuelle Netto-Arbeitstage

Problem

Das Rechnen mit Netto-Arbeitstagen ist grundsätzlich kein Problem, aber wie berechnen Sie die Arbeitstage, wenn Sie nur an bestimmten Tagen in der Woche, beispielsweise generell nur dienstags, mittwochs und donnerstags zur Arbeit gehen und zudem bestehende Feiertage berücksichtigt werden sollen?

B5 =NETTOARBEITSTAGE.INTL($B$2;$B$3;"1000111";$K$4:$K$52)

	A	B	C	D	E	F	G	H	I	J	K
1	Individuelle Netto-Arbeitstage zwischen Start- und Enddatum										
2	*Startdatum:*	*01.01.2023*	Wochenarbeitstage:							Feiertage:	
3	*Enddatum:*	*31.01.2023*	Arbeitstag = 0 Freier Tag = 1							Name	Datum:
4	Name:	Arbeitstage	Mo	Di	Mi	Do	Fr	Sa	So	Heiligabend	24.12.22
5	Bauer Emil	12	1	0	0	0	1	1	1	1. Weihnachtstag	25.12.22
6	Braun Erika	21	0	0	0	0	0	1	1	2. Weihnachtstag	26.12.22
7	Schmidt Paul	21								Silvester	31.12.22
8	Hausner Berta	11	1	1	0	0	0	1	1	Neujahr	01.01.22
9	Pirk Paula	8	1	0	1	0	1	1	1	Dreikönig	06.01.22
10	Mayer Sven	12	1	0	0	0	1	1	1	Geburtstag im Monat	19.01.23
11	Roth Judit	20	1	0	0	0	0	0	1		
12	Bauer Hans	11	1	1	0	0	0	1	1		
13											

Lösung

Die Funktion NETTOARBEITSTAGE.INTL() errechnet, wie viele Tage jemand in einem bestimmten Zeitraum gearbeitet hat. Dazu besitzt die Funktion einen zusätzlichen Parameter, der bestimmt, welche Tage als freie Tage gewertet werden sollen. Die Funktion rechnet also nicht nur Samstage und Sonntage aus einem Datumsbereich heraus, sondern kann auch andere Tagesbereiche als freie Tage werten.

Steht beispielsweise das Start-Datum in der Zelle B2, das End-Datum in der Zelle B3, die freien Tage im Bereich K4:K50 und arbeiten Sie beispielsweise immer dienstags, mittwochs und donnerstags, so schreiben Sie in die Berechnungszelle der Arbeitstage folgende Formel:

```
=NETTOARBEITSTAGE.INTL($B$2;$B$3;"1000111";$K$4:$K$50)
```

Beenden Sie die Formel mit der [Enter]-Taste, berechnet die Formel die tatsächlich geleisteten Arbeitstage zwischen Start- und End-Datum.

Hintergrund

Die Parameter `Start-Datum` und `End-Datum` sind die Daten, zwischen denen Sie die tatsächlich gearbeiteten Tage berechnen wollen. `Urlaubstage` ist ein Zellbereich, in dem Sie die Datumswerte der Feiertage oder sonstigen freien Tage eingegeben haben, im obigen Beispiel der Bereich K4:K50.

Besonders interessant ist aber der Parameter `Wochenende`. `Wochenende` ist eine optionale Matrix mit Zahlen, die den Standard für eine Arbeitswoche festlegt. Diese Matrix startet mit Montag, Arbeitstage werden durch eine »0«, Nichtarbeitstage durch eine »1« dargestellt. Um das obige Beispiel zu definieren, wo jemand nur dienstags, mittwochs und donnerstags arbeitet, geben Sie folgende Zeichenfolge ein: `"1000111"`.

Noch variabler wird die Berechnung, wenn Sie die Werte für den Parameter `Wochenende` ebenfalls in einzelne Tabellenzellen eingeben – zum Beispiel in die Zelle C5 den Parameter für Montag, in die Zelle D5 den Parameter für Dienstag, in E5 den Parameter für Mittwoch bis in die Zelle I5 den Parameter für Sonntag. In die einzelnen Zellen tragen Sie dann 0 für einen Arbeitstag oder 1 für einen freien Tag ein.

Die Formel zur Berechnung der Arbeitstage des in der Zeile 5 eingetragenen Mitarbeiters setzt sich schließlich so zusammen:

```
=NETTOARBEITSTAGE.INTL($B$2;$B$3;TEXTKETTE($C5:$I5);$K$4:$K$51)
```

So kann für jeden Mitarbeiter mithilfe der Funktion `TEXTKETTE()` als dritter Parameter `Wochenende` die Arbeitszeit ganz individuell berechnet werden. Sie brauchen die Formel nur nach unten zu kopieren.

Verwendete Funktionen

`NETTOARBEITSTAGE(Ausgangsdatum;End-Datum;[Freie_Tage])` (nur Excel)
`NETTOARBEITSTAGE(Start-Datum;End-Datum[;[Freie_Tage];[Wochenende]])` (nur Calc)
`NETTOARBEITSTAGE.INTL(Start-Datum;End-Datum[;[Wochenende];[Urlaubstage]])`
`TEXTKETTE(Zeichenkette1[;Zeichenkette2[;...[;Zeichenkette255]]])`

1.2.8 Welches Datum hat man nach 10 Arbeitstagen?

Problem

Welches Datum hat der Tag nach 10 Arbeitstagen (mit und ohne Berücksichtigung von freien Tagen)?

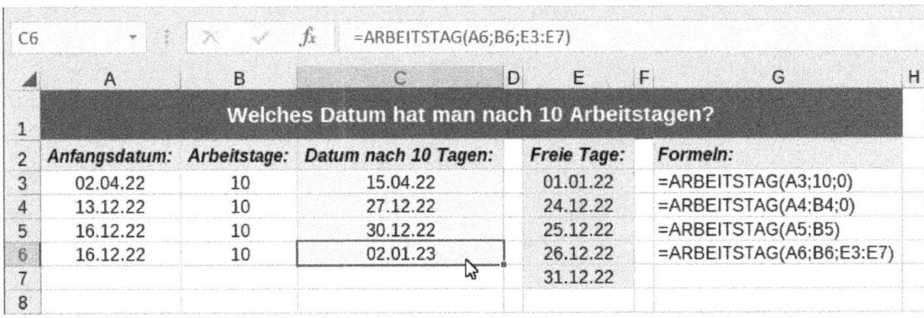
C6 =ARBEITSTAG(A6;B6;E3:E7)

	A	B	C	D	E	F	G	H
1	Welches Datum hat man nach 10 Arbeitstagen?							
2	*Anfangsdatum:*	*Arbeitstage:*	*Datum nach 10 Tagen:*		*Freie Tage:*		*Formeln:*	
3	02.04.22	10	15.04.22		01.01.22		=ARBEITSTAG(A3;10;0)	
4	13.12.22	10	27.12.22		24.12.22		=ARBEITSTAG(A4;B4;0)	
5	16.12.22	10	30.12.22		25.12.22		=ARBEITSTAG(A5;B5)	
6	16.12.22	10	02.01.23		26.12.22		=ARBEITSTAG(A6;B6;E3:E7)	
7					31.12.22			
8								

Lösung

In A3 steht der erste Arbeitstag: 02.04.2022, in B3 steht die Zahl der Arbeitstage. In C3 schreiben Sie die Formel:

```
=ARBEITSTAG(A3;10;0)
```

Als Ergebnis erhalten Sie den 15.04.22.

Hintergrund

Die Funktion `ARBEITSTAG()` wird zur Berechnung des Tages nach den im zweiten Parameter angegebenen Tagen verwendet. Sollen freie Tage berücksichtigt werden, geben Sie als dritten Parameter einen Zellbereich ein, in dem die freien Tage einzeln aufgelistet sind. Stehen die freien Tage (Feiertage) beispielsweise im Bereich E3:E7, lautet die abgewandelte Formel:

```
=ARBEITSTAG(A3;B3;E3:E7)
```

Verwendete Funktionen

`ARBEITSTAG(Anfangsdatum;Tage[;Freie_Tage])`

1.3 Wochen- und Monatsberechnungen

1.3.1 Das Datum in einer Woche oder in einem Monat

Problem

In den erstellten Rechnungen gewähren Sie grundsätzlich eine Zahlungsfrist von einem Monat. Wie können Sie dieses Datum in einer Zelle berechnen?

B10 =“Zu zahlen bis spätestens “&TEXT(EDATUM(HEUTE();1);“TT.MM.JJ“)

	A	B	C
1	**Das Datum in einer Woche oder in einem Monat**		
2	*Datum HEUTE():*	19.01.23	=HEUTE()
3	Datum in einer Woche:	26.01.23	=HEUTE()+7
4	Datum vor 10 Wochen:	10.11.22	=HEUTE()-10*7
5	Datum in einer Woche:	26.01.23	=DATUM(JAHR(HEUTE());MONAT(HEUTE());TAG(HEUTE())+7)
6	Datum in einem Monat:	19.02.23	=DATUM(JAHR(HEUTE());MONAT(HEUTE())+1;TAG(HEUTE()))
7	Datum in einem Monat:	19.02.23	=EDATUM(HEUTE();1)
8	30.03.22	28.02.22	Datum vor einem Monat =EDATUM("30.03.2022";-1)
9	30.03.22	30.06.22	Monatsende in 3 Monaten =EDATUM(A9;3)
10	Datum mit Text:	Zu zahlen bis spätestens 19.02.23	="Zu zahlen bis spätestens "&TEXT(EDATUM(HEUTE();1);"TT.MM.JJ")
11			

Lösung

Schreiben Sie in die entsprechende Zelle die Funktion

```
=DATUM(JAHR(HEUTE());MONAT(HEUTE())+1;TAG(HEUTE()))
```

oder verwenden Sie als Alternative die Funktion EDATUM() in der Formel:

```
=EDATUM(HEUTE();1)
```

Hintergrund

Die angewandte Formel zerlegt das mit der Funktion HEUTE() übergebene Tagesdatum mithilfe der Funktion DATUM() in die Zahlenwerte des aktuellen Jahres, des Monats und des Tages. Zum aktuellen Monat wird ein Monat hinzugerechnet. Ist das Fälligkeitsdatum in einer Woche, so lautet die angepasste Formel =HEUTE()+7. Natürlich können Sie dem Datum auch Text hinzufügen wie beispielsweise mit der Formel:

```
="Zu zahlen bis spätestens: "&TEXT(EDATUM(HEUTE();1);"tt.mm.jjjj")
```

Die alternative Funktion EDATUM() zählt zum Anfangsdatum einfach die im Parameter Monate bestimmte Anzahl von Monaten hinzu.

Verwendete Funktionen

```
DATUM(Jahr;Monat;Tag)
EDATUM(Anfangsdatum;Monate)
HEUTE()
JAHR(Zahl)
MONAT(Zahl)
TAG(Zahl)
TEXT(Wert;Format)
```

1.3.2 Mit welchem Datum beginnt eine vorgegebene Kalenderwoche?

Problem

Sie erhalten die Mitteilung, dass die Lieferung der bestellten Ware in der »29. Woche« erfolgt. In welchem Datumszeitraum wird geliefert?

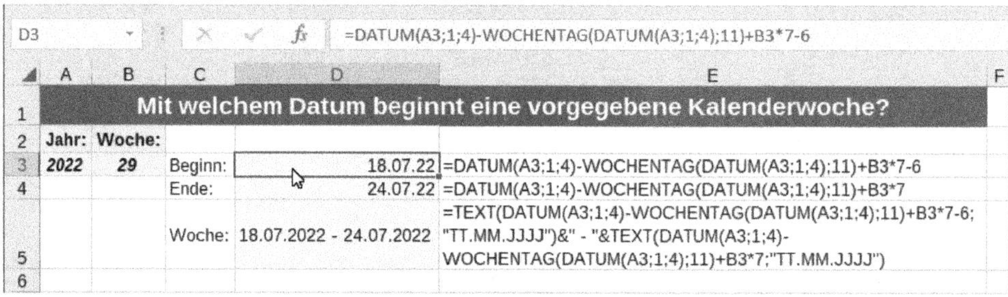

D3 =DATUM(A3;1;4)-WOCHENTAG(DATUM(A3;1;4);11)+B3*7-6

	A	B	C	D	E
1	Mit welchem Datum beginnt eine vorgegebene Kalenderwoche?				
2	Jahr:	Woche:			
3	2022	29	Beginn:	18.07.22	=DATUM(A3;1;4)-WOCHENTAG(DATUM(A3;1;4);11)+B3*7-6
4			Ende:	24.07.22	=DATUM(A3;1;4)-WOCHENTAG(DATUM(A3;1;4);11)+B3*7
5			Woche:	18.07.2022 - 24.07.2022	=TEXT(DATUM(A3;1;4)-WOCHENTAG(DATUM(A3;1;4);11)+B3*7-6; "TT.MM.JJJJ")&" - "&TEXT(DATUM(A3;1;4)-WOCHENTAG(DATUM(A3;1;4);11)+B3*7;"TT.MM.JJJJ")
6					

Lösung

In der Zelle A3 steht das Kalenderjahr: 2022.
In der Zelle B3 steht die Kalenderwoche: 29.
In die Zelle D3 schreiben Sie die folgende Formel:

```
=DATUM(A3;1;4)-WOCHENTAG(DATUM(A3;1;4);11)+B3*7
```

Als Ergebnis erhalten Sie den letzten Tag der 29. Kalenderwoche: den 24.07.22.

Zur Ermittlung des ersten Tages der Kalenderwoche ziehen Sie vom Ergebnis der obigen Formel einfach 6 Tage ab:

```
=DATUM(A3;1;4)-WOCHENTAG(DATUM(A3;1;4);11)+B3*7-6
```

Als Ergebnis erhalten Sie den 18.07.22. Den gesamten Lieferzeitraum ermittelt die Formel:

```
=TEXT(DATUM(A3;1;4)-WOCHENTAG(DATUM(A3;1;4);11)+B3*7-6;
"TT.MM.JJJJ")&" - "&TEXT(DATUM(A3;1;4)-
WOCHENTAG(DATUM(A3;1;4);11)+B3*7;"TT.MM.JJJJ")
```

Als Ergebnis erhalten Sie den formatierten Zeitraum: »18.07.2022 – 24.07.2022«.

Hintergrund

Nach DIN 1355 werden die Kalenderwochen eines Jahres beginnend mit der Woche gezählt, in der der 4. Januar des jeweiligen Jahres liegt. Das ist zugleich die Woche mit dem ersten Donnerstag des Jahres. Der Wochenbeginn wurde auf Montag festgelegt (zweiter Parameter der Funktion `WOCHENTAG()` `Art` = 11). Ausgehend von dieser Regelung errechnet die Formel den Wochentag des 4. Januar, wobei für Montag der Wert 1 und für Sonntag der Wert 7 vergeben werden. Wenn

Sie die Wochentagszahl vom seriellen Datumswert des 4. Januars abziehen, erhalten Sie die serielle Datumszahl des letzten Tages des Vorjahres (31.12.2021) mit der Formel:

```
=DATUM(A3;1;4)-WOCHENTAG(DATUM(A3;1;4);11)
```

Jetzt müssen Sie nur noch die Kalenderwochennummer mit 7 multiplizieren und die Anzahl der errechneten Tage zum Datumswert des 31.12. des Vorjahres hinzuaddieren, um zum letzten Tag der gesuchten Kalenderwoche zu gelangen. Den ersten Tag der Kalenderwoche erhalten Sie durch den Abzug von 6 Tagen. Die beiden Daten werden mit dem Operator & sowie einer zugewiesenen Formatierung als Text verbunden ausgegeben. Als Ergebnis erhalten Sie (je nach Formatierung): »11.04.2022 – 17.04.2022«.

Verwendete Funktionen

```
DATUM(Jahr;Monat;Tag)
TEXT(Zahl;Format)
WOCHENTAG(Zahl[;Art])
```

1.3.3 Wochenbeginn und Wochenende zu einem bestimmten Datum

Problem

Zu einem Datumswert einer Liste sollen immer das Wochenanfangsdatum und das Wochenendsdatum ausgegeben werden; also immer der Montag vor dem jeweiligen Datum und der Sonntag nach diesem Datum. Welche Formel liefert diese Ergebnisse?

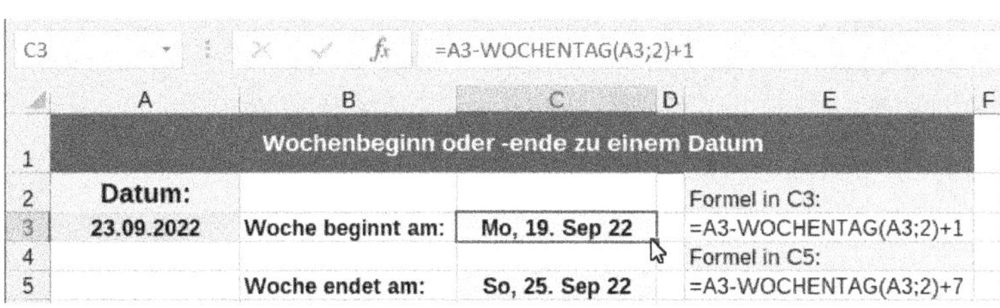

Lösung

Das Ergebnis erhalten Sie mithilfe der Funktion `WOCHENTAG()`. Sie müssen nur beachten, dass die Funktion standardmäßig mit dem Sonntag als Wochenbeginn rechnet. Die Umstellung auf den Montag als ersten Tag der Woche erfolgt durch Zuweisung des Werts 11 im zweiten Parameter `Art`. Um zum Beispiel zu einem Datum in Zelle A3 den Montag der jeweiligen Woche zu ermitteln, geben Sie folgende Formel ein:

```
=A3-WOCHENTAG(A3;11)+1
```

Hintergrund

Die Funktion `WOCHENTAG()` mit dem Typ-Parameter 11 liefert Werte von 1, wenn das übergebene Datum (hier aus A3) auf einen Montag fällt, bis 7, wenn das übergebene Datum ein Sonntag ist (anstelle der Zahl 11 für den Parameter Typ können Sie auch die Zahl 2 verwenden). Dieses Ergebnis ziehen Sie von der Datumszahl des Datums in A3 ab, womit aber ein Tag zu weit zurückgerechnet wird. Darum addieren Sie generell den Wert 1, was zum gesuchten Montag der Woche führt.

Ebenso einfach ist die Berechnung des letzten Tages – also des Sonntags – der Woche. Wenn Sie wieder von dem Datum in Zelle A3 ausgehen, erhalten Sie das Datum für das Ende der Woche mit der Formel:

```
=A3-WOCHENTAG(A3;11)+7
```

Verwendete Funktion

WOCHENTAG(Zahl[;Art])

1.3.4 Zu welcher Kalenderwoche gehört das Datum?

Problem

Auf den Arbeitszetteln soll neben dem Datum auch die Kalenderwoche ausgewiesen werden. Wie berechnen Sie die zutreffende Kalenderwoche?

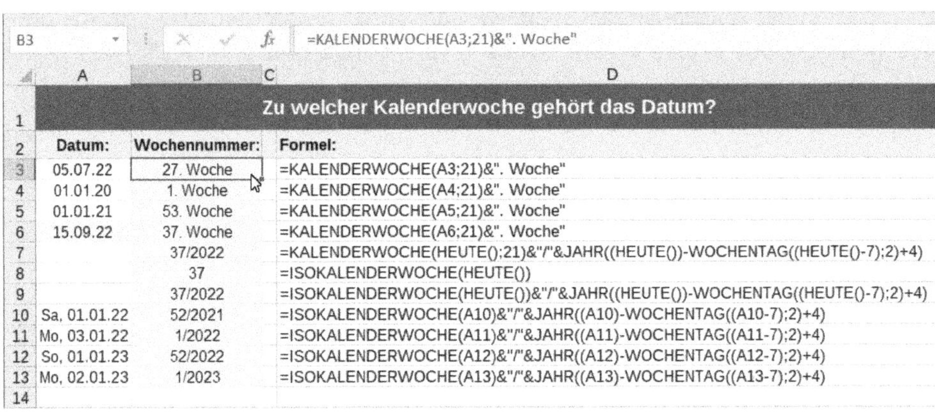

B3 =KALENDERWOCHE(A3;21)&". Woche"

	A	B	C	D
1	Zu welcher Kalenderwoche gehört das Datum?			
2	Datum:	Wochennummer:		Formel:
3	05.07.22	27. Woche		=KALENDERWOCHE(A3;21)&". Woche"
4	01.01.20	1. Woche		=KALENDERWOCHE(A4;21)&". Woche"
5	01.01.21	53. Woche		=KALENDERWOCHE(A5;21)&". Woche"
6	15.09.22	37. Woche		=KALENDERWOCHE(A6;21)&". Woche"
7		37/2022		=KALENDERWOCHE(HEUTE();21)&"/"&JAHR((HEUTE())-WOCHENTAG((HEUTE()-7);2)+4)
8		37		=ISOKALENDERWOCHE(HEUTE())
9		37/2022		=ISOKALENDERWOCHE(HEUTE())&"/"&JAHR((HEUTE())-WOCHENTAG((HEUTE()-7);2)+4)
10	Sa, 01.01.22	52/2021		=ISOKALENDERWOCHE(A10)&"/"&JAHR((A10)-WOCHENTAG((A10-7);2)+4)
11	Mo, 03.01.22	1/2022		=ISOKALENDERWOCHE(A11)&"/"&JAHR((A11)-WOCHENTAG((A11-7);2)+4)
12	So, 01.01.23	52/2022		=ISOKALENDERWOCHE(A12)&"/"&JAHR((A12)-WOCHENTAG((A12-7);2)+4)
13	Mo, 02.01.23	1/2023		=ISOKALENDERWOCHE(A13)&"/"&JAHR((A13)-WOCHENTAG((A13-7);2)+4)
14				

Lösung

Schreiben Sie in die Zelle A3 das Datum: `30.05.2022`.
In die Zelle B3 schreiben Sie die Formel:

```
=KALENDERWOCHE(A3;21)&". Woche"
```

Als Ergebnis erhalten Sie den Text: »22. Woche«.

Das gleiche Ergebnis liefert die Formel `=ISOKALENDERWOCHE(HEUTE())`.

Hintergrund

Die Funktion KALENDERWOCHE() berechnet die Kalenderwoche zu einem im Parameter Zahl angegebenen Datum, der auch ein Zellbezug sein kann. Der Parameter Modus legt den Wochenanfang und die Art der Berechnung fest. Modus 21 bedeutet, dass die Woche, die den ersten Donnerstag des Jahres enthält, die erste Woche ist und als 1 gezählt wird. Das bedeutet, dass die Woche, die den 4. Januar enthält, die erste Woche jedes Jahres ist (ISO 8601).

Die Funktion ISOKALENDERWOCHE() verwendet automatisch ISO 8601, Montag ist der erste Tag der Woche. Der Parameter [; Modus] ist daher nicht nötig.

Kalenderwoche mit zutreffendem Kalenderjahr

Soll die Kalenderwoche mit Text, beispielsweise mit einem Schrägstrich und angehängtem Kalenderjahr, angezeigt werden, führt dies in der ersten oder letzten Kalenderwoche eines Jahres meist zu Problemen, weil der 01.01. eines Kalenderjahres nicht immer in die erste Kalenderwoche fällt. Soll in der Zelle B12 die Kalenderwoche des Datums der Zelle A12 in der Form »1/2023« angezeigt werden, so verwenden Sie dazu folgende Formel:

```
=ISOKALENDERWOCHE(A12)&"/"&JAHR((A12)-WOCHENTAG((A12-7);2)+4)
```

Der erste Teil der Formel (vor dem ersten &-Zeichen) berechnet die zutreffende Kalenderwoche, nach dem zweiten &-Zeichen wird das zutreffende Kalenderjahr unter Berücksichtigung von ISO 8601 berechnet. So erhalten Sie bei dem Datum 01.01.2023 zutreffend die Kalenderwoche 52/2022 angezeigt.

Verwendete Funktionen

ISOKALENDERWOCHE(Datum)
HEUTE()
JAHR(Zahl)
KALENDERWOCHE(Zahl[;Modus])
WOCHENTAG(Zahl[;Art])

1.3.5 Der Wochentag ohne Zahlenformat

Problem

Wie können Sie in einer Zelle den aktuellen Wochentag anzeigen lassen, ohne dass Sie ein vordefiniertes Zahlenformat wie beispielsweise TTT verwenden?

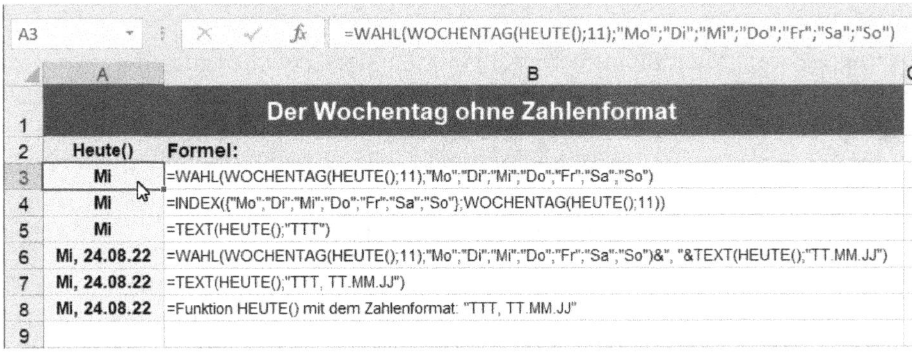

A3 | =WAHL(WOCHENTAG(HEUTE();11);"Mo";"Di";"Mi";"Do";"Fr";"Sa";"So")

	A	B
1	Der Wochentag ohne Zahlenformat	
2	Heute()	Formel:
3	Mi	=WAHL(WOCHENTAG(HEUTE();11);"Mo";"Di";"Mi";"Do";"Fr";"Sa";"So")
4	Mi	=INDEX({"Mo";"Di";"Mi";"Do";"Fr";"Sa";"So"};WOCHENTAG(HEUTE();11))
5	Mi	=TEXT(HEUTE();"TTT")
6	Mi, 24.08.22	=WAHL(WOCHENTAG(HEUTE();11);"Mo";"Di";"Mi";"Do";"Fr";"Sa";"So")&", "&TEXT(HEUTE();"TT.MM.JJ")
7	Mi, 24.08.22	=TEXT(HEUTE();"TTT, TT.MM.JJ")
8	Mi, 24.08.22	=Funktion HEUTE() mit dem Zahlenformat: "TTT, TT.MM.JJ"
9		

Lösung

Schreiben Sie folgende Formel in die Zelle:

```
=WAHL(WOCHENTAG(HEUTE();11);"Mo";"Di";"Mi";"Do";"Fr";"Sa";"So")
```

Als Ergebnis erhalten Sie den aktuellen Wochentag, beispielsweise »Mo«, wie im Parameter `Wert` angegeben. Beachten Sie den zweiten Parameter `Art` der Funktion `WOCHENTAG()`. Hat der Parameter den Wert 11, erhält der Montag den Wert 1.

Diese Formel kann auch mit einer Datumsanzeige verbunden werden. Den heutigen Tag erhalten Sie demnach mit der Formel:

```
=WAHL(WOCHENTAG(HEUTE();11);"Mo";"Di";"Mi";"Do";"Fr";"Sa";"So")&", " &
TEXT(HEUTE();"TT.MM.JJ")
```

Als Ergebnis erscheint ein Datum in Textform, wie beispielsweise »Mi, 24.08.22«.

Hintergrund

Die Funktion `WAHL()` wird verwendet, um bestimmte Werte anzuzeigen. Welcher Wert der Argumente angezeigt wird, bestimmt das erste Argument `Index`, hier durch die Zahl des durch die Funktion `HEUTE()` bestimmten Wochentags. In der zweiten Formel wurden die beiden Funktionen `WAHL()` und `TEXT()` mit dem &-Zeichen zu einem Formelergebnis verknüpft, wobei zusätzlich das aktuelle Datum (1. Parameter von `TEXT()`) im gewählten Format (2. Parameter von `TEXT()`) angezeigt wird. Das Komma nach der Tagesanzeige muss durch einen weiteren Textstring (mit Leerzeichen) hinzugefügt werden.

Eine andere Alternative wäre: `=TEXT(HEUTE();"TTT, TT.MM.JJ")`. In diesem Fall wird das heutige Datum mit dem gewählten Zahlenformat formatiert und angezeigt. Als Ergebnis erhalten Sie wieder: »Mo, 30.05.22«. Anstelle der Funktion `WAHL()` kann auch mit der Funktion `INDEX()` gearbeitet werden. Die Matrixfunktion mit den in geschweiften Klammern hinterlegten Wochentagen lautet:

```
=INDEX({"Mo";"Di";"Mi";"Do";"Fr";"Sa";"So"};WOCHENTAG(HEUTE();11))
```

Als Ergebnis der `INDEX()`-Funktion erhalten Sie den aktuellen Wochentag: »Mo«.

Verwendete Funktionen

```
HEUTE()
INDEX(Bezug[;Zeile[;Spalte[;Bereich]]])
TEXT(Zahl;Format)
WAHL(Index;Wert1[;Wert2[;...[;Wert30]]])
WOCHENTAG(Zahl[;Art])
```

1.3.6 Der erste Tag eines Monats als kopierbare Spaltenüberschrift oder kopierbare Zeilenbeschriftung

Problem

In einer Tabelle sollen als Zeilenüberschriften in der Spalte A immer der 1. des Monats ausgewiesen werden. In der Zelle A3 soll der 01.01.2022 stehen, in der Zelle A4 der 01.02.2022 usw. Mit welcher Formel erstellen Sie eine solche »aufziehbare« Datumsreihe?

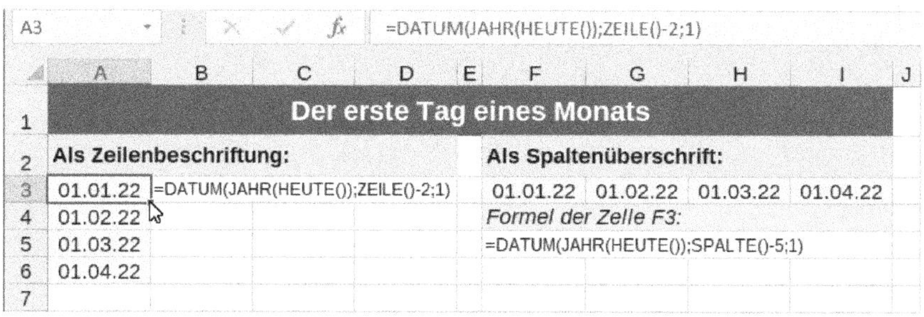

Lösung

Benötigen Sie die **Monate als Zeilenbeschriftung**, schreiben Sie in die Zelle A3 das Datum des 1. Januars mit der Formel:

```
=DATUM(JAHR(HEUTE());ZEILE()-2;1)
```

Kopieren Sie die Formel mithilfe des Aufziehkästchens für alle benötigten Datumszellen nach unten. Jetzt brauchen Sie nur noch das gewünschte Datumsformat zuzuweisen.

Benötigen Sie die **Monate als Spaltenüberschriften** und soll der 01.01.2022 in der Zelle F3, der 01.02.2022 in der Zelle G3 usw. stehen, verwenden Sie die Formel:

```
=DATUM(JAHR(HEUTE());SPALTE();1)
```

Auch diese Formel brauchen Sie nur mithilfe des Aufziehkästchens nach rechts zu kopieren.

Hintergrund

Mithilfe der Funktion `DATUM()` wird das Datum der Überschriften aus den einzelnen Zellwerten zusammengesetzt. Dabei wird als Kalenderjahr der aktuelle Jahreswert `JAHR(HEUTE())` und als Monatswert die Zeilennummer oder die Spaltennummer übernommen. Der Tageswert wird als Zahl 1 berücksichtigt.

Als Ergebnis erhalten Sie den ersten Tag des mit der Funktion `ZEILE()` oder `SPALTE()` bestimmten Monats. Mit dem entsprechenden Datumsformat erhalten Sie das gewünschte Ergebnis. Beachten Sie, dass die Zeilen- oder Spaltennummer korrigiert werden muss, falls der 01.01. nicht in der ersten Zeile bzw. ersten Spalte steht.

Verwendete Funktionen

```
DATUM(Jahr;Monat;Tag)
HEUTE()
JAHR(Zahl)
SPALTE([Bezug])
ZEILE([Bezug])
```

1.3.7 Der letzte Tag eines Monats

Problem

Die laufende Statistik ist grundsätzlich am letzten Tag des Monats zu erstellen. Wie errechnen Sie dieses Datum?

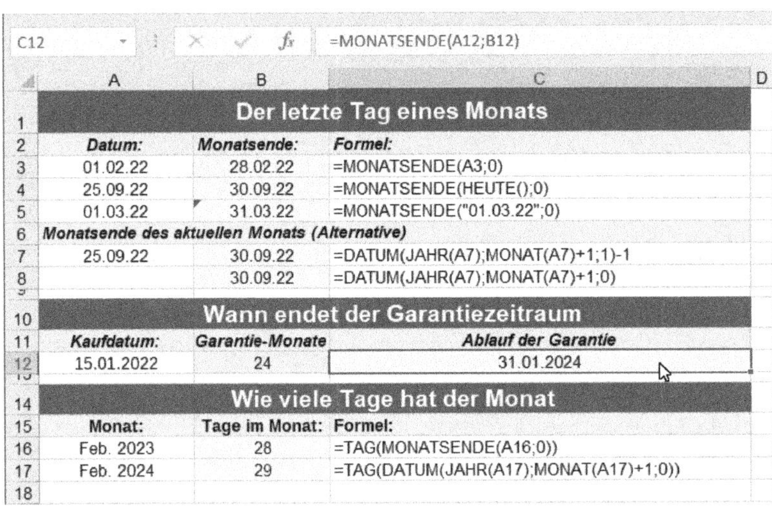

C12 =MONATSENDE(A12;B12)

	A	B	C	D
1	Der letzte Tag eines Monats			
2	*Datum:*	*Monatsende:*	*Formel:*	
3	01.02.22	28.02.22	=MONATSENDE(A3;0)	
4	25.09.22	30.09.22	=MONATSENDE(HEUTE();0)	
5	01.03.22	31.03.22	=MONATSENDE("01.03.22";0)	
6	*Monatsende des aktuellen Monats (Alternative)*			
7	25.09.22	30.09.22	=DATUM(JAHR(A7);MONAT(A7)+1;1)-1	
8		30.09.22	=DATUM(JAHR(A7);MONAT(A7)+1;0)	
10	Wann endet der Garantiezeitraum			
11	*Kaufdatum:*	*Garantie-Monate*	*Ablauf der Garantie*	
12	15.01.2022	24	31.01.2024	
14	Wie viele Tage hat der Monat			
15	Monat:	Tage im Monat:	Formel:	
16	Feb. 2023	28	=TAG(MONATSENDE(A16;0))	
17	Feb. 2024	29	=TAG(DATUM(JAHR(A17);MONAT(A17)+1;0))	
18				

Lösung

Schreiben Sie in die Zelle A3 einen beliebigen Tag des Monats (z.B.: »01.02.2019«) und dann in die Zelle B3 folgende Formel:

```
=MONATSENDE(A3;0)
```

Als Zellenformat wählen Sie: `TT.MM.JJJJ`. Als Ergebnis erhalten Sie:

»28.02.2019«

Hintergrund

`MONATSENDE()` ergibt das Datum des letzten Tages eines Monats, der eine bestimmte Anzahl von Monaten vor oder nach dem Anfangsdatum liegt.

Das Argument `Monate` mit dem Wert `0` ergibt als Ergebnis den letzten Tag des im Argument `Anfangsdatum` bezeichneten Monats.

Alternativ dazu können Sie auch folgende Formel verwenden:

```
=DATUM(JAHR(A3);MONAT(A3)+1;1)-1
```

Diese Formel zählt zum Ersten des Monats des Datums der Zelle A3 einen Monat hinzu und zieht anschließend einen Tag ab. Mit diesen Formeln können Sie auch ganz bequem den Ablauf eines Garantiezeitraums berechnen.

Verwendete Funktionen

`MONATSENDE(Anfangsdatum;Monate)`
`DATUM(Jahr;Monat;Tag)`
`JAHR(Zahl)`
`MONAT(Zahl)`

1.3.8 Der erste oder letzte Arbeitstag eines Monats

Problem

Die laufende Statistik ist grundsätzlich am letzten Arbeitstag des Monats zu erstellen. Wie errechnen Sie dieses Datum?

B3 =ARBEITSTAG(DATUM(JAHR($A$3);MONAT($A$3);0);1)

	A	B	C	D
1	Der erste Arbeitstag im Monat			
2	Monat:	erster Arbeitstag:		Formel:
3	01.06.22	01.06.22		=ARBEITSTAG(DATUM(JAHR($A$3);MONAT($A$3);0);1)
4	04.07.22	01.07.22		=ARBEITSTAG(DATUM(JAHR(JETZT());MONAT(JETZT());0);1)
5	04.07.22	01.07.22		=ARBEITSTAG(DATUM(JAHR(HEUTE());MONAT(HEUTE());0);1)
6	Juli 2022	01.07.22		=ARBEITSTAG(DATUM(JAHR($A$3);(ZEILE(A3)+4);0);1)
7				
8	Der letzte Arbeitstag des Monats			
9	Datum:	letzter Arbeitstag:		Formel:
10	01.06.22	30.06.22		=ARBEITSTAG(DATUM(JAHR($A$10);MONAT($A$10)+1;1);-1)
11	04.07.22	29.07.22		=ARBEITSTAG(DATUM(JAHR(JETZT());MONAT(JETZT())+1;1);-1)
12	04.07.22	29.07.22		=ARBEITSTAG(DATUM(JAHR(HEUTE());MONAT(HEUTE())+1;1);-1)
13	Juli 2022	29.07.22		=ARBEITSTAG(DATUM(JAHR($A$3);(ZEILE(A4)+4);1);-1)
14				

Lösung

Schreiben Sie in die Zelle A10 einen beliebigen Tag des Monats (z.B.: `01.06.22`) und dann in die Zelle B10 folgende Formel:

```
=ARBEITSTAG(DATUM(JAHR($A$10);MONAT($A$10)+1;1);-1)
```

Als Zellenformat wählen Sie: `TT.MM.JJ`. Als Ergebnis erhalten Sie: »30.06.22«.

Hintergrund

Die Funktion `ARBEITSTAG()` errechnet das Datum eines Tages, das eine bestimmte Anzahl von Arbeitstagen vor oder hinter dem Anfangsdatum liegt. Das Argument `Anfangsdatum` bestimmt die Funktion `DATUM()` mit dem ersten Tag des Nachfolgemonats. Als Argument `Tage` schreiben Sie `-1`. Im Ergebnis erhalten Sie den letzten Arbeitstag des im Argument `Anfangsdatum` bezeichneten Ausgangsmonats.

Davon ausgehend erhalten Sie den ersten Arbeitstag des in der Zelle A3 angegebenen Monats mit der Formel:

```
=ARBEITSTAG(DATUM(JAHR($A$3);MONAT($A$3);0);1)
```

Diese Formel zählt zum letzten Tag des Vormonats (der Tageswert der Funktion `DATUM()` = `"0"`) einen Tag hinzu und liefert so den ersten nachfolgenden Arbeitstag als Ergebnis. Sollen arbeitsfreie Tage berücksichtigt werden, kann als letztes Argument `Freie_Tage` ein Bereich angegeben werden, in dem alle Feiertage und freien Tage aufgelistet sind.

Verwendete Funktionen

```
ARBEITSTAG(Anfangsdatum;Tage[;Freie_Tage])
DATUM(Jahr;Monat;Tag)
JAHR(Zahl)
MONAT(Zahl)
```

1.3.9 Die Anzahl der Monate berechnen

Problem

Sie sollen die Monate zwischen zwei Datumsangaben errechnen. Liegen die Monate im gleichen Jahr, so können Sie mit der Formel `=MONAT(A3)-MONAT(A2)` problemlos die Anzahl der dazwischen liegenden Monate ermitteln. Stammen die Daten jedoch aus zwei verschiedenen Jahren, wird ein falsches Ergebnis berechnet. Wie müssen Sie die Formel abändern, um die richtige Anzahl an Monaten zu erhalten?

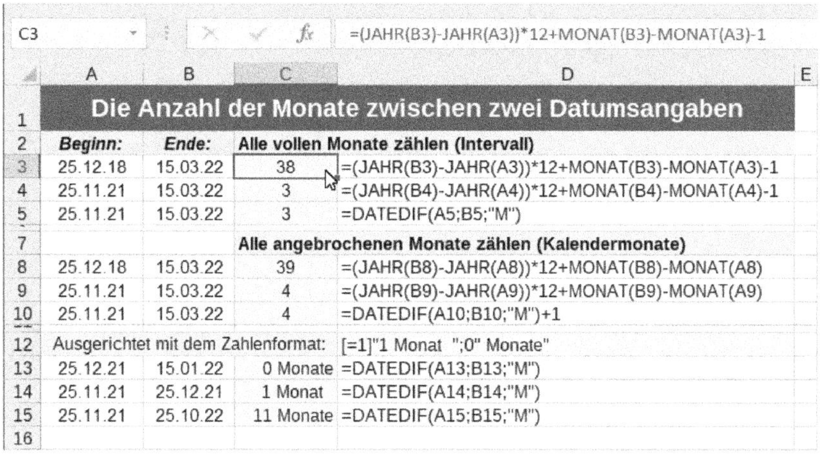

C3 =(JAHR(B3)-JAHR(A3))*12+MONAT(B3)-MONAT(A3)-1

	A	B	C	D
1	Die Anzahl der Monate zwischen zwei Datumsangaben			
2	**Beginn:**	**Ende:**	**Alle vollen Monate zählen (Intervall)**	
3	25.12.18	15.03.22	38	=(JAHR(B3)-JAHR(A3))*12+MONAT(B3)-MONAT(A3)-1
4	25.11.21	15.03.22	3	=(JAHR(B4)-JAHR(A4))*12+MONAT(B4)-MONAT(A4)-1
5	25.11.21	15.03.22	3	=DATEDIF(A5;B5;"M")
7			**Alle angebrochenen Monate zählen (Kalendermonate)**	
8	25.12.18	15.03.22	39	=(JAHR(B8)-JAHR(A8))*12+MONAT(B8)-MONAT(A8)
9	25.11.21	15.03.22	4	=(JAHR(B9)-JAHR(A9))*12+MONAT(B9)-MONAT(A9)
10	25.11.21	15.03.22	4	=DATEDIF(A10;B10;"M")+1
12	Ausgerichtet mit dem Zahlenformat:			[=1]"1 Monat ";0" Monate"
13	25.12.21	15.01.22	0 Monate	=DATEDIF(A13;B13;"M")
14	25.11.21	25.12.21	1 Monat	=DATEDIF(A14;B14;"M")
15	25.11.21	25.10.22	11 Monate	=DATEDIF(A15;B15;"M")
16				

Lösung

In A3 schreiben Sie beispielsweise das Datum: `25.12.2018`.
In B3 schreiben Sie das Datum: `15.03.2022`.
In C3 berechnen Sie die zutreffende Monatsdifferenz mit der Formel:

```
=(JAHR(B3)-JAHR(A3))*12+MONAT(B3)-MONAT(A3)-1
```

Als Ergebnis erhalten Sie die Anzahl der vollen Monate, hier: »38«.

Hintergrund

Excel und Calc berücksichtigen bei der Funktion `MONAT()` nur die im Datum enthaltenen Monatsangaben. So ergeben die Berechnung 25.12.2022 minus 15.03.2022 genauso wie die Berechnung 25.12.2022 minus 15.03.2018 als Ergebnis 9 Monate. Es wird in beiden Beispielen der Monatswert März »3« vom Monatswert Dezember »12« abgezogen. Als Ergebnis beider Beispiele erhalten Sie die Zahl »9«.

Stammen die Daten aus zwei verschiedenen Jahren, müssen die Funktionen `JAHR()` und `MONAT()` kombiniert angewendet werden. Im ersten Teil der Formel wird die Anzahl der Jahre zwischen den beiden Datumswerten ermittelt und durch Multiplikation mit 12 in Monate umgerechnet. Das so errechnete Produkt wird mit der Anzahl Monate addiert, die sich aus der Subtraktion der Monate der beiden Monatswerte ergibt. Als Ergebnis erhalten Sie 39 angebrochene Monate. Um die Anzahl der vollen Monate zu erhalten, ziehen Sie einfach einen Monat ab. Zur Darstellung des Ergebnisses wählen Sie die Zahlenformatierung `Zahl` oder Sie definieren ein eigenes Zahlenformat mit Text. Geeignet wäre z.B. das benutzerdefinierte Format: `[=1]"1 Monat"_e;0 "Monate"`.

Ergibt die Berechnung den Wert 1, erhalten Sie als Ergebnis den Text »1 Monat« angezeigt. Jedes andere Ergebnis wird im Standardformat und dem Textzusatz

»Monate« ausgewiesen. Der Zusatz im ersten Abschnitt des Zahlenformats _e richtet die Monatszahlen genau untereinander aus.

Tipp

Eine weitere Möglichkeit bietet in Excel die Funktion `DATEDIF()`, die unter dem Funktionsnamen `DATUMDIF()` mit den gleichen Parametern auch in Calc zur Verfügung steht. In Excel lautet die Formel:

```
=DATEDIF(A5;B5;"M")
```

Beide Funktionen liefern die Anzahl der vollen Monate zwischen zwei Datumswerten.

Verwendete Funktionen

`DATEDIF(Ausgangsdatum;End-Datum;Einheit)` (nur Excel)
`DATUMDIF(Start-Datum;End-Datum;Intervall)` (nur Calc)
`JAHR(Zahl)`
`MONAT(Zahl)`

1.3.10 Monate in Jahre und Monate aufteilen

Problem

Die Laufzeiten verschiedener Verträge werden in Monaten mitgeteilt. Wie kann man diese in Jahre und Monate getrennt ausweisen?

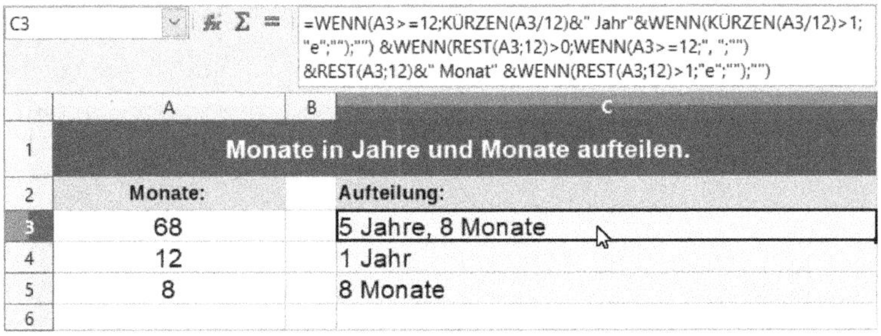

Lösung

In die Zelle A3 schreiben Sie die mitgeteilten Monate: 68.
In die Zelle C3 schreiben Sie die Formel:

```
=WENN(A3>=12;KÜRZEN(A3/12)&"Jahr"&WENN(KÜRZEN(A3/12)>1;"e";"");"")
&WENN(REST(A3;12)>0;WENN(A3>=12;", ";"")&REST(A3;12)&"Monat"
&WENN(REST(A3;12)>1;"e";"");"")
```

Als Ergebnis erhalten Sie: »5 Jahre, 8 Monate«.

Hintergrund

Zuerst wird überprüft, ob mehr als 12 Monate vorliegen. Liegen mehr als 12 Monate der Berechnung zugrunde, prüft das Programm durch eine `WENN()`-Funktion, ob die Division der Monatszahlen / 12 größer 1 ergibt. Ist das Ergebnis größer 1, wird der Text »Jahre« ausgewiesen, sonst »Jahr«.

In einer zweiten `WENN()`-Funktion wird die Anzahl der verbleibenden Monate überprüft. Bleibt nur 1 Monat übrig, wird der Monatszahl der Text »Monat« hinzugefügt, sonst »Monate«.

Verwendete Funktionen

```
KÜRZEN(Zahl;Anzahl)
JAHR(Zahl)
KÜRZEN(Zahl;Anzahl)
MONAT(Zahl)
REST(Zahl;Divisor)
WENN(Prüfung;DannWert;SonstWert)
```

1.3.11 Monate mit weniger als fünf Buchstaben werden ausgeschrieben, die restlichen abgekürzt

Problem

In einem Rechnungsformular soll der Monatsnamen des Rechnungsdatums bei weniger als fünf Buchstaben ausgeschrieben, sonst jedoch abgekürzt dargestellt werden, beispielsweise »März« oder »Sept«.

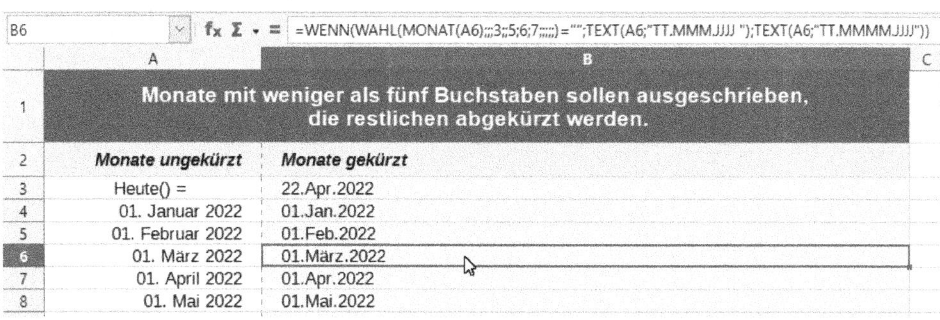

Lösung

Schreiben Sie für das Datum von heute folgende Formel in die entsprechende Datumszelle:

```
=WENN(WAHL(MONAT(HEUTE());;;3;;5;6;7;;;;;)="";TEXT(HEUTE();"TT.MMM.JJJJ ");
TEXT(HEUTE();"TT.MMMM.JJJJ"))
```

Anstelle der Funktion `HEUTE()` kann auch mit einem Zellbezug gearbeitet werden. Die abgewandelte Formel, wenn das zu formatierende Datum in der Zelle A4 steht, lautet:

```
=WENN(WAHL(MONAT(A4);;;3;;5;6;7;;;;;)="";TEXT(A4;"TT.MMM.JJJJ");
TEXT(A4;"TT.MMMM.JJJJ"))
```

In jedem Fall erhalten Sie das gewünschte Datumsformat.

Hintergrund

In einer `WENN()`-Funktion vergleicht die Funktion `WAHL()` den durch den Parameter `Index` bestimmten Monatswert (= aktueller Monat) mit den Werten der in den Parametern festgelegten Zahlen und gibt den entsprechenden Wert zurück. Die Monate mit zu kürzenden Monatsnamen (wie beispielsweise »Januar«) erhalten als Wert einen leeren Parameter `""` und werden entsprechend den Bedingungen der `WENN()`-Funktion mit dem Zahlenformat `TT.MMM.JJJJ` formatiert. Die Monate 3, 5, 6 und 7 erhalten das alternative Zahlenformat `TT.MMMM.JJJJ` und werden dadurch ausgeschrieben (beispielsweise »März«).

Verwendete Funktionen

```
HEUTE()
MONAT(Zahl)
ODER(Wahrheitswert1[;Wahrheitswert2[;...[;Wahrheitswert255]]])
TEXT(Zahl;Format)
WAHL(Index;Wert1[;Wert2[;...[;Wert30]]])
WENN(Prüfung;DannWert;SonstWert)
```

1.4 Quartals-, Halbjahres- und Jahresberechnungen

1.4.1 In welches Quartal fällt das Datum?

Problem

Sie erhalten eine Liste mit Terminen. Wie können Sie diese Daten einem bestimmten Quartal zuordnen?

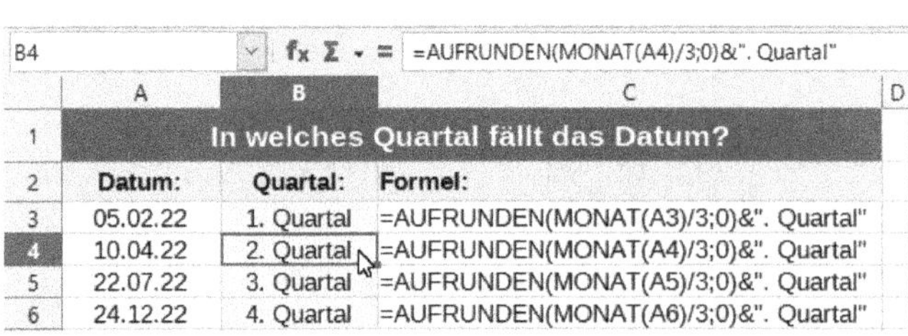

B4 =AUFRUNDEN(MONAT(A4)/3;0)&". Quartal"

	A	B	C	D
1	In welches Quartal fällt das Datum?			
2	Datum:	Quartal:	Formel:	
3	05.02.22	1. Quartal	=AUFRUNDEN(MONAT(A3)/3;0)&". Quartal"	
4	10.04.22	2. Quartal	=AUFRUNDEN(MONAT(A4)/3;0)&". Quartal"	
5	22.07.22	3. Quartal	=AUFRUNDEN(MONAT(A5)/3;0)&". Quartal"	
6	24.12.22	4. Quartal	=AUFRUNDEN(MONAT(A6)/3;0)&". Quartal"	

Lösung

In der Zelle A3 steht das Datum: `05.04.2022`.
In die Zelle B3 schreiben Sie folgende Formel:

```
=AUFRUNDEN(MONAT(A3)/3;0)&". Quartal"
```

Hintergrund

Das Programm teilt die durch die Funktion `MONAT()` bestimmte Monatszahl durch 3 und rundet auf eine Ganzzahl auf (hier: 4/3 = 1,33 = 2). Die Rundung bestimmen Sie mit dem zweiten Parameter der Funktion `AUFRUNDEN()`. Der Wert 0 rundet auf eine Ganzzahl auf. Zur besseren Darstellung verbinden Sie den errechneten Quartalswert mit dem Textzusatz: `&". Quartal"` oder weisen der Zelle das benutzerdefinierte Zahlenformat: `0". Quartal"` zu. Als Ergebnis erhalten Sie: »2. Quartal«.

Verwendete Funktionen

`AUFRUNDEN(Zahl[;Stellen])`
`MONAT(Zahl)`

1.4.2 Quartalsanfang – Quartalsende, Grundlage zur Berechnung des letzten Kündigungstermins

Problem

Mit welcher Formel kann man den ersten Tag eines Quartals eines bestimmten Datums errechnen, mit welcher Formel den letzten Tag des Quartals?

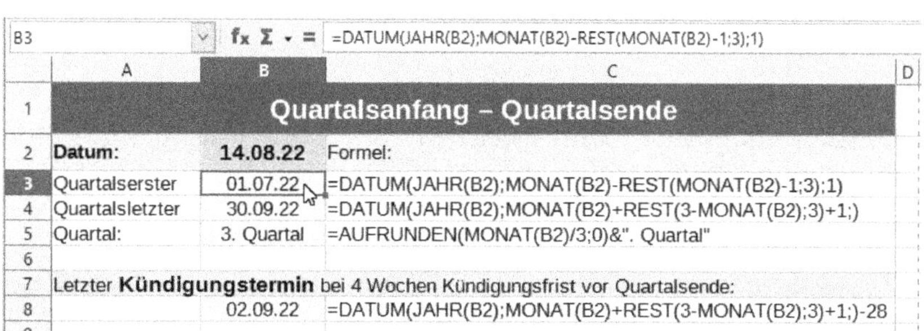

B3 | fx Σ = =DATUM(JAHR(B2);MONAT(B2)-REST(MONAT(B2)-1;3);1)

	A	B	C
1	Quartalsanfang – Quartalsende		
2	Datum:	14.08.22	Formel:
3	Quartalserster	01.07.22	=DATUM(JAHR(B2);MONAT(B2)-REST(MONAT(B2)-1;3);1)
4	Quartalsletzter	30.09.22	=DATUM(JAHR(B2);MONAT(B2)+REST(3-MONAT(B2);3)+1;)
5	Quartal:	3. Quartal	=AUFRUNDEN(MONAT(B2)/3;0)&". Quartal"
6			
7	Letzter **Kündigungstermin** bei 4 Wochen Kündigungsfrist vor Quartalsende:		
8		02.09.22	=DATUM(JAHR(B2);MONAT(B2)+REST(3-MONAT(B2);3)+1;)-28
9			

Lösung

Steht beispielsweise in der Zelle B2 das Datum 14.08.2022, kann in einer beliebigen Zelle der erste Tag des dazugehörigen Quartals mit folgender Formel ermittelt werden:

```
=DATUM(JAHR(B2);MONAT(B2)-REST(MONAT(B2)-1;3);1)
```

Als Ergebnis erhalten Sie den 01.07.2022.

Den letzten Tag des Quartals ermitteln Sie mit der Formel:

```
=DATUM(JAHR(B2);MONAT(B2)+REST(3-MONAT(B2);3)+1;)
```

Als Ergebnis erhalten Sie den 30.09.2022.

Dieses Datum kann nun für weitere Berechnung, beispielsweise für die Ermittlung eines letzten Kündigungstermins verwendet werden. Können Sie zum Beispiel bis 4 Wochen (= 28 Tage) vor Quartalsende kündigen, so ziehen Sie einfach die Tageszahl vom Rechenergebnis ab. Die Formel dazu:

```
=DATUM(JAHR(B2);MONAT(B2)+REST(3-MONAT(B2);3)+1;)-28
```

Als Ergebnis erhalten Sie den letztmöglichen Kündigungstermin, in diesem Beispiel den 02.09.2022.

Hintergrund

Ein Drittel des Monatswerts ergibt, auf eine Ganzzahl gerundet, das dazugehörende Quartal. Den ersten Tag eines Quartals errechnet die Funktion `DATUM()`, indem der zweite Parameter `Monat` mithilfe der Formel `MONAT(B2)-REST(MONAT(B2)-1;3)` errechnet wird (hier die Zahl 7). Als dritten Parameter `Tag` schreiben Sie die Zahl 1.

Als Ergebnis erhalten Sie in diesem Beispiel: »01.07.2022«.

Den letzten Tag des Quartals ermittelt die Funktion `DATUM()` in ähnlicher Weise. Als zweiten Parameter `Monat` verwenden Sie die Formel `MONAT(B2)+REST(3-MONAT(B2);3)+1`.

Als Ergebnis erhalten Sie den ersten Monat nach Quartalsende, hier den Monat »10«.

Weil die letzte Tageszahl eines Monats zwischen 28 und 31 variieren kann, soll Excel den letzten Tag des Quartalsmonats selbst bestimmen. Dazu tragen Sie als dritten Parameter `Tag` der Funktion `DATUM()` entweder die Zahl `0` ein oder lassen den Parameter nach dem Semikolon leer. Die Formel verwendet dadurch den letzten Tag des Vormonats und den Vormonat als Datumsbestandteile, hier den 30.09.2022.

Verwendete Funktionen

```
AUFRUNDEN(Zahl;Stellen)
DATUM(Jahr;Monat;Tag)
JAHR(Zahl)
MONAT(Zahl)
REST(Divident;Divisor)
```

1.4.3 Halbjahresanfang – Halbjahresende

Problem

Wie errechnen Sie zu einem Datum den dazugehörigen Halbjahresanfang, das Halbjahresende sowie das zutreffende Halbjahr als Zahl?

B3 =DATUM(JAHR(B2);(MONAT(B2)-6>0)*6+1;1)

	A	B	C	D
1	Halbjahresanfang – Halbjahresende			
2	Datum:	20.04.22	Formel:	
3	Halbjahresanfang	01.01.22	=DATUM(JAHR(B2);(MONAT(B2)-6>0)*6+1;1)	
4	Halbjahresende	30.06.22	=DATUM(JAHR(B2);(MONAT(B2)-6>0)*6+7;0)	
5	Halbjahresende (alternativ)	30.06.22	=DATUM(JAHR(B2);(MONAT(B2)-6>0)*6+7;)	
6	Halbjahr:	1	=(MONAT(B2)-6>0)+1	
7				

Lösung

Steht beispielsweise in der Zelle B2 das Datum 20.04.2022, dann erhalten Sie in der Ergebniszelle das Datum des dazugehörigen Halbjahresanfangs (hier: 01.01.2022) mit der Formel:

```
=DATUM(JAHR(B2);(MONAT(B2)-6>0)*6+1;1)
```

Das Datum vom Halbjahresende (hier: 30.06.2022) liefert die Formel:

```
=DATUM(JAHR(B2);(MONAT(B2)-6>0)*6+7;0)
```

Das Halbjahr als Zahl errechnet die Formel:

```
=(MONAT(B2)-6>0)+1
```

Hintergrund

Zu welchem Halbjahr ein bestimmtes Datum gehört, berechnet man mithilfe der Funktion `MONAT()` und einem Wahrheitswert. Die Formel `=(MONAT(B2)-6>0)+1` prüft, ob die Monatszahl der Zelle B2 minus 6 größer als 0 ist. Trifft dies zu, ergibt sich der Wahrheitswert 1, summiert mit der Zahl 1 ergibt sich das Halbjahr: 2. Ergibt die Wahrheitsprüfung den Wert Falsch = 0, ergibt die Summierung mit der Zahl 1 das Ergebnis 1, also erstes Halbjahr. Die so errechnete Halbjahreszahl kann dann für weitere Berechnungen (beispielsweise der Zuordnung von Umsätzen) verwendet werden.

Den ersten Tag des Halbjahres ermittelt die Funktion `DATUM()`. Der erste Parameter `Jahr` wird direkt der Zelle B2 entnommen. Den zweiten Parameter `Monat` errechnet der Formelteil `MONAT(B2)-6>0)*6+1`. Als Ergebnis liefert der erste Teil der Formel einen der Wahrheitswerte 0 oder 1, der mit 6 multipliziert die Zahl 0 oder 6 ergibt. Einen Monat hinzuaddiert, erhält man den ersten Monat des entsprechenden Halbjahres. Der dritte Parameter `Tag` ist die Zahl 1, der erste Tag des Monats.

Der letzte Tag des Halbjahres wird ebenfalls mithilfe der Funktion `DATUM()` ermittelt. Der erste Parameter `Jahr` verweist wieder auf die Zelle B2. Der zweite Parameter `Monat` unterscheidet sich von der vorhergehenden Formel durch das Hinzuzählen von 7 Monaten: `(MONAT(B2)-6>0)*6+7`. Als Ergebnis erhält man die Zahlen 7 (für das erste Halbjahr) oder 1 (für das zweite Halbjahr). Verwenden Sie als dritten Parameter `Tag` entweder die Zahl `0` oder machen nach dem Semikolon keinen Eintrag, verwendet die Funktion `DATUM()` den letzten Tag des vorhergehenden Monats und berichtigt gleichzeitig den zweiten Parameter `Monat` um `-1`, sodass immer das richtige End-Datum (hier: 30.06.2022 oder 31.12.2022) angezeigt wird.

Verwendete Funktionen

```
DATUM(Jahr;Monat;Tag)
JAHR(Zahl)
MONAT(Zahl)
```

1.4.4 Beginn von Sommer- oder Winterzeit berechnen

Problem

Wie errechnen Sie das Datum für den Beginn der Sommerzeit oder für den Beginn der Winterzeit?

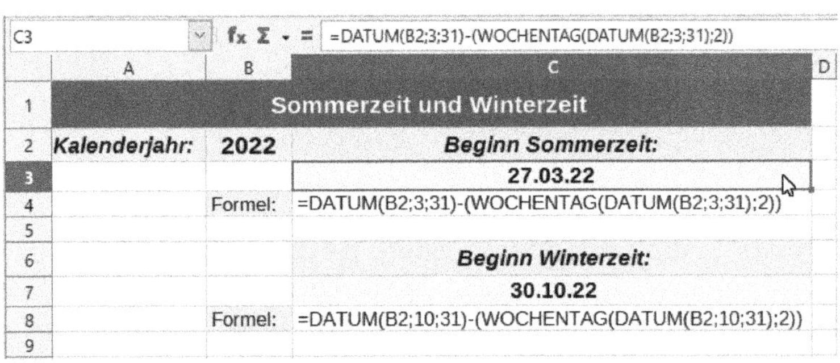

Lösung

Schreiben Sie in die Zelle B1 eine korrekte vierstellige Jahreszahl, z.B. »2022«. In der Zelle C3 berechnen Sie den Beginn der Sommerzeit mit der Formel:

```
=DATUM(B2;3;31)-(WOCHENTAG(DATUM(B2;3;31);2))
```

In der Zelle C6 berechnen Sie den Beginn der Winterzeit mit der Formel:

```
=DATUM(B2;10;31)-(WOCHENTAG(DATUM(B2;10;31);2))
```

Hintergrund

Da die Sommerzeit in Deutschland immer am letzten Sonntag im März beginnt, kann der Beginn der Sommerzeit problemlos berechnet werden. Mit dem Formelteil `DATUM(B2;3;31)` bestimmen Sie den letzten Tag des Monats März. Mit der Funktion `WOCHENTAG()` berechnen Sie, auf welchen Wochentag der Monatsletzte fällt. Das Ergebnis wird Ihnen in einer ganzen Zahl angezeigt (1 für Montag; 7 für Sonntag). Hat der Parameter `Art` den Wert 2, so beginnt die Zählung mit 1 = Montag. Wird der Parameter `Art` nicht angegeben, hat der Sonntag den Wert 1. Sie brauchen nun nur die mit der Funktion `WOCHENTAG()` ermittelte Zahl (= Anzahl der Werktage) vom letzten Tag des März abzuziehen, um den letzten Sonntag im Monat März zu erhalten. Zum Schluss weisen Sie der Zelle C3 noch ein Datumsformat zu. Als Ergebnis erhalten Sie den 27.03.2022.

Tipp

Weil die Winterzeit in Deutschland immer am letzten Sonntag im Oktober beginnt, kann der Beginn der Winterzeit analog zu der Sommerzeit berechnet werden. Sie brauchen nur die Monatszahlen auszutauschen.

Verwendete Funktionen

```
DATUM(Jahr;Monat;Tag)
WOCHENTAG(Zahl[;Art])
```

1.4.5 Wann haben wir ein Schaltjahr?

Problem

Ist 2023 ein Schaltjahr? Mit Excel oder Calc können Sie auf diese Frage sehr schnell antworten.

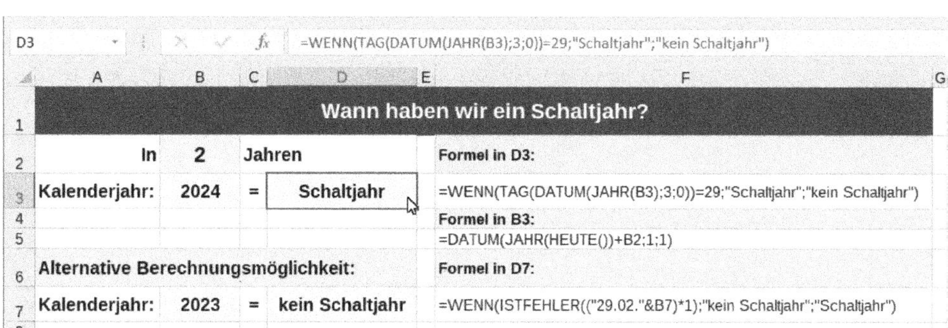

Lösung

Steht in der Zelle B3 ein Datumswert des Kalenderjahres 2023, schreiben Sie in der Zelle D3 die Formel:

```
=WENN(TAG(DATUM(JAHR(B3);3;0))=29;"Schaltjahr";"kein Schaltjahr")
```

Als Ergebnis erhalten Sie die Auskunft: »kein Schaltjahr«.

Hintergrund

Mit der Funktion `TAG()` erhält man die Tageskomponente eines Datums als Zahl zwischen 1 und 31. Die mit dieser Funktion gesuchte Tageszahl liefert wiederum die Funktion `DATUM()` mit den Parametern `Jahr`, `Monat` und `Tag`. Das Kalenderjahr entspricht hier dem Datumswert der Zelle B3. Als zweiten Parameter `Monat` nehmen Sie den Folgemonat März, hier die Zahl 3, und als dritten Parameter `Tag` den Wert 0. Da es den Tag »0« aber nicht gibt, nimmt die Funktion den letzten Tag des Vormonats als Parameterwert. Dies entspricht wiederum der gesuchten letzten Tageszahl des Monats Februar, = 29. Die umschließende `WENN()`-Funktion überprüft nun, ob der Februar des Jahres der Zelle B3 einen Tag »29« hat oder nicht. Liefert der Februar des Jahres der Zelle B3 die Tageszahl 29, handelt es sich um ein »Schaltjahr«; sonst um »kein Schaltjahr«.

Tipp

Eine weitere Alternative bietet die Formel

```
=WENN(ISTFEHLER(("29.02."&B12)*1);"kein Schaltjahr";"Schaltjahr")
```

wobei hier in der Zelle B12 eine gültige Jahreszahl, entweder »2023« oder nur »23« stehen muss. Mit dieser Jahreszahl wird die Textfolge 29.02.2023 erstellt (`"29.02."&B12`). Die Textfolge 29.02.2023 wird nun mit 1 multipliziert, um sie in eine Zahl (Datumswert) umzuwandeln. Das Ergebnis der Multiplikation wird durch die Funktion `ISTFEHLER()` auf einen Fehler untersucht. Ist der 29.02.2023 nicht im Datumssystem vorhanden, ergibt sich der Fehlerwert `#WERT` und die umschließende `WENN()`-Funktion zeigt als Ergebnis: »kein Schaltjahr«. Gibt es im Datumssystem des entsprechenden Jahres den 29. Februar, liefert die `WENN()`-Funktion das Ergebnis: »Schaltjahr«.

Verwendete Funktionen

```
DATUM(Jahr;Monat;Tag)
ISTFEHLER(Wert)
JAHR(Zahl)
TAG(Zahl)
WENN(Prüfung[;[DannWert][;[SonstWert]]])
```

1.4.6 Ein immerwährender Jahreskalender

Problem

Sie benötigen immer wieder einen Jahreskalender von verschiedenen Kalenderjahren. Wie können Sie einen solchen immerwährenden Kalender erstellen?

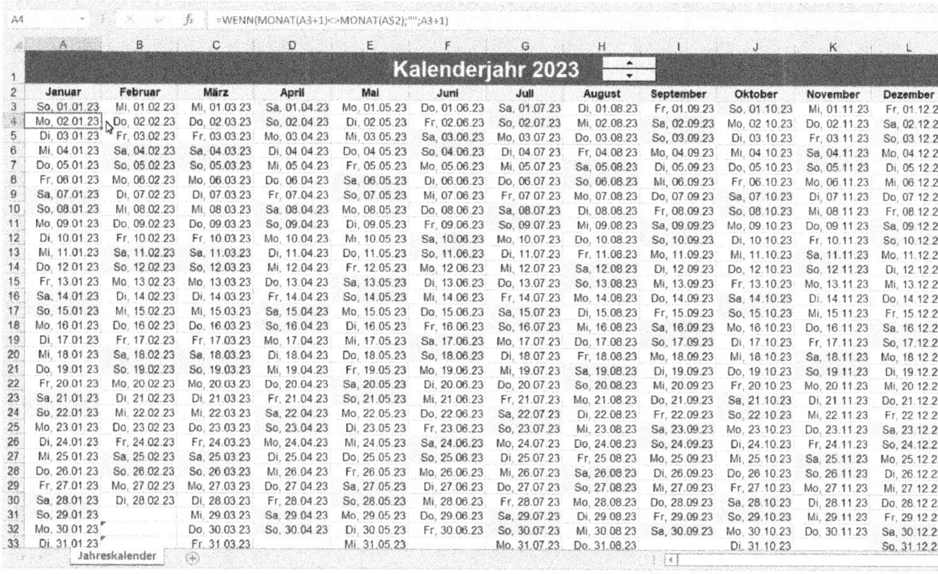

	A	B	C	D	E	F	G	H	I	J	K	L
1	Kalenderjahr 2023											
2	Januar	Februar	März	April	Mai	Juni	Juli	August	September	Oktober	November	Dezember
3	So, 01.01.23	Mi, 01.02.23	Mi, 01.03.23	Sa, 01.04.23	Mo, 01.05.23	Do, 01.06.23	Sa, 01.07.23	Di, 01.08.23	Fr, 01.09.23	So, 01.10.23	Mi, 01.11.23	Fr, 01.12.23
4	Mo, 02.01.23	Do, 02.02.23	Do, 02.03.23	So, 02.04.23	Di, 02.05.23	Fr, 02.06.23	So, 02.07.23	Mi, 02.08.23	Sa, 02.09.23	Mo, 02.10.23	Do, 02.11.23	Sa, 02.12.23
5	Di, 03.01.23	Fr, 03.02.23	Fr, 03.03.23	Mo, 03.04.23	Mi, 03.05.23	Sa, 03.06.23	Mo, 03.07.23	Do, 03.08.23	So, 03.09.23	Di, 03.10.23	Fr, 03.11.23	So, 03.12.23
6	Mi, 04.01.23	Sa, 04.02.23	Sa, 04.03.23	Di, 04.04.23	Do, 04.05.23	So, 04.06.23	Di, 04.07.23	Fr, 04.08.23	Mo, 04.09.23	Mi, 04.10.23	Sa, 04.11.23	Mo, 04.12.23
7	Do, 05.01.23	So, 05.02.23	So, 05.03.23	Mi, 05.04.23	Fr, 05.05.23	Mo, 05.06.23	Mi, 05.07.23	Sa, 05.08.23	Di, 05.09.23	Do, 05.10.23	So, 05.11.23	Di, 05.12.23
8	Fr, 06.01.23	Mo, 06.02.23	Mo, 06.03.23	Do, 06.04.23	Sa, 06.05.23	Di, 06.06.23	Do, 06.07.23	So, 06.08.23	Mi, 06.09.23	Fr, 06.10.23	Mo, 06.11.23	Mi, 06.12.23
9	Sa, 07.01.23	Di, 07.02.23	Di, 07.03.23	Fr, 07.04.23	So, 07.05.23	Mi, 07.06.23	Fr, 07.07.23	Mo, 07.08.23	Do, 07.09.23	Sa, 07.10.23	Di, 07.11.23	Do, 07.12.23
10	So, 08.01.23	Mi, 08.02.23	Mi, 08.03.23	Sa, 08.04.23	Mo, 08.05.23	Do, 08.06.23	Sa, 08.07.23	Di, 08.08.23	Fr, 08.09.23	So, 08.10.23	Mi, 08.11.23	Fr, 08.12.23
11	Mo, 09.01.23	Do, 09.02.23	Do, 09.03.23	So, 09.04.23	Di, 09.05.23	Fr, 09.06.23	So, 09.07.23	Mi, 09.08.23	Sa, 09.09.23	Mo, 09.10.23	Do, 09.11.23	Sa, 09.12.23
12	Di, 10.01.23	Fr, 10.02.23	Fr, 10.03.23	Mo, 10.04.23	Mi, 10.05.23	Sa, 10.06.23	Mo, 10.07.23	Do, 10.08.23	So, 10.09.23	Di, 10.10.23	Fr, 10.11.23	So, 10.12.23
13	Mi, 11.01.23	Sa, 11.02.23	Sa, 11.03.23	Di, 11.04.23	Do, 11.05.23	So, 11.06.23	Di, 11.07.23	Fr, 11.08.23	Mo, 11.09.23	Mi, 11.10.23	Sa, 11.11.23	Mo, 11.12.23
14	Do, 12.01.23	So, 12.02.23	So, 12.03.23	Mi, 12.04.23	Fr, 12.05.23	Mo, 12.06.23	Mi, 12.07.23	Sa, 12.08.23	Di, 12.09.23	Do, 12.10.23	So, 12.11.23	Di, 12.12.23
15	Fr, 13.01.23	Mo, 13.02.23	Mo, 13.03.23	Do, 13.04.23	Sa, 13.05.23	Di, 13.06.23	Do, 13.07.23	So, 13.08.23	Mi, 13.09.23	Fr, 13.10.23	Mo, 13.11.23	Mi, 13.12.23
16	Sa, 14.01.23	Di, 14.02.23	Di, 14.03.23	Fr, 14.04.23	So, 14.05.23	Mi, 14.06.23	Fr, 14.07.23	Mo, 14.08.23	Do, 14.09.23	Sa, 14.10.23	Di, 14.11.23	Do, 14.12.23
17	So, 15.01.23	Mi, 15.02.23	Mi, 15.03.23	Sa, 15.04.23	Mo, 15.05.23	Do, 15.06.23	Sa, 15.07.23	Di, 15.08.23	Fr, 15.09.23	So, 15.10.23	Mi, 15.11.23	Fr, 15.12.23
18	Mo, 16.01.23	Do, 16.02.23	Do, 16.03.23	So, 16.04.23	Di, 16.05.23	Fr, 16.06.23	So, 16.07.23	Mi, 16.08.23	Sa, 16.09.23	Mo, 16.10.23	Do, 16.11.23	Sa, 16.12.23
19	Di, 17.01.23	Fr, 17.02.23	Fr, 17.03.23	Mo, 17.04.23	Mi, 17.05.23	Sa, 17.06.23	Mo, 17.07.23	Do, 17.08.23	So, 17.09.23	Di, 17.10.23	Fr, 17.11.23	So, 17.12.23
20	Mi, 18.01.23	Sa, 18.02.23	Sa, 18.03.23	Di, 18.04.23	Do, 18.05.23	So, 18.06.23	Di, 18.07.23	Fr, 18.08.23	Mo, 18.09.23	Mi, 18.10.23	Sa, 18.11.23	Mo, 18.12.23
21	Do, 19.01.23	So, 19.02.23	So, 19.03.23	Mi, 19.04.23	Fr, 19.05.23	Mo, 19.06.23	Mi, 19.07.23	Sa, 19.08.23	Di, 19.09.23	Do, 19.10.23	So, 19.11.23	Di, 19.12.23
22	Fr, 20.01.23	Mo, 20.02.23	Mo, 20.03.23	Do, 20.04.23	Sa, 20.05.23	Di, 20.06.23	Do, 20.07.23	So, 20.08.23	Mi, 20.09.23	Fr, 20.10.23	Mo, 20.11.23	Mi, 20.12.23
23	Sa, 21.01.23	Di, 21.02.23	Di, 21.03.23	Fr, 21.04.23	So, 21.05.23	Mi, 21.06.23	Fr, 21.07.23	Mo, 21.08.23	Do, 21.09.23	Sa, 21.10.23	Di, 21.11.23	Do, 21.12.23
24	So, 22.01.23	Mi, 22.02.23	Mi, 22.03.23	Sa, 22.04.23	Mo, 22.05.23	Do, 22.06.23	Sa, 22.07.23	Di, 22.08.23	Fr, 22.09.23	So, 22.10.23	Mi, 22.11.23	Fr, 22.12.23
25	Mo, 23.01.23	Do, 23.02.23	Do, 23.03.23	So, 23.04.23	Di, 23.05.23	Fr, 23.06.23	So, 23.07.23	Mi, 23.08.23	Sa, 23.09.23	Mo, 23.10.23	Do, 23.11.23	Sa, 23.12.23
26	Di, 24.01.23	Fr, 24.02.23	Fr, 24.03.23	Mo, 24.04.23	Mi, 24.05.23	Sa, 24.06.23	Mo, 24.07.23	Do, 24.08.23	So, 24.09.23	Di, 24.10.23	Fr, 24.11.23	So, 24.12.23
27	Mi, 25.01.23	Sa, 25.02.23	Sa, 25.03.23	Di, 25.04.23	Do, 25.05.23	So, 25.06.23	Di, 25.07.23	Fr, 25.08.23	Mo, 25.09.23	Mi, 25.10.23	Sa, 25.11.23	Mo, 25.12.23
28	Do, 26.01.23	So, 26.02.23	So, 26.03.23	Mi, 26.04.23	Fr, 26.05.23	Mo, 26.06.23	Mi, 26.07.23	Sa, 26.08.23	Di, 26.09.23	Do, 26.10.23	So, 26.11.23	Di, 26.12.23
29	Fr, 27.01.23	Mo, 27.02.23	Mo, 27.03.23	Do, 27.04.23	Sa, 27.05.23	Di, 27.06.23	Do, 27.07.23	So, 27.08.23	Mi, 27.09.23	Fr, 27.10.23	Mo, 27.11.23	Mi, 27.12.23
30	Sa, 28.01.23	Di, 28.02.23	Di, 28.03.23	Fr, 28.04.23	So, 28.05.23	Mi, 28.06.23	Fr, 28.07.23	Mo, 28.08.23	Do, 28.09.23	Sa, 28.10.23	Di, 28.11.23	Do, 28.12.23
31	So, 29.01.23		Mi, 29.03.23	Sa, 29.04.23	Mo, 29.05.23	Do, 29.06.23	Sa, 29.07.23	Di, 29.08.23	Fr, 29.09.23	So, 29.10.23	Mi, 29.11.23	Fr, 29.12.23
32	Mo, 30.01.23		Do, 30.03.23	So, 30.04.23	Di, 30.05.23	Fr, 30.06.23	So, 30.07.23	Mi, 30.08.23	Sa, 30.09.23	Mo, 30.10.23	Do, 30.11.23	Sa, 30.12.23
33	Di, 31.01.23		Fr, 31.03.23		Mi, 31.05.23		Mo, 31.07.23	Do, 31.08.23		Di, 31.10.23		So, 31.12.23

Lösung

Sie können sich mit wenig Aufwand einen Jahreskalender erstellen, der die Wochenenden farbig anzeigt und sogar die Schaltjahre berücksichtigt. Das Kalenderjahr lässt sich über ein Drehfeld bequem auswählen.

1. Das Kalenderjahr bestimmen

Schreiben Sie in die Zelle A1 das Kalenderjahr als vierstellige Zahl »2023«, und formatieren Sie die Zelle mit dem benutzerdefinierten Zahlenformat: `"Kalenderjahr "Standard`. Anschließend markieren Sie den Bereich A1:L1 und klicken dann auf die Schaltfläche ZELLEN VERBINDEN UND ZENTRIEREN, um die Überschrift über allen Monatsnamen zu zentrieren.

2. Die Monatsüberschriften einfügen

Um das Datum 01.01.2023 zu erhalten, schreiben Sie in die Zelle A2 die Formel:

```
=DATUM($A$1;1;1)
```

In der Zelle B2 erhalten Sie den 01.02.2023 mit der Formel:

```
=DATUM($A$1;MONAT(A$2)+1;1)
```

Hinweis

Beachten Sie den Einsatz von absoluten und teilabsoluten Bezügen. Kopieren Sie die Zelle B2 mithilfe des Aufziehkästchens nach rechts bis zur Zelle L2, um die übrigen Monate anzuzeigen. Weisen Sie dem Bereich A2:L2 das Zahlenformat `MMMM` zu, damit die Monatsnamen angezeigt werden.

3. Datumsformat und Formatvorlage für die Wochenenden

Markieren Sie den Datenbereich des Kalenders (A3:L33) und weisen Sie den Zellen das Zahlenformat `TTT", "TT"."MM"."JJ` zu, damit das Datum später in der gewünschten Form angezeigt wird. Die Formatvorlage mit der Farbe für die Wochenenden erstellen Sie mithilfe einer bedingten Formatierung mit der Regel: `Formel = =WOCHENTAG(A3;2)>5`.

4. Die einzelnen Kalendertage

Schreiben Sie in die Zelle A3 folgende Formel: `=A2`. Sie erhalten den 01.01. des eingestellten Kalenderjahres als formatiertes Datum. Kopieren Sie diese Formel nach rechts in alle Zellen des Bereichs A3:L3, um den 01. der übrigen Monate zu erhalten. In die Zelle A4 schreiben Sie die Formel:

```
=WENN(MONAT(A3+1)<>MONAT(A$2);"";A3+1)
```

Kopieren Sie diese Formel mithilfe des Aufziehkästchens der Zelle A4 in alle Zellen des Bereichs A4:L4. Heben Sie die Markierung des Bereichs A4:L4 nicht auf, sondern kopieren Sie den markierten Bereich A4:L4 mithilfe des Aufziehkästchens der Markierung nun nach unten bis zur Zeile 33. Die beiden Formeln in den Zellen B32 und B33 mit den Fehlermeldungen (30. und 31. Februar) können Sie löschen. Der Jahreskalender ist erstellt.

Hintergrund

Das angezeigte Kalenderjahr wird durch die Jahreszahl der Zelle A1 bestimmt, was sehr komfortabel über ein Drehfeld (ENTWICKLERTOOLS|STEUERELEMENTE|EINFÜGEN|FORMULARSTEUERELEMENTE) ausgewählt werden kann.

Die darunter liegende Zeile enthält in der Zelle A2 den ersten Monatsnamen »Januar«. Gebildet wird er mithilfe der Funktion `DATUM()`, die das Kalenderjahr der Zelle A1 als ersten Parameter und für Monat und Tag jeweils den Wert 1 verwendet. Ab der Zelle B2 (Februar) wird die Monatszahl immer um den Wert 1 erhöht und bildet somit jeweils den nächsten Monat. Als Tag wird immer die Zahl 1 verwendet, sodass Sie als Ergebnis in jeder Zelle des Bereichs A2:L2 den 1. eines Monats erhalten. Als Zahlenformat verwenden Sie `MMMM`, um die Monatsnamen anzuzeigen. Der Inhalt der Zellen des Bereichs A3:L3 verweist auf die Zellen des Bereichs A2:L3; der Unterschied liegt nur im Zahlenformat. Um das Datum anzuzeigen, verwenden Sie das Datumsformat: `TTT", "TT"."MM"."JJ`, sodass jeweils der 01.01. eines Monats im Format »So, 01.01.23« angezeigt wird. Für alle übrigen Jahrestage schreiben Sie in die Zelle A4 die Formel

```
=WENN(MONAT(A3+1)<>MONAT(A$2);"";A3+1)
```

und kopieren sie in die Zellen A4:L33, um den Jahreskalender zu erhalten.

Hinweis

Weil der Datenbereich des gesamten Kalenders grundsätzlich 31 Zeilen = 31 Tage umfasst, muss bei Monaten mit weniger als 31 Tagen mit einer `WENN()`-Formel verhindert werden, dass die restlichen Zellen mit den Anfangstagen der nachfolgenden Monate aufgefüllt werden. Ab Zeile 4 prüft deshalb der zusätzliche Formelteil: `WENN(MONAT(A3+1)<>MONAT(A$2)...`, ob der Monat des jeweiligen Datums (hier das Datum der Zelle A4) mit dem Monat der Spaltenüberschrift übereinstimmt. Stimmen beide Monatswerte überein, wird der Tag angezeigt, andernfalls ausgeblendet.

Verwendete Funktionen

```
AKTUELL()
DATUM(Jahr;Monat;Tag)
MONAT(Zahl)
WENN(Prüfung;DannWert;SonstWert)
WOCHENTAG(Zahl;Art)
T(Wert)
```

1.5 Geburtstage und Feiertage

1.5.1 Wie alt ist Tante Anna?

Problem

Sie haben eine Liste mit den Geburtsdaten Ihrer Mitarbeiter und möchten nun deren jeweiliges Alter anzeigen, damit kein runder Geburtstag verpasst wird.

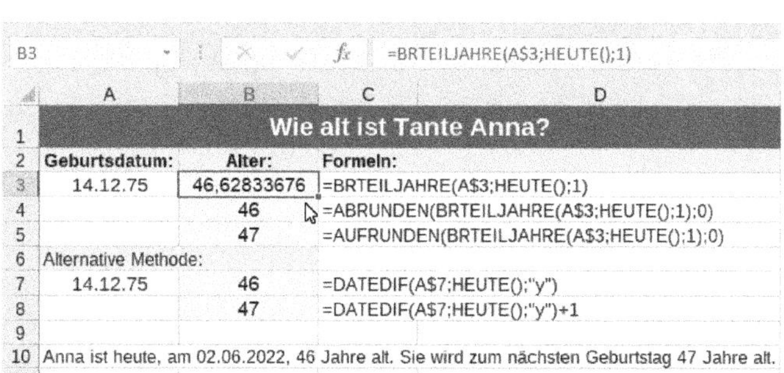

Lösung

In der Spalte A steht das Geburtsdatum, in der Spalte B soll das jeweilige Alter errechnet werden. Als Problemlösung bietet sich die Funktion `BRTEILJAHRE()` an, die abgerundet das aktuelle Alter liefert. Als Formel schreiben Sie dazu in die Ergebniszelle:

```
=ABRUNDEN(BRTEILJAHRE(B$3;HEUTE();1);0)
```

Soll das Lebensalter zum nächsten Geburtstag errechnet werden, verwenden Sie anstelle von `ABRUNDEN()` die Funktion `AUFRUNDEN()`.

```
=AUFRUNDEN(BRTEILJAHRE(B$3;HEUTE();1);0)
```

Als Ergebnis erhalten Sie die Differenz in Jahren zwischen Geburtstag und aktuellem Datum. Zur Berechnung des Lebensalters können Sie auch die Funktion `DATEDIF()` verwenden. Die Formel:

```
=DATEDIF(B$3;HEUTE();"y")
```

Als Ergebnis erhalten Sie die Differenz in Jahren zwischen Geburtstag und aktuellem Datum. Soll die Funktion das Alter des nächsten Geburtstags errechnen, müssen Sie zum Ergebnis den Wert 1 hinzurechnen.

Arbeiten Sie in einer Calc-Tabelle, schreiben Sie in die Zelle B3 das Geburtsdatum der Person: z.B. 14.12.1975. In die Zelle C3 schreiben Sie die Formel: `=JAHRE(B$3;HEUTE();0)`. Als Ergebnis erhalten Sie das genaue Alter der Person am heutigen Tag. Soll die Funktion das Alter des nächsten Geburtstags errechnen, verwenden Sie als dritten Parameter der Funktion `JAHRE()` den Wert 1.

Hintergrund

Mit der Funktion `JAHRE()` errechnen Sie das genaue Lebensalter einer Person. Das Anfangsdatum ist das Geburtsdatum, das End-Datum der heutige Tag. Als dritten Parameter `Typ` wählen Sie 0. Mit Typ = 0 wird die Differenz der Jahre in Intervallen gerechnet; jeweils von einem Geburtstag zum anderen. Wählen Sie als Typ den Wert 1, so wird die Differenz in Kalenderjahren errechnet. Als Ergebnis liefert die Formel das Alter des nächsten Geburtstags.

> **Hinweis**
>
> Berechnen Sie das Alter mit der Funktion `BRTEILJAHRE()`, verwenden Sie als Parameter `Basis` den Wert 1. Das bedeutet: genaue Anzahl Tage im Monat, genaue Anzahl Tage im Jahr.

Verwendete Funktionen

`ABRUNDEN(Zahl[;Stellen])`
`AUFRUNDEN(Zahl[;Stellen])`

BRTEILJAHRE(Anfangsdatum;End-Datum[;Basis])
DATEDIF(Ausgangsdatum;End-Datum;Einheit) (nur Calc)
DATUMDIF(Start-Datum;End-Datum;Intervall) (nur Excel)
JAHRE(Anfangsdatum;End-Datum;Typ) (nur Calc)
HEUTE()

1.5.2 Wie viele Tage sind es bis zum nächsten Geburtstag?

Problem

In wie vielen Tagen ist Ihr nächster Geburtstag?

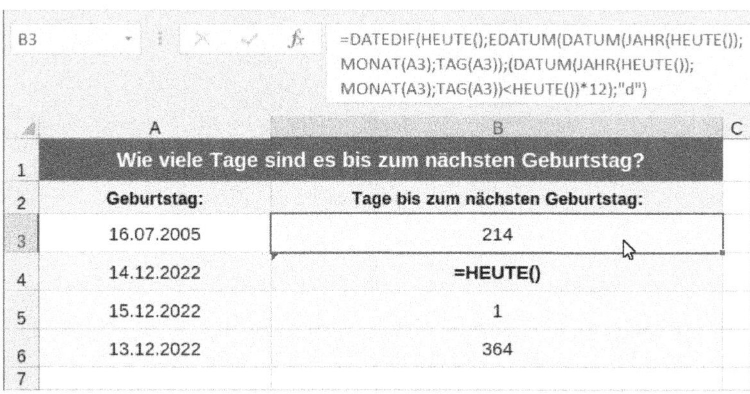

Lösung

In der Zelle A3 steht der Geburtstag: »16.07.2005«.
In die Zelle B3 der Excel-Tabelle schreiben Sie die Formel:

```
=DATEDIF(HEUTE();EDATUM(DATUM(JAHR(HEUTE());MONAT(A3);TAG(A3));
(DATUM(JAHR(HEUTE()); MONAT(A3);TAG(A3))<HEUTE())*12);"d")
```

Hintergrund

Die Formel berechnet in Excel mit der Funktion `DATEDIF()`, in Calc mit der parametergleichen Funktion `DATUMDIF()` die Anzahl der Tage, Monate oder Jahre zwischen »Start-Datum« und »End-Datum«. Was berechnet wird, bestimmt der dritte Parameter `Intervall`. Hat `Intervall` den Wert `d`, wird die Differenz in Tagen berechnet.

»Start-Datum« ist der heutige Tag, bestimmt durch die Funktion `HEUTE()`. Das »End-Datum« wird durch die Funktion `EDATUM()` mit den beiden Parametern `Anfangsdatum` und `Monate` berechnet. `Anfangsdatum` ist das in das aktuelle Kalenderjahr verlagerte Geburtstagsdatum, errechnet mit dem Formelteil: `DATUM(JAHR(HEUTE()); MONAT(A3);TAG(A3))`. Die Anzahl der `Monate` errechnet der Formelteil: `DATUM(JAHR(HEUTE());MONAT(A5);TAG(A5))<HEUTE()*12`.

Hier wird geprüft, ob das in das aktuelle Kalenderjahr verlagerte Datum kleiner ist als der heutige Tag.

Ist dies der Fall, ergibt der errechnete Wahrheitswert den Wert 0 und das Geburtsdatum des aktuellen Jahres wird der Berechnung zugrunde gelegt. Ergibt die Prüfung den Wahrheitswert 1, ist der Geburtstag in diesem Jahr bereits vergangen und der Geburtstag des nächsten Jahres wird zur Berechnung verwendet.

Dazu multipliziert die Formel den Wahrheitswert 1 mit der Zahl 12 und verwendet das Ergebnis 12 als zweiten Parameter `Monate`. Damit an einem Geburtstag nicht die Tageszahl 0, sondern der Text »Geburtstag« angezeigt wird, wurden die Ergebniszellen mit folgendem Zahlenformat formatiert: `0;;"Geburtstag"`

Verwendete Funktionen

`DATUM(Jahr;Monat;Tag)`
`DATEDIF(Ausgangsdatum;End-Datum;Einheit)` (nur Excel)
`DATUMDIF(Start-Datum;End-Datum;Intervall)` (nur Calc)
`EDATUM(Anfangsdatum;Monate)`
`HEUTE()`
`JAHR(Zahl)`
`MONAT(Zahl)`
`TAG(Zahl)`

1.5.3 Eine Geburtstagsliste jahresunabhängig sortieren

Problem

Sie möchten eine Geburtstagsliste unabhängig vom Geburtsjahr nach Monat und Tag sortieren.

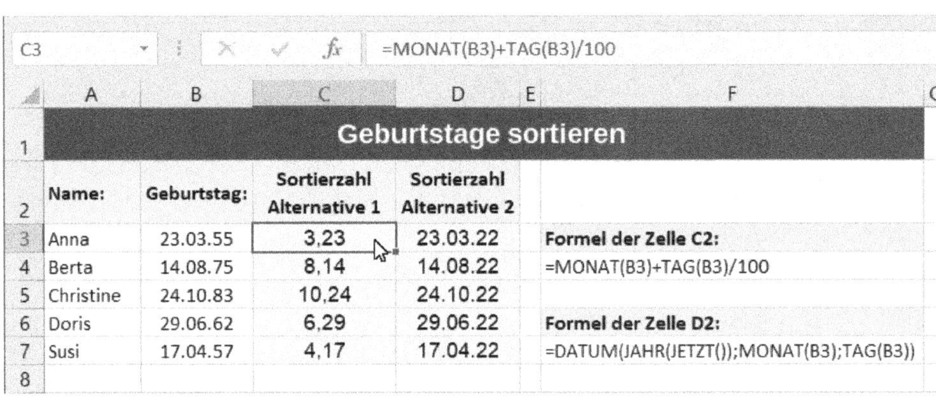

C3 =MONAT(B3)+TAG(B3)/100

	A	B	C	D	E	F
1	Geburtstage sortieren					
2	Name:	Geburtstag:	Sortierzahl Alternative 1	Sortierzahl Alternative 2		
3	Anna	23.03.55	3,23	23.03.22		Formel der Zelle C2:
4	Berta	14.08.75	8,14	14.08.22		=MONAT(B3)+TAG(B3)/100
5	Christine	24.10.83	10,24	24.10.22		
6	Doris	29.06.62	6,29	29.06.22		Formel der Zelle D2:
7	Susi	17.04.57	4,17	17.04.22		=DATUM(JAHR(JETZT());MONAT(B3);TAG(B3))
8						

Lösung

In der Spalte B ab Zeile 3 wurde das Geburtsdatum erfasst.

In die Zelle C3 schreiben Sie die Formel

```
=MONAT(B3)+TAG(B3)/100
```

und kopieren die Formel mithilfe des Aufziehkästchens nach unten. Als Ergebnis erhalten Sie Dezimalzahlen, beispielsweise für den 23.03. eines Jahres den Wert »3,23«, die aufsteigend sortiert die Reihenfolge der Geburtstage im Kalenderjahr ergeben.

Hintergrund

Mithilfe der Funktionen `MONAT()` und `TAG()` erfassen Sie den Geburtstag ohne Berücksichtigung des Geburtsjahres. Wenn Sie den Zahlenwert des Geburtsmonats sowie ein Hundertstel des Zahlenwerts des Geburtstags addieren, erhalten Sie als ganze Zahl den Geburtsmonat und als Nachkommazahl den Geburtstag. Sie brauchen die Spalte mit den Dezimalzahlen nur noch aufsteigend zu sortieren und fertig ist die sortierte Geburtstagsliste.

Alternative

Schreiben Sie in die Zelle D3 folgende Formel:

```
=DATUM(JAHR(JETZT());MONAT(B3);TAG(B3))
```

Als Ergebnis der Zelle D3 erhalten Sie: »23.03.22«.

Mithilfe dieser Formel wird das Geburtsdatum in das aktuelle Kalenderjahr transferiert. Die Geburtstage befinden sich anschließend alle im gleichen Kalenderjahr und können nun problemlos sortiert werden.

Verwendete Funktionen

```
DATUM(Jahr;Monat;Tag)
JAHR(Zahl)
JETZT()
MONAT(Zahl)
TAG(Zahl)
```

1.5.4 Eine Geburtstagsliste so sortieren, dass immer der nächste Geburtstag angezeigt wird

Problem

Sie möchten die Geburtstagsliste so sortieren, dass die Person, die von dem aktuellen Datum aus als Nächstes Geburtstag hat, oben steht und dass immer der nächste Geburtstag der Personen ausgewiesen wird.

	A	B	C	D	E
1	Geburtstage sinnvoll sortieren				
2	*Name*	*Geburtstag*	*nächster Geburtstag*		*Formel der Zelle C3:*
3	Susi	05.06.53	05.06.23		=WENN(DATUM(JAHR(HEUTE());MONAT(B3);TAG(B3))<HEUTE();
4	Manfred	02.03.65	02.03.23		DATUM(JAHR(HEUTE())+1;MONAT(B3);TAG(B3));
5	Julia	28.02.59	28.02.23		DATUM(JAHR(HEUTE()); MONAT(B3);TAG(B3)))
6	Heinz	25.09.70	25.09.22		
7	Franz	14.12.60	14.12.22		*Bedingte Formatierung der Spalte C:*
8	Bert	03.11.75	03.11.22		HEUTE()-DATUM(JAHR(HEUTE());MONAT(B3);TAG(B3))=0
9	Jakob	01.01.66	01.01.23		
10					
11	*Die nächsten Geburtstage - sortiert*				
12	*Name*	*Geburtstag*	*nächster Geburtstag*		
13	Heinz	25.09.70	25.09.22		
14	Bert	03.11.75	03.11.22		
15	Franz	14.12.60	14.12.22		
16	Jakob	01.01.66	01.01.23		
17	Julia	28.02.59	28.02.23		
18	Manfred	02.03.65	02.03.23		
19	Susi	05.06.53	05.06.23		
20					

Lösung

Ab Zeile 3 der Spalte A stehen die Namen, ab Zeile 3 der Spalte B das Geburtsdatum.
In die Zelle C3 schreiben Sie folgende Formel:

```
=WENN(DATUM(JAHR(HEUTE());MONAT(B3);TAG(B3))<HEUTE(); DATUM(JAHR(
HEUTE())+1;MONAT(B3);TAG(B3));DATUM(JAHR(HEUTE()); MONAT(B3);TAG(B3)))
```

Ziehen Sie die Formel mithilfe des Aufziehkästchens bis zum letzten Geburtstag auf. Als Ergebnis erhalten Sie immer das Datum des nächsten Geburtstags angezeigt.

Hintergrund

Mithilfe der `WENN()`-Funktion wird geprüft, ob der diesjährige Geburtstag der Person am Tag der Abfrage bereits vorbei ist. Dazu vergleicht das Programm den Monat und den Tag des Geburtstags mit dem Monat und dem Tag des laufenden Jahres.

Ist das Datum des Geburtstags kleiner als das aktuelle Datum, so hat die Person in diesem Jahr schon ihren Geburtstag gefeiert und die Formel weist als nächsten Geburtstag das Datum des Folgejahres aus: `JAHR(HEUTE())+1`.

Ist das Datum des Geburtstags größer als das aktuelle Tagesdatum, dann zeigt die `WENN()`-Formel die zweite Alternative, nämlich das Geburtsdatum des laufenden Kalenderjahres. Wenn Sie nun die Spalte C aufsteigend sortieren, steht an oberster Stelle die Person, die als Nächstes Geburtstag hat.

Möchten Sie ohne Sortierung wissen, wer heute Geburtstag hat, so hinterlegen Sie die Zellen mit einer bedingten Formatierung in einer beliebigen Farbe.

Die Formel in der bedingten Formatierung lautet:

```
HEUTE()-DATUM(JAHR(HEUTE());MONAT(B3);TAG(B3))=0
```

Verwendete Funktionen

`DATUM(Jahr;Monat;Tag)`
`HEUTE()`
`JAHR(Zahl)`
`MONAT(Zahl)`
`TAG(Zahl)`
`WENN(Prüfung;DannWert;SonstWert)`

1.5.5 Bevorstehende Geburtstage der nächsten 7 Tage hervorheben

Problem

Eine Liste mit Namen, Adressen und den jeweiligen Geburtstagsdaten wird mit Excel oder Calc verwaltet. Wie können Sie darin die Zeilen der Personen hervorheben, die in den nächsten 7 Tagen Geburtstag haben?

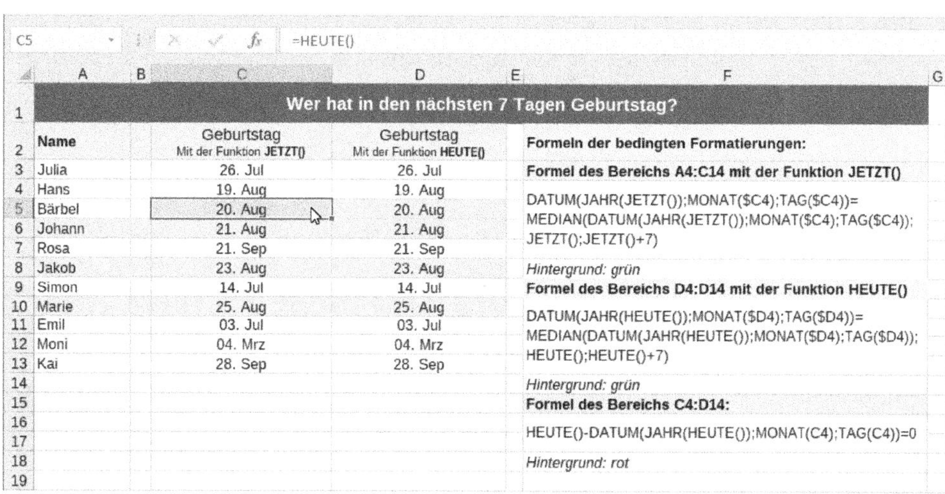

Lösung

Verwenden Sie dazu eine bedingte Formatierung.
Das folgende Beispiel geht davon aus, dass die Namen und Adressen in den Spalten A und B eines Tabellenblatts stehen und die Geburtstagsdaten in der Spalte C. Die Spaltenüberschriften nehmen die ersten drei Zeilen ein; die eigentlichen

Datensätze beginnen in Zeile 4. Die bedingte Formatierung richten Sie dann mit folgenden Schritten ein:

1. Markieren Sie sämtliche Datensätze Ihrer Geburtstagsliste. Im Beispielfall müssten Sie also die Spalten A bis C ab Zeile 4 markieren.
2. Rufen Sie unter START|BEDINGTE FORMATIERUNG|NEUE REGEL... das Dialogfeld NEUE FORMATIERUNGSREGEL auf. Als Regeltyp wählen Sie FORMEL, als REGELBESCHREIBUNG tragen Sie folgende Formel ein

```
=DATUM(JAHR(HEUTE());MONAT($D4);TAG($D4))=
MEDIAN(DATUM(JAHR(HEUTE());MONAT($D4);TAG($D4));HEUTE();HEUTE()+7)
```

   wenn der aktuelle Tag mit in die bedingte Formatierung einbezogen werden soll, oder die abgewandelte Formel

```
=DATUM(JAHR(JETZT());MONAT($C4);TAG($C4))=
MEDIAN(DATUM(JAHR(JETZT());MONAT($C4);TAG($C4));JETZT();JETZT()+7)
```

   wenn die bedingte Formatierung erst mit dem »morgigen« Tag beginnen soll und die Geburtstage des aktuellen Tages mit einer anderen Formatvorlage hervorgehoben werden sollen.
3. Weisen Sie mithilfe der Schaltfläche FORMATIEREN einen farbigen Hintergrund zu.
4. Bestätigen Sie alle Einstellungen mit OK, um zum Tabellenblatt zurückzukehren. Nun werden die Datensätze aller Personen farbig hervorgehoben, die in den nächsten 7 Tagen Geburtstag haben.
5. Falls Sie die Funktion `JETZT()` zur Berechnung verwenden, werden die Geburtstage des aktuellen Tages nicht mit in die bedingte Formatierung einbezogen. Erstellen Sie in diesem Falle eine weitere bedingte Formatierung mit der Formel

```
=HEUTE()-DATUM(JAHR(HEUTE());MONAT(C3);TAG(C3))=0
```

   damit die Geburtstage des aktuellen Tages mit einer ausgewählten Farbe hinterlegt werden.

Hintergrund

Die Formel verlegt das »tatsächliche« Geburtsdatum ins aktuelle Jahr und prüft, ob es in den Bereich zwischen dem heutigen Datum und dem Datum in 7 Tagen fällt. Dabei greift die Formel in der bedingten Formatierung auf die `DATUM()`-Funktion zurück, um ein Geburtsdatum ins aktuelle Jahr zu verlegen. Als Jahresbestandteil wird die Funktion `JAHR(JETZT())` oder `JAHR(HEUTE())` verwendet. So wird zum Beispiel aus dem Geburtsdatum »14.08.1953« der 14. August des aktuellen Jahres.

Mit der `MEDIAN()`-Funktion vergleicht die Formel dieses Datum mit dem aktuellen Datum – `HEUTE()` – und dem Datum in 7 Tagen – `HEUTE()+7`. Wenn das verlagerte Geburtsdatum in diesem Zeitraum liegt, trifft die Formel der bedingten Formatierung zu, sodass der entsprechende Datensatz hervorgehoben wird.

Verwendete Funktionen

```
DATUM(Jahr;Monat;Tag)
HEUTE()
JAHR(Zahl)
JETZT()
MEDIAN(Zahl1;Zahl2;...Zahl255)
MONAT(Zahl)
TAG(Zahl)
```

1.5.6 Geburtstage des aktuellen Monats farbig hervorheben

Problem

In einer Adressliste mit Geburtstagen möchten Sie sofort erkennen, wer in diesem Monat Geburtstag hat. Die Geburtsdaten stehen zum Beispiel in Spalte C der Tabelle.

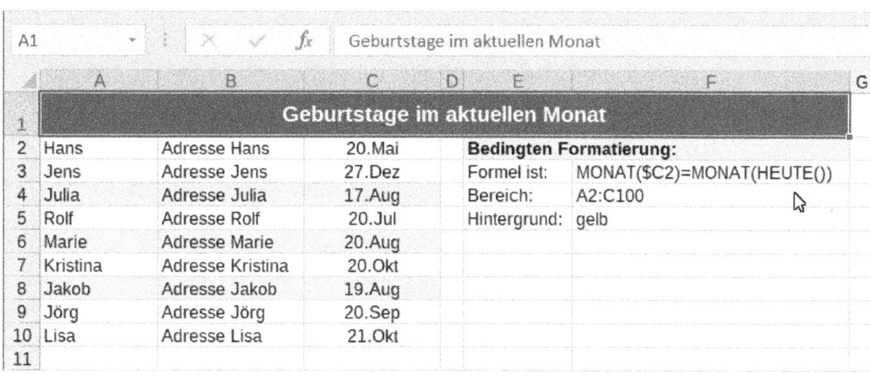
A1 | Geburtstage im aktuellen Monat

	A	B	C	D	E	F
1	Geburtstage im aktuellen Monat					
2	Hans	Adresse Hans	20.Mai		Bedingten Formatierung:	
3	Jens	Adresse Jens	27.Dez		Formel ist:	MONAT($C2)=MONAT(HEUTE())
4	Julia	Adresse Julia	17.Aug		Bereich:	A2:C100
5	Rolf	Adresse Rolf	20.Jul		Hintergrund:	gelb
6	Marie	Adresse Marie	20.Aug			
7	Kristina	Adresse Kristina	20.Okt			
8	Jakob	Adresse Jakob	19.Aug			
9	Jörg	Adresse Jörg	20.Sep			
10	Lisa	Adresse Lisa	21.Okt			
11						

Lösung

Eine Möglichkeit ist der Einsatz einer bedingten Formatierung für den Bereich A2:A500 über FORMAT|BEDINGTE FORMATIERUNG|BEDINGUNG mit folgender Formel:

```
=MONAT($C2)=MONAT(HEUTE())
```

Hintergrund

Mit dieser Formel vergleichen Sie den aktuellen Monat mit dem Monat des Datums in Zelle C2. Die Formel passt sich automatisch an jede Zeile der Mitgliederliste an, sodass in der dritten Zeile ein Monatsvergleich mit Zelle C3 angestellt wird, in der vierten Zeile ein Vergleich mit Zelle C4 usw. Durch das $-Zeichen vor dem Spaltenbuchstaben (absoluter Spaltenbezug) sorgen Sie dafür, dass in jeder Zelle der Spalte C ein Vergleich mit dem »heutigen Monat« durchgeführt wird.

Weisen Sie den betreffenden Zellen einen Hintergrund mit der gewünschten Farbe zu und bestätigen Sie alle Einstellungen mit OK. Alle Mitglieder, die im aktuellen Monat Geburtstag haben, fallen jetzt sofort durch die bedingte Formatierung auf. Praktisch ist dabei, dass der gesamte Datensatz und nicht nur das Geburtsdatum hervorgehoben wird.

Verwendete Funktionen

`HEUTE()`
`MONAT(Zahl)`

1.5.7 Runde Geburtstage anzeigen

Problem

In der Geburtstagsliste Ihres Vereins stehen in der Spalte B der Name und Vorname des Mitglieds und in der Spalte C das Geburtsdatum. Sie möchten diese Liste so erweitern, dass zusätzlich der nächste Geburtstag und ein Hinweis auf den nächsten runden Geburtstag angezeigt werden. Wurde der Geburtstag im aktuellen Kalenderjahr bereits gefeiert, soll das Geburtsdatum des nächsten Jahres angezeigt werden.

Lösung

In den Zeilen 1 und 2 stehen die nach Ihren Vorstellungen formatierten Überschriften. In die Zelle D1 schreiben Sie das aktuelle Kalenderjahr als vierstellige Zahl: 2022.

Ganz komfortabel wechseln Sie das Kalenderjahr der Zelle D1 mithilfe eines Drehfelds, das mit der Zelle D1 verknüpft ist.

Verbinden und zentrieren Sie nun die Zellen E1:M1 und schreiben Sie in die verbundene Zelle die Formel:

```
="Runde Geburtstage"&ZEICHEN(10)&"im Kalenderjahr "&D1
```

Sie erhalten die Überschrift »Runde Geburtstage im Kalenderjahr 2022« mit einem Zeilenumbruch.

In der Zeile 2 erfassen Sie im Bereich A2:M2 folgende Überschriften: Anrede, Name, Geburtstag, nächster Geburtstag, Alter, 30, 40, 50, 60, 70, 80, 90 und 100.

In der Zeile 3 beginnt der eigentliche Geburtstagskalender.

In den Zellen A3:C3 stehen bereits die Daten des ersten Datensatzes: Anrede, Name und das Geburtsdatum, hier der 26.05.1932.

In der Zelle D3 soll der nächste anstehende Geburtstag ausgewiesen werden. Schreiben Sie dazu folgende Formel:

```
=WENN(C3="";"";WENN(DATUM($D$1;MONAT(C3);TAG(C3))<DATUM($D$1;
MONAT(HEUTE());TAG(HEUTE()));DATUM($D$1+1;MONAT(C3);TAG(C3));
DATUM($D$1;MONAT(C3);TAG(C3))))
```

Als Ergebnis erhalten Sie entweder das Datum des nächsten Geburtstags im Kalenderjahr, oder, wenn der Geburtstag bereits gefeiert wurde, das Geburtsdatum des nächsten Jahres. Ziehen Sie die Formel zur Berechnung aller Geburtstage nach unten.

In der Zelle E3 wird das Alter der Person im angezeigten Kalenderjahr berechnet, in Excel mit der Formel:

```
=WENN($C3="";"";DATEDIF(C3;DATUM($D$1;MONAT($D$1);TAG($D$1));"y"))
```

Als Ergebnis erhalten Sie das tatsächliche Alter des Herrn Lustig mit der Zahl: »89«. Herr Lustig hat also in diesem Jahr einen runden Geburtstag, er wird 90 Jahre alt. Dies soll auch in der zutreffenden Zelle des Bereichs F3:M3 angezeigt werden. Klicken Sie dazu in die Zelle F3 und schreiben Sie darin die Formel:

```
=WENN($D$1=JAHR($C3)+F$2;$D$1;"")
```

Kopieren Sie diese Formel in alle übrigen Zellen des Bereichs F3:M3.

Als Ergebnis wird Ihnen in der Zelle L3 die Jahreszahl 2022 angezeigt. In der dazugehörigen Überschriftenzelle L3 steht die Zahl 90. Herr Lustig feiert also im Kalenderjahr 2022 seinen 90. Geburtstag.

Markieren Sie nun den Bereich F3:M3 und ziehen Sie die so markierten Formeln für die ganze Geburtstagsliste nach unten.

Eine bedingte Formatierung zur Hervorhebung aller runden Geburtstage in der Spalte E vervollständigt die Anwendung. Markieren Sie die Zelle E3 und erstellen Sie eine bedingte Formatierung mit der Regel: `=REST($E3+1;10)=0`. Bei FORMATIEREN wählen Sie einen farbigen Hintergrund. Jetzt brauchen Sie nur noch den Zellbereich anzugeben, für den die Formatierung gelten soll, beispielsweise `=E3:E100`.

Hintergrund

Die Formel zur Ermittlung des nächsten Geburtstags prüft zuerst, ob in der Zelle C3 ein Geburtstagsdatum eingetragen ist. Ist dies der Fall, vergleicht sie das Geburtsdatum des aktuellen Kalenderjahres mit dem aktuellen Tagesdatum. Ist das Geburtstagsdatum kleiner als das aktuelle Tagesdatum, ist der Geburtstag in diesem Jahr bereits vorbei und das Geburtstagsdatum des nächsten Jahres wird angezeigt. Zuständig ist dafür der Formelteil `DATUM($D$1+1;MONAT(C3); TAG(C3))`, der zum Geburtstag des aktuellen Jahres einfach ein Jahr hinzurechnet. Trifft diese Bedingung nicht zu, wird der Geburtstag des aktuellen Kalenderjahres angezeigt.

Das aktuelle Alter in der Spalte E berechnet die Funktion `DATUMDIF()` als Differenz zwischen dem »Anfangsdatum« in der Zelle C3 (Geburtstag) und dem Tagesdatum des Jahres der Zelle D1 als »End-Datum«. Der dritte Parameter `Intervall` mit dem Wert `y` berechnet den Unterschied in Kalenderjahren. Die umschließende `WENN()`-Funktion blendet eine eventuelle Fehlermeldung aus, falls in der Spalte C der Zeile noch kein Geburtsdatum eingetragen wurde.

Zur Berechnung der runden Geburtstage vergleicht die `WENN()`-Funktion das aktuelle Kalenderjahr der Zelle D1 mit der Jahreszahl des Geburtsjahres der Zelle C3 zuzüglich der Zahl des runden Geburtstags der Zelle F2 (hier die Zahl 30). Stimmen beide Jahreszahlen überein, wird in diesem Jahr ein runder Geburtstag gefeiert. Andernfalls bleibt die Zelle leer. Kopieren Sie diese Formel in alle Zellen des Bereichs F3:M100.

Verwendete Funktionen

`DATUM(Jahr;Monat;Tag)`
`DATEDIF(Start-Datum;End-Datum;Intervall)` (nur Excel)
`DATUMDIF(Start-Datum;End-Datum;Intervall)` (nur Calc)
`HEUTE()`
`JAHR(Zahl)`

```
MONAT(Zahl)
TAG(Zahl)
WENN(Prüfung;DannWert;SonstWert)
```

1.5.8 An welchem Tag ist Muttertag?

Problem

Muttertag ist immer am zweiten Sonntag im Mai. Wie errechnen Sie das dazugehörige Datum?

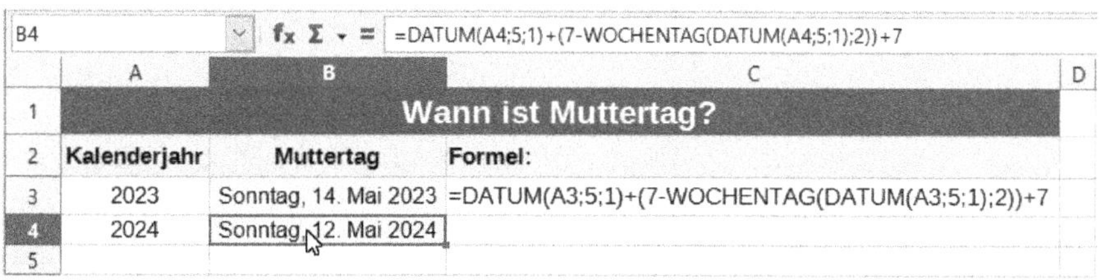
B4 =DATUM(A4;5;1)+(7-WOCHENTAG(DATUM(A4;5;1);2))+7

	A	B	C
1	Wann ist Muttertag?		
2	Kalenderjahr	Muttertag	Formel:
3	2023	Sonntag, 14. Mai 2023	=DATUM(A3;5;1)+(7-WOCHENTAG(DATUM(A3;5;1);2))+7
4	2024	Sonntag, 12. Mai 2024	
5			

Lösung

Schreiben Sie in A3 das Kalenderjahr als 4-stellige Zahl: `2023`.
In B3 schreiben Sie folgende Formel:

```
=DATUM(A3;5;1)+(7-WOCHENTAG(DATUM(A3;5;1);2))+7
```

Formatieren Sie die Zelle B3 mit dem Format `NNNNT. MMMM JJJJ`. Als Ergebnis erhalten Sie: »Sonntag, 14. Mai 2023«.

Hintergrund

Ausgehend vom 01.05. des in A3 eingegebenen Kalenderjahres (`DATUM(A3;5;1)`) rechnet die Formel so viele Wochentage hinzu, bis der erste Sonntag erreicht ist (`+(7-WOCHENTAG(DATUM(A3;5;1);2))`). Durch die Addition von weiteren 7 Tagen erhält man den zweiten Sonntag im Mai: das Datum des Muttertags.

Verwendete Funktionen

```
DATUM(Jahr;Monat;Tag)
WOCHENTAG(Zahl[;Art])
```

1.5.9 Auf welches Datum fällt der Ostersonntag und welche Feiertage hängen von Ostern ab?

Problem

Sie möchten wissen, auf welches Datum der Ostersonntag im kommenden Jahr fällt.

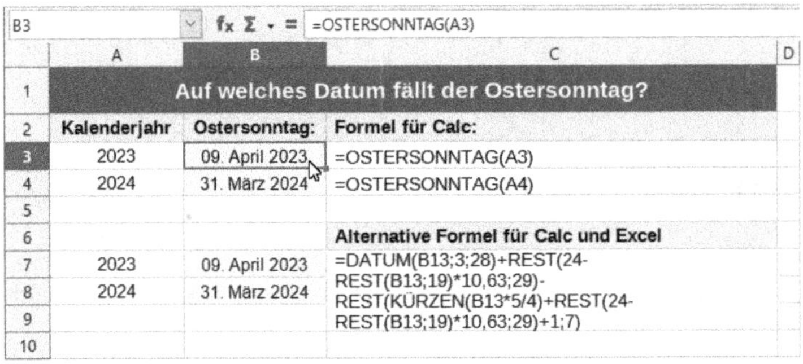

B3 =OSTERSONNTAG(A3)

	A	B	C
1	Auf welches Datum fällt der Ostersonntag?		
2	Kalenderjahr	Ostersonntag:	Formel für Calc:
3	2023	09. April 2023	=OSTERSONNTAG(A3)
4	2024	31. März 2024	=OSTERSONNTAG(A4)
5			
6			Alternative Formel für Calc und Excel
7	2023	09. April 2023	=DATUM(B13;3;28)+REST(24-REST(B13;19)*10,63;29)-REST(KÜRZEN(B13*5/4)+REST(24-REST(B13;19)*10,63;29)+1;7)
8	2024	31. März 2024	
9			
10			

Lösung

Der Ostersonntag ist immer der erste Sonntag nach dem ersten Vollmond nach dem Frühlingsanfang am 21. März. Der frühestmögliche Termin für Ostern ist der 22. März, der späteste Termin der 25. April. Der deutsche Mathematiker Carl Friedrich Gauß hat sich mit dem Problem der Osterberechnung auseinandergesetzt und eine Formel entwickelt, die eine Berechnung des Ostersonntags ermöglicht. Arbeiten Sie mit Excel oder Calc, verwenden Sie dazu folgende Formel

```
=DATUM(A4;3;28)+REST(24-REST(A4;19)*10,63;29)-REST(KÜRZEN(A4*5/4)
+REST(24-REST(A4;19)*10,63;29)+1;7)
```

wobei in der Zelle A4 die Jahreszahl steht, zu der der Ostersonntag berechnet werden soll, beispielsweise: »2023«. Als Ergebnis erhalten Sie: »09. April 2023«.

Arbeiten Sie mit Calc, schreiben Sie einfach die Formel `=OSTERSONNTAG(A4)` in eine leere Zelle und weisen Sie der Zelle ein Datumsformat, z.B. `TT.MMM.JJJJ`, zu. Als Ergebnis für 2023 erhalten Sie »09. April 2023«.

Hintergrund

Zur Berechnung des Ostersonntags steht in Calc eine eigene Funktion zur Verfügung: `OSTERSONNTAG()`, wobei das Argument `Jahr` eine Ganzzahl zwischen 1583 und 9956 ist. Excel kennt die Funktion `OSTERSONNTAG()` nicht.

Kennen Sie das Datum des Ostersonntags, können Sie auch alle Feiertage berechnen, die vom Datum des Ostersonntags abhängen. Sie brauchen nur die Korrekturtage zum Datum des Ostersonntags hinzuzuaddieren.

Feiertag	Korrekturtage	Datum für 2023
Ostersonntag		09.04.23
Karfreitag	-2	07.04.23
Ostermontag	+1	10.04.23
Himmelfahrt	+39	18.05.23

Feiertag	Korrekturtage	Datum für 2023
Pfingstsonntag	+49	28.05.23
Pfingstmontag	+50	29.05.23
Fronleichnam	+60	08.06.23

Verwendete Funktionen

```
DATUM(Jahr;Monat;Tag)
KÜRZEN(Zahl[;Anzahl])
OSTERSONNTAG(Jahr)
REST(Divident;Divisor)
```

1.5.10 Welche Feiertage hängen vom ersten Weihnachtsfeiertag ab und wie werden sie errechnet?

Problem

Für Ihre Urlaubsplanung und anstehende Familienbesuche um Weihnachten herum möchten Sie wissen, an welchen Tagen Weihnachten in diesem Jahr ist.

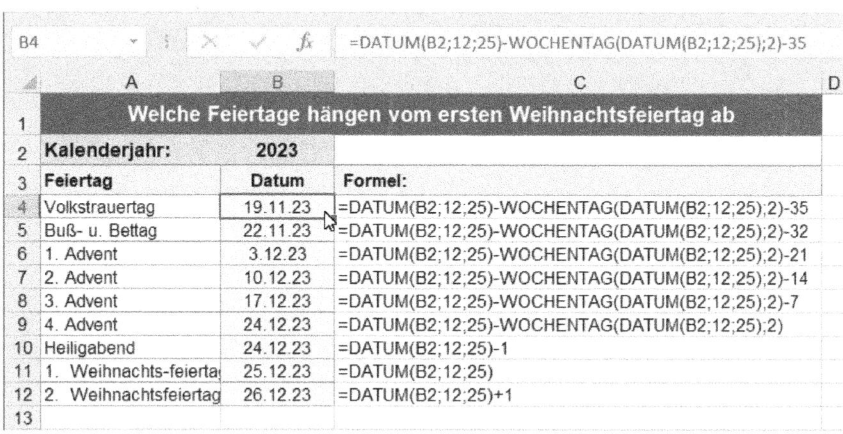
B4 =DATUM(B2;12;25)-WOCHENTAG(DATUM(B2;12;25);2)-35

	A	B	C
1	Welche Feiertage hängen vom ersten Weihnachtsfeiertag ab		
2	Kalenderjahr:	2023	
3	Feiertag	Datum	Formel:
4	Volkstrauertag	19.11.23	=DATUM(B2;12;25)-WOCHENTAG(DATUM(B2;12;25);2)-35
5	Buß- u. Bettag	22.11.23	=DATUM(B2;12;25)-WOCHENTAG(DATUM(B2;12;25);2)-32
6	1. Advent	3.12.23	=DATUM(B2;12;25)-WOCHENTAG(DATUM(B2;12;25);2)-21
7	2. Advent	10.12.23	=DATUM(B2;12;25)-WOCHENTAG(DATUM(B2;12;25);2)-14
8	3. Advent	17.12.23	=DATUM(B2;12;25)-WOCHENTAG(DATUM(B2;12;25);2)-7
9	4. Advent	24.12.23	=DATUM(B2;12;25)-WOCHENTAG(DATUM(B2;12;25);2)
10	Heiligabend	24.12.23	=DATUM(B2;12;25)-1
11	1. Weihnachts-feierta	25.12.23	=DATUM(B2;12;25)
12	2. Weihnachtsfeiertag	26.12.23	=DATUM(B2;12;25)+1
13			

Lösung

In die Zelle B2 schreiben Sie die Jahreszahl, hier 2023.
In B4 schreiben Sie die Formel für den gesuchten Feiertag:

Feiertag	Formel	Datum
Volkstrauertag	`=DATUM(B2;12;25)-WOCHENTAG(DATUM(B2;12;25);2)-35`	19.11.23
Buß- u. Bettag	`=DATUM(B2;12;25)-WOCHENTAG(DATUM(B2;12;25);2)-32`	22.11.23
1. Advent	`=DATUM(B2;12;25)-WOCHENTAG(DATUM(B2;12;25);2)-21`	03.12.23
2. Advent	`=DATUM(B2;12;25)-WOCHENTAG(DATUM(B2;12;25);2)-14`	10.12.23

Feiertag	Formel	Datum
3. Advent	`=DATUM(B2;12;25)-WOCHENTAG(DATUM(B2;12;25);2)-7`	17.12.23
4. Advent	`=DATUM(B2;12;25)-WOCHENTAG(DATUM(B2;12;25);2)`	24.12.23
Heiligabend	`=DATUM(B2;12;25)-1`	24.12.23
1. Weihnachts-feiertag	`=DATUM(B2;12;25)`	25.12.23
2. Weihnachts-feiertag	`=DATUM(B2;12;25)+1`	26.12.23

Verwendete Funktionen

```
DATUM(Jahr;Monat;Tag)
WOCHENTAG(Zahl;Art)
```

1.6 Zeitspannen berechnen

1.6.1 Anzahl der Tage eines Zeitraums mit SUMMENPRODUKT()

Problem

Sie haben eine Liste mit Tagesaufzeichnungen erhalten und sollen nun Folgendes ermitteln:

1. Die Anzahl der Tage eines bestimmten Zeitraums (MIT Duplikaten)
2. Die Anzahl der Tage des Bereichs A2:A100 (OHNE Duplikate)
3. Die Anzahl der Tage eines bestimmten Zeitraums (OHNE Duplikate)

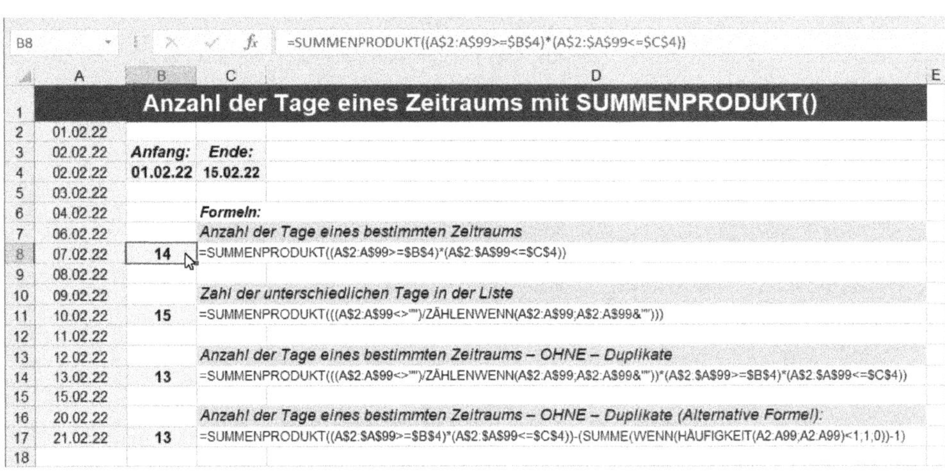

Lösung

1. Die Anzahl der Tage vom 01.02.22 bis zum 15.02.22.
Im Beispiel wurde der erste Tag des Zeitraums in die Zelle B4 und der letzte Tag des Zeitraums in die Zelle C4 eingetragen. Die Summe der Tage (mit Duplikaten) ermittelt die Formel:

```
=SUMMENPRODUKT((A$2:A$99>=$B$4)*(A$2:$A$99<=$C$4))
```

2. Die Zahl der unterschiedlichen Tage des Bereichs A2:A99
erhalten Sie mit der Formel:

```
=SUMMENPRODUKT(((A$2:A$99<>"")/ZÄHLENWENN(A$2:A$99;A$2:A$99&"")))
```

3. Die Anzahl der Tage des Zeitraums 01.02.22 bis 15.02.22 (ohne Duplikate)
berechnet die Formel:

```
=SUMMENPRODUKT(((A$2:A$99<>"")/ZÄHLENWENN(A$2:A$99;A$2:A$99&""))*
(A$2:$A$99>=$B$4)*(A$2:$A$99<=$C$4))
```

Hintergrund

In der ersten Formel summiert die Funktion `SUMMENPRODUKT()` die Produkte aus den beiden Wahrheitswerten `$A$2:A$100>=$B$4` und `$A$2:A$100=<=$C$4` des Matrixbereichs `A$2:A$100`. Als Ergebnis liefert die Funktion die Anzahl der im überprüften Zeitraum enthaltenen Tage.

Die Funktion `ZÄHLENWENN()` ermittelt in der zweiten Formel die Anzahl der eindeutigen Werte eines Bereichs. Beim ersten Vorkommen eines bestimmten Werts gibt diese Funktion eine Zahl zurück, die der Anzahl von Vorkommen dieses Werts entspricht. Bei jedem weiteren Vorkommen des Werts gibt diese Funktion eine Null zurück.

Hinweis

Beachten Sie, dass das Suchkriterium, um Fehlerwerte zu vermeiden, in eine eindeutige Textzahl (&"") umgewandelt werden muss. Die Ergebnisse der Wahrheitswerte verwendet die Funktion `SUMMENPRODUKT()` zum Gesamtergebnis. Erweitert um den Formelteil `*(A$2:$A$99>=$B$4)*(A$2:$A$99<=$C$4)` erhalten Sie als Ergebnis die Anzahl der unterschiedlichen Tage des bestimmten Zeitraums.

Verwendete Funktionen

```
HÄUFIGKEIT(Daten;Klassen)
SUMMENPRODUKT(Matrix1[;Matrix2[;...[;Matrix255]]])
ZÄHLENWENN(Bereich;Kriterium)
```

1.6.2 Anzahl der Tage mit SUMME() und WENN()

Problem

In einer Liste mit Datumswerten wollen Sie errechnen:

1. Wie oft ein bestimmtes Datum in der Liste vorkommt
2. Wie viele Tageswerte zwischen zwei bestimmten Datumswerten vorkommen

C6 | {=SUMME(WENN(A3:A100=B3;1;0))}

	A	B	C	D / E
1	Anzahl der Tage mit SUMME() und WENN():			
2	Datum	Beginn	Ende	
3	02.03.22	02.03.22	13.03.22	
4	02.03.22			
5	02.03.22		Wie oft kommt der 02.03.22 im Bereich A3:A20 vor?	
6	03.03.22		3	= {=SUMME(WENN(A3:A100=B3;1;0))}
7	04.03.22			Alternative 1:
8	04.03.22		3	= {=SUMME(WENN(A3:A100=44622;1;0))} (Datum wurde als serielle Zahl eingegeben)
9	05.03.22			Alternative 2:
10	06.03.22		3	= {=SUMME(WENN(A3:A100=DATWERT("02.03.22");1;0))}
11	07.03.22			
12	08.03.22			
13	09.03.22		Anzahl der Tage zwischen dem 02.03.22 und dem 13.03.22	
14	10.03.22		15	= {=SUMME(WENN((A3:A100>=B3)*(A3:A100<C3);1;0))}
15	10.03.22			
16	10.03.22		Anzahl der Tage zwischen dem 02.03.22 und dem 13.03.22 - ohne Duplikate	
17	11.03.22		10	= {=SUMME(WENN(A3:A100;1/ZÄHLENWENN(A3:A100;A3:A100))*(A$3:$A$100>=$B$3)
18	15.03.22			*(A$3:$A$100<=$C$3))}
19	15.03.22			
20	15.03.22		Anzahl der Tage im Bereich A3:A20 - ohne Duplikate	
21			11	= {=SUMME(WENN(HÄUFIGKEIT(A2:A100;A2:A100)>0;1))}
22				Alternative 1:
23			11	= {=SUMME(WENN(A3:A100;1/ZÄHLENWENN(A3:A100;A3:A100)))}
24				

Lösung für 1.

Im Bereich A3:A20 stehen die Datumswerte.
In die Zelle B3 schreiben Sie das gesuchte Datum, z.B. `02.03.22`.
Die Zahl, wie oft das Datum `02.03.22` im Bereich A3:A20 vorkommt, erhalten Sie mit folgender Matrixformel:

```
=SUMME(WENN(A3:A100=B3;1;0))
```

Beenden Sie die Eingabe mit `Strg`+`Shift`+`Enter`. Sie können das Suchdatum auch direkt in die Matrixformel schreiben, wobei dann das Datum als unformatierte Zahl 44622 (für den 02.03.2022) zu verwenden ist.

Die geänderte Matrixformel lautet dann:

```
=SUMME(WENN(A3:A100=44622;1;0))
```

Beenden Sie die Eingabe wieder mit Strg+Shift+Enter. Liegt das Datum als Textwert vor, lautet die Matrixformel in Excel wie folgt:

```
=SUMME(WENN(A3:A100=DATWERT("02.03.22");1;0))
```

Beenden Sie die Eingabe wieder mit Strg+Shift+Enter.

Lösung für 2.

Wie viele Tageswerte zwischen dem Ausgangsdatum der Zelle B3 (02.03.22) und dem End-Datum in der Zelle C3 (13.03.22) vorkommen, erfahren Sie mit der Matrixformel:

```
=SUMME(WENN((A3:A100>=B3)*(A3:A100<C3);1;0))
```

Beenden Sie die Eingabe mit der Tastenkombination Strg+Shift+Enter.

Auch hier können Sie die Datumswerte wieder direkt in die Formel schreiben oder Textwerte bzw. Zellbezüge verwenden.

Die Anzahl der Tage des Zeitraums 02.03.22 – 13.03.22 ohne Duplikate erhalten Sie mit der Formel:

```
=SUMME(WENN(A3:A100;1/ZÄHLENWENN(A3:A100;A3:A100))*
(A$3:$A$100>=$B$3)*(A$3:$A$100<=$C$3))
```

Brauchen Sie nur die Anzahl der Tage (ohne Duplikate) eines bestimmten Bereichs, genügt auch die Formel

```
=SUMME(WENN(HÄUFIGKEIT(A2:A100;A2:A100)>0;1))
```

um die Tageszahl zu berechnen.

Hintergrund

Im ersten Fall vergleichen Sie mithilfe der Funktion `WENN()` den Inhalt der Zelle B3 mit dem Inhalt des Bereichs A2:A20. Als Ergebnis erhalten Sie Wahrheitswerte von `WAHR = 1` oder `FALSCH = 0`. Die Summe aller Wahrheitswerte ergibt die gesuchte Zahl. Im zweiten Fall vergleicht die `WENN()`-Funktion den Datenbereich A3:A20 mit den Datumswerten von Beginn und Ende des Suchzeitraums. Die Summe der Produkte aus den sich daraus ergebenden Wahrheitswerten ergibt die Anzahl der gesuchten Tage.

Verwendete Funktionen

`DATUMWERT("Text")` (nur Calc)
`DATWERT("Text")` (nur Excel)

```
HÄUFIGKEIT(Daten;Klassen)
SUMME(Zahl_1;Zahl_2;...;Zahl_255)
WENN(Prüfung;DannWert;SonstWert)
ZÄHLENWENN(Bereich;Suchkriterium)
```

1.6.3 Zeitraum aus einem Datumsbereich ermitteln und anzeigen

Problem

Sie möchten den Zeitraum eines Datumsbereichs einer unsortierten Liste in einer Zelle ausgeben. Welche Formel bewerkstelligt dies?

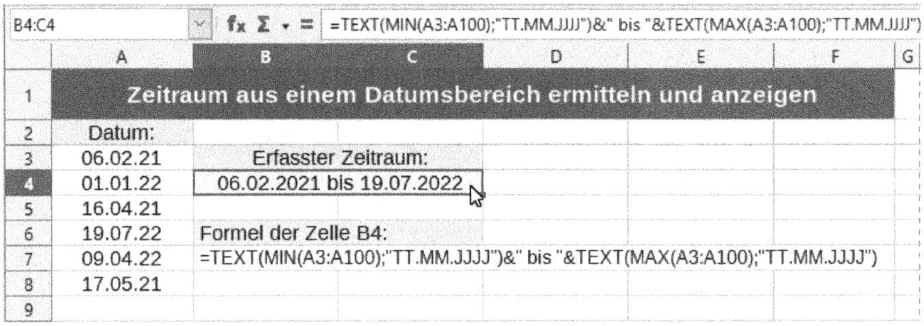

Lösung

Befinden sich die Datumsangaben beispielsweise im Bereich A3:A100, erreichen Sie dies mit der Formel:

```
=TEXT(MIN(A3:A100);"TT.MM.JJJJ")&" bis "&TEXT(MAX(A3:A100);"TT.MM.JJJJ")
```

Als Ergebnis erhalten Sie einen Zeitraum wie beispielsweise »06.02.2021 bis 19.07.2022«.

Hintergrund

Die beiden Funktionen `MIN()` und `MAX()` ermitteln das erste sowie das letzte Datum des Bereichs und geben die gefundenen Werte mithilfe der Funktion `TEXT()` als formatierte Textwerte zurück. Die beiden Datumstexte können nun mit dem Text `&" bis "&` zu einer Zeichenkette verbunden werden. Werden dem Zellbereich weitere Datumsangaben hinzufügt, wird die Ausgabe des Datumsbereichs automatisch angepasst.

Verwendete Funktionen

```
MAX(Zahl1[;Zahl2[;...[;Zahl255]]])
MIN(Zahl1[;Zahl2[;...[;Zahl255]]])
TEXT(Wert;Format)
```

1.6.4 Datumsdifferenz in Jahren, Monaten und Tagen

Problem

In der Zelle A3 steht das Datum 14.10.2019 und in der Zelle B3 das Datum 22.12.2022. In der Zelle C3 soll die Differenz dieser Datumswerte in Jahren, Monaten und Tagen angezeigt werden.

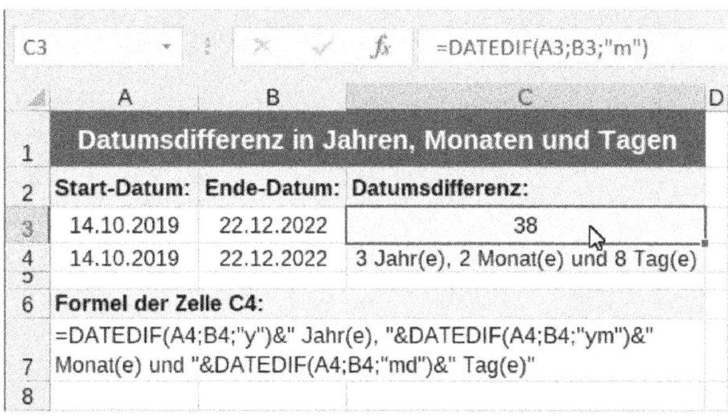

Lösung

Arbeiten Sie mit Excel, tragen Sie in die Zelle C3 folgende Formel ein:

```
=DATEDIF(A3;B3;"y")&" Jahr(e), "&DATEDIF(A3;B3;"ym")&" Monat(e) und"
&DATEDIF(A3;B3;"md")&" Tag(e)"
```

Hintergrund

Die Funktion `DATEDIF()` errechnet in Excel die Differenz zweier Datumswerte in verschiedenen Einheiten. Mit dem Wert `y` als Parameter `Intervall` wird die Anzahl der Jahre zwischen dem Start- und End-Datum ermittelt. Der Wert `ym` als Parameter `Intervall` ermittelt die Anzahl der vollen Monate zwischen Start- und End-Datum abzüglich der vollen Jahre. Der Wert `md` als Parameter `Intervall` errechnet die Anzahl der Tage zwischen Start- und End-Datum abzüglich der vollen Jahre und Monate. Die Ergebnisse dieser drei Berechnungen brauchen nur noch mit den beschreibenden Texten verknüpft zu werden.

In Calc steht Ihnen die gleiche Funktion mit gleichen Parametern unter dem Funktionsnamen `DATEDIF()` zur Verfügung.

Verwendete Funktion

`DATEDIF(Ausgangsdatum;End-Datum;Einheit)` (nur Excel)
`DATUMDIF(Start-Datum;End-Datum;Intervall)` (nur Calc)

1.6.5 Jahresdifferenz mit Nachkommastellen

Problem

Sie möchten in einer Liste mit Geburtsdaten das Alter der Personen exakt, das heißt mit Nachkommastellen berechnen. In Excel erhält man mit der Funktion `DATEDIF()` bzw. in Calc mit der Funktion `DATUMDIF()` aber immer nur ganze Jahre, beispielsweise für ein Geburtsdatum in Zelle A3 mit der Formel:

```
=DATEDIF(A3;HEUTE();"y")
```

Anstelle einer ganzen Jahreszahl wie 28 möchten Sie eine exakte Jahresdifferenz wie 28,76 erhalten. Welche Formel liefert ein exaktes Ergebnis?

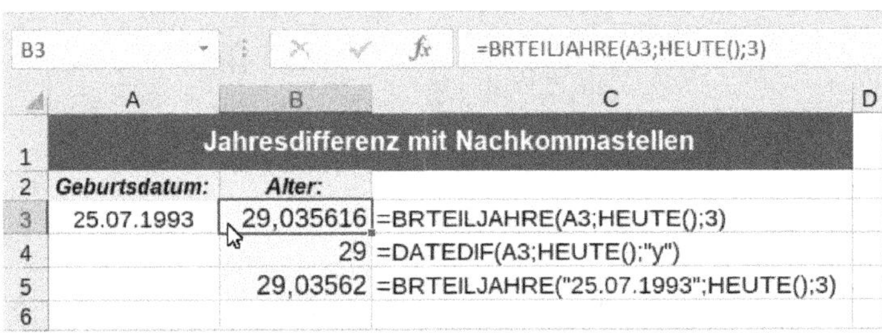

Lösung

Die Formel für die exakte Altersberechnung mit einem Geburtsdatum in Zelle A3 lautet:

```
=BRTEILJAHRE(A3;HEUTE();3)
```

Je nach Geburtsdatum und heutigem Datum liefert die Formel präzise Ergebnisse wie 28,76164.

Hintergrund

Die Funktionen `DATEDIF()` oder in Calc `DATUMDIF()` haben keinen Parameter, mit dem sich exakte Jahresdifferenzen inklusive Dezimalstellen ermitteln ließen. Für diesen Zweck bietet sich die Funktion `BRTEILJAHRE()` an.

Diese Funktion besitzt drei Parameter: `Anfangsdatum`, `End-Datum` und `Basis`. Bei Altersberechnungen bietet sich eine tagesgenaue Berechnung an, wofür Sie den Parameter `Basis` auf 3 setzen (genaue Anzahl Tage im Monat, Jahr hat 365 Tage). Schreiben Sie ein Datum direkt in die Formel, muss das Datum in Anführungszeichen geschrieben werden.

```
=BRTEILJAHRE("25.07.1993";HEUTE();3)
```

Verwendete Funktionen

`BRTEILJAHRE(Anfangsdatum;End-Datum;Basis)`
`DATEDIF(Start-Datum;End-Datum;Intervall)` (nur Excel)
`DATUMDIF(Start-Datum;End-Datum;Intervall)` (nur Calc)
`HEUTE()`

1.6.6 Mindesthaltbarkeitsdatum durch Datumsvergleich überprüfen und anzeigen

Problem

Wie kann das Mindesthaltbarkeitsdatum verschiedener Waren überwacht werden?

C3 =WENN(B3>HEUTE();" ";"Mindesthaltbarkeitsdatum abgelaufen")

	A	B	C	D	E
1	Mindesthaltbarkeitsdatum prüfen				
2	Artikel:	Haltbar bis:			Formeln:
3	Erbsen	01.09.21	Mindesthaltbarkeitsdatum abgelaufen		=WENN(B3>HEUTE();" ";"Mindesthaltbarkeitsdatum abgelaufen")
4	Sauerkirschen	30.06.23			=WENN(B4>HEUTE();" ";"Mindesthaltbarkeitsdatum abgelaufen")
5	Heringsfilet	14.12.22	Mindesthaltbarkeitsdatum abgelaufen		=WENN(B5>HEUTE();" ";"Mindesthaltbarkeitsdatum abgelaufen")
6					
7	Artikel:	Haltbar bis:	Alternative bei Zahlenformat "Text":		
8	Bohnen, gelb	31.12.21	Aussondern!		=WENN(DATWERT(B8)>HEUTE();" ";"Aussondern!")
9					

Lösung

In der Zelle A3 steht der Artikelname.
In der Zelle B3 steht das Verfalldatum.
In die Zelle C3 schreiben Sie die Formel:

```
=WENN(B3>HEUTE();" ";"Verfalldatum abgelaufen!")
```

Zur Überprüfung des gesamten Warenbestands kopieren Sie die Formel mithilfe des Aufziehkästchens nach unten.

Hintergrund

Die Formel wandelt das Datum in der Zelle B3 sowie das aktuelle Datum in serielle Zahlen um und vergleicht diese miteinander. Ist die serielle Zahl des Verfalldatums kleiner als die serielle Zahl des aktuellen Datums, so wird nichts " " ausgegeben. Andernfalls wurde das Mindesthaltbarkeitsdatum bereits überschritten und die `WENN()`-Formel zeigt den alternativen Text: »Mindesthaltbarkeitsdatum abgelaufen«.

Anstelle eines Zellbezugs (beispielsweise B3) können Sie auch einen gültigen Datumswert wie »31.12.2021« verwenden. Ist der zu vergleichende Zellbezug jedoch ein Textwert, weil die Datumszelle beispielsweise mit dem Format-Code @

formatiert ist, muss dieser Textwert zuerst in einen Zahlenwert umgewandelt werden.

Dies erreichen Sie mit folgender Formel:

```
=WENN(DATUMWERT(B8)>HEUTE();" ";"Aussondern!")
```

Verwendete Funktionen

```
WENN(Prüfung;DannWert;SonstWert)
HEUTE()
DATUMWERT("Text")
```

1.6.7 Wann läuft der Garantiezeitraum ab?

Problem

In einer Liste werden in den Spalten A:C alle gekauften Produkte mit Namen, Kaufdatum und Garantiedauer erfasst. In den Zeilen 1 und 2 stehen die Überschriften. Nun möchten Sie das Garantieablaufdatum in der Spalte D ab Zeile 3 errechnen.

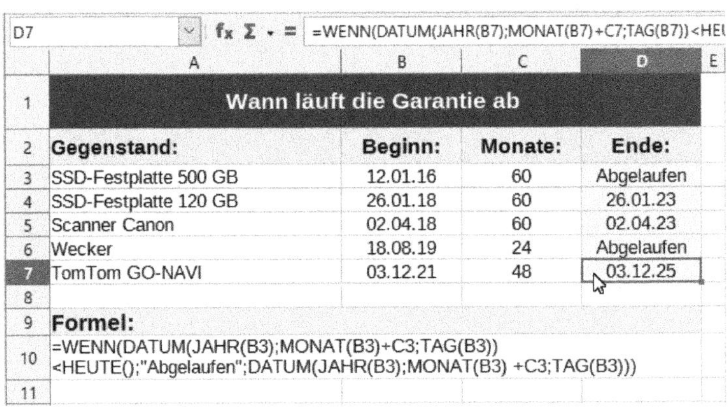

D7 | fx Σ = | =WENN(DATUM(JAHR(B7);MONAT(B7)+C7;TAG(B7))<HEI

	A	B	C	D
1	Wann läuft die Garantie ab			
2	Gegenstand:	Beginn:	Monate:	Ende:
3	SSD-Festplatte 500 GB	12.01.16	60	Abgelaufen
4	SSD-Festplatte 120 GB	26.01.18	60	26.01.23
5	Scanner Canon	02.04.18	60	02.04.23
6	Wecker	18.08.19	24	Abgelaufen
7	TomTom GO-NAVI	03.12.21	48	03.12.25
8				
9	Formel:			
10	=WENN(DATUM(JAHR(B3);MONAT(B3)+C3;TAG(B3)) <HEUTE();"Abgelaufen";DATUM(JAHR(B3);MONAT(B3) +C3;TAG(B3)))			
11				

Lösung

In der Spalte A stehen ab Zeile 3 die gekauften Gegenstände.
In der Spalte B das Kaufdatum, in der Spalte C die Garantiedauer in Monaten.
In der Spalte D soll der Ablauf der Garantie errechnet werden. Dazu schreiben Sie in die Zeile D3 folgende Formel:

```
=WENN(DATUM(JAHR(B3);MONAT(B3)+C3;TAG(B3))<HEUTE();"Abgelaufen";
DATUM(JAHR(B3);MONAT(B3)+C3;TAG(B3)))
```

Als Ergebnis erhalten Sie entweder den genauen Tag des Garantieablaufs oder den Hinweis: "Abgelaufen".

Hintergrund

Mithilfe der Datumsfunktion `DATUM()` wird das Kaufdatum in die Bestandteile `JAHR()`, `MONAT()` und `TAG()` zerlegt und dem Monatsdatum die Anzahl der Garantiemonate hinzugefügt. Die `WENN()`-Funktion vergleicht das so berechnete Datum mit dem Datum von `HEUTE()` und gibt den Hinweis "Abgelaufen" aus, wenn das berechnete Datum kleiner `HEUTE()` ist, andernfalls das berechnete Ablaufdatum.

Verwendete Funktionen

```
DATUM(Jahr;Monat;Tag)
HEUTE()
JAHR(Zahl)
MONAT(Zahl)
TAG(Zahl)
WENN(Prüfung;DannWert;SonstWert)
```

1.6.8 Wann läuft die Kündigungsfrist ab, wann müssen Sie kündigen?

Problem

Die Kündigung eines Zeitschriften-Abonnements ist nur quartalsweise und nur bis 4 Wochen (=28 Tage) vor Ablauf des Quartals möglich. Zu welchem Quartalsende können Sie das Abonnement kündigen und wann ist der letztmögliche Kündigungstermin?

D3 | =MONATSENDE(DATUM(JAHR(A3+28);AUFRUNDEN(MONAT(A3+28)/3;0)*3;1);0)-28

	A	B	C	D
1	Letzter Kündigungstermin:			
2	Heutiges Datum:	Kündigungsfrist:	Kündbar zum:	Letzter Kündigungstermin:
3	22.04.22	**4 Wochen vor Quartalsende**	30.06.22	02.06.22
4				
5	Heutiges Datum:	Kündigungsfrist:	Kündbar zum:	Letzter Kündigungstermin:
6	22.04.22	**6 Wochen vor Quartalsende**	30.06.22	19.05.22
7				

Lösung

Schreiben Sie in die Zelle A3 das heutige Datum: `22.04.2022` oder die Funktion:

```
=HEUTE()
```

Zur Ermittlung des nächstmöglichen Kündigungs-Quartals schreiben Sie in die Zelle C3 folgende Formel:

```
=MONATSENDE(DATUM(JAHR(A3+28);AUFRUNDEN(MONAT(A3+28)/3;0)*3;1);0)
```

Den letztmöglichen Kündigungstermin erhalten Sie in der Zelle D3 mit der Formel:

```
=MONATSENDE(DATUM(JAHR(A3+28);AUFRUNDEN(MONAT(A3+28)/3;0)*3;1);0)-28
```

Formatieren Sie die Zellen A3, C3 und D3 mit einem der Datumsformate. Als Ergebnis erhalten Sie in C3 das Quartalsende, zu dem gekündigt werden kann: »30.06.2022«, und in der Zelle D3 steht das letztmögliche Kündigungsdatum: »02.06.2022«.

Hintergrund

In der Zelle C3 berechnen Sie das Quartalsende, zu dem gekündigt werden kann. Nachdem die Kündigung frühestens zum Ende des Quartals möglich ist, in dem das Datum in 28 Tagen fällt, ermittelt man zuerst das Datum dieses Termins und dann den letzten Monat des betreffenden Quartals. Den letzten Tag dieses Monats erhalten Sie mit der Funktion `MONATSENDE()`. Der zweite Parameter dieser Funktion hat den Wert 0, womit der letzte Tag des Quartals, zu dem gekündigt werden kann, gesucht wird.

Steht in A1 das Datum »20.05.2022«, erhalten Sie als Quartalsende: »30.06.2022«.

In C3 berechnen Sie nun den letztmöglichen Kündigungstermin.

Die Formel in D3 unterscheidet sich von der Formel in C3 nur dadurch, dass vom Ergebnis (Quartalsende) die Kündigungsfrist von 4 Wochen (4*7 = 28 Tage) abgezogen wird. Auch diese Zelle muss mit einem der Datumsformate formatiert werden.

Steht in A1 das Datum »20.05.2022«, erhalten Sie als letztmöglichen Kündigungstermin den 02.06.2022.

Tipp

Ist die Kündigung bis zu 6 Wochen vor Quartalsende möglich, brauchten Sie nur die Zahl der zu berücksichtigenden Tage zu ändern. Die geänderte Formel zur Ermittlung des letzten Kündigungstermins lautet demnach:

```
=MONATSENDE(DATUM(JAHR(A6+42);
AUFRUNDEN(MONAT(A6+42)/3;0)*3;1);0)-42
```

Verwendete Funktionen

```
AUFRUNDEN(Zahl;Stellen)
DATUM(Jahr;Monat;Tag)
HEUTE()
JAHR(Zahl)
MONATSENDE(Anfangsdatum;Monate)
```

1.7 Datumsteile und Darstellung

1.7.1 Ein Datum in Einzelteile zerlegen

Problem

Für Ihren Verein möchten Sie eine Geburtstagsliste für alle Mitglieder erstellen. Als Geburtstag soll zwar der richtige Monat und Geburtstag ausgewiesen werden, aber als Jahr soll immer die aktuelle Jahreszahl erscheinen. Die Geburtstage der einzelnen Mitglieder stehen in Spalte C.

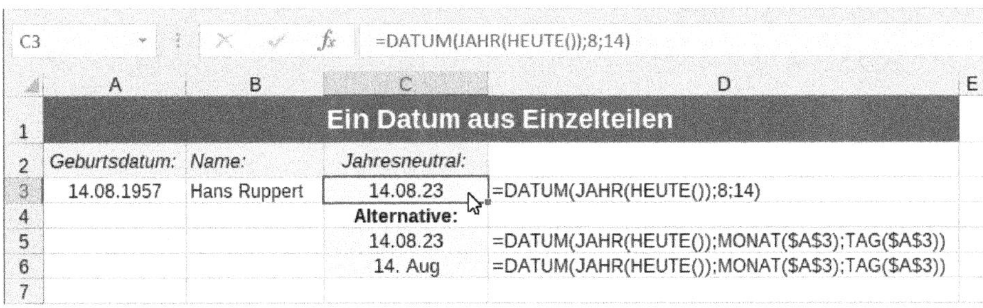

Lösung

Setzen Sie das Geburtsdatum (z.B. 14.08.1957) als Formelwert zusammen. Schreiben Sie dazu in die Zelle folgende Formel

```
=DATUM(JAHR(HEUTE());8;14)
```

oder als Bezug zur Zelle C3:

```
=DATUM(JAHR(HEUTE());MONAT(C3);TAG(C3))
```

Als Ergebnis erhalten Sie jeweils den 14.08.2022. Formatieren Sie das Ergebnis in das gewünschte Datumsformat.

Hintergrund

Die Funktion `DATUM()` errechnet das Datum aus den in den Parametern enthaltenen Werten. Sie können jedem Parameter einen festen Wert, eine Funktion oder auch einen Zellverweis zuordnen.

Verwendete Funktionen

```
DATUM(Jahr;Monat;Tag)
HEUTE()
JAHR(Zahl)
MONAT(Zahl)
TAG(Zahl)
```

1.7.2 Datum und Text kombinieren

Problem

In ausgestellten Rechnungen möchten Sie immer den Text »Rechnungsdatum«, gefolgt vom aktuellen Tagesdatum ausweisen. Wenn Sie jedoch die Formel `="Rechnungsdatum: "&Heute()` verwenden, erscheint als Datum immer eine serielle Datumszahl, obwohl die Zelle mit einem Datumsformat formatiert wurde. Wie können Sie das Datum richtig darstellen?

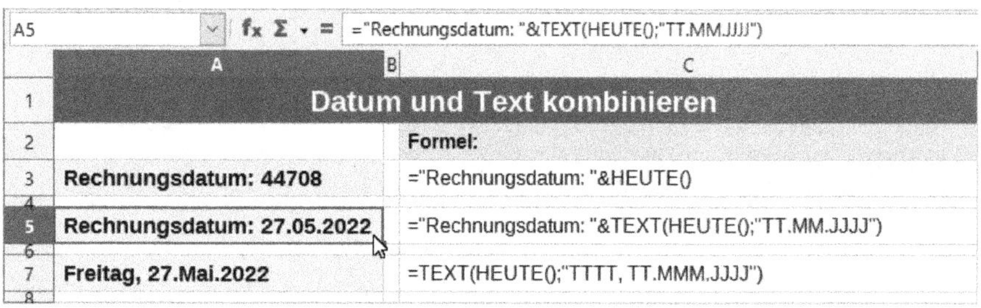
A5 | fx Σ = | ="Rechnungsdatum: "&TEXT(HEUTE();"TT.MM.JJJJ")

	A	B	C
1	Datum und Text kombinieren		
2			**Formel:**
3	**Rechnungsdatum: 44708**		="Rechnungsdatum: "&HEUTE()
4			
5	**Rechnungsdatum: 27.05.2022**		="Rechnungsdatum: "&TEXT(HEUTE();"TT.MM.JJJJ")
6			
7	**Freitag, 27.Mai.2022**		=TEXT(HEUTE();"TTTT, TT.MMM.JJJJ")
8			

Lösung

Schreiben Sie in die Zelle die Formel:

```
="Rechnungsdatum: "&TEXT(HEUTE();"TT.MM.JJJJ")
```

Als Ergebnis erhalten Sie beispielsweise den Text:

»Rechnungsdatum: 27.05.2022«

Hintergrund

Wenn Sie Text mit einer Zahl (dazu gehört auch ein Datum) in einer Zelle ausweisen möchten, so müssen Sie auch die Zahl (hier das Datum) mit der Funktion `TEXT()` als formatierten Text hinzufügen. Als Format können Sie jedes der bestehenden Zahlenformate verwenden. Soll zusätzlich die aktuelle Uhrzeit angegeben werden, muss das als Text formatierte und angezeigte Tagesdatum um die Funktion `JETZT()` erweitert werden. Auch diese Funktion muss im Textformat dargestellt werden. Die Formel der erweiterten Funktion lautet demnach:

```
=TEXT(HEUTE();"TT.MM.JJJJ")&", "&TEXT(JETZT();"HH:MM")
```

Als Ergebnis erhalten Sie beispielsweise »27.05.2022, 14:05«.

Verwendete Funktion

`TEXT(Wert;Format)`
`HEUTE()`
`JETZT()`

Kapitel 2

Finanzfunktionen

2.1 Kapital und Anlagen

2.1.1 Wie lange müssen Sie sparen, um sich ein Auto für 40.000 € kaufen zu können?

Problem

Sie zahlen monatlich 1.000 € auf ein Sparkonto und erhalten dafür 0,5 % Zinsen. Wie lange ist der Ansparzeitraum für Ihr Auto?

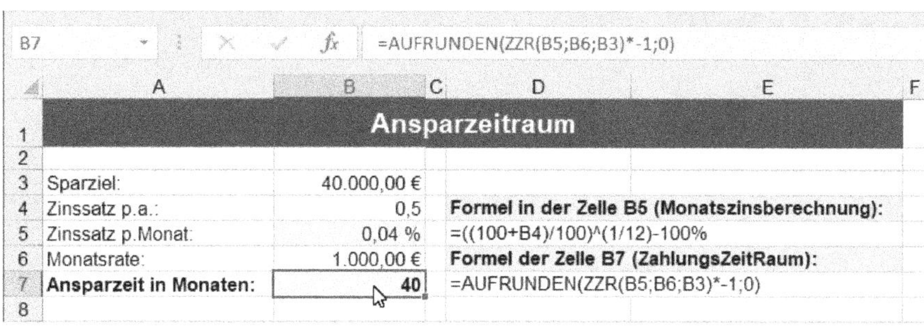

	A	B	C	D	E
1	Ansparzeitraum				
2					
3	Sparziel:	40.000,00 €			
4	Zinssatz p.a.:	0,5		**Formel in der Zelle B5 (Monatszinsberechnung):**	
5	Zinssatz p.Monat:	0,04 %		=((100+B4)/100)^(1/12)-100%	
6	Monatsrate:	1.000,00 €		**Formel der Zelle B7 (ZahlungsZeitRaum):**	
7	**Ansparzeit in Monaten:**	**40**		=AUFRUNDEN(ZZR(B5;B6;B3)*-1;0)	
8					

Lösung

In der Zelle B3 steht die benötigte Ansparsumme: 40.000 €.
In der Zelle B4 steht der erzielte Zinssatz pro Jahr, der monatlich akkumuliert wird: 0,5 %.
In der Zelle B5 steht der für die Funktion umgerechnete Monatszins.
Den Monatszins errechnen Sie aus dem Jahreszins mit der Formel:

```
=((100+B4)/100)^(1/12)-100%
```

In der Zelle B6 steht die monatliche Sparrate: 1.000 €.

In die Zelle B7 schreiben Sie zur Berechnung der Ansparzeit die Formel:

```
=AUFRUNDEN(ZZR(B5;B6;B3)*-1;0)
```

Als Ergebnis erhalten Sie die aufgerundete Anzahl der einzuzahlenden Monate; hier 40. Sie müssen also 40 Monate sparen, bis Sie Ihr Wunschauto kaufen können.

Hintergrund

Die Funktion ZZR() berechnet die Anzahl der Zahlungsperioden einer Investition bei regelmäßigen Zahlungen und konstantem Zinssatz. Dabei stellt die Laufzeit den »ZahlungsZeitRaum« (ZZR) dar, also die Anzahl der Monate, die Sie sparen müssen. Der Zins muss in einen Monatszins umgerechnet werden, weil er in der gleichen Zeiteinheit angegeben werden muss wie die anderen Argumente. Das Sparziel bezeichnet man als »BarWert« (BW), Ihre laufende monatliche Sparrate wird in der Funktion als `Zahlung` bezeichnet.

Als Ergebnis der Funktion erhalten Sie die Zahl »-39,68«, aufgerundet: »-40«, weil die Funktion nicht zwischen Ansparraten und Kreditraten unterscheiden kann.

> **Tipp**
>
> Wenn Sie das Minus stört, multiplizieren Sie einfach das Ergebnis mit -1.

Verwendete Funktion

```
AUFRUNDEN(Zahl[;Stellen])
ZZR(Zins;Zahlung;BW[;[ZW][;Typ]])
```

2.1.2 Wie viele Jahre müssen Sie Ihr Geld anlegen, um ein bestimmtes Kapital zu erreichen?

Problem

Sie möchten Geld für Ihre Altersvorsorge anlegen und haben eine bestimmte Summe als Ziel. Wie lange müssen Sie sparen, um dieses zu erreichen?

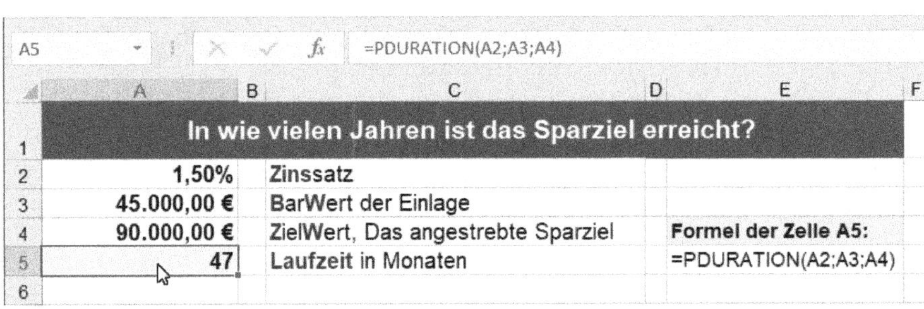

Lösung

In der Zelle A2 steht der jährliche Zinssatz.
In der Zelle A3 steht das zur Verfügung stehende Kapital.
In der Zelle A4 steht das Kapital, das einmal erreicht werden soll.
Schreiben Sie in die Zelle A5 die Formel:

```
=PDURATION(A2;A3;A4)
```

Als Ergebnis der Formel erhalten Sie die Zahl 47. Nach 47 Jahren hat sich Ihr Kapital von 45.000 € auf 90.000 € verdoppelt.

Hintergrund

Mit der Funktion `PDURATION()` errechnen Sie die Laufzeit (Anzahl der Kalenderjahre), die erforderlich ist, damit ein bestimmter BarWert bei einem festen Zinssatz einen gewünschten Kapitalwert (das angestrebte Sparziel = »ZielWert«) erreicht. In Calc heißt die entsprechende Funktion `PLAUFZEIT()`.

Verwendete Funktion

`PDURATION(Zins;BW;ZW)` (nur Excel)
`PLAUFZEIT(Zins;BW;ZW)` (nur Calc)

2.1.3 Wie viele Zinsen erhalten Sie für Ihr angelegtes Kapital?

Problem

Sie möchten 100.000 € als Festgeld vom 01.04.2021 bis zum 30.09.2021 anlegen. Wie viele Zinsen erhalten Sie bei einem Zinssatz von 2,50 %, wenn die Bank die Zinsen auf den Tag genau abrechnet?

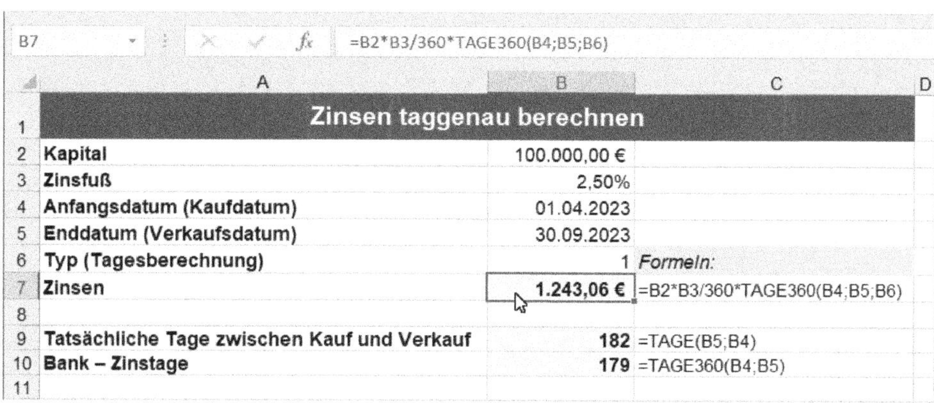

B7 =B2*B3/360*TAGE360(B4;B5;B6)

	A	B	C
1	Zinsen taggenau berechnen		
2	Kapital	100.000,00 €	
3	Zinsfuß	2,50%	
4	Anfangsdatum (Kaufdatum)	01.04.2023	
5	Enddatum (Verkaufsdatum)	30.09.2023	
6	Typ (Tagesberechnung)	1	Formeln:
7	Zinsen	1.243,06 €	=B2*B3/360*TAGE360(B4;B5;B6)
8			
9	Tatsächliche Tage zwischen Kauf und Verkauf	182	=TAGE(B5;B4)
10	Bank – Zinstage	179	=TAGE360(B4;B5)
11			

Lösung

In der Zelle B2 steht das angelegte Kapital in Euro: 100.000.
In der Zelle B3 steht der angebotene Zinssatz: 2,5 %.
In der Zelle B4 steht das Anfangsdatum der Verzinsung: 01.04.2021.
In der Zelle B5 steht das End-Datum der Anlage: 30.09.2021.
In die Zelle B6 schreiben Sie den Typ der Tagesberechnung, hier: 1.
In die Zelle B7 schreiben Sie die Formel:

```
=B2*B3/360*TAGE360(B4;B5;B6)
```

Als Ergebnis erhalten Sie die erzielten Zinsen in Höhe von 1.243,06 €.

Hintergrund

Die Formel multipliziert das eingesetzte Kapital mit dem Zinssatz eines Tages (Zinssatz/360) und der Anzahl der zu verzinsenden Tage. Die Zahl der Tage ermittelt die Funktion `TAGE360()`. Der optionale Parameter `Typ` bestimmt die Art der Differenzbildung. Ist `Typ <> 0`, wird zur Tagesberechnung die europäische Methode verwendet. Der Monat wird mit 30 Tagen, das Jahr mit 360 Tagen gerechnet.

> **Hinweis**
>
> Verwechseln Sie nicht die Funktion `TAGE()` mit der Funktion `TAGE360()`. Die Funktion `TAGE()` liefert im obigen Beispiel als Ergebnis die Zahl 182, nämlich die tatsächliche Tagesdifferenz. Die Funktion `TAGE360()` ermittelt die von der Bank zur Verzinsung angewandte Tageszahl von 179 Tagen.

Verwendete Funktionen

```
TAGE(Datum2;Datum1)
TAGE360(Datum1;Datum2[;Art])
```

2.1.4 Wie hoch ist der Auszahlungsbetrag eines Festgeldes?

Problem

Wie hoch ist der Rückzahlungsbetrag einer einmaligen Geldanlage in Höhe von 20.000,00 Euro, wenn der Zinssatz 1,25 % beträgt und das Kapital für 36 Monate festgelegt wird?

A7 =ZW(A2/12;A3;A4;A5;A6)

	A	B	C	D	E	F
1	**Wie hoch ist der Auszahlungsbetrag eines Festgeldes**					
2	**1,25%**		**Zins**			
3	**36**		ZinsZeitraum			
4	**0**		**Zahlung**			
5	-20.000,00 €		BarWert			
6	**1**		Typ, Fälligkeit der Zahlung		**Formel der Zelle A7:**	
7	**20.763,83 €**		Zukünftiger Wert der Investition		=ZW(A2/12;A3;A4;A5;A6)	
8						

Lösung

In der Zelle A2 steht der Zinssatz des Festgeldes.

In der Zelle A3 steht die Festgelddauer in Monaten (= Perioden).

In der Zelle A4 steht die Zahl 0, weil keine regelmäßigen Sparraten, sondern das Festgeld als Einmalbetrag einbezahlt wird.

In der Zelle A5 steht der Barwert des Festgeldes, der Betrag, den Sie als Festgeld angelegt haben (der Betrag, der Ihrem Konto belastet wurde).

In der Zelle A6 steht als Parameter Typ die Zahl 1, weil die Fälligkeit am Anfang einer Periode ist.
In der Zelle A7 errechnen Sie den Auszahlungsbetrag des Festgeldes nach 36 Monaten. Dazu verwenden Sie die Formel:

```
=ZW(A2/12;A3;A4;A5;A6)
```

Als Ergebnis erhalten Sie bei obigem Beispiel einen Rückzahlungsbetrag in Höhe von 20.763,83 €.

Hintergrund

Die Funktion `ZW()` errechnet den Wert einer Investition, der bei einem festgelegten Zinssatz nach einem bestimmten Zeitpunkt erreicht werden soll. Beachten Sie, dass Zins und der Zinszeitraum in der gleichen Zeiteinheit verwendet werden. Wird der Zinszeitraum in Monaten angegeben, muss auch der Jahreszins in einen Monatszins umgerechnet werden.

Soll, wie im obigen Beispiel, der Auszahlungsbetrag eines angelegten Festgeldes errechnet werden, muss der Barwert als negativer Wert eingetragen werden (er wurde ja Ihrem Konto belastet!). Errechnen Sie den Rückzahlungsbetrag eines erhaltenen Darlehens, so muss der Barwert als positive Zahl eingetragen werden (er wurde Ihnen ja auch auf dem Konto gutgeschrieben!).

Verwendete Funktion
`ZW(Zins;ZZr;Zahlung[;[BW][;Typ]])`

2.1.5 Wie hoch ist der Auszahlungsbetrag eines Wertpapiers mit festem Zinssatz zu einem gegebenen Zeitpunkt?

Problem

Wie errechnen Sie den Auszahlungsbetrag eines Wertpapiers am Fälligkeitstermin?

B7 — fx =AUSZAHLUNG(B2;B3;B4;B5;B6)

	A	B	C	D
1	Funktion Auszahlung			
2	Abrechnungstermin	01.03.2022		
3	Fälligkeitstermin	30.09.2022		
4	Investitionsbetrag	100.000,00 €		
5	Disagio in %	2,50%		
6	Basis: Europa-Methode	4		*Formeln:*
7	**Auszahlungsbetrag**	101.472,76 €		=AUSZAHLUNG(B2;B3;B4;B5;B6)
8				
9	*Alternative 1:*	101.472,76 €		=AUSZAHLUNG("01.03.22";"30.09.22";100000; 2,5%;4)
10				
11	*Alternative 2:*	101.472,76 €		=B4/(1-(B5*(209/360)))
12				
13	*Zinstage nach „Basis" 4*	209		=TAGE360(B2;B3;4)
14				

Lösung

In der Zelle B2 steht das Datum des Wertpapierkaufs, der Abrechnungstermin.
In der Zelle B3 steht das Datum, an dem das Wertpapier fällig wird.
In der Zelle B4 steht der Investitionsbetrag.
In der Zelle B5 steht das Disagio, der prozentuale Abschlag beim Erwerb des Wertpapiers.
In der Zelle B6 steht die Berechnungsmethode »Basis«. Die Zahl 4 bedeutet »Europa-Methode«; das Kalenderjahr wird mit 12 Monaten je 30 Zinstage gerechnet.
In die Zelle B7 schreiben Sie die Formel:

```
=AUSZAHLUNG(B2;B3;B4;B5;B6)
```

Als Ergebnis erhalten Sie einen Auszahlungsbetrag von 101.472,76 €.

Hintergrund

Das Ergebnis wurde mit der Funktion `AUSZAHLUNG()` berechnet. Möchten Sie den Auszahlungsbetrag ohne Funktion berechnen, benutzen Sie die Formel:

```
=B4/(1-(B5*(209/360)))
```

Das bedeutet, die AUSZAHLUNG = Investitionsbetrag / (1-(Disagio*(Zinstage/Jahreszinstage entsprechend 'Basis'))), wobei die Zahl 209 die Zinstage vom 01.03.22 bis 30.09.22 darstellt und die Zahl 360 die Anzahl der Zinstage des Kalenderjahres. Berechnet werden die Zinstage nach `Basis` 4 mit der Formel:

```
=TAGE360(B2;B3;4)
```

Verwendete Funktionen

`AUSZAHLUNG(Abrechnung;Fälligkeit;Investition;Disagio[;Basis])`
`TAGE360(Datum1;Datum2[;Art])`

2.1.6 Ein Zinsangebot mit Ablaufdatum

Problem

Ein Anlageangebot gilt nur bis zu einem bestimmten Datum. Nach Ablauf des Datums wird kein Zinsbetrag mehr ausgewiesen. Wie lösen Sie dieses Problem?

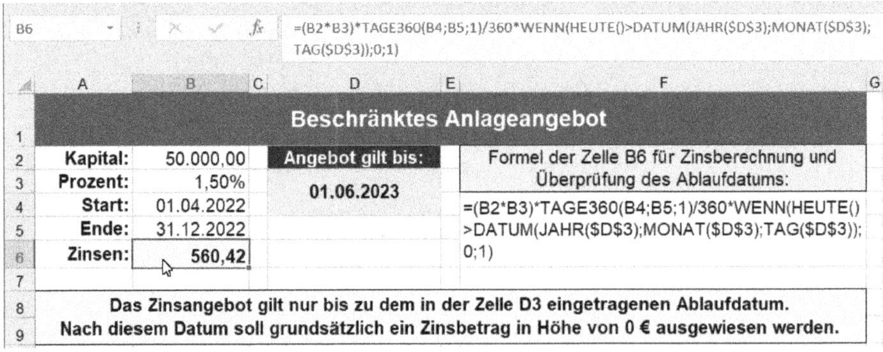

Lösung

In B2 steht das Anlagekapital.
In B3 steht der Zinssatz in %.
In B4 steht das Datum des Anlagebeginns.
In B5 steht das Ablaufdatum der Anlage.
In D3 steht das Ablaufdatum des Angebots.
In B6 schreiben Sie die Formel:

```
=(B2*B3)*TAGE360(B4;B5;1)/360*
WENN(HEUTE()>DATUM(JAHR($D$3);MONAT($D$3);TAG($D$3));0;1)
```

Als Ergebnis erhalten Sie den Zinsertrag des noch gültigen Angebots.

Hintergrund

Im ersten Teil der Zinsberechnung errechnet die Formel die taggenauen Zinsen für den Zinszeitraum nach dem Typ 1 (»Europa-Methode«) mit dem Formelteil: `(B2*B3)*TAGE360(B4;B5;1)/360`. Der so errechnete Zinsbetrag wird nun mit dem Wahrheitswert folgender Formel multipliziert:

```
"WENN(HEUTE()>DATUM(JAHR($D$3);MONAT($D$3);TAG($D$3));0;1)"
```

Ist der Angebotszeitraum abgelaufen, ergibt sich der Wahrheitswert `FALSCH` (= 0), sodass die Multiplikation ebenfalls den Wert 0 ergibt. Andernfalls ergibt sich der Wahrheitswert 1 (`WAHR`) und die errechneten Zinsen werden angezeigt.

Verwendete Funktionen

```
DATUM(Jahr;Monat;Tag)
HEUTE()
JAHR(Zahl)
MONAT(Zahl)
TAG(Zahl)
TAGE360(Datum1;Datum2[;Art])
WENN(Prüfung;DannWert;SonstWert)
```

2.2 Kredite und Zinsen

2.2.1 Wie hoch ist die monatliche Tilgungsrate eines Bankkredits?

Problem

Sie möchten ein Auto auf Kredit kaufen. Der Finanzierungszeitraum soll 36 Monate betragen. Wie hoch ist die zu zahlende Monatsrate bei einem Zinssatz von 2,5 %?

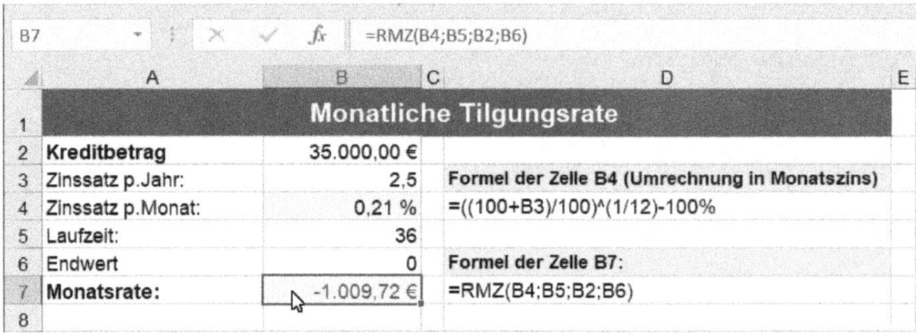

	A	B	C	D	E
1	Monatliche Tilgungsrate				
2	**Kreditbetrag**	35.000,00 €			
3	Zinssatz p.Jahr:	2,5	**Formel der Zelle B4 (Umrechnung in Monatszins)**		
4	Zinssatz p.Monat:	0,21 %	=((100+B3)/100)^(1/12)-100%		
5	Laufzeit:	36			
6	Endwert	0	**Formel der Zelle B7:**		
7	**Monatsrate:**	-1.009,72 €	=RMZ(B4;B5;B2;B6)		
8					

Lösung

In der Zelle B2 steht der benötigte Kreditbetrag in Höhe von 35.000 €.
Die Zelle B3 beinhaltet den zu zahlenden Zinssatz von 2,5 % pro Jahr.
In der Zelle B4 wird der für die Funktion umgerechnete monatliche Monatszins mit der Formel `=((100+B3)/100)^(1/12)-100%` berechnet.
In der Zelle B5 steht der Zahlungszeitraum in Monaten, hier: 36.
In der Zelle B6 steht der Kreditbetrag, der nach Bezahlung der letzten Rate noch übrigbleiben soll, hier: 0,00 €.
In die Zelle B7 schreiben Sie die Formel:

```
=RMZ(B4;B5;B2;B6)
```

Als Ergebnis erhalten Sie eine zu zahlende Monatsrate von 1.009,72 €.

Hintergrund

Die Funktion `RMZ()` berechnet die regelmäßigen Zahlungen (Annuitäten) für einen Kredit bei konstantem Zinssatz. Als Ergebnis erhalten Sie einen negativen Betrag in Höhe der errechneten monatlichen Tilgungsrate. Beachten Sie, dass der Zins in einen Monatszins umzurechnen ist, weil er in der gleichen Zeiteinheit angegeben werden muss wie die anderen Argumente.

Verwendete Funktion

`RMZ(Zins;Zzr;Bw;[Zw];[F])`

2.2.2 Welchen Kredit können Sie sich leisten?

Problem

Sie möchten einen Kredit zu einem Zinssatz von 2,5 % aufnehmen und 36 Monate lang 800,00 € dafür aufbringen. Welche Kreditsumme können Sie damit finanzieren?

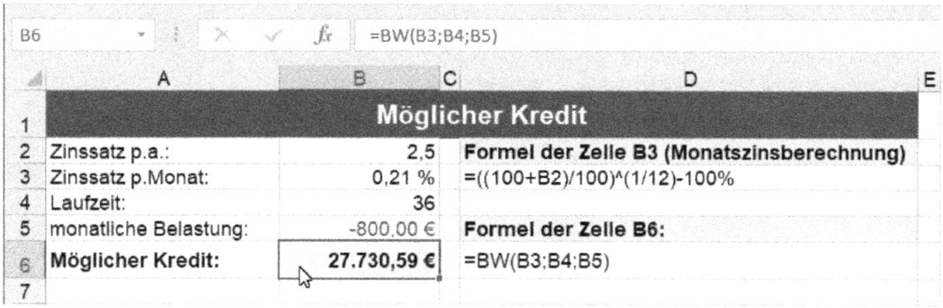

B6 =BW(B3;B4;B5)

	A	B	C	D	E
1	Möglicher Kredit				
2	Zinssatz p.a.:	2,5		Formel der Zelle B3 (Monatszinsberechnung)	
3	Zinssatz p.Monat:	0,21 %		=((100+B2)/100)^(1/12)-100%	
4	Laufzeit:	36			
5	monatliche Belastung:	-800,00 €		Formel der Zelle B6:	
6	Möglicher Kredit:	27.730,59 €		=BW(B3;B4;B5)	
7					

Lösung

In der Zelle B2 steht der Jahreszinssatz: 2,5 %.
In der Zelle B3 steht der für die Funktion umgerechnete Monatszins. Sie erhalten ihn mit der Formel `=((100+B2)/100)^(1/12)-100%`.
In der Zelle B4 steht die Laufzeit der Ratenzahlungen in Monaten: 36.
In der Zelle B5 steht der monatliche Ratenbetrag, den Sie sich leisten können: 800,00 €. In die Zelle B6 schreiben Sie die Formel:

```
=BW(B3;B4;B5)
```

Als Ergebnis erhalten Sie 27.730,59 € als höchstmögliche Kreditsumme.

Hintergrund

Die Funktion `BW()` berechnet die Kredithöhe, die bei regelmäßigen Zahlungen (Annuitäten) sowie bei konstantem Zinssatz finanzierbar ist. Die monatliche Ratenzahlung muss als negative Zahl eingetragen werden.

Hinweis

Beachten Sie, dass der Zins in einen Monatszins umzurechnen ist, weil er in der gleichen Zeiteinheit angegeben werden muss wie die anderen Argumente. Der Parameter Typ (optional) bezeichnet die Fälligkeit. Typ = 1 heißt Fälligkeit am Anfang der Periode, Typ = 0 (Vorgabe) heißt Fälligkeit am Ende.

Verwendete Funktion

`BW(Zins;ZZr;Zahlung[;ZW[;Typ]])`

2.2.3 Wie hoch ist der Zinssatz?

Problem

Ihre Bank bietet Ihnen einen Kredit über 40.000,00 € mit einer monatlichen Belastung von 1.000 € bei einer Laufzeit von 42 Monaten an. Wie hoch ist der Zinssatz, den Sie bezahlen müssen?

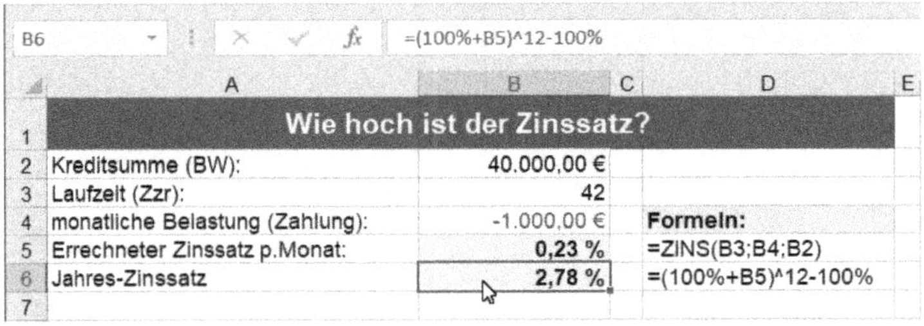

Lösung

In der Zelle B2 steht die Kreditsumme.
In der Zelle B3 steht die Laufzeit der Ratenzahlungen in Monaten.
In der Zelle B4 steht die monatliche Belastung.
In die Zelle B5 schreiben Sie die Formel:

```
=ZINS(B3;B4;B2)
```

Als Ergebnis erhalten Sie den monatlichen Zinssatz. In der Zelle B6 wird der Jahreszins errechnet. Sie erhalten ihn mit der Formel:

```
=(100%+B5)^12-100%
```

Hintergrund

Die Funktion `ZINS()` berechnet den Zinssatz, der einer Kreditsumme bei regelmäßigen Zahlungen zugrunde liegt. Die monatliche Belastung (`Zahlung`) muss als negative Zahl eingetragen werden. Beachten Sie, dass der Zins in einem Monatszins zurückgegeben wird. Um den Zinssatz aussagekräftig und vergleichbar zu machen, müssen Sie ihn erst in einen Jahreszinssatz umwandeln (Zelle B6).

Verwendete Funktion

`ZINS(ZZr;Zahlung;BW[;[ZW][;[Typ][;Schätzwert]]])`

2.2.4 Wie viele Zinstage sind es bis zum Jahresende?

Problem

Sie haben während des Jahres einen Kredit aufgenommen und möchten die Zinsen für das laufende Kalenderjahr berechnen. Für wie viele Tage müssen Sie noch Zinsen zahlen?

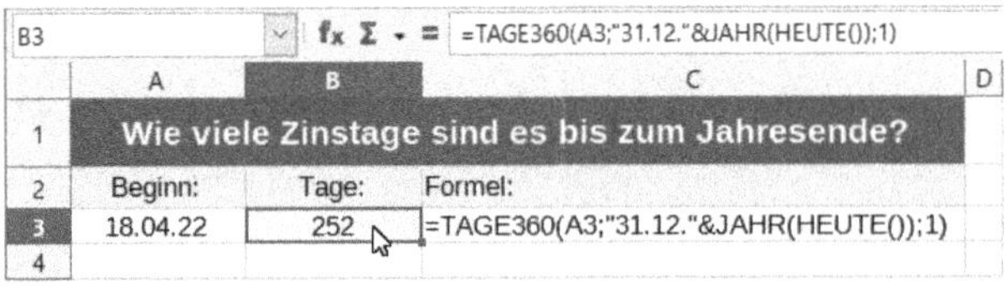

Lösung

In der Zelle A3 steht das Datum der Kreditaufnahme, beispielsweise 18.04.22.
In die Zelle B3 schreiben Sie die Formel:

```
=TAGE360(A3;"31.12."&JAHR(HEUTE());1)
```

Als Ergebnis erhalten Sie die Zahl: »252«.

Hintergrund

Die Funktion `TAGE360()` berechnet ausgehend von einem Kalenderjahr mit 360 Tagen die Anzahl der zwischen zwei Datumswerten liegenden Tage nach einer bestimmten Art. Ist `Art` <> 0, wird die europäische Methode verwendet (12 Monate mit je 30 Tagen).

Verwendete Funktionen

```
HEUTE()
TAGE360("Datum1";"Datum2";Typ)
```

2.2.5 Wie hoch ist die Zinsbelastung eines Darlehens im dritten Kalenderjahr?

Problem

Sie haben ein Darlehen in Höhe von 300.000,00 € aufgenommen, das in 20 Jahren getilgt sein soll. Wie errechnen Sie die Zinsbelastung des Darlehens im dritten Kalenderjahr?

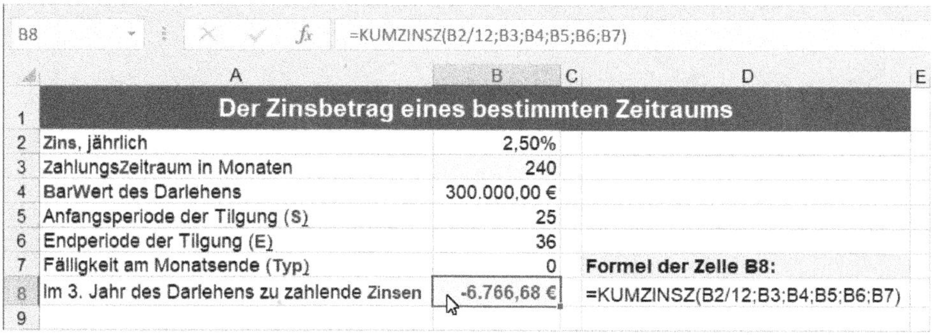

B8 =KUMZINSZ(B2/12;B3;B4;B5;B6;B7)

	A	B	C	D
1	Der Zinsbetrag eines bestimmten Zeitraums			
2	Zins, jährlich	2,50%		
3	ZahlungsZeitraum in Monaten	240		
4	BarWert des Darlehens	300.000,00 €		
5	Anfangsperiode der Tilgung (S)	25		
6	Endperiode der Tilgung (E)	36		
7	Fälligkeit am Monatsende (Typ)	0		**Formel der Zelle B8:**
8	Im 3. Jahr des Darlehens zu zahlende Zinsen	-6.766,68 €		=KUMZINSZ(B2/12;B3;B4;B5;B6;B7)
9				

Lösung

In der Zelle B2 steht der jährlich zu zahlende Zinsbetrag: 2,5 %.
In der Zelle B3 steht die Darlehenslaufzeit in Monaten (20 Jahre * 12 Monate).
In der Zelle B4 steht der Darlehensbetrag in Höhe von 300.000,00 €.
In der Zelle B5 steht der erste Monat (erste Periode), ab dem der Zinsbetrag errechnet werden soll (Beginn des dritten Jahres).

In der Zelle B6 steht der letzte Monat des Zeitraums, bis zu dem die zu zahlenden Zinsen errechnet werden sollen (36. Monat = Ende des dritten Jahres).
In der Zelle B7 steht die Zahl 0, die besagt, dass die Tilgungsraten am Ende einer Periode zur Zahlung fällig sind (`"Typ" = 0`).
In der Zelle B8 errechnen sich die im dritten Jahr bezahlten Zinsen mit der Formel:

```
=KUMZINSZ(B2/12;B3;B4;B5;B6;B7)
```

Als Ergebnis erhalten Sie die negative Zahl: »-6.766,68 €«. Dieser Betrag muss im dritten Jahr für Zinsen bezahlt werden.

Hintergrund

Die Funktion `KUMZINSZ()` berechnet die zu zahlenden Zinsen eines Kredits innerhalb eines bestimmten Zeitraums.

Verwendete Funktionen

`KUMZINSZ(Zins;ZZr;BW;S;E;Typ)`

2.2.6 Wie hoch ist der Tilgungsbetrag des Darlehens im dritten Kalenderjahr?

Problem

Sie haben ein Darlehen in Höhe von 150.000 € aufgenommen, das in 20 Jahren getilgt sein soll. Wie errechnen Sie den Tilgungsbetrag des Darlehens im dritten Kalenderjahr?

B8 | =KUMKAPITAL((B2/12);B3;B4;B5;B6;B7)

	A	B	C	D	E
1	Der Tilgungsbetrag eines bestimmten Zeitraums				
2	Zins, jährlich	2,50%			
3	ZahlungsZeitraum in Monaten	240			
4	BarWert des Darlehens	150.000,00 €			
5	Anfangsperiode der Tilgung (S)	25			
6	Endperiode der Tilgung	36			
7	Typ (Fälligkeit am Monatsende)	0		**Formel der Zelle B8:**	
8	Tilgungsbetrag des Darlehens im 3. Jahr	-6.154,91 €		=KUMKAPITAL((B2/12);B3;B4;B5;B6;B7)	
9					

Lösung

In der Zelle B2 steht der jährlich zu zahlende Zinsbetrag: 2,5 %.
In der Zelle B3 steht die Darlehenslaufzeit in Monaten (20 Jahre * 12 Monate).
In der Zelle B4 steht der Darlehensbetrag in Höhe von 150.000 €.
In der Zelle B5 steht der erste Monat (erste Periode), ab dem der Tilgungsbetrag errechnet werden soll (Beginn des dritten Jahres).

In der Zelle B6 steht der letzte Monat des Zeitraums, bis zu dem der Tilgungsbetrag errechnet werden soll (36. Monat = Ende des dritten Jahres).
In der Zelle B7 steht als Parameter Typ die Zahl 0, die besagt, dass die Tilgungsraten am Ende einer Periode zur Zahlung fällig sind. In der Zelle B8 errechnet sich der im dritten Jahr geleistete Tilgungsbetrag mit der Formel:

```
=KUMKAPITAL((B2/12);B3;B4;B5;B6;B7)
```

Als Ergebnis erhalten Sie die negative Zahl »-6.154,91 €«. Um diesen Betrag haben sich Ihre Schulden im dritten Jahr vermindert.

Hintergrund

Die Funktion `KUMKAPITAL()` berechnet die zu zahlende Tilgung eines Kredits innerhalb eines bestimmten Zeitraums.

Verwendete Funktionen

`KUMKAPITAL(Zins;ZZr;BW;Zeitraum_Anfang;Zeitraum_Ende;F)`

2.2.7 Wann haben Sie Ihr Bausparkassendarlehen getilgt, wie hoch ist der aktuelle Schuldsaldo?

Problem

Sie zahlen ein Bauspardarlehen in Höhe von 100.000 € mit einer monatlichen Rate von 1.000 € zurück. Der jährliche Zinssatz des Darlehens beträgt 2,30 %. Wie lange läuft das Darlehen und wie wird der monatliche Darlehensstand unter Berücksichtigung der zu zahlenden Zinsen ermittelt?

B7 fx Σ = =B6+(B6*$B$4)/12-$B$3

	A	B	C	D	E	F
1	Restschuld und Datum der letzten Rate					
2	Darlehen:	100.000,00 €				
3	mtl. Rückzahlung:	1.000,00 €				
4	Zinssatz:	2,30 %		*Formel der Zelle A7:*		
5	Datum	Restschuld		=DATUM(JAHR(A6);MONAT(A6)+1;1)		
6	01.07.2021	100.000,00 €		*Formel der Zelle B7:*		
7	01.08.2021	99.191,67 €		=B6+(B6*$B$4)/12-$B$3		
8	01.09.2021	98.381,78 €				
116	01.09.2030	1.120,13 €				
117	01.10.2030	122,28 €				
118	01.11.2030	0,00 €				
119						

Lösung

In der Zelle B2 steht der Darlehensbetrag.
In der Zelle B3 steht die monatliche Tilgung in Euro.
In die Zelle B4 schreiben Sie den jährlichen Zinssatz.

In die Zelle A6 schreiben Sie den Beginn der Rückzahlung: hier `01.07.2021`. In die Zelle A7 schreiben Sie die Formel:

```
=DATUM(JAHR(A6);MONAT(A6)+1;1)
```

Ziehen Sie das Datum bis zur Zeile 118 nach unten. So erhalten Sie jeweils den Ersten des nächsten Monats. In die Zelle B6 übernehmen Sie den Anfangs-Darlehensstand aus der Zelle B2 mit der Formel `=B2`.

In die Zelle B7 schreiben Sie die Formel

```
=B6+(B6*$B$4)/12-$B$3
```

und ziehen die Formel bis zur Zeile 118 nach unten. Als Ergebnis erhalten Sie in jeder Zeile den aktuellen Darlehensstand zum Ersten des jeweiligen Monats.

Am 01.10.2030 zahlen Sie die letzte Rate in Höhe von 122,28 €.

Hintergrund

Die Formel addiert zur jeweiligen Restschuld die im laufenden Monat anfallenden Zinsen und vermindert den so errechneten Schuldbetrag um die laufende monatliche Zahlung. Die Summe daraus ergibt die neue Restschuld, die der Berechnung der nächsten Monatszinsen zugrunde liegt.

Verwendete Funktionen

```
DATUM(Jahr;Monat;Tag)
JAHR(Zahl)
MONAT(Zahl)
```

2.3 Abschreibung

2.3.1 Wie berechnen Sie die lineare Abschreibung für Ihr Auto?

Problem

Wie ermitteln Sie den jährlichen gleichbleibenden (linearen) Abschreibungsbetrag für ein Auto, wenn der Anschaffungspreis 55.000,00 € beträgt, die Lebensdauer mit 6 Jahren anzusetzen ist und nach 6 Jahren noch ein Verkaufspreis von 7.000,00 Euro erzielt werden soll?

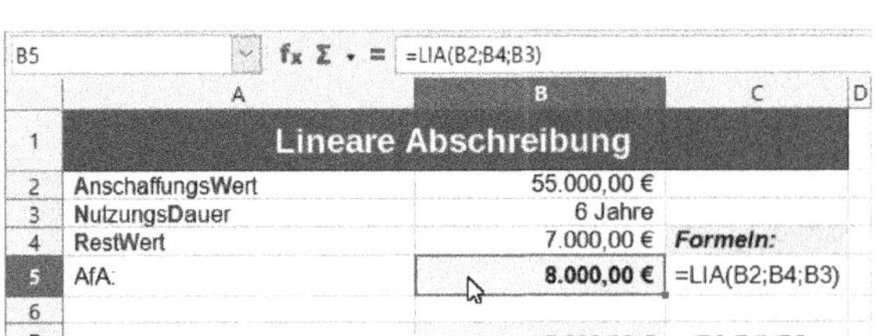
B5 =LIA(B2;B4;B3)

	A	B	C
1	Lineare Abschreibung		
2	AnschaffungsWert	55.000,00 €	
3	NutzungsDauer	6 Jahre	
4	RestWert	7.000,00 €	*Formeln:*
5	AfA:	**8.000,00 €**	=LIA(B2;B4;B3)
6			
7	AfA: (Alternative Berechnung)	**8.000,00 €**	=(B2-B4)/B3

Lösung

In der Zelle B2 steht der Anschaffungspreis des Pkws: 50.000,00 Euro.
In der Zelle B3 steht die Nutzungsdauer (Lebensdauer) des Pkws.
In der Zelle B4 steht der Restwert (Schrottwert) des Pkws.
In die Zelle B5 schreiben Sie die Formel:

```
=(B2-B4)/B3
```

Das gleiche Ergebnis erhalten Sie mit der Funktion `LIA()` über die Formel:

```
=LIA(B2;B4;B3)
```

Als Ergebnis erhalten Sie den jährlichen Abschreibungsbetrag in Höhe von 8.000,00 €.

Hintergrund

Den tatsächlichen Wertverlust des Pkws errechnet man mit der Formel: Anschaffungskosten minus Restwert. Der so ermittelte abschreibungsfähige Betrag wird auf die Lebensdauer des Pkws gleichmäßig verteilt, also durch 6 dividiert. Steuerliche Besonderheiten wie anteilsmäßige Abschreibung wurden nicht berücksichtigt.

Der jährliche Abschreibungsbetrag bleibt bei der linearen Abschreibung während der gesamten Laufzeit gleich. Diese Art der Abschreibung eignet sich somit vor allem für Wirtschaftsgüter, die einer gleichmäßigen Abnutzung und Wertminderung unterliegen.

Alternative

Das gleiche Ergebnis erhalten Sie, wenn Sie den jährlichen Abschreibungsbetrag mit der Funktion `LIA()` errechnen. Dabei steht der Parameter `Anschaffungswert` für die Anschaffungskosten, der Parameter `Restwert` für den voraussichtlich zu erzielenden Verkaufspreis und `Nutzungsdauer` für die Lebensdauer des Fahrzeugs.

Verwendete Funktion:

`LIA(Anschaffungswert;Restwert;Nutzungsdauer)`

2.3.2 Wie berechnen Sie die arithmetisch-degressive Abschreibung für eine Maschine?

Problem

Sie möchten eine Maschine arithmetisch-degressiv abschreiben. Welche Formel können Sie dazu verwenden?

B6 | =DIA($B$2;$B$3;$B$4;A6)

	A	B	C	D
1	**Digitale-arithmetisch-degressive Abschreibung**			
2	**Anschaffungswert**	**55.000,00 €**		
3	**Restwert**	**2.000,00 €**		
4	**Nutzungsdauer**	**6 Jahre**		
5				*Formel der Zelle B6::*
6	AfA im 1. Jahr	15.142,86 €		=DIA($B$2;$B$3;$B$4;A6)
7	AfA im 2. Jahr	12.619,05 €		
8	AfA im 3. Jahr	10.095,24 €		
9	AfA im 4. Jahr	7.571,43 €		
10	AfA im 5. Jahr	5.047,62 €		
11	AfA im 6. Jahr	2.523,81 €		
12				
13	*Alternative:*			*Formel der Zelle B14:*
14	AfA im 1. Jahr	15.142,86 €		=(2*($B$2-$B$3)*($B$4+1-A14))/($B$4*($B$4+1))
15	AfA im 2. Jahr	12.619,05 €		
16	AfA im 3. Jahr	10.095,24 €		
17	AfA im 4. Jahr	7.571,43 €		
18	AfA im 5. Jahr	5.047,62 €		
19	AfA im 6. Jahr	2.523,81 €		
20				

Lösung

In der Zelle B2 steht der Kaufpreis (Anschaffungswert): 55.000,00 €.
In der Zelle B3 steht der Restwert (Schrottwert) der Maschine. Der Wert, der sich einmal beim Verkauf noch erzielen lässt: 2.000,00 €.
In der Zelle B4 steht die Nutzungsdauer (voraussichtliche Lebensdauer) der Maschine: 6 Jahre.
Im Bereich A6:A11 stehen die Nutzungsjahre (ZR) als »formatierte« Zahl, z.B. 1. Das dazu verwendete benutzerdefinierte Zahlenformat des Bereichs A6:A11 sieht so aus: `AfA im "0". Jahr`.
In der Zelle B6, in der die Abschreibung für das erste Jahr berechnet werden soll, schreiben Sie die Formel:

```
=DIA($B$2;$B$3;$B$4;A6)
```

Kopieren Sie diese Formel in die übrigen Zellen des Bereichs B7 bis B11. Als Ergebnis erhalten Sie den Abschreibungsbetrag für das jeweilige Nutzungsjahr.

Möchten Sie die Abschreibung ohne die angebotene Funktion `DIA()` berechnen, verwenden Sie für das erste Abschreibungsjahr folgende Formel:

```
=(2*($B$2-$B$3)*($B$4+1-A6))/($B$4*($B$4+1))
```

Kopieren Sie die Formel in die übrigen Berechnungszellen nach unten.

Hintergrund

Die arithmetisch-degressive Abschreibung eines Wirtschaftsguts berechnet die Funktion `DIA()`. Ohne die Funktion `DIA()` errechnen Sie die arithmetisch-degressive Abschreibung eines Wirtschaftsguts pro Periode nach folgendem Prinzip: (Abzuschreibender Betrag * (Nutzungsdauer – Periode +1) * 2) / (Nutzungsdauer * (Nutzungsdauer+1)). Die Nutzungsdauer wird in Perioden (normalerweise in Jahren) angegeben. Die unter Periode angegebene Zeiteinheit muss die gleiche Zeiteinheit verwenden wie die Nutzungsdauer.

Hinweis

Die arithmetisch-degressive AfA ist in Deutschland steuerlich nicht mehr zulässig (§ 7 Abs. 2 EStG i.d.F. des Steuerbereinigungsgesetzes 1985).

Verwendete Funktion

`DIA(Anschaffungswert;Restwert;Nutzungsdauer;Zeitraum)`

2.3.3 Wechsel von der degressiven zur linearen Abschreibung

Problem

Wie errechnen Sie den günstigsten Zeitpunkt zum Umstieg von der degressiven Abschreibung zur linearen AfA?

C13 =VDB($B$2;$B$3;$B$4;B12;B13;2;0)

	A	B	C	D	E	F	G
1	**Wechsel der Abschreibungsmethode**						
2	**Anschaffungswert**	**250.000,00 €**	**Funktion VDB()**	**Funktion VDB()**	**Zum Vergleich:**		
3	**Restwert**	**15.000,00 €**					**Formel der Zelle C6:**
4	**Nutzungsdauer**	**10 Jahre**	Mit Wechsel **der AfA-Methode**	Ohne Wechsel **der AfA-Methode**	**Funktion GDA()**		=VDB($B$2;$B$3;$B$4;B5;B6;2;0)
5	**Abschreibungsjahr:**	0					
6		1. Jahr	50.000,00 €	50.000,00 €	50.000,00 €		**Formel der Zelle D6:**
7		2. Jahr	40.000,00 €	40.000,00 €	40.000,00 €		=VDB($B$2;$B$3;$B$4;B5;B6;2;1)
8		3. Jahr	32.000,00 €	32.000,00 €	32.000,00 €		
9		4. Jahr	25.600,00 €	25.600,00 €	25.600,00 €		**Formel der Zelle E6:**
10		5. Jahr	20.480,00 €	20.480,00 €	20.480,00 €		=GDA($B$2;$B$3;$B$4;B6)
11		6. Jahr	16.384,00 €	16.384,00 €	16.384,00 €		
12		7. Jahr	13.107,20 €	13.107,20 €	13.107,20 €		
13		**8. Jahr**	12.476,27 €	10.485,76 €	10.485,76 €		
14		9. Jahr	12.476,27 €	8.388,61 €	8.388,61 €		
15		10. Jahr	12.476,27 €	6.710,89 €	6.710,89 €		
16							

Lösung

In der Zelle B2 steht der Anschaffungswert der Maschine.
In der Zelle B3 steht der Restwert.
In die Zelle B4 schreiben Sie die Nutzungsdauer in Jahren. Diese Angabe muss als (evtl. formatierte) Zahl und darf nicht als Text in der Zelle stehen.
Im Bereich B5:B15 stehen die einzelnen als Jahre formatierten Zahlen, wobei zur einfacheren und verständlicheren Festlegung der ersten Periode (des ersten Abschreibungszeitraums) in der Zelle B5 der Wert 0 (Jahresbeginn) eingetragen wird.

In die Zelle C6 schreiben Sie die Formel zur Berechnung der ersten Jahres-AfA:

```
=VDB($B$2;$B$3;$B$4;B5;B6;2;0)
```

Kopieren Sie diese Formel in die übrigen Ergebniszellen nach unten.

Hintergrund

Die Funktion `VDB()` errechnet die jeweils günstigste Abschreibung. Der Parameter `S` bezeichnet den Beginn, der Parameter `Ende` den Endzeitpunk der jeweils zu errechnenden Abschreibungsperiode. Beide Parameter müssen in derselben Zeiteinheit vorliegen wie der Parameter `Nutzungsdauer`.

Der optionale Parameter `Faktor = 2` steht für Doppelratenabschreibung und muss in diesem Falle angegeben werden, weil auch der nachfolgende Parameter `KeinWechsel` benötigt wird. Hat `KeinWechsel` den Wert `0`, wird, wenn günstiger, automatisch auf die lineare Abschreibung umgeschaltet (bei `Art = 1` wird nicht umgeschaltet). Im obigen Beispiel wird ab dem achten Jahr linear vom Restwert abgeschrieben.

Verwendete Funktionen

```
VDB(Kosten;Restwert;Nutzungsdauer;Anfang;Ende[;Faktor[;KeinWechsel]])
GDA(Anschaffungswert;Restwert;Nutzungsdauer;Zeitraum[;Faktor])
```

Kapitel 3

Informationsfunktionen

3.1 Zellinhalte prüfen

3.1.1 Ist eine Zahl eingetragen oder nicht?

Problem

Um Berechnungsfehler zu vermeiden, soll der Datentyp des Divisors vor der Rechenoperation geprüft werden. Welche Formel führt zum Ergebnis?

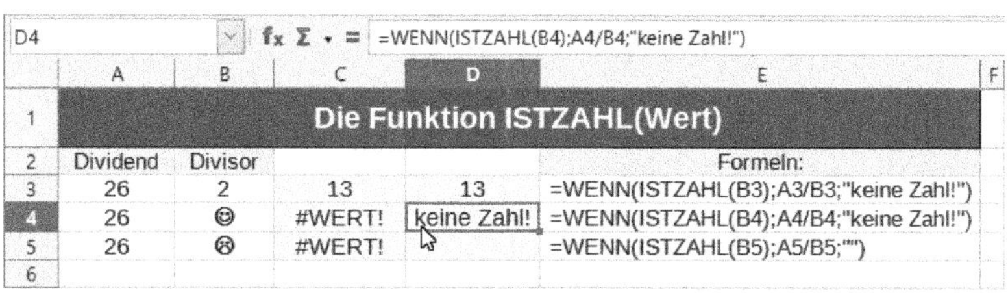

Lösung

In der Zelle A5 steht die Zahl 26.
In die Zelle B5 wurde ein Smiley eingegeben.
In der Zelle C5 soll die Formel

```
=A5/B5
```

berechnet werden. Als Ergebnis erhalten Sie in C5 den Fehlercode `#WERT!`.

Diesen Fehler vermeiden Sie mit der Formel:

```
=WENN(ISTZAHL(B5);A5/B5;"keine Zahl")
```

Hintergrund

Die Funktion `ISTZAHL()` überprüft einen Zellbezug hinsichtlich eines enthaltenen Zahlenwerts. Sie liefert den Wert `FALSCH`, wenn der Parameter `Wert` einen Bezug auf eine leere Zelle oder eine Zelle mit Text darstellt. Enthält der Zellbezug einen Zahlenwert, gibt die Funktion den Wahrheitswert `WAHR` zurück.

Verwendete Funktion

`ISTZAHL(Wert)`

3.1.2 Enthält die Zelle einen Textwert?

Problem

Verschiedene Zellen enthalten anstelle von Zahlen Textwerte. Bei Berechnungen führen diese Zellen immer zu Fehlerwerten oder falschen Ergebnissen. Wie lassen sich Fehlerwerte mit Textzellen vermeiden?

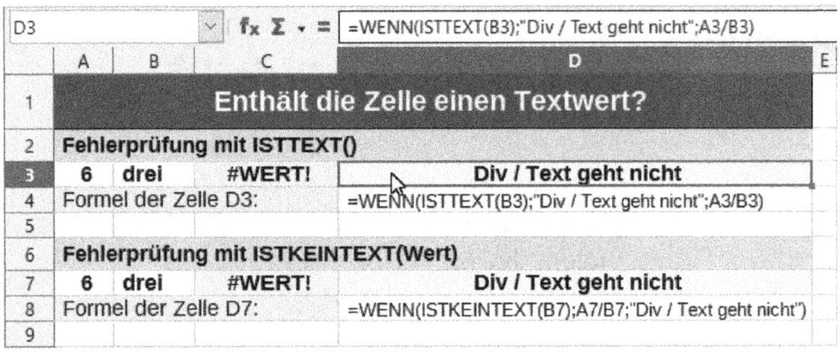
D3 =WENN(ISTTEXT(B3);"Div / Text geht nicht";A3/B3)

	A	B	C	D	E
1	Enthält die Zelle einen Textwert?				
2	Fehlerprüfung mit ISTTEXT()				
3	6	drei	#WERT!	Div / Text geht nicht	
4	Formel der Zelle D3:			=WENN(ISTTEXT(B3);"Div / Text geht nicht";A3/B3)	
5					
6	Fehlerprüfung mit ISTKEINTEXT(Wert)				
7	6	drei	#WERT!	Div / Text geht nicht	
8	Formel der Zelle D7:			=WENN(ISTKEINTEXT(B7);A7/B7;"Div / Text geht nicht")	
9					

Lösung

In der Zelle A3 steht die Zahl 6.
In die Zelle B3 wurde der Text »drei« eingegeben.
In der Zelle C3 soll die Formel `=A3/B3` berechnet werden.
Als Ergebnis erhalten Sie in C3 den Fehlercode `#WERT!`.
Um Zellen auf Textwerte zu überprüfen und um eventuelle Fehlerwerte zu unterdrücken, können Sie folgende Formel verwenden

```
=WENN(ISTTEXT(B3);"Div / Text geht nicht";A3/B3)
```

oder als Alternative in Excel:

```
=WENN(ISTKTEXT(B3);A3/B3;"Div / Text geht nicht")
```

In Calc verwenden Sie die Formel:

```
=WENN(ISTKEINTEXT(B3);A3/B3;"Div / Text geht nicht")
```

Hintergrund

Die Funktion `ISTTEXT()` überprüft einen Zellbezug hinsichtlich eines enthaltenen Textwerts. Sie liefert den Wert `FALSCH`, wenn der Wert einen Bezug auf eine leere Zelle oder eine Zelle mit einer Zahl darstellt. Eine Zelle, die eine Formel enthält, ist nicht leer, hat aber auch keinen Textwert. Folglich liefert der Wahrheitswert den Wert `FALSCH`.

Verwendete Funktionen

`ISTTEXT(Wert)`

`ISTKEINTEXT(Wert)` (nur Calc)
`ISTKTEXT(Wert)` (nur Excel)
`WENN(Prüfung;DannWert;SonstWert)`

3.1.3 Enthält die Zelle ein Datum?

Problem

Die Spalte A der auszuwertenden Tabelle enthält eine Vielzahl von Einträgen. Teilweise wurde das Tagesdatum eingetragen, teilweise verschiedene Zahlen, die wiederum zum Teil als €-Beträge formatiert wurden.

Es soll die Summe aller Zahlen der Spalte A ab Zeile 3 errechnet werden, mit Ausnahme der Datumseinträge.

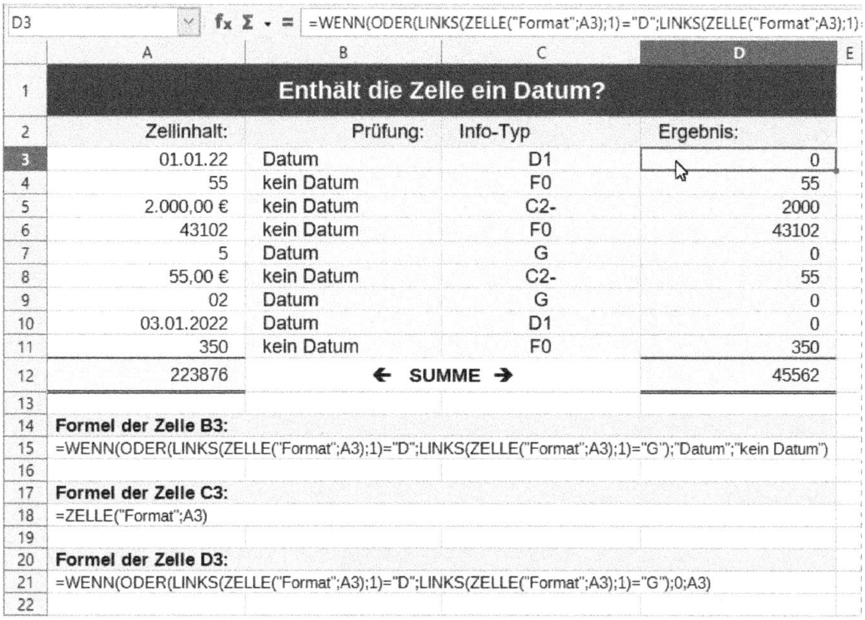

D3 | =WENN(ODER(LINKS(ZELLE("Format";A3);1)="D";LINKS(ZELLE("Format";A3);1)

	A	B	C	D
1	Enthält die Zelle ein Datum?			
2	Zellinhalt:	Prüfung:	Info-Typ	Ergebnis:
3	01.01.22	Datum	D1	0
4	55	kein Datum	F0	55
5	2.000,00 €	kein Datum	C2-	2000
6	43102	kein Datum	F0	43102
7	5	Datum	G	0
8	55,00 €	kein Datum	C2-	55
9	02	Datum	G	0
10	03.01.2022	Datum	D1	0
11	350	kein Datum	F0	350
12	223876	← SUMME →		45562
13				
14	Formel der Zelle B3:			
15	=WENN(ODER(LINKS(ZELLE("Format";A3);1)="D";LINKS(ZELLE("Format";A3);1)="G");"Datum";"kein Datum")			
16				
17	Formel der Zelle C3:			
18	=ZELLE("Format";A3)			
19				
20	Formel der Zelle D3:			
21	=WENN(ODER(LINKS(ZELLE("Format";A3);1)="D";LINKS(ZELLE("Format";A3);1)="G");0;A3)			
22				

Lösung

Schreiben Sie in die Zeile 3 einer freien Spalte folgende Formel:

```
=WENN(ODER(LINKS(ZELLE("Format";A3);1)="D";
LINKS(ZELLE("Format";A3);1)="G");0;A3)
```

Als Ergebnis erhalten Sie entweder den Wert 0 (bei einer Datumszelle) oder den in der Spalte A eingetragenen Wert angezeigt. Diese Spalte kann nun aufsummiert werden, ohne dass die Zahlenwerte der Datumsfelder die Summe verfälschen.

Hintergrund

Die Funktion ZELLE() liefert Informationen zu Adresse, Formatierung oder Inhalt einer Zelle. Der InfoTyp FORMAT ergibt eine Zeichenkette, die das Zahlenformat angibt.

Die meisten Datumsformate beginnen mit dem Buchstaben »D« (beispielsweise »D1« für die Zahlenformate TT.MM.JJ, T-MM-JJ und Ähnliche oder »D2« für das Format TT.MMM). Alle sonstigen in der Liste der Zahlenformate nicht aufgeführten Formate (beispielsweise das Format TT für die Tagesanzeige oder WW für die Wochenzahl) haben den InfoTyp G.

Die obige Formel prüft also, ob der erste Buchstabe der von FORMAT gelieferten Zeichenkette ein »D« (LINKS(ZELLE("FORMAT";A3);1)="D") oder ein »G« (LINKS(ZELLE("FORMAT";A3);1)="G") ist. Ist dies der Fall, liegt ein Datumswert vor und der Wert 0 wird angezeigt. Andernfalls wird der Zahlenwert der zu überprüfenden Zelle übernommen.

Verwendete Funktionen

```
WENN(Prüfung;DannWert;SonstWert)
LINKS("Text";Zahl)
ZELLE("InfoTyp"[;Bezug])
```

3.1.4 Ist die Zelle leer?

Problem

In Tabellen, die Formeln enthalten und erst nachträglich mit Zahlenwerten aufgefüllt werden sollen, kommt es immer wieder vor, dass Fehlerwerte (z.B. #DIV/0!) ausgewiesen werden. Wie kann die Anzeige dieser Fehlerwerte verhindert werden?

Lösung

In der Zelle A3 steht die Zahl 500.
In der Zelle B3 wurde noch kein Wert eingegeben.
In der Zelle C3 soll die Formel =A3/B3 berechnet werden.
Als Ergebnis erhalten Sie in C3 den Fehlercode #DIV/0!. Um diese Fehlermeldungen zu vermeiden, verwenden Sie die Formel:

```
=WENN(ISTLEER(B3);"Wert ergänzen";A3/B3)
```

Hintergrund

Die Funktion `ISTLEER()` überprüft einen Zellbezug hinsichtlich eines enthaltenen Werts. Sie liefert den Wert `WAHR`, wenn der Wert einen Bezug auf eine leere Zelle darstellt. Diese Funktion ermittelt, ob eine Zelle leer ist. Eine Zelle, die eine Formel enthält, ist nicht leer.

Verwendete Funktionen

```
WENN(Prüfung;DannWert;SonstWert)
ISTLEER(Wert)
```

3.1.5 Ist die Spalte richtig sortiert?

Problem

Für manche Funktionen ist es wichtig zu prüfen, ob eine Spalte richtig sortiert ist. Wie prüfen Sie, ob eine Spalte aufsteigend oder absteigend sortiert ist und die Sortierung keine Fehler enthält?

	A	B	C	D	E	F
1	Ist die Spalte richtig sortiert?					
2	aufsteigend sortiert		absteigend sortiert			Prüfung!
3	3	3	14	14		
4	4	5	13	11		Spalten A und B = Aufsteigend sortiert
5	5	4	12	13		Spalte A = Aufsteigend sortiert – OHNE Fehler!
6	6	6	11	12		FORMEL in Zelle A18:
7	7	7	10	10		{=UND(A3:A15<=A4:A16)}
8	8	8	9	9		Spalte B = Aufsteigend sortiert – MIT Fehler!
9	9	9	8	8		FORMEL in Zelle B18:
10	10	10	7	7		{=UND(B3:B15<=B4:B16)}
11	11	11	6	6		
12	12	12	5	5		Spalten C und D = Absteigend sortiert
13	13	13	4	4		Spalte C = Absteigend sortiert – OHNE Fehler!
14	14	14	3	3		FORMEL in Zelle C18:
15	15	15	2	2		{=UND(C3:C15>=C4:C16)}
16	16	16	1	1		Spalte D = Absteigend sortiert – MIT Fehler!
17						FORMEL in Zelle D18:
18	WAHR	FALSCH	WAHR	FALSCH		{=UND(D3:D15>=D4:D16)}
19	richtig sortiert	falsch sortiert	richtig sortiert	falsch sortiert		

Lösung

Stehen die Daten beispielsweise im Bereich A3:A16, schreiben Sie in eine freie Zelle die Formel:

```
=UND(A3:A15<=A4:A16)
```

Beenden Sie diese Matrixformel mit [Strg]+[Shift]+[Enter]. Als Ergebnis erhalten Sie den Wert `WAHR`, wenn der Bereich ohne Fehler aufsteigend sortiert ist. Müssen die Daten des Bereichs C3:C16 absteigend sortiert sein, prüfen Sie die Reihenfolge des Bereichs mit der Matrixformel

```
=UND(C3:C15>=C4:C16)
```

und beenden die Eingabe wieder mit `Strg`+`Shift`+`Enter`. Bei einer fehlerfreien absteigenden Sortierung ergibt sich der Wahrheitswert `WAHR`, ist die absteigende Reihe fehlerhaft, erhalten Sie als Ergebnis den Wert `FALSCH`.

Hintergrund

Die Formel prüft in der Matrix, ob die nachfolgende Zelle größer (bei absteigender Sortierung kleiner) als die vorhergehende Zelle ist, und zwar Zelle für Zelle im gesamten Bereich. Trifft dies zu, ist die Zelle richtig sortiert. Der Bereich darf jedoch keine Leerzellen beinhalten. Soll in der Prüfzelle der Text »richtig sortiert« oder »falsch sortiert« ausgegeben werden, so muss die Formel in eine `WENN()`-Funktion gepackt werden. Die geschweiften Klammern werden durch das Beenden der Eingabe mit `Strg`+`Shift`+`Enter` automatisch hinzugefügt. Sie dürfen nicht eingetippt werden.

Verwendete Funktionen

```
UND(Wahrheitswert1[;Wahrheitswert2[;...[;Wahrheitswert255]]])
WENN(Prüfung[;[DannWert][;[SonstWert]]])
```

3.1.6 Fehlerwerte aufspüren und Fehlermeldungen vermeiden

Problem

In Tabellen, die Formeln enthalten und erst nachträglich mit Zahlenwerten aufgefüllt werden sollen, kommt es immer wieder vor, dass Fehlerwerte (z.B. `#DIV/0!`) ausgewiesen werden.

D3 =WENN(ISTFEHLER(A3/B3);"!";A3/B3)

	A	B	C	D	E
1	Die Funktion ISTFEHLER()				
2	Dividend	Divisor			Formel:
3	500	0	#DIV/0!	!	=WENN(ISTFEHLER(A3/B3);"!";A3/B3)
4	500		#DIV/0!		=WENN(ISTFEHLER(A4/B4);"";A4/B4)
5					
6	**ISTFEHLER**(Wert) prüft auf Fehlerbedingungen, Einschließlich dem Fehlerwert #NV, und ergibt WAHR oder FALSCH				
7					
8	Die Funktion ISTFEHL()				
9	Dividend	Divisor			Formel:
10	500	0	#DIV/0!	!	=WENN(ISTFEHL(A10/B10);"!";A10/B10)
11	500		#DIV/0!		=WENN(ISTFEHL(A11/B11);"";A11/B11)
12					
13	**ISTFEHL**(Wert) prüft auf Fehlerbedingungen, Außer dem Fehlerwert #NV, und ergibt WAHR oder FALSCH				
14					
15	Die Funktion WENNFEHLER()				
16	Dividend	Divisor			Formel:
17	500	0	#DIV/0!	!	=WENNFEHLER(A17/B17;"!")
18	500		#DIV/0!		=WENNFEHLER(A18/B18;"")
19					
20	**WENNFEHLER**(Wert; Alternativer Wert) ergibt Wert, wenn die Zelle keinen Fehlerwert enthält, oder Alternativer Wert, wenn sie einen enthält.				

Wie können Sie solche Fehlerquellen in Formeln aufspüren und vermeiden?

Lösung

In der Zelle A3 steht die Zahl 500.
In der Zelle B3 wurde noch kein Wert eingegeben.
In der Zelle C3 soll die Formel `=A3/B3` berechnet werden.
Als Ergebnis erhalten Sie in C3 den Fehlercode `#DIV/0!`. Um diesen Fehlerwert zu vermeiden, schreiben Sie in die Ergebniszelle folgende Formel:

```
=WENN(ISTFEHLER(A3/B3);"!";A3/B3)
```

Als Ergebnis wird nun in der Ergebniszelle mit einem »!« auf den Fehler hingewiesen. Soll in der Zelle nichts angezeigt werden, so ändern Sie die Formel in: `=WENN(ISTFEHLER(A3/B3);"";A3/B3))`.

Als Alternative bietet sich die Funktion `WENNFEHLER()` an.

```
=WENNFEHLER(A3/B3;"")
```

Führt die Berechnung zu keinem Fehlerwert, wird der berechnete Wert angezeigt; ergibt sich ein Fehlerwert, wird der alternative Wert angezeigt.

Hintergrund

`ISTFEHLER()` prüft auf Fehlerbedingungen, einschließlich des Fehlerwerts `#NV`, und gibt einen der Wahrheitswerte `WAHR` oder `FALSCH` zurück. Ergibt sich der Wahrheitswert `FALSCH`, wird das Formelergebnis (= Fehlerwert) mithilfe der `Wenn()`-Funktion ausgeblendet oder wie oben dargestellt mit einem »!« angezeigt. Ergibt die Funktion `ISTFEHLER()` den Wert `WAHR`, so wird die Berechnung in der Zelle durchgeführt.

Verwenden Sie anstelle der Funktion `ISTFEHLER()` die Funktion `ISTFEHL()`, wird als Ergebnis `WAHR` ausgewiesen, wenn irgendein Fehler außer dem Fehlerwert `#NV` angezeigt wird. Der Fehlerwert `#NV` besagt, dass kein Wert verfügbar ist.

Tipp

Mit der Funktion `WENNFEHLER()` können ebenfalls Fehler abgefangen und gegen eine eigene Ausgabe ersetzt werden. Dies kann ein wichtiges Hinweisinstrument sein, wenn Zellen voneinander abhängig sind.

Verwendete Funktionen

```
ISTFEHL(Wert)
ISTFEHLER(Wert)
WENNFEHLER(Wert;Wert_falls_Fehler)
WENN(Prüfung;Dann_Wert;[Sonst_Wert])
```

3.2 Zellposition und Name

3.2.1 In welcher Zeile oder in welcher Spalte befindet sich die Zelle?

Problem

Wie können Sie in Formeln auf bestimmte Zellen verweisen?

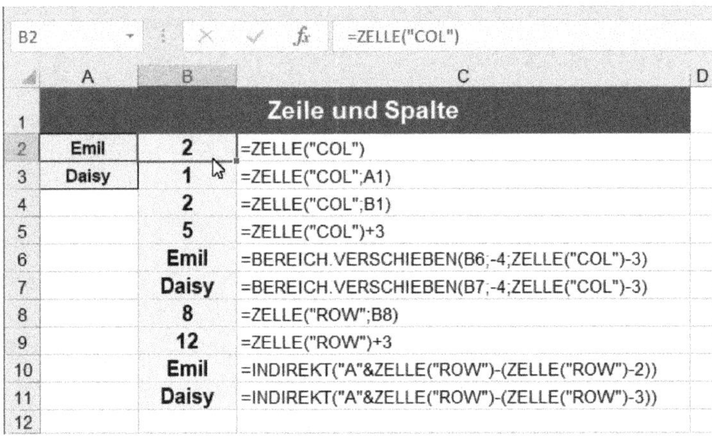
B2 =ZELLE("COL")

	A	B	C	D
1	Zeile und Spalte			
2	Emil	2	=ZELLE("COL")	
3	Daisy	1	=ZELLE("COL";A1)	
4		2	=ZELLE("COL";B1)	
5		5	=ZELLE("COL")+3	
6		Emil	=BEREICH.VERSCHIEBEN(B6;-4;ZELLE("COL")-3)	
7		Daisy	=BEREICH.VERSCHIEBEN(B7;-4;ZELLE("COL")-3)	
8		8	=ZELLE("ROW";B8)	
9		12	=ZELLE("ROW")+3	
10		Emil	=INDIREKT("A"&ZELLE("ROW")-(ZELLE("ROW")-2))	
11		Daisy	=INDIREKT("A"&ZELLE("ROW")-(ZELLE("ROW")-3))	
12				

Lösung

Verwenden Sie die Funktion ZELLE(), um auf einen bestimmten Bezug hinzuweisen. So verweist die Formel

```
=ZELLE("COL")
```

auf die aktuelle Spalte und die Formel

```
=ZELLE("ROW")
```

auf die aktuelle Zeile des Datenblatts. Zusammen mit der Funktion INDIREKT() erhalten Sie im obigen Beispiel mit der Formel

```
=INDIREKT("A"&ZELLE("ROW")-(ZELLE("ROW")-2))
```

den Inhalt der Zelle A2 angezeigt.

Hintergrund

Mithilfe der Funktion ZELLE(InfoTyp; Bezug) ermittelt man die verschiedensten Zellinformationen, die in Formeln weiterverwendet werden können. Der InfoTyp wird immer in englischer Sprache und in Anführungszeichen geschrieben.

Die Funktion INDIREKT() ergibt in dieser Formel den Inhalt der Zelle A2, die durch den Textstring "A" und der verknüpften aktuellen Zeilennummer

(=ZELLE("ROW")) abzüglich der Zeilennummern bis zur auszuwertenden Zelle B2 (=(ZELLE("ROW")-2))) gebildet wird.

Verwendete Funktionen

`BEREICH.VERSCHIEBEN(Bezug;Zeilen;Spalten[;Höhe[;Breite]])` (nur Excel)
`VERSCHIEBUNG(Bezug;Zeilen;Spalten[;Höhe[;Breite]])` (nur Calc)
`INDIREKT(Bezug;A1)`
`ZELLE("InfoTyp"[;Bezug])`

3.2.2 Dateinamen ermitteln und in eine Zelle einfügen

Problem

Wie können Sie den Dateinamen der aktuellen Tabelle mit einer Tabellenfunktion ermitteln und in einer Zelle ausweisen?

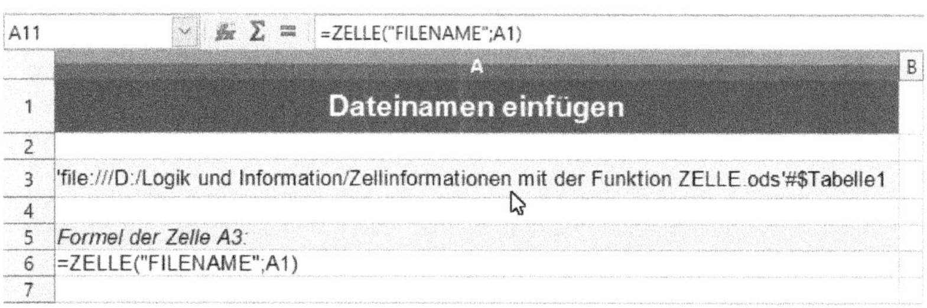

Lösung

Schreiben Sie in die Ergebniszelle die Funktion:

```
=ZELLE("FILENAME";A1).
```

Als Ergebnis erhalten Sie den kompletten Pfad der Datei einschließlich des Dateinamens und Tabellennummer der referenzierten Zelle.

Hintergrund

Die Funktion `ZELLE()` verwendet als `"InfoTyp"` den Wert `"FILENAME"` und ermittelt dazu den kompletten Speicherpfad.

Verwendete Funktion

`ZELLE("InfoTyp" [; Bezug])`

Kapitel 4

Mathematik – Statistik

4.1 Summieren

4.1.1 Summe der sieben größten / kleinsten Zahlen eines Bereichs

Problem

Aus einem großen Datenbereich sollen die sieben größten und die sieben kleinsten Werte summiert und ausgegeben werden. Mit welcher Formel kommen Sie am schnellsten zum Ziel?

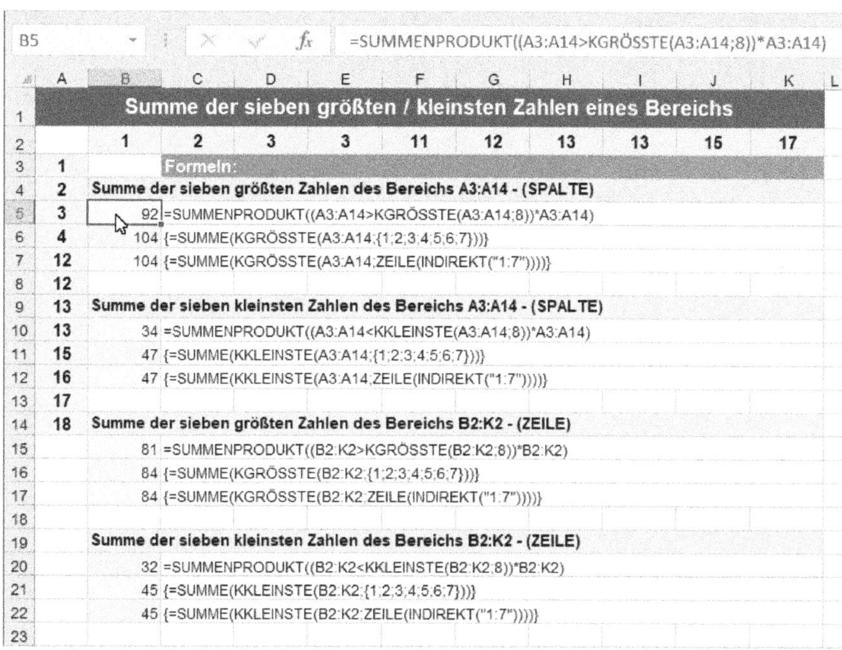
B5 =SUMMENPRODUKT((A3:A14>KGRÖSSTE(A3:A14;8))*A3:A14)

	A	B	C	D	E	F	G	H	I	J	K
1	Summe der sieben größten / kleinsten Zahlen eines Bereichs										
2		1	2	3	3	11	12	13	13	15	17
3	1		Formeln:								
4	2	Summe der sieben größten Zahlen des Bereichs A3:A14 - (SPALTE)									
5	3	92	=SUMMENPRODUKT((A3:A14>KGRÖSSTE(A3:A14;8))*A3:A14)								
6	4	104	{=SUMME(KGRÖSSTE(A3:A14;{1;2;3;4;5;6;7}))}								
7	12	104	{=SUMME(KGRÖSSTE(A3:A14;ZEILE(INDIREKT("1:7"))))}								
8	12										
9	13	Summe der sieben kleinsten Zahlen des Bereichs A3:A14 - (SPALTE)									
10	13	34	=SUMMENPRODUKT((A3:A14<KKLEINSTE(A3:A14;8))*A3:A14)								
11	15	47	{=SUMME(KKLEINSTE(A3:A14;{1;2;3;4;5;6;7}))}								
12	16	47	{=SUMME(KKLEINSTE(A3:A14;ZEILE(INDIREKT("1:7"))))}								
13	17										
14	18	Summe der sieben größten Zahlen des Bereichs B2:K2 - (ZEILE)									
15		81	=SUMMENPRODUKT((B2:K2>KGRÖSSTE(B2:K2;8))*B2:K2)								
16		84	{=SUMME(KGRÖSSTE(B2:K2;{1;2;3;4;5;6;7}))}								
17		84	{=SUMME(KGRÖSSTE(B2:K2;ZEILE(INDIREKT("1:7"))))}								
18											
19		Summe der sieben kleinsten Zahlen des Bereichs B2:K2 - (ZEILE)									
20		32	=SUMMENPRODUKT((B2:K2<KKLEINSTE(B2:K2;8))*B2:K2)								
21		45	{=SUMME(KKLEINSTE(B2:K2;{1;2;3;4;5;6;7}))}								
22		45	{=SUMME(KKLEINSTE(B2:K2;ZEILE(INDIREKT("1:7"))))}								
23											

Lösung

Um die Summe der sieben größten Zahlen des Bereichs A3:A14 zu erhalten, schreiben Sie in die Ausgabezelle folgende Formel:

```
=SUMMENPRODUKT((A3:A14>KGRÖSSTE(A3:A14;8))*A3:A14)
```

Beenden Sie die Formel mit der [Enter]-Taste. Eine weitere Möglichkeit bietet die Matrixformel

```
=SUMME(KGRÖSSTE(A3:A14;{1;2;3;4;5;6;7}))
```

die Sie mit [Strg]+[Shift]+[Enter] abschließen müssen, damit die Formel mit geschweiften Klammern umgeben und als Matrixformel berechnet wird. Als weitere Alternative, vor allem wenn viele Ranggrößen summiert werden sollen, bietet es sich an, die Zeilennummern als Rangzahlen zu verwenden. Als Beispiel dient die Formel:

```
=SUMME(KGRÖSSTE(A3:A14;ZEILE(INDIREKT("1:7"))))
```

Als Ergebnis erhalten Sie die Summe der sieben größten Zahlen des Bereichs.

Um die Summe der sieben kleinsten Zahlen des Bereichs zu erhalten, verwenden Sie anstelle der Funktion `KGRÖSSTE()` einfach die Funktion `KKLEINSTE()`.

Achtung!

Solange die sieben größten oder kleinsten Zahlen unterschiedliche Werte haben, liefern alle Formeln das gleiche Ergebnis. Haben jedoch die siebtgrößte und die achtgrößte Zahl den gleichen Wert, erhalten Sie unterschiedliche Ergebnisse. So summiert die Funktion `SUMMENPRODUKT()` mithilfe der Funktion `KGRÖSSTE()` alle Werte, die größer sind als der achtgrößte Wert des Bereichs. Weil jedoch der siebtgrößte Wert nicht größer als der achtgrößte Wert ist, werden tatsächlich nur die sechs größten Werte des Bereichs addiert. Dagegen summiert die verschachtelte Matrixfunktion der zweiten Alternative oder die dritte Alternative einfach die sieben größten Zahlen des Bereichs ohne Berücksichtigung doppelter Werte. Welche Formel für Ihre Zwecke das genauere Ergebnis liefert, entscheiden Sie anhand der Aufgabenstellung.

Verwendete Funktionen

```
SUMMENPRODUKT(Matrix1[;Matrix2[;...[;Matrix255]]])
INDIREKT(Bezug[;A1])
KGRÖSSTE(Daten;RangC)
KKLEINSTE(Daten;RangC)
SUMME(Zahl_1;Zahl_2;...;Zahl_255)
ZEILE([Bezug])
```

4.1.2 Summe eines Bereichs mit einer Bedingung

Problem

Sie müssen die Summe eines bestimmten Bereichs berechnen, ohne dass ein bestimmter Wert berücksichtigt wird. Welche Formel hilft Ihnen dabei?

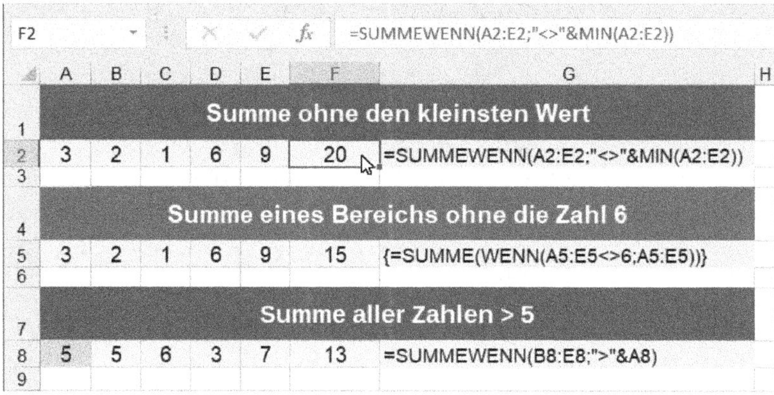

Lösung

Im Bereich A2:E2 sind verschiedene Zahlen eingetragen.
In die Zelle F2 schreiben Sie die Formel:

```
=SUMMEWENN(A2:E2;"<>"&MIN(A2:E2))
```

Als Ergebnis erhalten Sie die Summe des Zahlenbereichs ohne Berücksichtigung der kleinsten Zahl. Sollen alle Zellen des Bereichs A5:E5 addiert werden, jedoch ohne die Zellen mit der Zahl 6, lautet die Formel:

```
=SUMME(WENN(A5:E5<>6;A5:E5))
```

Die Eingabe dieser Matrixformel muss mit `Strg`+`Shift`+`Enter` abgeschlossen werden.

Die Summe aller Werte des Bereichs B8:E8, die größer als der Wert der Zelle A8 sind, erhalten Sie mit der Formel:

```
=SUMMEWENN(B8:E8;">"&A8)
```

Hintergrund

Die Funktion `SUMMEWENN()` vergleicht den `Bereich` mit den Such-`Kriterien` und addiert bei Übereinstimmung die Werte aus dem `Summenbereich`. Wird dieses Argument nicht angegeben, werden die Werte aus dem Bereich addiert. Als Suchkriterien können neben Zahlen und Text auch Operatoren wie zum Beispiel <> und weitere Funktionen (hier: `MIN()`) benutzt werden. Soll der größte Wert unberücksichtigt bleiben, so ersetzen Sie die Funktion `MIN()` einfach durch die Funktion `MAX()`.

Verwendete Funktionen

```
MAX(Zahl1[;Zahl2[;...[;Zahl255]]])
MIN(Zahl1[;Zahl2[;...[;Zahl255]]])
SUMMEWENN(Bereich;Bedingung[;Summenbereich])
```

4.1.3 Werte addieren, die bestimmte Kriterien erfüllen

Problem

Zur Ermittlung des Schafkopf-Meisters Ihres Vereins werden die Spielelisten mit Calc oder Excel geführt. In der monatlichen Spielaufstellung steht in den Zeilen der Spalte A das Datum der Spiele, in der Spalte B der Name des Gewinners und in der Spalte C die Anzahl der gewonnenen Spiele. Die Liste wird täglich fortgeführt. Wie errechnen Sie am Monatsende die Summe der Spiele, die jeder einzelne Spieler im Monat gewonnen hat?

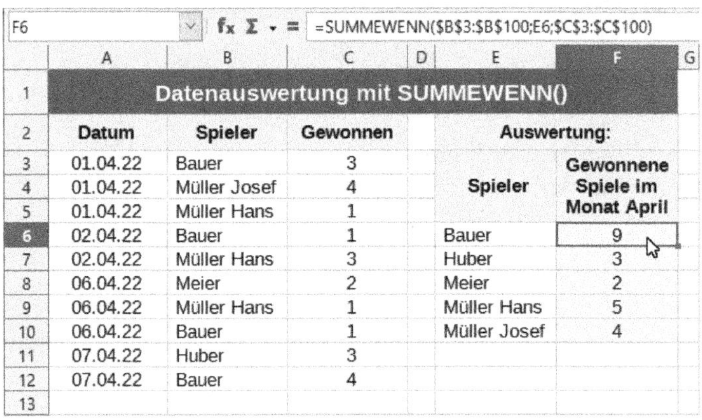
F6 =SUMMEWENN($B$3:$B$100;E6;$C$3:$C$100)

	A	B	C	D	E	F	G
1	Datenauswertung mit SUMMEWENN()						
2	Datum	Spieler	Gewonnen		Auswertung:		
3	01.04.22	Bauer	3			Gewonnene Spiele im Monat April	
4	01.04.22	Müller Josef	4		Spieler		
5	01.04.22	Müller Hans	1				
6	02.04.22	Bauer	1		Bauer	9	
7	02.04.22	Müller Hans	3		Huber	3	
8	06.04.22	Meier	2		Meier	2	
9	06.04.22	Müller Hans	1		Müller Hans	5	
10	06.04.22	Bauer	1		Müller Josef	4	
11	07.04.22	Huber	3				
12	07.04.22	Bauer	4				
13							

Lösung

Im Bereich B3:B100 stehen die Namen der Spieler.
Im Bereich C3:C100 steht die Anzahl der gewonnenen Spiele.
Schreiben Sie in die Spalte E ab Zeile 6 die Namen der Mitspieler.
Die Anzahl der gewonnenen Spiele des ersten Spielers ermitteln Sie in F6 mit der Formel:

```
=SUMMEWENN($B$3:$B$100;E6;$C$3:$C$100)
```

Kopieren Sie die Formel in die darunter liegenden Zellen. Die Formel summiert die Gewinnzahlen der einzelnen Spieler und weist die Summe in der jeweiligen Ergebniszelle aus.

Hintergrund

Mit `SUMMEWENN()` durchsucht die Formel die Spalte B (Bereich) nach dem Namen des im zweiten Parameter bestimmten Spielers (`Kriterien`) und summiert die in der Spalte C (`Summenbereich`) dazu gefundenen Beträge. Sie können als Kriterien anstelle eines Zellbezugs auch den Namen des Spielers verwenden. Beachten Sie jedoch, dass der eingegebene Name als Text in Anführungszeichen geschrieben werden muss (z.B. »Müller Hans«).

Verwendete Funktion

`SUMMEWENN(Bereich;Bedingung[;Summenbereich])`

4.1.4 Summe jeder x-ten Zeile oder Spalte

Problem

Aus den Zahlen jeder zweiten Zeile oder zweiten Spalte soll die Summe gebildet werden.

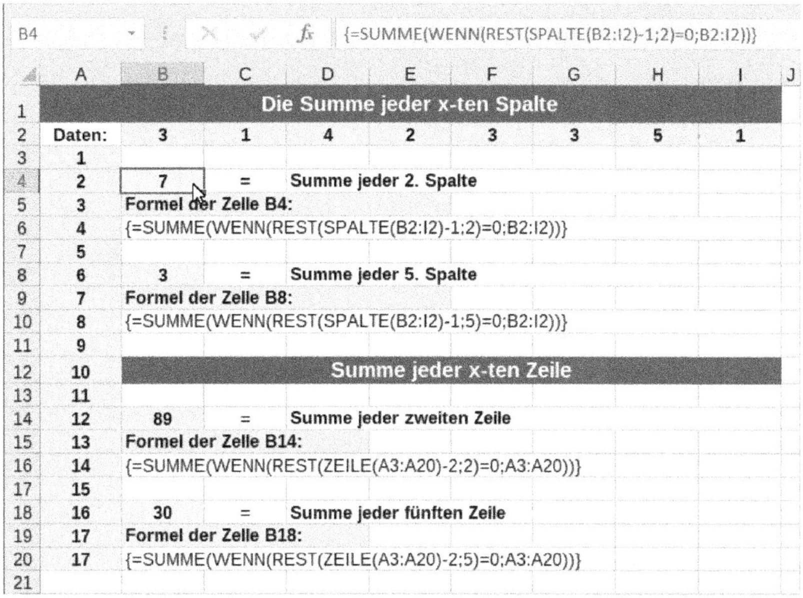

B4 {=SUMME(WENN(REST(SPALTE(B2:I2)-1;2)=0;B2:I2))}

	A	B	C	D	E	F	G	H	I	J
1	Die Summe jeder x-ten Spalte									
2	Daten:	3	1	4	2	3	3	5	1	
3	1									
4	2	7	=	Summe jeder 2. Spalte						
5	3	Formel der Zelle B4:								
6	4	{=SUMME(WENN(REST(SPALTE(B2:I2)-1;2)=0;B2:I2))}								
7	5									
8	6	3	=	Summe jeder 5. Spalte						
9	7	Formel der Zelle B8:								
10	8	{=SUMME(WENN(REST(SPALTE(B2:I2)-1;5)=0;B2:I2))}								
11	9									
12	10	Summe jeder x-ten Zeile								
13	11									
14	12	89	=	Summe jeder zweiten Zeile						
15	13	Formel der Zelle B14:								
16	14	{=SUMME(WENN(REST(ZEILE(A3:A20)-2;2)=0;A3:A20))}								
17	15									
18	16	30	=	Summe jeder fünften Zeile						
19	17	Formel der Zelle B18:								
20	17	{=SUMME(WENN(REST(ZEILE(A3:A20)-2;5)=0;A3:A20))}								
21										

Lösung

Im Bereich A2:A20 (Spalte A) oder B2:I2 (Zeile 2) stehen die aufzuaddierenden Zahlen.
Die Summe der Zahlen jeder zweiten Zeile errechnet die Matrixformel:

```
=SUMME(WENN(REST(ZEILE(A3:A20)-2;2)=0;A3:A20))
```

Beenden Sie die Eingabe mit der Tastenkombination `Strg`+`Shift`+`Enter`.

Sie können mit dieser Formel auch jede andere Zeilendifferenz aufsummieren. Im zweiten Parameter der Funktion `REST()` liegt der Unterschied. Sie brauchen beim Parameter `Divisor` nur die Zahl 2 durch eine andere Zeilenzahl zu ersetzen.

Die Summe der Zahlen jeder zweiten Spalte erhalten Sie mit der Matrixformel:

```
=SUMME(WENN(REST(SPALTE(B2:I2)-1;2)=0;B2:I2))
```

Beenden Sie die Eingabe mit der Tastenkombination `Strg`+`Shift`+`Enter`.

Hintergrund

Mithilfe der Funktion `REST()` wird geprüft, ob die mit der Funktion `ZEILE()` ermittelte Zeilenzahl ohne Rest durch die Zahl der Zeile dividiert werden kann, die aufsummiert werden soll. Trifft dies zu, wird der Inhalt der entsprechenden Zelle der Summe hinzugefügt.

Bei den oben verwendeten Formeln geht man davon aus, dass die Daten ab Zeile 1 erfasst sind. Ist dies nicht der Fall, weil die Tabelle zum Beispiel Überschriften enthält, muss die Formel anpasst werden. Damit die Formel das richtige Ergebnis liefert, ziehen Sie zur Berechnung der Zeilenzahl die Zahl der Zeilen vor dem Datenbereich ab (hier: `ZEILE()-2`).

Verwendete Funktionen

```
REST(Divident;Divisor)
SUMME(Zahl_1;Zahl_2;...;Zahl_255)
WENN(Prüfung;DannWert;SonstWert)
ZEILE(Bezug)
```

4.1.5 Summe der letzten Werte verschieden langer Spalten

Problem

Sie erfassen die Einnahmen ausgewählter Artikel täglich in einer Tabelle und diese werden in der daneben liegenden Spalte jeweils kumuliert angezeigt. Die Summe aller verkauften Artikel soll in einer gesonderten Zelle ausgewiesen werden.

A27 | {=SUMMENPRODUKT(WENN(REST(SPALTE(B5:K505)-1;2)=0;(B6:K506=""))*B5:K505)}

	A	B	C	D	E	F	G	H	I	J	K
1	Summe der letzten Werte verschieden langer Spalten										
2	**Kumulierte Gesamteinnahmen** (Summe der letzten Zahlen jeder 2. Spalte des Bereichs B5:K505):									**1.504,00 €**	
3		*Artikel A*		*Artikel B*		*Artikel C*		*Artikel D*		*Artikel E*	
4	*Datum:*	*Einnahmen*	*kumuliert*	*Einnahmen*	*kumuliert*	*Einnahmen*	*kumuliert*	*Einnahmen*	*kumuliert*	*Einnahmen*	*kumuliert*
5	01.01.23	21,00 €	21,00 €	31,00 €	31,00 €	41,00 €	41,00 €	51,00 €	51,00 €	61,00 €	61,00 €
6	02.01.23	22,00 €	43,00 €	32,00 €	63,00 €	42,00 €	83,00 €	52,00 €	103,00 €	62,00 €	123,00 €
7	03.01.23	23,00 €	66,00 €	33,00 €	96,00 €	43,00 €	126,00 €	53,00 €	156,00 €	63,00 €	186,00 €
8	04.01.23	24,00 €	90,00 €			44,00 €	170,00 €	54,00 €	210,00 €	64,00 €	250,00 €
9	05.01.23	25,00 €	115,00 €					55,00 €	265,00 €	65,00 €	315,00 €
10	06.01.23	26,00 €	141,00 €							66,00 €	381,00 €
11	07.01.23	27,00 €	168,00 €							67,00 €	448,00 €
12	08.01.23	28,00 €	196,00 €							68,00 €	516,00 €
13	09.01.23	29,00 €	225,00 €							69,00 €	585,00 €
14	10.01.23	30,00 €	255,00 €							70,00 €	655,00 €
15	11.01.23	31,00 €	286,00 €								
16	12.01.23	32,00 €	318,00 €								
17	13.01.23										
18	14.01.23										
19	15.01.23										
20											
21	**Summe aller letzten Spalteneinträge:**										
22	**1.738,00 €**										
23	Formel der Zelle A22:										
24	=SUMMENPRODUKT((B6:K506="")*B5:K505)										
25											
26	**Kumulierte Gesamteinnahmen (Summe der letzten Zahlen jeder 2. Spalte des Bereichs B5:K505):**										
27	**1.504,00 €**										
28	Formel der Zelle A27:										
29	{=SUMMENPRODUKT(WENN(REST(SPALTE(B5:K505)-1;2)=0;(B6:K506=""))*B5:K505)}										
30											

Lösung

In der Spalte A steht das Verkaufsdatum.
In den Spalten B und C werden die Tageseinnahmen und die kumulierte Einnahmensumme von Artikel A eingetragen und errechnet.
In den Spalten D und E die Einnahmen von Artikel B, in den Spalten F und G die Einnahmen von Artikel C und so weiter.
In der Zelle J2 soll nun die Gesamtsumme aller Verkäufe errechnet werden. Dazu müssen die letzten Spalteneinträge der Spalten C, E, G, I und K aufsummiert werden. Schreiben Sie dazu in die Zelle J2 folgende Formel:

```
=SUMMENPRODUKT(WENN(REST(SPALTE(B5:K505)-1;2)=0;(B6:K506=""))*B5:K505)
```

Als Ergebnis erhalten Sie die Summe der letzten Zahlen aller geraden Spalten des Datenbereichs B5:K505.

Hintergrund

Der Formelteil `=SUMMENPRODUKT(B6:K506=""))*B5:K505)` summiert alle Beträge einer Bereichsmatrix, deren nachfolgende Zelle keinen Eintrag enthält. Die erste Matrix (`B6:K506=""`) prüft die nachfolgende Zelle von B5 abwärts auf deren Inhalt. Enthält die Zelle einen Eintrag, ergibt sich der Wahrheitswert 0. Eine leere Zelle entspricht dem Wahrheitswert 1. Multipliziert mit der zweiten Matrix (`B5:K505`) ergibt sich nur bei der letzten Zelle ein Wert ungleich 0, der in die Funktion `SUMMENPRODUKT()` übernommen wird. Als Ergebnis der Matrixprüfung erhalten Sie die Summe der letzten Beträge aller Bereichsspalten.

Weil in diesem Beispiel nur die letzten Beträge jeder zweiten Spalte summiert werden sollen, muss die Formel um eine `WENN()`-Funktion erweitert werden, die prüft, ob die aufzuaddierende Zahl aus einer geraden oder ungeraden Spaltenzahl stammt. Diese Prüfung übernimmt der Formelteil: `WENN(REST(SPALTE(B5:K505)-1;2)=0`. Ist die aktuelle Spaltenzahl ohne Rest durch 2 teilbar, handelt es sich um eine gerade Spaltenzahl, und die gefundenen Beträge werden aufaddiert. Weil der zu summierende Bereich jedoch erst in der Spalte B beginnt, muss der Wert der Funktion `SPALTE()` um den Wert -1 korrigiert werden.

Verwendete Funktionen

```
SPALTE([Bezug])
SUMMENPRODUKT(Matrix1[;Matrix2[;...[;Matrix255]]])
REST(Divident;Divisor)
WENN(Prüfung;DannWert;SonstWert)
```

4.1.6 Zeilensumme bis zu einer bestimmten Spalte

Problem

Sie haben eine Tabelle mit den Umsatzzahlen der Mitarbeiter angelegt. Die Namen der Mitarbeiter stehen in Spalte A ab Zeile 4, die Spaltenüberschriften

Ihrer Umsatzstatistik mit den Monatsnamen »Jan« bis »Dez« stehen ab Spalte C in Zeile 3. Darunter – im Bereich C4:N4 – befinden sich die Monatsumsätze des ersten Mitarbeiters; die Umsätze des zweiten Mitarbeiters folgen im Bereich C5:N5 usw.

Nun soll in der Spalte B neben den Namen der Mitarbeiter die Summe der Umsätze bis zu einem bestimmten Monatsende berechnet werden. Dieser Monat – beispielsweise »Mrz« – soll in die Zelle B3 eingegeben werden.

B4 =SUMME(C4:INDEX(C4:N4;;VERGLEICH($B$3;$C$3:$N$3;0)))

	A	B	C	D	E	F	G	H	I
1	Zeilensumme bis zu einer bestimmten Spalte								
2		Umsatz bis Ende:							
3		*Mrz*	Jan	Feb	Mrz	Apr	Mai	Jun	Jul
4	A-Frau	7.542,00 €	2.320,00 €	2.928,00 €	2.294,00 €	2.683,00 €	1.787,00 €	1.527,00 €	1.486,00 €
5	B-Frau	5.606,00 €	2.297,00 €	1.026,00 €	2.283,00 €	2.959,00 €	2.926,00 €	2.407,00 €	1.253,00 €
6	C-Frau	6.936,00 €	2.180,00 €	2.108,00 €	2.648,00 €	2.683,00 €	1.705,00 €	2.497,00 €	2.825,00 €
7	A-Mann	5.977,00 €	1.875,00 €	1.412,00 €	2.690,00 €	2.520,00 €	1.986,00 €	2.552,00 €	2.442,00 €
8	B-Mann	7.551,00 €	2.813,00 €	2.324,00 €	2.414,00 €	1.260,00 €	1.084,00 €	1.782,00 €	2.907,00 €
9	C-Mann	4.823,00 €	1.221,00 €	1.616,00 €	1.986,00 €	1.787,00 €	2.754,00 €	1.593,00 €	1.682,00 €
10	D-Frau	6.217,00 €	2.259,00 €	1.073,00 €	2.885,00 €	2.932,00 €	1.125,00 €	1.991,00 €	1.638,00 €
11									
12	Formel der Zelle B4 mit INDEX():		=SUMME(C4:INDEX(C4:N4;;VERGLEICH($B$3;$C$3:$N$3;0)))						
13									
14	Alternative Formel mit BEREICH.VERSCHIEBEN()								
15	A-Frau	7.542,00 €	=SUMME(BEREICH.VERSCHIEBEN($C4;;;1; VERGLEICH($B$3;$C$3:$N$3;0)))						
16									

Lösung

In Zelle B4 erhalten Sie die gesuchte Summe für den ersten Mitarbeiter mit folgender Formel:

```
=SUMME(C4:INDEX(C4:N4;;VERGLEICH($B$3;$C$3:$N$3;0)))
```

Weil die obige Formel mit einer Mischung aus relativen und absoluten Zelladressen arbeitet, können Sie sie problemlos nach unten kopieren, um die Summen für die restlichen Mitarbeiter berechnen zu lassen.

Hintergrund

Sie benötigen eine Formel, die in Abhängigkeit von dem in Zelle B3 eingetragenen Monatskriterium die Monatsumsätze bis zu der passenden Spalte addiert. Die gesuchte Formel muss in jeder Zeile die Summe des Bereichs ermitteln, der vom ersten Monatsumsatz bis zu der Spalte reicht, deren Überschrift mit dem Suchkriterium übereinstimmt.

Den Bezug zur letzten Zelle des zu summierenden Bereichs erhalten Sie mithilfe einer `INDEX()`-Funktion. Darin setzen Sie wiederum eine `VERGLEICH()`-Funktion ein, um anhand des Suchkriteriums die passende Spaltennummer zu finden.

Die Formel sucht mittels `VERGLEICH()` im Bereich der Spaltenüberschriften (C3:N3) nach dem in B3 eingegebenen Kriterium und liefert den entsprechenden Spaltenindex. Das ist nicht die Spaltennummer, sondern der Index innerhalb des Suchbereichs.

Die `INDEX()`-Funktion liefert anhand dieses Spaltenindexes den Bezug zu der passenden Zelle im Bereich der Monatsumsätze (C4:N4). Die Summenfunktion addiert schließlich die Werte aus dem Bereich von Zelle C4 bis zu der Zelle, die die `INDEX()`-Funktion zurückgegeben hat.

Hinweis

Weil die obige Formel mit einer Mischung aus relativen und absoluten Zelladressen arbeitet, können Sie sie problemlos nach unten kopieren, um die Summen für die restlichen Mitarbeiter berechnen zu lassen. Für die Formel spielt es auch keine Rolle, ob Sie als Spaltenüberschriften konkrete Monatsnamen (»Jan«, »Feb«, »Mrz« usw.) oder Datumsangaben verwenden. Wenn Sie ein Datum verwenden, müssen Sie natürlich auch ein Datum als Suchkriterium in Zelle B2 eingeben.

Verwendete Funktionen

```
INDEX(Bezug[;Zeile[;Spalte[;Bereich]]])
SUMME(Zahl_1;Zahl_2;...;Zahl_255)
VERGLEICH(Suchwert;Suchmatrix[;Typ])
```

4.1.7 Die Werte einer bestimmten Kalenderwoche addieren

Problem

Sie haben für Ihren Verein eine kleine Einnahme-Überschuss-Rechnung erstellt. In der Spalte A stehen in der Zelle A2 das Kalenderjahr als vierstellige Zahl, darunter die unsortierten Datumswerte der Eingaben. Die Einnahmen werden in der Spalte C, die Ausgaben in der Spalte D erfasst. Ab Spalte G steht in der zweiten Zeile die Kalenderwoche, in der dritten Zeile sollen die Einnahmen dieser Woche, in der vierten Zeile die Ausgaben der Kalenderwoche und in der fünften Zeile der Wochenüberschuss ausgewiesen werden. Mit welchen Formeln erreichen Sie dieses Ergebnis?

G3 {=SUMME(WENN($A$3:$A$1000<>"";ISOKALENDERWOCHE($A$3:$A$1000)=G2)*(JAHR($A$3:$A$1000)=$A$2)*$C$3:$C$1000)}

	A	B	C	D	E	F	G	H
1	Die Werte einer bestimmten Kalenderwoche addieren							
2	2022	KW	Einnahmen	Ausgaben		Kalenderwoche:	1	4
3	01.01.2022	52	100,00 €	50,00 €		Einnahmen:	25,00 €	125,00 €
4	05.01.2022	1	25,00 €			Ausgaben:	0,00 €	200,00 €
5	18.01.2022	3	100,00 €	50,00 €		Überschuss:	25,00 €	-75,00 €
6	17.01.2022	3	100,00 €					
7	16.01.2022	2		25,00 €				
8	26.01.2022	4	100,00 €	50,00 €				
9	30.01.2022	4	25,00 €	150,00 €				
10								
11		Formel der Zelle B3 (KW nur zur Information):						
12		=ISOKALENDERWOCHE(A3)						
13		Formel der Zelle G3:						
14		{=SUMME(WENN($A$3:$A$1000<>"";ISOKALENDERWOCHE($A$3:$A$1000)=G2)*(JAHR($A$3:$A$1000)=$A$2)*$C$3:$C$1000)}						
15		Formel der Zelle G4:						
16		{=SUMME(WENN($A$3:$A$1000<>"";ISOKALENDERWOCHE($A$3:$A$1000)=G2)*(JAHR($A$3:$A$1000)=$A$2)*$D$3:$D$1000)}						
17		Formel der Zelle G5:						
18		=G3-G4						
19								

Lösung

In den Spalten A bis D wurde das Tagesdatum sowie die Einnahmen und Ausgaben erfasst.
In die Zelle G2 schreiben Sie die Nummer der aufzusummierenden Kalenderwoche.
In die Zelle G3 (Einnahmen) schreiben Sie die Matrixformel:

```
=SUMME(WENN($A$3:$A$1000<>"";ISOKALENDERWOCHE($A$3:$A$1000)=G2)*
(JAHR($A$3:$A$1000)=$A$2)*$C$3:$C$1000)
```

Beenden Sie die Eingabe mit `Strg`+`Shift`+`Enter`.

In die Zelle G4 (Ausgaben) schreiben Sie die gleiche Formel wie in die Zelle G3, jedoch mit dem Summenbereich `*$D$3:$D$1000` (= letzter Teil der Formel).

Den Überschuss in der Zelle G5 errechnet die Formel =G3-G4.

Hintergrund

Die Formel errechnet anhand der Datumswerte der Spalte A die jeweilige Kalenderwoche und vergleicht diese Zahlen mit der in der Zelle G2 eingetragenen Kalenderwochennummer. Stimmen beide Werte überein und entspricht das Kalenderjahr des Datums dem Kalenderjahr der Zelle A2, wird die entsprechende Summe der Betragsspalte C (bzw. D) aufaddiert und in den Formelzellen ausgewiesen. Die Differenz der so errechneten Einnahmen bzw. Ausgaben ergibt in der Zeile 5 den Überschuss.

Zur Berechnung der Summen der übrigen Kalenderwochen schreiben Sie in die Zeile 2 der jeweiligen Spalte die betreffende Kalenderwoche und kopieren die Matrixformeln einfach in die betreffenden Zellen. Die Kalenderwoche wird hier mit der Funktion `ISOKALENDERWOCHE()` berechnet (Wochennummer gemäß dem internationalen Standard ISO 8601). Das bedeutet, dass die Woche, die den 4. Januar enthält, die erste Woche jedes Jahres ist und die Woche an einem Montag beginnt.

Verwendete Funktionen

```
ISOKALENDERWOCHE(Zahl)
JAHR(Zahl)
SUMME(Zahl_1;Zahl_2;...;Zahl_255)
WENN(Prüfung;DannWert;SonstWert)
```

4.1.8 Laufende Summen berechnen

Problem

Wie können Sie eine Tabellenspalte mit einer »laufenden Summe« einrichten? Die zu addierenden Zellen befinden sich in der Spalte B. In der Spalte C soll automatisch neben jeder neuen Eingabe die bis dahin erreichte Summe ausgewiesen werden.

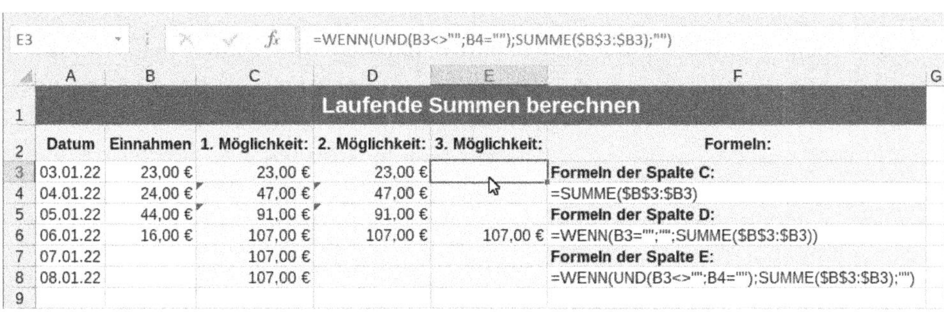

E3 =WENN(UND(B3<>"";B4="");SUMME($B$3:$B3);"")

	A	B	C	D	E	F
1	Laufende Summen berechnen					
2	Datum	Einnahmen	1. Möglichkeit:	2. Möglichkeit:	3. Möglichkeit:	Formeln:
3	03.01.22	23,00 €	23,00 €	23,00 €		Formeln der Spalte C:
4	04.01.22	24,00 €	47,00 €	47,00 €		=SUMME($B$3:$B3)
5	05.01.22	44,00 €	91,00 €	91,00 €		Formeln der Spalte D:
6	06.01.22	16,00 €	107,00 €	107,00 €	107,00 €	=WENN(B3="";"";SUMME($B$3:$B3))
7	07.01.22		107,00 €			Formeln der Spalte E:
8	08.01.22		107,00 €			=WENN(UND(B3<>"";B4="");SUMME($B$3:$B3);"")
9						

Lösung

In B2 steht die erste Zahl.
In die erste Summenzelle C3 schreiben Sie folgende Formel:

```
=SUMME($B$3:$B3)
```

Kopieren Sie die Formel in die darunter liegenden Zellen. In Zukunft wird neben jeder neuen Eingabe die bis dahin erreichte Summe ausgewiesen. Soll in der Formelzelle nur ein Betrag erscheinen, wenn auch in der gleichen Zeile eine Einnahme erfasst wurde, blenden Sie die überflüssigen Summenbeträge mit einer `WENN()`-Funktion aus. Die Formel dazu lautet:

```
=WENN(B3="";"";SUMME($B$3:$B3))
```

Soll die Gesamtsumme nur neben der letzten Eingabe ausgewiesen werden, verwenden Sie folgende Formel:

```
=WENN(UND(B3<>"";B4="");SUMME ($B$3:$B3);"")
```

Kopieren Sie diese Formel in die darunter liegenden Zellen. In Zukunft wird neben der letzten Eingabe die bis dahin erreichte Summe ausgewiesen.

Hintergrund

Maßgebend bei der verwendeten Summenfunktion sind die richtigen Zellbezüge. Durch die Verwendung absoluter und relativer Zellbezüge wird Ihre Formel variabel und somit in der ganzen Spalte anwendbar. Mit der dritten Formel wird geprüft, ob die aktuelle Zelle einen Wert enthält und die darauffolgende Zelle leer ist. Trifft dies zu, handelt es sich um die letzte Betragszelle und die errechnete Gesamtsumme wird ausgewiesen.

Verwendete Funktionen

```
SUMME(Zahl_1;Zahl_2;...;Zahl_255)
UND(Logischer_Wert1[;Logischer_Wert2[;...[;Logischer_Wert255]]])
WENN(Prüfung; DannWert; SonstWert)
```

4.1.9 Summieren von gerundeten Werten

Problem

Selbst wenn Zahlen auf zwei Nachkommastellen gerundet in der Tabelle angezeigt werden, ist in vielen Fällen ein anderer Wert (mit höherer Genauigkeit) in der Zelle gespeichert. In der Tabelle erscheint beispielsweise die Zahl 22,36, während sich in der Zelle tatsächlich der Wert 22,35936 befindet. Bei der Berechnung von Summen kann dies zu Problemen führen, weil Calc oder Excel nicht die angezeigten, sondern die gespeicherten Zahlen verwendet und aufsummiert. Um dies zu vermeiden, möchten Sie, dass die Summe nur aus den gerundeten Zahlen gebildet wird.

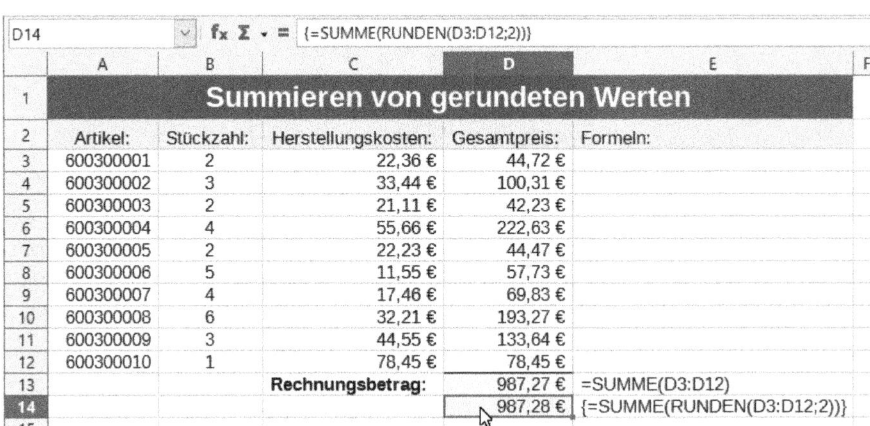

D14 | {=SUMME(RUNDEN(D3:D12;2))}

	A	B	C	D	E
1	Summieren von gerundeten Werten				
2	Artikel:	Stückzahl:	Herstellungskosten:	Gesamtpreis:	Formeln:
3	600300001	2	22,36 €	44,72 €	
4	600300002	3	33,44 €	100,31 €	
5	600300003	2	21,11 €	42,23 €	
6	600300004	4	55,66 €	222,63 €	
7	600300005	2	22,23 €	44,47 €	
8	600300006	5	11,55 €	57,73 €	
9	600300007	4	17,46 €	69,83 €	
10	600300008	6	32,21 €	193,27 €	
11	600300009	3	44,55 €	133,64 €	
12	600300010	1	78,45 €	78,45 €	
13			Rechnungsbetrag:	987,27 €	=SUMME(D3:D12)
14				987,28 €	{=SUMME(RUNDEN(D3:D12;2))}
15					

Lösung

Soll in der Zelle D13 die Summe des Bereichs D3:D12 errechnet werden, verwenden Sie die Formel

```
=SUMME(RUNDEN(D3:D12;2))
```

und beenden die Matrixformel mit `Strg`+`Shift`+`Enter`. Die Matrix rundet nun jeden einzelnen Wert des angegebenen Bereichs vor dem Summieren auf die im zweiten Parameter der Funktion `RUNDEN()` angegebenen Stellen.

Verwendete Funktionen

```
RUNDEN(Zahl[;Stellen])
SUMME(Zahl1[;Zahl2[;...[;Zahl255]]])
```

4.1.10 Den Bezug der Summen-Formel fixieren

Problem

In einem Berechnungsblatt soll grundsätzlich die Summe der Zellen A2:A9 gebildet werden. Es werden aber immer wieder Zeilen eingefügt, sodass die Bezüge der Summenformel nachträglich berichtigt werden müssen. Der Bereich wird nämlich immer automatisch um die hinzugefügten Zellen erweitert. Wie können Sie dieses Problem vermeiden?

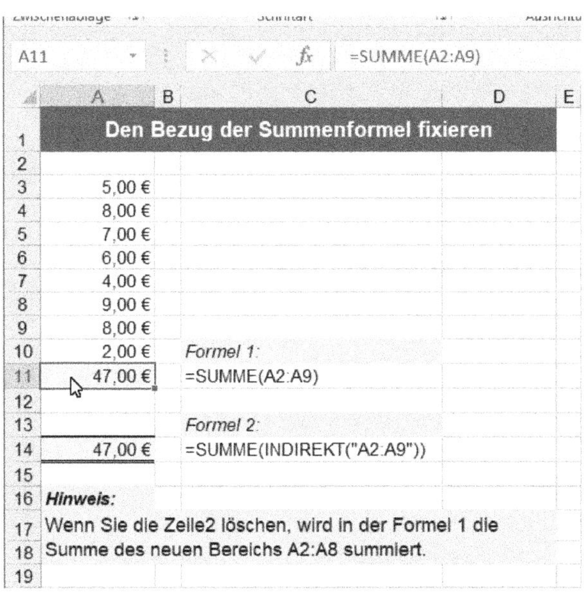

Lösung

Schreiben Sie in die Summenzelle folgende Formel:

```
=SUMME(INDIREKT("A2:A9"))
```

Hintergrund

Formelbezüge werden immer automatisch an einen geänderten Bereich angepasst. Verwenden Sie jedoch die Funktion `INDIREKT(Bezug)`, so interpretiert die Formel den Bezug nicht als Bereich, sondern als Text. In Zukunft wird beim Einfügen von Zellen in den Bereich A2:A9 immer noch auf den Bereich A2:A9 verwiesen.

Verwendete Funktionen

`INDIREKT(Bezug[;A1])`
`SUMME(Zahl_1;Zahl_2;...;Zahl_255)`

4.1.11 Summe in Abhängigkeit vom Anfangsbuchstaben

Problem

Sie führen in einem Tabellenblatt eine Umsatzstatistik. Neben verschiedenen anderen Details enthält die angelegte Liste eine Spalte mit Artikelnummern. Die Anfangsbuchstaben der Artikelnummern entsprechen bestimmten Produktgruppen – zum Beispiel »Nxxxx« für Nahrungsmittel oder »Gxxxx« für Gartenartikel. Nun möchten Sie in der Statistik die Summe der Verkäufe der einzelnen Produktgruppen ermitteln.

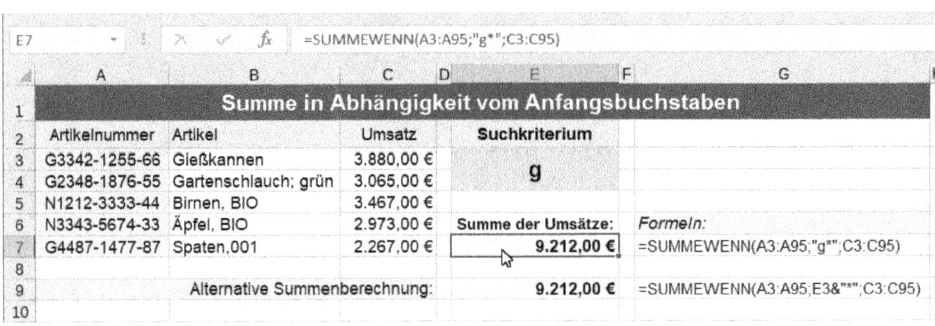

Lösung

Die gesuchten Ergebnisse erhalten Sie mit der `SUMMEWENN()`-Funktion. Diese ermöglicht auch den Einsatz von Platzhalterzeichen, sodass das Problem schnell gelöst ist. Wenn Sie zum Beispiel die Artikelnummern im Bereich A3:A100 erfasst haben und die zu addierenden Verkaufszahlen im Bereich C3:C100 stehen, erhalten Sie die Gesamtverkaufszahl der Produktgruppe, deren Artikelnummer mit dem Buchstaben »G« beginnt, über folgende Formel:

```
=SUMMEWENN(A3:A100;"g*";C3:C100)
```

Hintergrund

Die Suche nach dem Text g* schließt alle Werte im Bereich A3:A100 in die Berechnung ein, die mit dem Buchstaben »G« beginnen und mit beliebigem Text fortgesetzt werden. Die Suche unterscheidet nicht nach Groß- und Kleinschreibung. Summiert werden anschließend die korrespondierenden Zahlenwerte aus dem Bereich C3:C100.

Der gesuchte Anfangsbuchstabe kann auch in eine separate Kriterien-Zelle eingegeben werden, um variierende Verkaufssummen zu berechnen, je nachdem, welcher Buchstabe in der Kriterien-Zelle steht. Wenn Sie den gesuchten Anfangsbuchstaben zum Beispiel in Zelle D3 eingeben, müssen Sie die oben genannte Formel wie folgt ändern:

```
=SUMMEWENN(A3:A100;D3&"*";C3:C100)
```

Das Suchkriterium der Funktion SUMMEWENN() setzt sich somit aus dem Inhalt der Zelle D3 und dem Platzhalterzeichen * zusammen.

Verwendete Funktion:
SUMMEWENN(Bereich;Bedingung[;Summenbereich])

4.1.12 Summierung eines Bereichs mit Fehlerwerten

Problem

Summiert man mit der Funktion SUMME() einen Bereich, erhält man nur dann ein Ergebnis, wenn keine der entsprechenden Zellen einen Fehlerwert enthält. Summiert man beispielsweise mit der Formel

```
=SUMME(A3:A9)
```

alle Zellen im Bereich A3:A9, ist das Ergebnis immer #DIV/0, wenn auch nur eine dieser aufzusummierenden Zellen den Fehler #DIV/0 enthält.

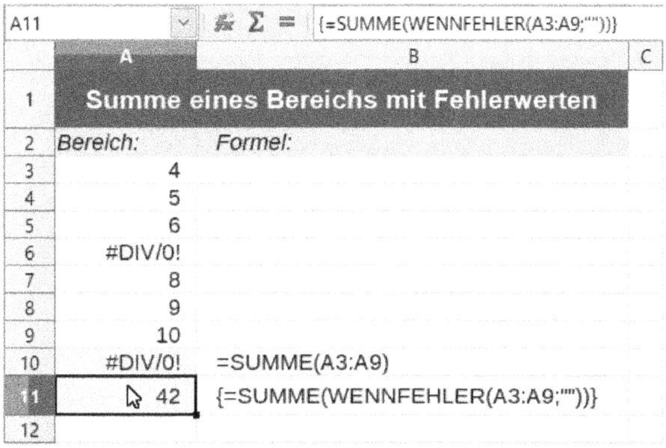

Lösung

Mit einer speziellen Formel erreichen Sie, dass Ihnen die Summe der Zellen ohne Fehlerwert angezeigt wird. Verwenden Sie dazu die folgende Matrixformel, die Sie nicht wie eine normale Formel mit [Enter], sondern mit [Strg]+[Shift]+[Enter] abschließen:

```
=SUMME(WENNFEHLER(A3:A9;""))
```

Als Ergebnis erhalten Sie die Summe des Bereichs A3:A9, Fehlerzellen werden ignoriert.

Hintergrund

`WENNFEHLER()` wertet jede Zelle in dem angegebenen Bereich aus. Enthält sie einen Fehler, ist das Ergebnis `""` (null), andernfalls wird der tatsächliche Inhalt der Summe hinzugefügt. Das Ergebnis ist also die Summe der Zellen, die keinen Fehlerwert enthalten.

Verwendete Funktion

`SUMME(Zahl_1;Zahl_2;...;Zahl_255)`
`WENNFEHLER(Wert;Alternativer_Wert)`

4.1.13 Summieren mit der Funktion AGGREGAT() – Fehlerwerte ignorieren

Problem

Wenn man mit der Funktion `SUMME()` einen Bereich summiert, bekommt man nur dann ein Ergebnis, wenn keine der entsprechenden Zellen einen Fehlerwert enthält. Wenn man beispielsweise alle Zellen des Bereichs C3:C9 summiert, ist das Ergebnis immer `#DIV/0!`, wenn auch nur eine der Zellen den Fehler `#DIV/0!` enthält. Wie erreicht man, dass zumindest alle Zellen ohne Fehlerwert aufsummiert werden?

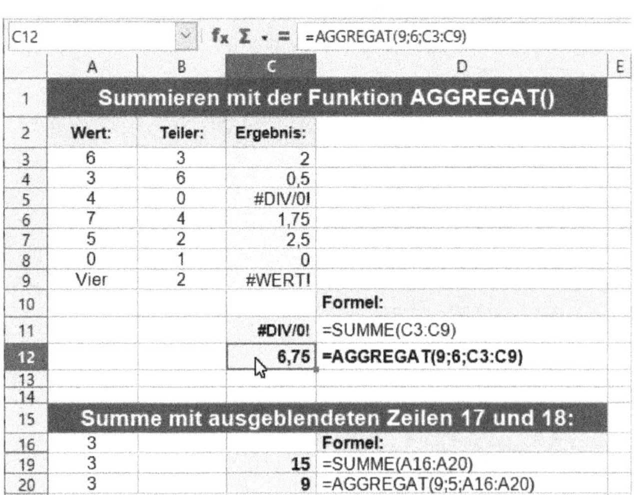
C12 =AGGREGAT(9;6;C3:C9)

	A	B	C	D
1	Summieren mit der Funktion AGGREGAT()			
2	Wert:	Teiler:	Ergebnis:	
3	6	3	2	
4	3	6	0,5	
5	4	0	#DIV/0!	
6	7	4	1,75	
7	5	2	2,5	
8	0	1	0	
9	Vier	2	#WERT!	
10				Formel:
11			#DIV/0!	=SUMME(C3:C9)
12			6,75	=AGGREGAT(9;6;C3:C9)
13				
14				
15	Summe mit ausgeblendeten Zeilen 17 und 18:			
16	3			Formel:
19	3		15	=SUMME(A16:A20)
20	3		9	=AGGREGAT(9;5;A16:A20)
21				

Lösung

Um alle Zellen ohne Fehlerwert aufzusummieren, verwendet man üblicherweise die Matrixformel, die mit [Strg]+[Shift]+[Enter] abgeschlossen werden muss:

```
=SUMME(WENNFEHLER(C3:C9;""))
```

Tipp

Eine elegante, wenn auch weniger bekannte Möglichkeit bietet die Funktion AGGREGAT():

```
=AGGREGAT(9;6;C3:C9)
```

Hintergrund

AGGREGAT() ist eine Funktion, die viele einzelne (genau genommen 19!) eigenständige Funktionen in sich vereinigt und die dazu noch besser ist als jede dieser einzelnen Funktionen für sich allein. All diese einzelnen Funktionen haben nämlich einen großen Nachteil: Sie liefern keine Ergebnisse, wenn sich innerhalb der Datenmatrix ein Fehlerwert (z.B. #DIV/0) befindet. Mit AGGREGAT() kann man diesen Nachteil umgehen.

Verwenden Sie beispielsweise als ersten Parameter die Zahl 9, arbeitet AGGREGAT() wie die Funktion SUMME(). Verwenden Sie als zweiten Parameter die Zahl 6, werden Fehlerwerte ignoriert, also genau das, was Sie suchen. Im dritten Parameter Matrix geben Sie den Bereich ein, der aufsummiert werden soll.

So erhalten Sie die Summe des Bereichs C3:C9 trotz enthaltener Fehlerwerte. Welche Funktionen und welche Optionen AGGREGAT() in sich vereinigt, erfahren Sie aus den jeweiligen Hilfe-Dateien von Excel oder Calc. Die wichtigsten davon sind sicherlich die Option 6, das Ignorieren von Fehlerwerten und die Option 9, das Ignorieren von ausgeblendeten Zeilen.

Verwendete Funktionen

```
AGGREGAT(Funktion;Optionen;Matrix[;k])
SUMME(Zahl1[;Zahl2[;...[;Zahl255]]])
WENNFEHLER(Wert;Alternativer_Wert)
```

4.2 Umsatz- und Gewinnermittlung

4.2.1 Den Tagesumsatz errechnen

Problem

In der Spalte A des Kassenbuchs steht das Tagesdatum, in der Spalte B der Artikelname und in der Spalte C der Verkaufspreis der Ware. Täglich werden mehrere

Einträge hinzugefügt. Wie ermitteln Sie am Ende des Monats die Einnahmen eines jeden Tages?

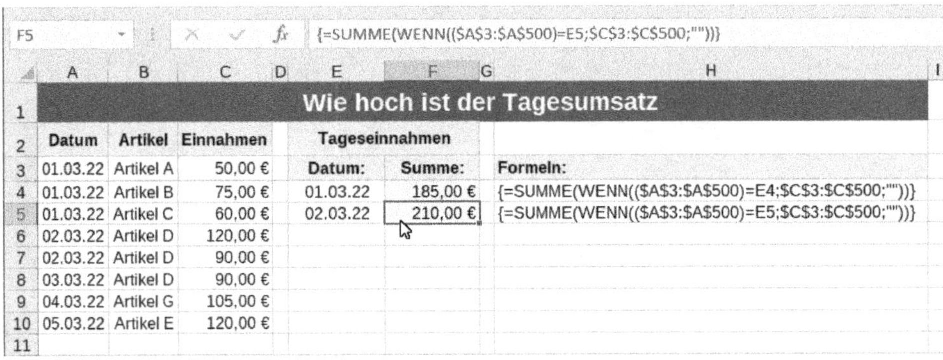
F5 {=SUMME(WENN(($A$3:$A$500)=E5;$C$3:$C$500;""))}

	A	B	C	D	E	F	G	H
1	Wie hoch ist der Tagesumsatz							
2	Datum	Artikel	Einnahmen		Tageseinnahmen			
3	01.03.22	Artikel A	50,00 €		Datum:	Summe:		Formeln:
4	01.03.22	Artikel B	75,00 €		01.03.22	185,00 €		{=SUMME(WENN(($A$3:$A$500)=E4;$C$3:$C$500;""))}
5	01.03.22	Artikel C	60,00 €		02.03.22	210,00 €		{=SUMME(WENN(($A$3:$A$500)=E5;$C$3:$C$500;""))}
6	02.03.22	Artikel D	120,00 €					
7	02.03.22	Artikel D	90,00 €					
8	03.03.22	Artikel D	90,00 €					
9	04.03.22	Artikel G	105,00 €					
10	05.03.22	Artikel E	120,00 €					
11								

Lösung

In die Zelle E4 schreiben Sie das Datum, für das die Tagessumme errechnet werden soll.
In die Zelle F4 schreiben Sie die Matrixformel:

```
=SUMME(WENN(($A$3:$A$500)=E4;$C$3:$C$500;""))
```

Beenden Sie die Eingabe mit [Strg]+[Shift]+[Enter]. Sie erhalten als Ergebnis den Umsatz des entsprechenden Tages.

Hintergrund

Die gesuchte Tagessumme wird in diesem Beispiel mithilfe der beiden Funktionen `SUMME()` und `WENN()` errechnet. Die Formel überprüft mithilfe der `WENN()`-Funktion alle Zellen des Bereichs A3:A500, ob sie mit dem Inhalt der Zelle E4 übereinstimmen. Ergibt das Ergebnis der Prüfung durch die `WENN()`-Funktion den Wahrheitsgehalt `WAHR`, wird der korrespondierende Wert des Bereichs C3:C500 zur Summe addiert.

Verwendete Funktionen

```
SUMME(Zahl_1;Zahl_2;...;Zahl_255)
SUMMEWENN(Bereich;Bedingung[;Summenbereich])
WENN(Prüfung;DannWert;SonstWert)
```

4.2.2 Die Summe der Umsätze von jedem Montag eines Zeitraums

Problem

Sie möchten in einem Tagesjournal die Umsätze eines jeden Montags im Monat addieren.

D4 | {=SUMME((WOCHENTAG(A3:A33;2)=1)*(B3:B33))}

	A	B	C	D	E
1	Die Summe der Umsätze von jedem Montag eines Zeitraums				
2	*Datum:*	*Umsatz:*			
3	Sa, 1. Jan 2022	11,00 €		***Montagsumsätze***	
4	So, 2. Jan 2022	12,00 €		135,00 €	{=SUMME((WOCHENTAG(A3:A33;2)=1)*(B3:B33))}
5	Mo, 3. Jan 2022	13,00 €		***Dienstagsumsätze***	
6	Di, 4. Jan 2022	14,00 €		98,00 €	{=SUMME((WOCHENTAG(A3:A33;2)=2)*(B3:B33))}
7	Mi, 5. Jan 2022	15,00 €		***Mittwochsumsätze***	
8	Do, 6. Jan 2022	16,00 €		102,00 €	{=SUMME((WOCHENTAG(A3:A33;2)=3)*(B3:B33))}
9	Fr, 7. Jan 2022	17,00 €			
10	Sa, 8. Jan 2022	18,00 €			
11	So, 9. Jan 2022	19,00 €			
12	Mo, 10. Jan 2022	20,00 €			
13	Di, 11. Jan 2022	21,00 €			

Lösung

In der Spalte A stehen im Bereich A3:A33 die einzelnen Tagesdaten, in der Spalte B die Umsätze eines jeden Tages.
Schreiben Sie in die Zelle C3 folgende Formel

```
=SUMME((WOCHENTAG(A3:A33;2)=1)*(B3:B33))
```

und beenden Sie die Eingabe mit `Strg`+`Shift`+`Enter`. Dadurch wird die Formel als Matrixformel erkannt und in die Eingabezeile mit umschließenden geschweiften Klammern einfügt. Die geschweiften Klammern dürfen nicht eingetippt werden. Als Ergebnis erhalten Sie die Umsätze aller Montage des Monats.

Hintergrund

Die Formel verwendet hier die beiden Funktionen `SUMME()` und `WOCHENTAG()` in einer Matrixfunktion. Bei `Art` = 2 werden die Wochentage ab Montag = 1 gezählt. Ergibt der Wahrheitswert von `WOCHENTAG()=1` den Wert `1` (= `WAHR`), wird der korrespondierende Umsatz der Spalte B zur gesuchten Summe hinzugezählt. Ergibt der Wahrheitswert den Wert `0` (= `FALSCH`), bleibt der Umsatz des entsprechenden Tages unberücksichtigt.

Hinweis

Sollen die Werte eines jeden Dienstags (`WOCHENTAG()=2`) zusammengezählt werden, wandeln Sie die Formel ab in:

```
=SUMME((WOCHENTAG(A3:A33;2)=2)*(B3:B33))
```

Verwendete Funktionen

```
SUMME(Zahl_1;Zahl_2;...;Zahl_255)
WOCHENTAG(Zahl[;Art])
```

4.2.3 Den Monatsumsatz berechnen

Problem

Sie führen ein Kassenbuch, in dem in der Spalte A das Tagesdatum und in der Spalte C die Einnahmen stehen. Das Kassenbuch wird für das gesamte Kalenderjahr geführt. Am Ende des Jahres möchten Sie die Einnahmen eines jeden Monats errechnen.

F4 | {=SUMME(WENN(MONAT($A$4:$A$500)=MONAT(E4);$C$4:$C$500;""))}

	A	B	C	D	E	F
1	Den Monatsumsatz berechnen					
2	Kassenbuch				Monatsumsätze	
3	Datum	Vermerke	Einnahmen		Monat:	Umsatz:
4	08.01.22	Verkauf Gutschein	125,00 €		Januar	255,00 €
5	09.01.22	Jahresbeitrag Jörg	25,00 €		Februar	0,00 €
6	10.01.22	Verkauf Gutschein	30,00 €		März	0,00 €
7	10.01.22	Verkauf Gutschein	50,00 €		April	5,00 €
8	11.01.22	Jahresbeitrag J.	25,00 €		Mai	25,00 €
9	01.04.22	Verkauf Zeitschrift	5,00 €		Juni	50,00 €
10	05.05.22	Beitrag König	25,00 €			
11	20.06.22	Verkauf Gutschein	50,00 €			

Lösung

Schreiben Sie z.B. in die Zelle E4 das Datum 01.01.2022 mit dem Zellformat `MMMM`, sodass als Zellinhalt »Januar« erscheint.
In die Zelle E5 schreiben Sie das formatierte Datum `01.02.2022`. Kopieren Sie die Monate nach unten, indem Sie die beiden Zellen E4 und E5 markieren und dann mit dem Aufziehkästchen (des markierten Bereichs) den markierten Bereich nach unten ziehen.
In die Zelle F4 schreiben Sie folgende Matrixformel:

```
=SUMME(WENN(MONAT($A$4:$A$500)=MONAT(E4);$C$4:$C$500;""))
```

Beenden Sie die Eingabe mit `Strg`+`Shift`+`Enter`. Als Ergebnis erhalten Sie den Umsatz des Monats Januar.

Die Matrixformel kopieren Sie in die übrigen Ergebniszellen der Spalte F, indem Sie die Zelle F4 markieren, kopieren und dann über die Einfügeoptionen des Kontextmenüs (rechte Maustaste) in die übrigen markierten Zellen einfügen.

Hintergrund

Die Matrixfunktion der Zelle F4 überprüft für alle Zellen des Bereichs A4:A500, ob der Monat eines Datums mit dem Monat des Datums der Zelle E4 übereinstimmt. Ergibt das Ergebnis der `WENN()`-Funktion den Wahrheitsgehalt `WAHR`, wird der korrespondierende Wert der Spalte C zur entsprechenden Monatssumme addiert.

Verwendete Funktionen

`SUMME(Zahl_1;Zahl_2;...;Zahl_255)`
`WENN(Prüfung;DannWert;SonstWert)`
`MONAT(Zahl)`

4.2.4 Der Umsatz eines bestimmten Quartals

Problem

In der Spalte A des Kassenbuchs steht das Tagesdatum, in der Spalte C stehen die Tageseinnahmen. Das Kassenbuch wird für das gesamte Kalenderjahr geführt. Wie können Sie am Ende des Jahres die Einnahmen dem entsprechenden Quartal zuordnen?

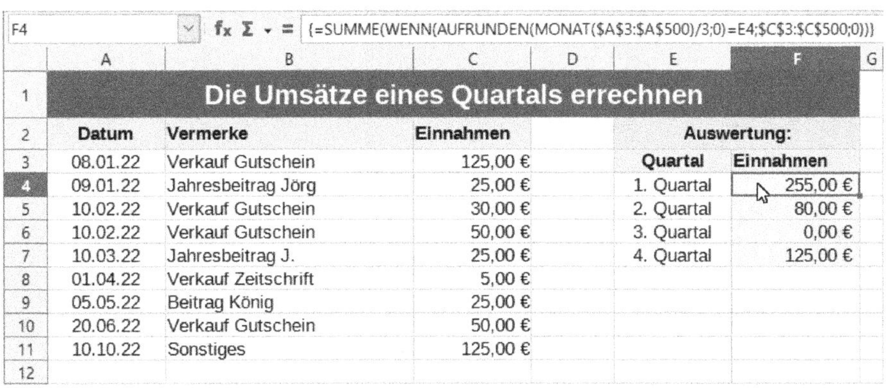
F4 {=SUMME(WENN(AUFRUNDEN(MONAT($A$3:$A$500)/3;0)=E4;$C$3:$C$500;0))}

	A	B	C	D	E	F
1	Die Umsätze eines Quartals errechnen					
2	Datum	Vermerke	Einnahmen		Auswertung:	
3	08.01.22	Verkauf Gutschein	125,00 €		Quartal	Einnahmen
4	09.01.22	Jahresbeitrag Jörg	25,00 €		1. Quartal	255,00 €
5	10.02.22	Verkauf Gutschein	30,00 €		2. Quartal	80,00 €
6	10.02.22	Verkauf Gutschein	50,00 €		3. Quartal	0,00 €
7	10.03.22	Jahresbeitrag J.	25,00 €		4. Quartal	125,00 €
8	01.04.22	Verkauf Zeitschrift	5,00 €			
9	05.05.22	Beitrag König	25,00 €			
10	20.06.22	Verkauf Gutschein	50,00 €			
11	10.10.22	Sonstiges	125,00 €			
12						

Lösung

In die Zelle E4 schreiben Sie die Zahl 1 und formatieren sie dann mit dem benutzerdefinierten Zahlenformat: `Standard". Quartal"`. Ziehen Sie die Zelle vier Zeilen nach unten, um die übrigen Quartale zu erhalten.
In F4, der Zelle, in der der Umsatz des 1. Quartals ausgewiesen werden soll, schreiben Sie folgende Matrixformel:

```
=SUMME(WENN(AUFRUNDEN(MONAT($A$3:$A$500)/3;0)=E4;$C$3:$C$500;0))
```

Beenden Sie die Eingabe mit [Strg]+[Shift]+[Enter]. Zur Errechnung der Umsätze der übrigen Quartale kopieren Sie die Formel mit der Tastenkombination [Strg]+[C] in die Zwischenablage und fügen sie dann über die Einfügeoptionen des Kontextmenüs (rechte Maustaste) in die übrigen drei Ausgabezellen E4:E6 ein.

Hintergrund

In dieser Formel wird geprüft, ob ein Datum des Bereichs A3:A500 zum entsprechenden Quartal der Zellen E4:E7 gehört (`AUFRUNDEN(MONAT(Zelle)/3;0)=Qu`).

Wenn ja, werden die zur Zeile gehörenden Werte der Spalte C zur Quartalssumme gerechnet. Sie können das Quartal – wie hier – als Zellbezug oder auch als Zahlenwert (z.B. 1) in die Formel übernehmen.

Verwendete Funktionen

```
AUFRUNDEN(Zahl[;Stellen])
MONAT(Zahl)
SUMME(Zahl_1;Zahl_2;...;Zahl_255)
WENN(Prüfung;DannWert;SonstWert)
```

4.2.5 Der Umsatz vom 1. Januar bis zu einem bestimmten Tag

Problem

Die Umsätze des Kalenderjahres sollen bis zu einem bestimmten Datum aufaddiert werden. Welche Formel führt Sie zum Erfolg?

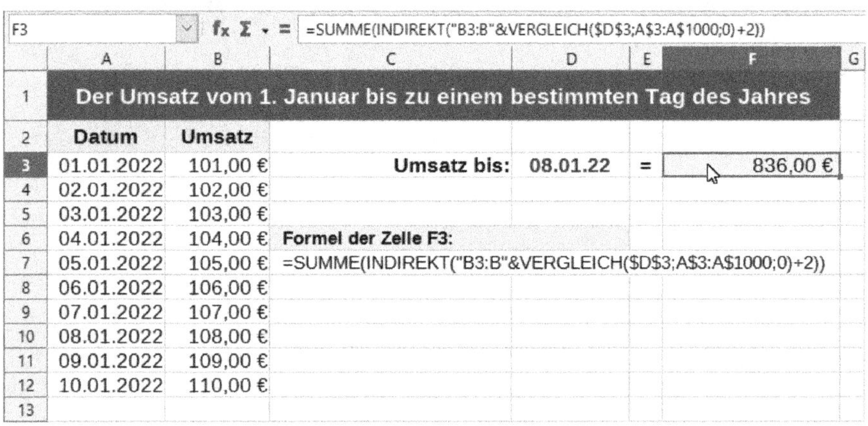

F3 | =SUMME(INDIREKT("B3:B"&VERGLEICH($D$3;A$3:A$1000;0)+2))

	A	B	C	D	E	F	G
1	Der Umsatz vom 1. Januar bis zu einem bestimmten Tag des Jahres						
2	Datum	Umsatz					
3	01.01.2022	101,00 €	Umsatz bis:	08.01.22	=	836,00 €	
4	02.01.2022	102,00 €					
5	03.01.2022	103,00 €					
6	04.01.2022	104,00 €	Formel der Zelle F3:				
7	05.01.2022	105,00 €	=SUMME(INDIREKT("B3:B"&VERGLEICH($D$3;A$3:A$1000;0)+2))				
8	06.01.2022	106,00 €					
9	07.01.2022	107,00 €					
10	08.01.2022	108,00 €					
11	09.01.2022	109,00 €					
12	10.01.2022	110,00 €					
13							

Lösung

In der Spalte A steht das jeweilige Tagesdatum vom 01.01. bis zum 31.12. eines Kalenderjahres.
In der Spalte B stehen die dazugehörigen Tagesumsätze.
In der Ergebniszelle F3 soll die Summe der Umsätze vom 01.01. des Kalenderjahres bis zu einem in der Zelle D3 notierten bestimmten Datum summiert werden. Schreiben Sie dazu in F3 die Formel:

```
=SUMME(INDIREKT("B3:B"&VERGLEICH($D$3;A$3:A$1000;0)+2))
```

Als Ergebnis erhalten Sie im oben angegebenen Beispiel den Wert 836,00 €.

Hintergrund

Die Formel summiert alle Umsätze von B3 bis zur über die Funktion `VERGLEICH()` ermittelten Zeilenzahl der Spalte B. Dabei vergleicht die Funktion `VERGLEICH()` den Inhalt der Zelle D3 mit den Werten der Spalte A und gibt die Zeilennummer des gefundenen übereinstimmenden Werts zurück. Zur Berücksichtigung der beiden Überschriftenzeilen muss die ermittelte Zeilenzahl um den Faktor 2 korrigiert werden (`Vergleich()-2`). Die so gefundene Zahl wird nun mit dem Text `B3:B` zum Summenbereich B3:B10 verkettet.

Verwendete Funktionen

```
INDIREKT(Bezug[;A1])
SUMME(Zahl_1;Zahl_2;...;Zahl_255)
VERGLEICH(Suchwert;Suchmatrix[;Typ])
```

4.2.6 Wie errechnen Sie den Umsatz eines bestimmten Zeitraums in einer chronologisch unsortierten Liste?

Problem

Wie errechnen Sie den Umsatz eines bestimmten Zeitraums in einer chronologisch unsortierten Liste, wenn in Spalte A das Datum und in Spalte B der Umsatz steht?

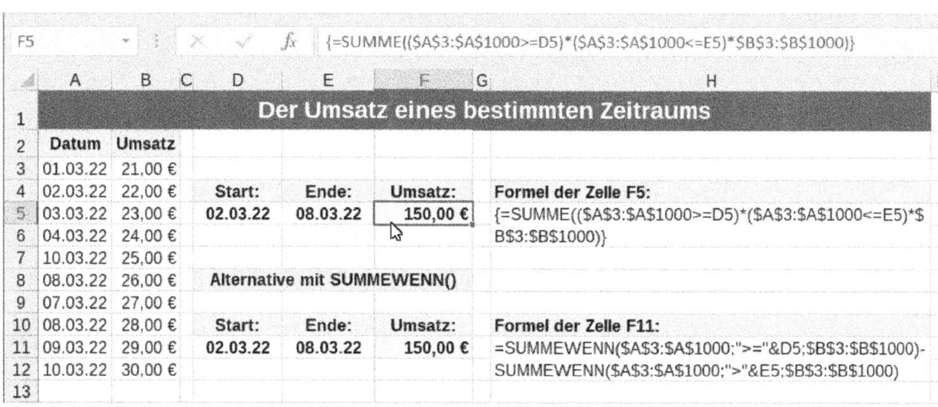
F5 {=SUMME(($A$3:$A$1000>=D5)*($A$3:$A$1000<=E5)*$B$3:$B$1000)}

	A	B	C	D	E	F	G	H
1	Der Umsatz eines bestimmten Zeitraums							
2	Datum	Umsatz						
3	01.03.22	21,00 €						
4	02.03.22	22,00 €		Start:	Ende:	Umsatz:		Formel der Zelle F5:
5	03.03.22	23,00 €		02.03.22	08.03.22	150,00 €		{=SUMME(($A$3:$A$1000>=D5)*($A$3:$A$1000<=E5)*$
6	04.03.22	24,00 €						B$3:$B$1000)}
7	10.03.22	25,00 €						
8	08.03.22	26,00 €		Alternative mit SUMMEWENN()				
9	07.03.22	27,00 €						
10	08.03.22	28,00 €		Start:	Ende:	Umsatz:		Formel der Zelle F11:
11	09.03.22	29,00 €		02.03.22	08.03.22	150,00 €		=SUMMEWENN($A$3:$A$1000;">="&D5;$B$3:$B$1000)-
12	10.03.22	30,00 €						SUMMEWENN($A$3:$A$1000;">"&E5;$B$3:$B$1000)
13								

Lösung

Schreiben Sie in eine Zelle (hier: D5) das Start-Datum und in eine andere Zelle (hier: E5) das End-Datum des Berechnungszeitraums. Den Umsatz zwischen diesen beiden Datumswerten erhalten Sie mit der Matrixformel:

```
{=SUMME(($A$3:$A$1000>=D5)*($A$3:$A$1000<=E5)*$B$3:$B$1000)}
```

Beenden Sie die Formeleingabe mit [Strg]+[Shift]+[Enter].

Hintergrund

Die Formel prüft mithilfe einer Matrixfunktion in jeder Zeile das Start- und End-Datum hinsichtlich seines Wahrheitswerts (`$A$3:$A$1000;">="&D5"` und `A$3:$A$1000<=E5`). Ergeben die beiden Prüfungen eines Datumswerts jeweils den Wert `WAHR`, so wird der entsprechende Tagesumsatz der gesuchten Umsatzsumme hinzuaddiert (`=1*$B$3:$B$1000`). Ergibt einer der Datumswerte der Wahrheitsprüfung den Wert `FALSCH = 0`, so ergibt das Produkt der Multiplikation ebenfalls den Wert 0. Der betreffende Tagesumsatz bleibt somit in der Summe der gesuchten Umsätze unberücksichtigt.

Verwendete Funktionen

```
SUMME(Zahl_1;Zahl_2;...;Zahl_255)
SUMMEWENN(Bereich;Bedingung[;Summenbereich])
```

4.2.7 Einnahmen und Ausgaben getrennt aufsummieren

Problem:

Alle Einnahmen und Ausgaben werden in einem Datenblatt chronologisch in der Spalte B ab Zeile 3 erfasst. Wie können Sie aus diesen einfachen Aufzeichnungen die Einnahmen und Ausgaben getrennt aufsummieren und den Überschuss errechnen?

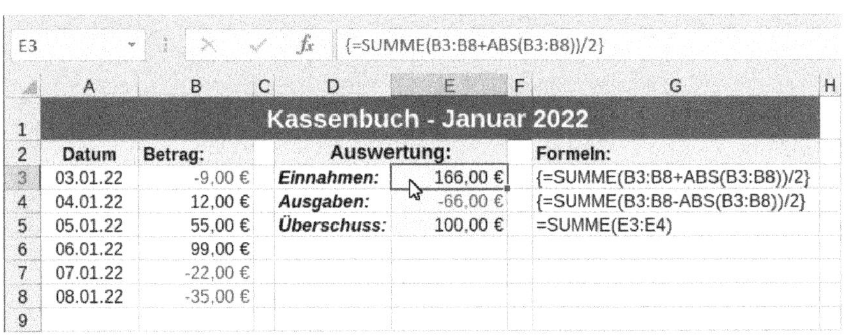

E3 | {=SUMME(B3:B8+ABS(B3:B8))/2}

	A	B	C	D	E	F	G
1	Kassenbuch - Januar 2022						
2	Datum	Betrag:		Auswertung:			Formeln:
3	03.01.22	-9,00 €		Einnahmen:	166,00 €		{=SUMME(B3:B8+ABS(B3:B8))/2}
4	04.01.22	12,00 €		Ausgaben:	-66,00 €		{=SUMME(B3:B8-ABS(B3:B8))/2}
5	05.01.22	55,00 €		Überschuss:	100,00 €		=SUMME(E3:E4)
6	06.01.22	99,00 €					
7	07.01.22	-22,00 €					
8	08.01.22	-35,00 €					
9							

Lösung

In die Zelle E3, in der die Einnahmen aufsummiert werden sollen, schreiben Sie die Formel:

```
=SUMME(B3:B8+ABS(B3:B8))/2
```

Beenden Sie die Eingabe der Matrixformel mit `Strg`+`Shift`+`Enter`. Als Ergebnis erhalten Sie die Summe aller positiven Beträge. In die Zelle E4, in der die Ausgaben aufsummiert werden, schreiben Sie die Formel:

```
=SUMME(B3:B8-ABS(B3:B8))/2
```

Beenden Sie die Eingabe der Matrixformel wieder mit [Strg]+[Shift]+[Enter]. Als Ergebnis erhalten Sie die Summe aller negativen Beträge. Die Differenz beider Summen ergibt den Überschuss. Verwenden Sie dazu die Formel:

```
=SUMME(E3:E4)
```

Hintergrund

Die Formel addiert zur Summe des aufzuaddierenden Bereichs mithilfe der Funktion ABS() alle Zahlen des Bereichs ohne Berücksichtigung eines Vorzeichens. Zum Schluss wird das Gesamtergebnis halbiert. Als Ergebnis erhalten Sie die Summe aller positiven Zahlen. Zur Berechnung der Summe aller negativen Zahlen ziehen Sie von der Summe des Bereichs die Summe aller Zahlen ohne Berücksichtigung des Vorzeichens ab und halbieren das Ergebnis.

Verwendete Funktionen

ABS(Zahl)
SUMME(Zahl_1;Zahl_2;...;Zahl_255)

4.2.8 Alle Zahlungseingänge eines bestimmten Kunden finden

Problem

Angenommen, Sie haben ein Tabellenblatt für Zahlungseingänge angelegt. Darin halten Sie unter anderem das Zahlungsdatum, den Kundennamen und den Zahlungsbetrag fest. In einem anderen Tabellenblatt sollen nun die Zahlungseingänge eines bestimmten Kunden ausgewertet und aufgelistet werden.

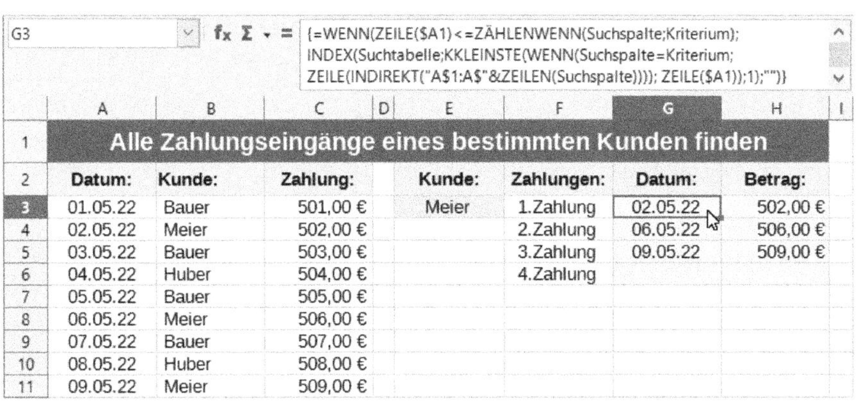
G3 {=WENN(ZEILE($A1)<=ZÄHLENWENN(Suchspalte;Kriterium); INDEX(Suchtabelle;KKLEINSTE(WENN(Suchspalte=Kriterium; ZEILE(INDIREKT("A$1:A$"&ZEILEN(Suchspalte)))); ZEILE($A1));1);"")}

	A	B	C	D	E	F	G	H
1	Alle Zahlungseingänge eines bestimmten Kunden finden							
2	Datum:	Kunde:	Zahlung:		Kunde:	Zahlungen:	Datum:	Betrag:
3	01.05.22	Bauer	501,00 €		Meier	1.Zahlung	02.05.22	502,00 €
4	02.05.22	Meier	502,00 €			2.Zahlung	06.05.22	506,00 €
5	03.05.22	Bauer	503,00 €			3.Zahlung	09.05.22	509,00 €
6	04.05.22	Huber	504,00 €			4.Zahlung		
7	05.05.22	Bauer	505,00 €					
8	06.05.22	Meier	506,00 €					
9	07.05.22	Bauer	507,00 €					
10	08.05.22	Huber	508,00 €					
11	09.05.22	Meier	509,00 €					

Lösung

Da bei verschiedenen Kunden mehrere Zahlungseingänge vorkommen, kommen Sie mit der Funktion SVERWEIS() nicht zum Ziel, weil diese Funktion nur die erste Zahlung findet. Sie können aber mit einer Kombination aus den Funktionen

INDEX() und KKLEINSTE() alle weiteren Vorkommen eines Suchkriteriums aus einer Liste filtern.

Die Tabelle mit den Zahlungseingängen hat folgenden Aufbau: Spalte A enthält das Zahlungsdatum, Spalte B den Kundennamen und Spalte C den bezahlten Betrag.

Für die Erstellung der Auswertungsformel ist es vorteilhaft, allen relevanten Bereichen Namen zuzuweisen. Dazu brauchen Sie nur den jeweiligen Bereich zu markieren, und dann im Namenfeld den angezeigten Bereich mit einem Namen zu überschreiben. Muss später einmal ein Bereich geändert werden, so finden Sie den NAMENS-MANAGER in der Registerkarte FORMELN|DEFINIERTE NAMEN. Das darauf folgende Dialogfeld enthält alle Möglichkeiten, benannte Bereiche zu ändern oder, falls nicht mehr benötigt, auch zu löschen.

Weisen Sie dem gesamten Datenbereich von der ersten Spaltenüberschrift in Spalte A bis zur letzten Zahlung in Spalte C den Namen `Suchtabelle` zu.

Den Spaltenbereich, in dem Sie nach einem Kriterium (Kundenname) suchen wollen, benennen Sie mit `Suchspalte`. Im Beispiel müssen Sie also den Bereich von der ersten Spaltenüberschrift in Spalte B bis zum letzten Datensatz in Spalte B als `Suchspalte` benennen. Wichtig ist, dass der Bereich genauso hoch ist wie der mit `Suchtabelle` benannte Bereich.

Wechseln Sie nun zu dem Tabellenbereich, in dem Sie die Auswertungen vornehmen möchten, und weisen Sie der Zelle für das Suchkriterium (im Beispiel der Zelle E3) den Namen `Kriterium` zu.

Jetzt können Sie in einer Zelle neben dem Suchkriterium die Formeln eingeben, mit denen die verschiedenen Zahlungsbeträge eines Kunden ermittelt werden sollen. Das Datum des ersten Zahlungseingangs ermitteln Sie in der Zelle G3 mit der Formel:

```
=WENN(ZEILE($A1)<=ZÄHLENWENN(Suchspalte;Kriterium);
INDEX(Suchtabelle;KKLEINSTE(WENN(Suchspalte=Kriterium;
ZEILE(INDIREKT("A$1:A$"&ZEILEN(Suchspalte))); ZEILE($A1));1);"")
```

Beenden Sie die Formeleingabe mit [Strg]+[Shift]+[Enter].

Den Zahlungsbetrag der ersten Zahlung erhalten Sie in H3 mit der Formel:

```
=WENN(ZEILE($A1)<=ZÄHLENWENN(Suchspalte;Kriterium);
INDEX(Suchtabelle;KKLEINSTE(WENN(Suchspalte=Kriterium;
ZEILE(INDIREKT("A$1:A$"&ZEILEN(Suchspalte))); ZEILE($A1));3);"")
```

Beenden Sie auch diese Matrixformeleingabe mit [Strg]+[Shift]+[Enter]. Danach kopieren Sie die beiden Formeln einfach in die darunter liegenden Zellen, um nach weiteren Zahlungseingängen suchen zu lassen.

Hintergrund

Die Formel beginnt mit einer WENN()-Prüfung, mit der geprüft wird, ob es überhaupt eine x-te Übereinstimmung mit dem Suchkriterium gibt. Die Funktion ZEILE() übernimmt dabei die Zählfunktion, in der ersten Formelzelle A1 also den Wert 1. Durch das Kopieren der Formel wird daraus in der nächsten Formelzelle ZEILE(A2), dann ZEILE(A3) usw., wodurch sich die Werte auf 2, 3 usw. erhöhen.

Die Funktion ZÄHLENWENN(Suchspalte;Kriterium) ermittelt, wie oft das Suchkriterium in der Suchspalte vorkommt. Nur wenn der Zähler kleiner oder gleich dieser Zeilennummer ist, fährt die WENN()-Funktion mit der INDEX()-Funktion fort. Ansonsten ergibt sie eine leere Zeichenfolge.

Die INDEX()-Funktion sucht eine bestimmte Zeile innerhalb des Bereichs Suchtabelle und gibt in dieser Formel den Wert aus der ersten (Datum) beziehungsweise dritten Spalte (Betrag) zurück: INDEX(Suchtabelle;Zeile;1).

Sie müssen deshalb am Ende der Formel den festen Wert 1 dahin gehend ändern, dass er auf die passende Spalte im Bereich Suchtabelle verweist. Verwenden Sie im Beispiel den Wert 1, erhalten Sie als Ergebnis das jeweilige Datum; verwenden Sie den Wert 3, erhalten Sie den dazugehörigen Zahlungsbetrag.

Den Zeilenwert für die INDEX()-Funktion liefert die Funktion KKLEINSTE(). Sie soll jeweils den x-kleinsten Wert aus einer fortlaufenden Zahlenfolge von 1 bis zur Anzahl der ZEILEN() im Bereich Suchspalte liefern. Diese Zahlenfolge ermittelt folgender Teil der Formel: ZEILE(INDIREKT("A$1:A$"&ZEILEN(Suchspalte))).

Die Zahlenfolge entspricht den Zeilennummern im Bereich der Tabellenwerte. Die infrage kommenden Zeilennummern, in denen das Suchkriterium gefunden wird, ermittelt die WENN()-Funktion mit dem Formelteil WENN(Suchspalte=Kriterium;[...]).

Alle anderen Zeilennummern werden auf den Wert Falsch gesetzt, was der Zahl 0 entspricht. Somit kann KKLEINSTE() jeweils die x-kleinste Zeilennummer mit dem Suchkriterium ermitteln. Der wievielte kleinste Wert es sein soll, ergibt sich durch den Zähler ZEILE(). Diese Funktion dient wie oben als Zähler, der durch das Kopieren der Formel die Werte 1, 2, 3 usw. annimmt. Die so ermittelte Zeilennummer verwendet die INDEX()-Funktion als zweiten Parameter und gibt anschließend den im dritten Parameter zugewiesenen Spaltenwert zurück.

Verwendete Funktionen

```
INDEX(Bezug[;Zeile[;Spalte[;Bereich]]])
INDIREKT(Bezug[;A1])
KKLEINSTE(Daten;RangC)
WENN(Prüfung[;[DannWert][;[SonstWert]]])
ZÄHLENWENN(Bereich;Kriterium)
ZEILE([Bezug])
ZEILEN(Matrix)
```

4.2.9 Umsatz eines Mitarbeiters aus einer Jahrestabelle filtern

Problem

Sie haben eine Tabelle mit den Umsatzzahlen der Mitarbeiter angelegt. Die Namen der Mitarbeiter stehen in Spalte A ab Zeile 3, die Spaltenüberschriften Ihrer Umsatzstatistik mit den Monatsnamen »Januar« bis »Dezember« stehen ab Spalte B in Zeile 2. Darunter – im Bereich B3:N3 – befinden sich die Monatsumsätze des ersten Mitarbeiters; die Umsätze des zweiten Mitarbeiters folgen im Bereich B4:N4 usw. In der Zelle B16 soll nun der Umsatz eines bestimmten Monats für einen bestimmten Mitarbeiter angezeigt werden. Der Name des ausgewählten Mitarbeiters steht in der Zelle B14, der Monat, dessen Umsatzzahlen angezeigt werden soll, soll in die Zelle B15 eingegeben werden.

B16:C16 fx Σ = {=INDEX(B3:N11;VERGLEICH($B$14;$A$3:$A$11;0);VERGLEICH($B$15;$B$2:$N$2;0))}

	A	B	C	D	E	F	G	H	I	J	K	L	M	N
1	Umsatz eines Mitarbeiters aus einer Jahrestabelle filtern													
2		Januar	Februar	März	April	Mai	Juni	Juli	August	September	Oktober	November	Dezember	Gesamt
3	Bauer	154,00 €	765,00 €	635,00 €	215,00 €	395,00 €	820,00 €	518,00 €	585,00 €	999,00 €	406,00 €	459,00 €	347,00 €	6.298,00 €
4	Müller	315,00 €	556,00 €	455,00 €	299,00 €	269,00 €	586,00 €	944,00 €	228,00 €	907,00 €	266,00 €	218,00 €	119,00 €	5.162,00 €
5	Jansen	689,00 €	563,00 €	749,00 €	114,00 €	961,00 €	433,00 €	953,00 €	969,00 €	332,00 €	281,00 €	481,00 €	407,00 €	6.932,00 €
6	Habrisch	616,00 €	156,00 €	375,00 €	534,00 €	961,00 €	456,00 €	510,00 €	364,00 €	767,00 €	139,00 €	691,00 €	968,00 €	6.537,00 €
7	Meier	109,00 €	595,00 €	724,00 €	647,00 €	312,00 €	520,00 €	359,00 €	743,00 €	462,00 €	145,00 €	762,00 €	267,00 €	5.645,00 €
8	Koch	275,00 €	962,00 €	645,00 €	585,00 €	798,00 €	145,00 €	583,00 €	460,00 €	384,00 €	361,00 €	817,00 €	312,00 €	6.327,00 €
9	Rudolf	119,00 €	775,00 €	599,00 €	652,00 €	193,00 €	309,00 €	898,00 €	628,00 €	954,00 €	923,00 €	442,00 €	621,00 €	7.113,00 €
10	Frosch	213,00 €	946,00 €	135,00 €	332,00 €	904,00 €	174,00 €	625,00 €	185,00 €	605,00 €	672,00 €	446,00 €	620,00 €	5.857,00 €
11	Aumüller	144,00 €	562,00 €	166,00 €	423,00 €	747,00 €	355,00 €	318,00 €	344,00 €	809,00 €	662,00 €	644,00 €	573,00 €	5.747,00 €
12														
13														
14	Name:	Koch			Name und Monat werden über die Auswahlfelder in den Zellen ausgewählt („Daten | Gültigkeit…“)									
15	Monat:	Juli			Formel der Zelle B16:									
16	Ergebnis:	583,00 €		=	{=INDEX(B3:N11;VERGLEICH($B$14;$A$3:$A$11;0);VERGLEICH($B$15;$B$2:$N$2;0))}									
17														

Lösung

Schreiben Sie in die Zelle B16 folgende Matrixformel:

```
=INDEX(B3:N11;VERGLEICH($B$14;$A$3:$A$11;0);VERGLEICH($B$15;$B$2:$N$2;0))
```

Beenden Sie die Formel mit `Strg`+`Shift`+`Enter`. Als Ergebnis erhalten Sie den gesuchten Monatsumsatz.

Hintergrund

Die Formel sucht mittels der Funktion `Vergleich()` im Bereich der Mitarbeiternamen nach dem in B14 eingegebenen Kriterium und liefert den entsprechenden Zeilenindex. Die zweite `Vergleich()`-Funktion sucht im Bereich der Monatsnamen nach dem in B15 eingegebenen Kriterium und liefert den entsprechenden Spaltenindex (Index innerhalb des Suchbereichs). Die `INDEX()`-Funktion liefert anhand dieser beiden Indizes den Bezug zu der passenden Zelle im Bereich der Monatsumsätze (B3:N11) und gibt den im Schnittpunkt gefundenen Wert zurück.

Tipp

Noch übersichtlicher wird die Tabelle, wenn Sie die gefundene Umsatzzahl durch eine bedingte Formatierung farbig hervorheben.

Dazu markieren Sie den Bereich B3 bis N11 und rufen den Befehl START|BEDINGTE FORMATIERUNG|NEUE REGEL auf. Im erscheinenden Dialogfeld wählen Sie bei REGELTYP: FORMEL und schreiben in das Eingabefeld die Formel:

`=UND($B$16=B3;$B$14=$A3;$B$15=B$2)`

Über die Schaltfläche FORMATIEREN suchen Sie sich die passende Farbe für den Hintergrund aus und klicken dann auf OK. Kontrollieren Sie nochmals im Bereich WIRD ANGEWENDET AUF den eingetragenen Zellbereich (`=$B$3:$N$11`) und klicken Sie wieder auf OK. Das Dialogfeld wird geschlossen und in der Tabelle wird der gefundene Betrag farbig hinterlegt angezeigt. Sollen der ausgewählte Name und der gewählte Monat in der Tabelle ebenfalls farbig hervorgehoben werden, so erstellen Sie analog der obigen Vorgehensweise zwei weitere bedingte Formatierungen. Für den Bereich A3:A11 (Name) erstellen Sie eine bedingte Formatierung mit der Formel `=$B$14=$A3` und für den Bereich B2:N2 (Monat) schreiben Sie in das Formel-Feld `=$B$15=B$2`. Nun werden alle relevanten Daten farbig angezeigt.

Verwendete Funktionen

```
INDEX(Bezug[;Zeile[;Spalte[;Bereich]]])
VERGLEICH(Suchwert;Suchmatrix[;Typ])
UND(Logischer_Wert1[;Logischer_Wert2[;...[;Logischer_Wert255]]])
```

4.2.10 Der Tag mit dem höchsten Umsatz!

Problem

Sie haben eine Aufstellung mit den monatlichen Umsätzen. Wie ermitteln Sie den Tag mit dem höchsten bzw. dem niedrigsten Umsatz?

E3 =INDEX(A3:A1000;VERGLEICH(KGRÖSSTE(B3:B1000;1);B3:B1000;0))

	A	B	C	D	E	F
1	Der Tag mit dem höchsten Umsatz					
2	Datum:	Umsatz:			Tagesdatum	Tagesumsatz
3	01.03.22	1.036,00 €		**Der Tag mit dem höchsten Umsatz:**	**05.03.22**	**3.870,00 €**
4	02.03.22	1.498,00 €		Formel der Zelle E3:		
5	03.03.22	1.345,00 €		=INDEX(A3:A1000;VERGLEICH(KGRÖSSTE(B3:B1000;1);B3:B1000;0))		
6	04.03.22	2.069,00 €		Formel der Zelle F3:		
7	05.03.22	3.870,00 €		=INDEX(B3:B1000;VERGLEICH(KGRÖSSTE(B3:B1000;1);B3:B1000;0))		
8	06.03.22	1.203,00 €				
9	07.03.22	2.593,00 €		**Der Tag mit dem niedrigsten Umsatz:**	**08.03.22**	**869,00 €**
10	08.03.22	869,00 €		Formel der Zelle E9:		
11	09.03.22	1.804,00 €		=INDEX(A3:A1000;VERGLEICH(KKLEINSTE(B3:B1000;1);B3:B1000;0))		
12	10.03.22	1.985,00 €		Formel der Zelle F9:		
13	11.03.22	975,00 €		=INDEX(B3:B1000;VERGLEICH(KKLEINSTE(B3:B1000;1);B3:B1000;0))		
14						

Lösung

In der Spalte A steht das jeweilige Tagesdatum.
In der Spalte B steht der dazugehörige Umsatz.
In der Zelle E3 soll der Tag mit dem höchsten Umsatz ausgegeben werden. Dazu schreiben Sie in die Zelle E3 die Formel:

```
=INDEX(A3:A1000;VERGLEICH(KGRÖSSTE(B3:B1000;1);B3:B1000;0))
```

Den dazugehörigen Umsatz liefert Ihnen in der Zelle F3 die Formel:

```
=INDEX(B3:B1000;VERGLEICH(KGRÖSSTE(B3:B1000;1);B3:B1000;0))
```

In E9 soll der Tag mit dem niedrigsten Umsatz ausgewiesen werden. Dazu verwenden Sie die Formel:

```
=INDEX(A3:A1000;VERGLEICH(KKLEINSTE(B3:B1000;1);B3:B1000;0))
```

Den dazugehörigen Umsatz erhalten Sie in der Zelle F9 mit der Formel:

```
=INDEX(B3:B1000;VERGLEICH(KKLEINSTE(B3:B1000;1);B3:B1000;0))
```

Hintergrund

Mithilfe der Funktion `INDEX()` erhalten Sie den Inhalt einer durch Zeilen- und Spaltennummer bestimmten Zelle eines durch den Parameter `Bezug` bestimmten Bereichs. Dazu sucht die Formel zuerst mit der Funktion `KGRÖSSTE()` nach dem größten bzw. mit der Funktion `KKLEINSTE()` nach dem kleinsten Wert des Bereichs B3:B1000. Die Funktion `VERGLEICH()` vergleicht den so ermittelten größten bzw. kleinsten Wert mit den Werten des angegebenen Suchbereichs (entspricht in diesem Fall ebenfalls B3:B1000) und liefert als Ergebnis die Zeilennummer des gefundenen Werts. Diese Zeilennummer verwendet wiederum die beide Funktionen umschließende Funktion `INDEX()` als zweiten Parameter `Zeile` zur Bestimmung des zurückzugebenden Werts des mit `Bezug` (hier A3:A1000) bestimmten Bereichs (das Datum des entsprechenden Umsatzes).

Verwendete Funktionen

```
INDEX(Bezug[;Zeile[;Spalte[;Bereich]]])
KGRÖSSTE(Daten;RangC)
KKLEINSTE(Daten;RangC)
VERGLEICH(Suchwert;Suchmatrix[;Typ])
```

4.2.11 Wie entwickelt sich der Umsatz im nächsten Halbjahr?

Problem

Ihnen liegen die Umsätze des ersten Halbjahres 2022 vor. Wie können Sie sich eine Prognose der voraussichtlichen Monatsumsätze des zweiten Halbjahres erstellen lassen?

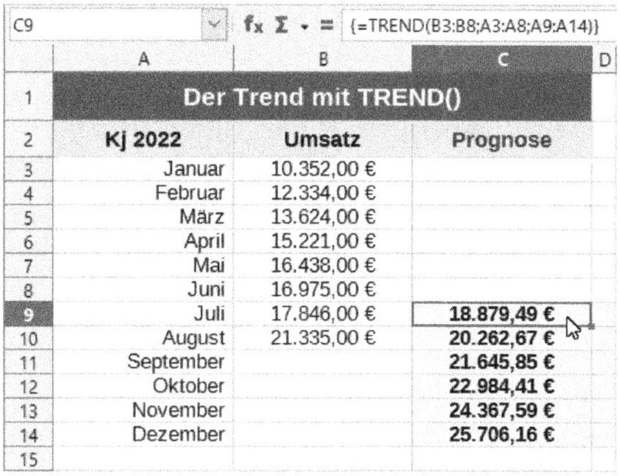

C9 | {=TREND(B3:B8;A3:A8;A9:A14)}

	A	B	C
1	Der Trend mit TREND()		
2	Kj 2022	Umsatz	Prognose
3	Januar	10.352,00 €	
4	Februar	12.334,00 €	
5	März	13.624,00 €	
6	April	15.221,00 €	
7	Mai	16.438,00 €	
8	Juni	16.975,00 €	
9	Juli	17.846,00 €	**18.879,49 €**
10	August	21.335,00 €	**20.262,67 €**
11	September		**21.645,85 €**
12	Oktober		**22.984,41 €**
13	November		**24.367,59 €**
14	Dezember		**25.706,16 €**
15			

Lösung

In der Spalte A stehen die Monatsnamen als formatierte Zahlenwerte (z.B.: 01.01.2022 mit dem Zahlenformat: `MMMM` für Januar).
Die Spalte B beinhaltet die Umsatzzahlen der ersten sechs Monate.
In der Spalte C sollen die voraussichtlichen Umsatzzahlen des zweiten Halbjahres berechnet werden. Dazu markieren Sie die erste Zelle (C9) des Bereichs, der die Werte der prognostizierten Umsatzzahlen aufnehmen soll (C9:C14), und schreiben die Formel:

```
=TREND(B3:B8;A3:A8;A9:A14)
```

Beenden Sie die Eingabe mit `Strg`+`Shift`+`Enter`. Die Formel füllt nun die Matrix der Monatszellen des zweiten Halbjahres mit den berechneten voraussichtlichen Umsatzzahlen.

Hintergrund

Mithilfe der Matrixfunktion `TREND()` werden die voraussichtlichen Umsatzzahlen des zweiten Halbjahres aufgrund der bisherigen Umsätze ermittelt. Dabei stellt der Parameter `DatenY` die Matrix der bisher erwirtschafteten Umsatzzahlen dar. In `DatenX` (optional) befindet sich die Matrix des bisherigen Zeitraums (hier: Jan – Juni). In `NeueDatenX` (optional) befindet sich der Zeitraum, für den die voraussichtlichen Werte berechnet werden sollen. Die Ergebnisse der Prognose erhalten Sie im Matrixbereich, beginnend ab aktueller Ergebniszelle.

Verwendete Funktion

`TREND(DatenY[;DatenX[;NeueDatenX[;LinearerTyp]]])`

4.2.12 Die Gewinnentwicklung zweier Jahre vergleichen

Problem

Die Rohgewinne der letzten zwei Jahre von mehreren Artikelgruppen sollen verglichen werden. Weil aber verschiedene Rohgewinnzahlen als negative Zahlen vorliegen, wird die Umsatzentwicklung im Verhältnis zum Vorjahr nicht richtig berechnet. Wie berechnen Sie den Rohgewinnzuwachs richtig?

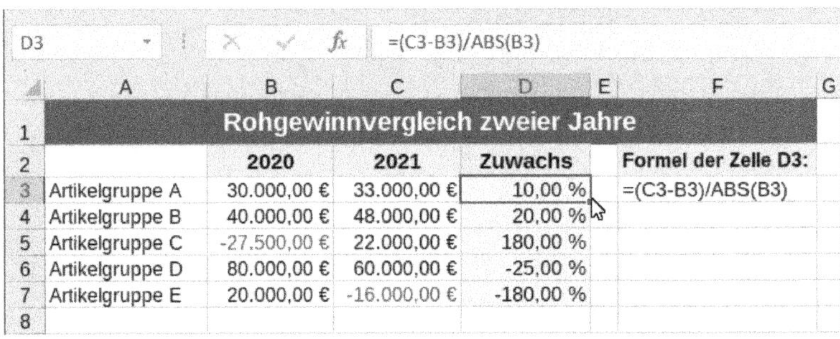

D3 =(C3-B3)/ABS(B3)

	A	B	C	D	E	F	G
1	Rohgewinnvergleich zweier Jahre						
2		2020	2021	Zuwachs		Formel der Zelle D3:	
3	Artikelgruppe A	30.000,00 €	33.000,00 €	10,00 %		=(C3-B3)/ABS(B3)	
4	Artikelgruppe B	40.000,00 €	48.000,00 €	20,00 %			
5	Artikelgruppe C	-27.500,00 €	22.000,00 €	180,00 %			
6	Artikelgruppe D	80.000,00 €	60.000,00 €	-25,00 %			
7	Artikelgruppe E	20.000,00 €	-16.000,00 €	-180,00 %			
8							

Lösung

Schreiben Sie in die Ergebniszelle, in der der Zuwachs ausgewiesen werden soll, die Formel:

```
=(C3-B3)/ABS(B3)
```

Als Ergebnis erhalten Sie beispielsweise die Zahl `0,1`. Mit dem Zahlenformat `Prozent` formatiert das Ergebnis: »10,00 %«.

Hintergrund

Der Rohgewinnzuwachs von 2020 auf 2021 des Artikels »A« errechnet sich anhand der Formel `=(C3-B3)/(B3)` ((Rohgewinn 2021 - Rohgewinn 2020) / Rohgewinn 2020). Solange es sich um positive Rohgewinnzahlen handelt, gibt es kein Problem. Der Rohgewinnzuwachs wird richtig errechnet. Berechnen Sie jedoch im obigen Beispiel den Rohgewinnzuwachs 2021 des Artikels C gegenüber dem Rohgewinnverlust des Jahres 2020, so erhalten Sie als Ergebnis einen Zuwachs von -180,00 %, obwohl ein positiver Zuwachs erwirtschaftet wurde.

Tipp

Um solche negative Vergleichszahlen zu vermeiden, wandeln Sie den Teiler der Division mit der Funktion `ABS()` in eine absolute Zahl um. Diese Funktion ergibt immer eine positive Zahl.

Verwendete Funktion

`ABS(Zahl)`

4.2.13 Die Umsatzprognose laufend aktualisieren

Problem

In eine Präsentation zur Umsatzentwicklung möchten Sie auch das laufende Kalenderjahr mit einbeziehen. Dazu soll eine möglichst realistische Umsatzprognose der künftigen Monate erstellt werden.

C3 =WENN(ISTLEER(B3);SCHÄTZER(A3;$B$2:B3;$A$2:A3);B3)

	A	B	C	D	E
1	Der Trend mit SCHÄTZER()				
2	Monat:	Umsatz:	Prognose:		Formel in C3:
3	Januar	7.654,00 €	7.654,00 €		=WENN(ISTLEER(B3);SCHÄTZER(A3;$B$2:B3;$A$2:A3);B3)
4	Februar	9.999,00 €	9.999,00 €		
5	März	11.000,00 €	11.000,00 €		
6	April	12.755,00 €	12.755,00 €		
7	Mai	14.000,00 €	14.000,00 €		
8	Juni	16.900,00 €	16.900,00 €		
9	Juli	12.332,00 €	12.332,00 €		
10	August		16.536,12 €		
11	September		17.668,16 €		
12	Oktober		18.763,68 €		
13	November		19.895,72 €		
14	Dezember		20.991,24 €		
15					

Lösung

Schreiben Sie in die Zelle A3 als Datum für den Januar: `01.01.22`, in A4 als Datum für den Februar: `01.02.22`, bis in A14 als Datum für den Dezember `01.12.22`.

Formatieren Sie anschließend diese Datumszahlen des Bereichs A3:A14 mit dem Zahlenformat `MMMM`.

In der Spalte B erfassen Sie die bereits vorliegenden Umsatzzahlen (beispielsweise die Werte von Januar bis Juli).

In der Spalte C sollen bei bereits vorliegenden Umsätzen die tatsächlichen Umsätze ausgewiesen werden. Liegt noch kein Umsatz vor, soll der voraussichtliche Umsatz errechnet werden.

Wird die Spalte B um weitere Umsatzzahlen ergänzt, soll sich die Prognose anpassen und entsprechend berichtigen.

Möglich wird dies in der Zelle C3 mit folgender Formel:

```
=WENN(ISTLEER(B3);SCHÄTZER(A3;$B$2:B3;$A$2:A3);B3)
```

Kopieren Sie die Formel bis zur Zelle C14 nach unten.

Hintergrund

Im Unterschied zur Funktion `TREND()`, mit der Sie einen Bereich von Werten prognostizieren, können Sie mit den Funktionen `ERWARTUNG()` und `SCHÄTZER()` einzelne Werte berechnen. Selbst wenn die tatsächlichen Umsatzzahlen nicht den vorhergesagten Werten entsprechen, ist das nicht weiter schlimm, denn die Werte werden bei neuen Umsatzzahlen automatisch angepasst. Die obige Formel schreibt in die Zelle der Spalte C den entsprechenden Umsatz der Spalte B.

Wurde noch kein Umsatz in der Spalte B eingetragen, errechnen die Funktionen `ERWARTUNG()` und `SCHÄTZER()` einen möglichen Umsatz.

> **Hinweis**
>
> Der Parameter `Wert` ist der Datums-Wert, zu dem der Umsatz auf der Regressionsgeraden berechnet werden soll. `Daten Y` ist die Matrix der tatsächlichen Umsatzdaten. `Daten X` ist die Matrix der erwarteten Daten.

Verwendete Funktionen

`ERWARTUNG(Wert;DatenY;DatenX)` (nur Calc)
`ISTLEER(Wert)`
`SCHÄTZER(Wert;DatenY;DatenX)` (nur Excel)
`WENN(Prüfung;DannWert;SonstWert)`

4.3 Zellen und Werte zählen

4.3.1 Alle Zellen zählen, die eine bestimmte Bedingung erfüllen

Problem

Sie wollen die Anzahl der Zellen des Bereichs A3:A10 zählen, die eine bestimmte Bedingung erfüllen (hier: die den Wert 7 enthalten).

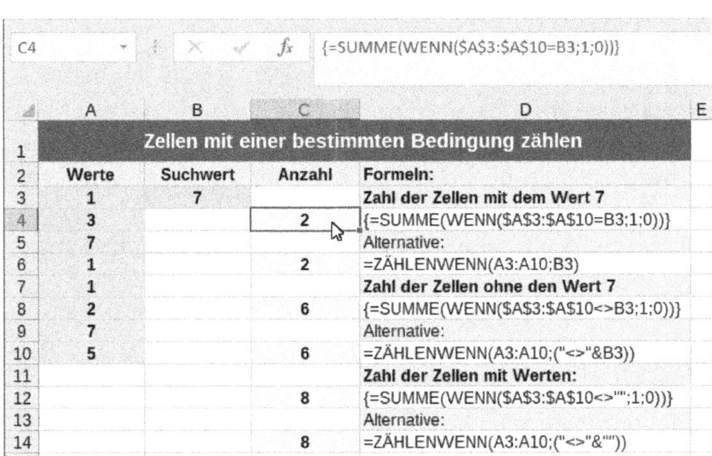

C4 | {=SUMME(WENN($A$3:$A$10=B3;1;0))}

	A	B	C	D
1	Zellen mit einer bestimmten Bedingung zählen			
2	Werte	Suchwert	Anzahl	Formeln:
3	1	7		Zahl der Zellen mit dem Wert 7
4	3		2	{=SUMME(WENN($A$3:$A$10=B3;1;0))}
5	7			Alternative:
6	1		2	=ZÄHLENWENN(A3:A10;B3)
7	1			Zahl der Zellen ohne den Wert 7
8	2		6	{=SUMME(WENN($A$3:$A$10<>B3;1;0))}
9	7			Alternative:
10	5		6	=ZÄHLENWENN(A3:A10;("<>"&B3))
11				Zahl der Zellen mit Werten:
12			8	{=SUMME(WENN($A$3:$A$10<>"";1;0))}
13				Alternative:
14			8	=ZÄHLENWENN(A3:A10;("<>"&""))
15				

Lösung

Im Bereich A3:A10 stehen die Werte: 1, 3, 7, 1, 1, 2, 7, 5.
In B3 steht die Zahl 7.
In C3 schreiben Sie die Matrixformel:

```
=SUMME(WENN(A3:A10=B3;1;0))
```

Beenden Sie die Eingabe mit [Strg]+[Shift]+[Enter]. Als Ergebnis erhalten Sie »2«.

Hintergrund

Die `WENN()`-Funktion vergleicht den Inhalt des Bereichs A3:A10 mit dem Wert der Zelle B3. Das Ergebnis ist eine Matrix aus den Wahrheitswerten `WAHR` und `FALSCH`. Die Funktion `SUMME()` addiert anschließend für jedes gefundene `WAHR` eine Eins und für jedes `FALSCH` eine Null.

Alternativ können Sie auch die Funktion `ZÄHLENWENN()` verwenden. Diese Funktion zählt alle Zellen des Bereichs, die dem Kriterium (zweiten Parameter) entsprechen.

Verwendete Funktionen

```
SUMME(Zahl_1;Zahl_2;...;Zahl_255)
WENN(Prüfung;DannWert;SonstWert)
ZÄHLENWENN(Bereich;Kriterium)
```

4.3.2 Anzahl bestimmter Werte auf Grundlage mehrerer Kriterien

Problem

In einer Liste sollen alle Fälle gezählt werden, die eine bestimmte Bedingung oder bestimmte Bedingungen erfüllen. Welche Formel hilft Ihnen dabei?

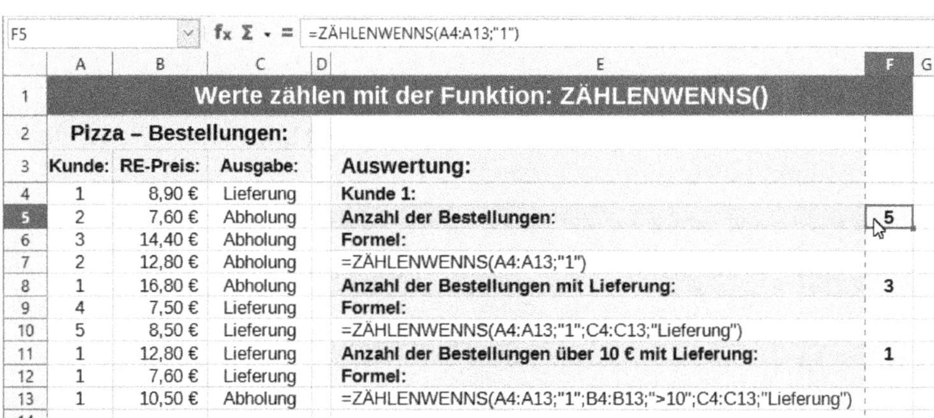

Lösung

In der Spalte A stehen die Kundennummern, in der Spalte B die Rechnungspreise und in der Spalte C ein Vermerk, ob die Pizzas abgeholt oder geliefert werden sollen.
Der erste Datensatz steht in der Zeile 4.
Soll in der Zelle F5 die Anzahl der Bestellungen des Kunden Nr. 1 errechnet werden, so benutzen Sie die Formel:

```
=ZÄHLENWENNS(A4:A13;"1")
```

Die Anzahl der Bestellungen, die geliefert werden sollen, erhalten Sie mit

```
=ZÄHLENWENNS(A4:A13;"1";C4:C13;"Lieferung")
```

und die Anzahl der Bestellungen mit Lieferung an den Kunden Nr. 1 sowie einem Rechnungswert über 10,00 € berechnet die Formel:

```
=ZÄHLENWENNS(A4:A13;"1";B4:B13;">10";C4:C13;"Lieferung")
```

Hintergrund

Die Funktion `ZÄHLENWENNS()` kommt dann zum Einsatz, wenn Sie anhand einer oder mehrerer Bedingungen die Anzahl bestimmter Werte in einem Bereich zählen wollen. Diese Funktion ähnelt der Funktion `ZÄHLENWENN()`. Der Unterschied liegt darin, dass Sie bei der Funktion `ZÄHLENWENNS()` ohne Probleme mehr als eine Bedingung stellen können. Anhand dieser Bedingungen können die Werte aus bestimmten Zellbereichen gezählt werden. Die Formel zählt alle Werte, die in `Bereich 1` vorkommen und die entsprechende `Bedingung 1` erfüllen. Wird ein zweiter Bereich und eine zweite Bedingung angegeben, müssen die für den zweiten Bereich angegebenen Bedingungen ebenfalls zutreffen. Dies gilt auch für jede weitere Bedingung (analog einer logischen `UND()`-Verknüpfung).

Verwendete Funktion

`ZÄHLENWENNS(Bereich1;Bedingung1[;Bereich2;Bedingung2[;...]])`

4.3.3 Wie viele Zellen enthalten Werte, wie viele sind leer – wie viele Athleten erreichten das Ziel?

Problem

Beim letzten Marathonlauf waren sehr viele Läufer am Start, jedoch nicht alle erreichten das Ziel. Anhand einer Auswertungstabelle wollen Sie nun ermitteln, wie viele Läufer am Start waren, wie viele im Ziel ankamen und wie viele das Ziel nicht erreichten.

C4 =WENN($C$2>B4;"";B4-$C$2)

	A	B	C	D	E	F	G	H
1	Marathon-Lauf 2022							
2		Start:	10:30:00		Auswertung			
3	Teilnehmer:	Ankunft im Ziel:	Zeit:					Formeln:
4	Max Schnecke	13:15:45	02:45:45		Zahl der Läufer:	8		=ANZAHL2(C4:C11)
5	Fritz Läufer	13:35:10	03:05:10		davon haben:			
6	Paul Langsam	12:55:05	02:25:05		das Ziel erreicht:	6		=ANZAHL(C4:C11)
7	Julia Renner				das Ziel nicht erreicht:	2		=ANZAHLLEEREZELLEN(B4:B11)
8	Anna Flitzer	13:10:33	02:40:33					
9	Jakob Sausewind							Formel in der Zelle C4:
10	Judit Schnell	13:05:34	02:35:34					=WENN($C$2>B4;"";B4-$C$2)
11	Erich Stiefel	13:43:55	03:13:55					
12								

Lösung

Die Auswertungstabelle hat folgenden Aufbau:
In der Spalte A stehen die Namen der Läufer.
In der Zelle C2 steht die Startzeit.
In der Spalte B erfassen Sie die Uhrzeit beim Eintreffen im Ziel.

1. Wie lange waren die Läufer unterwegs?

Wie lange ein Läufer brauchte, um das Ziel zu erreichen, errechnen Sie in der Spalte C. Dazu verwenden Sie folgende Formel:

```
=WENN($C$2>B4;"";B4-$C$2)
```

Hintergrund

Die Laufzeit errechnet sich durch einfaches Subtrahieren der Startzeit von der Ankunftszeit. Kopieren Sie die Formel mithilfe des Aufziehkästchens nach unten. Durch die Verwendung relativer und absoluter Bezüge enthalten die Zellen immer die richtige Formel. Erreicht ein Läufer das Ziel nicht, bleibt die Zelle der Spalte B (Ankunftszeit) leer und die `WENN()`-Formel weist keine Zeit aus.

2. Wie viele Läufer erreichten das Ziel?

Wie viele Läufer das Ziel erreichten, errechnen Sie mit der Formel:

```
=ANZAHL(C4:C11)
```

Hintergrund

Die Anzahl der Zellen in der Spalte C, in der eine Laufzeit ausgewiesen wird, ist gleichzeitig die Summe der Läufer, die das Ziel erreichten. Zur Ermittlung der Anzahl der Zellen mit einer eingetragenen Laufzeit steht Ihnen die Funktion `ANZAHL()` zur Verfügung. Diese Funktion zählt ausschließlich Zahlen und Zahlenwerte (Datum und Zeitwerte). Leere Formelzellen bleiben unberücksichtigt.

3. Wie viele Läufer waren am Start?
Wie viele Läufer überhaupt starteten, erfahren Sie mit folgender Formel:

```
=ANZAHL2(C4:C11)
```

Hintergrund

Die Information darüber, wie viele Läufer am Start waren, erhalten Sie mit der Funktion ANZAHL2(). Im Unterschied zu ANZAHL() zählt ANZAHL2() alle Zellen, die irgendetwas enthalten. Nachdem alle Zellen des Datenbereichs der Spalte C Formeln enthalten, werden alle Zellen gezählt. Das gleiche Ergebnis würde auch die Zählung des Datenbereichs der Spalte A erbringen.

4. Wie viele Läufer erreichten das Ziel nicht?
Wie viele Läufer das Ziel nicht erreichten, errechnet die folgende Formel:

```
=ANZAHLLEEREZELLEN(B4:B11)
```

Hintergrund

Die Funktion ANZAHLLEEREZELLEN() ergänzt die beiden Formeln ANZAHL() und ANZAHL2(). Sie errechnet, wie viele leere Zellen in einem Bereich vorkommen. Weil die entsprechende Zelle der Spalte B bei Nichterreichen des Ziels ohne Eintrag bleibt, können Sie mit dieser Formel die Zahl der Läufer zählen, die das Ziel nicht erreichten.

Verwendete Funktionen

```
ANZAHL(Zahl1[;Zahl2[;...[;Zahl255]]])
ANZAHL2(Zahl1[;Zahl2[;...[;Zahl255]]])
ANZAHLLEEREZELLEN(Bereich)
WENN(Prüfung;DannWert;SonstWert)
```

4.3.4 Leere Zellen in Abhängigkeit anderer Zellen farbig anzeigen und zählen

Problem

Sie möchten die Ergebnisse einer Versuchsreihe in einer Tabelle im Bereich A3:C1000 erfassen. Jeder Versuch ergibt zwei Werte. Wert A wird in der Spalte B erfasst, Wert B in der Spalte C. Die Spalte A beinhaltet die Versuchsnummer.

Nachdem nicht jede Zelle gefüllt wurde, sollen nun die leeren Zellen der Spalten B und C getrennt gezählt werden, wobei eine leere Zelle nur dann gezählt werden soll, wenn die dazugehörige nebenstehende Zelle (der Spalte C beziehungsweise Spalte B) bereits einen Wert enthält. Sind beide Wertzellen eines Versuchs leer, dürfen diese leeren Zellen nicht mitgezählt werden.

Damit die Zellen mit den fehlenden Werten sofort zu erkennen sind, sollen die leeren Zellen mit einem bereits eingetragenen Wert in der dazugehörigen zweiten Zelle grün eingefärbt werden. Fehlen bei einem Versuch beide Werte, sollen beide Zellen rot eingefärbt werden.

E4 | =SUMMENPRODUKT((A3:A1000<>"")*(B3:B1000="")*(C3:C1000<>""))

	A	B	C	D	E	F
1	Leere Zellen anzeigen und zählen					
2	**Versuchsreihe:**	**Wert A**	**Wert B**		**Leere Zellen in Spalte B**	
3	Versuch 1	100	88			Alternative 1:
4	Versuch 2	7	100		**4**	=SUMMENPRODUKT((A3:A1000<>"")*(B3:B1000="")*(C3:C1000<>""))
5	Versuch 3		30			Alternative 2:
6	Versuch 4	30	5		**4**	=SUMMENPRODUKT((NICHT(IDENTISCH(B3:B1000;C3:C1000)))*((B3:B1000)="")*((A3:A1000)<>""))
7	Versuch 5	9				Alternative 3:
8	Versuch 6	33	86		**4**	{=SUMMENPRODUKT(WENN(IDENTISCH(B3:B1000<>"";C3:C1000="");1;0)*((B3:B1000)="")*((A3:A1000)<>""))}
9	Versuch 7	95	79			Alternative 4:
10	Versuch 8	28	82		**4**	{=ANZAHLLEEREZELLEN(B3:B1000)-SUMMENPRODUKT(WENN(IDENTISCH(B3:B1000;C3:C1000);1;0)*((B3:B1000)=""))}
11	Versuch 9		67			
12	Versuch 10	8	63			
13	Versuch 11	33	56		**Leere Zellen in Spalte C**	
14	Versuch 12					Alternative 1:
15	Versuch 13	8	13		**3**	=SUMMENPRODUKT((A3:A1000<>"")*(B3:B1000<>"")*(C3:C1000=""))
16	Versuch 14	38	70			Alternative 2:
17	Versuch 15	35	30		**3**	=SUMMENPRODUKT((NICHT(IDENTISCH(B3:B1000;C3:C1000)))*((C3:C1000)="")*((A3:A1000)<>""))
18	Versuch 16		55			Alternative 3:
19	Versuch 17	28			**3**	{=SUMMENPRODUKT(WENN(IDENTISCH(B3:B1000="";C3:C1000<>"");1;0)*((C3:C1000)="")*((A3:A1000)<>""))}
20	Versuch 18		55			Alternative 4:
21	Versuch 19	88	67		**3**	{=ANZAHLLEEREZELLEN(C3:C1000)-SUMMENPRODUKT(WENN(IDENTISCH(B3:B1000;C3:C1000);1;0)*((C3:C1000)=""))}
22	Versuch 20	67	53			
23	Versuch 21	35				
24	Versuch 22	32	13		**Spalte B und Spalte C leer**	
25	Versuch 23	97	49			Alternative 1:
26	Versuch 24				**2**	=SUMMENPRODUKT((C3:C999="")*(B3:B999="")*(A3:A999<>""))
27						Alternative 2:
28					**2**	=SUMMENPRODUKT((IDENTISCH(B3:B1000;C3:C1000))*((B3:B1000)="")*((A3:A1000)<>""))
29						

Lösung

Die Anzahl der leeren Zellen der Spalte B mit einem bereits eingetragenen Wert in der Spalte C berechnet die Formel:

```
=SUMMENPRODUKT((A3:A1000<>"")*(B3:B1000="")*(C3:C1000<>""))
```

Die leeren Zellen der Spalte C mit einem bereits eingetragenen Wert in der Spalte B zählt die Formel:

```
=SUMMENPRODUKT((A3:A1000<>"")*(B3:B1000<>"")*(C3:C1000=""))
```

Versuche, die in beiden Spalten keinen Eintrag enthalten, zählt die Matrixformel:

```
=SUMMENPRODUKT((C3:C999="")*(B3:B999="")*(A3:A999<>""))
```

Bedingte Formatierung der Leerzellen:

Damit Sie die leeren Zellen nicht erst suchen müssen, sollen sie einen farbigen Hintergrund erhalten.

Dazu erstellen Sie zwei bedingte Formatierungen für die Bereiche B3:B1000 und C3:C1000, die jeweils die drei gleichen Bedingungen enthalten.

Zur Erstellung der bedingten Formatierung für den Bereich B3:B1000 markieren Sie zuerst den Bereich B3:B1000. Dies geht am schnellsten, indem Sie in die Zelle B3 klicken und dann im NAMENFELD den Bezug auf die Zelle B3 um den Eintrag :B1000 ergänzen, sodass im Namenfeld der Bereich B3:B1000 angezeigt wird. Drücken Sie nun [Enter], wird der gesamte Bereich B3:B1000 markiert. Bei markiertem Bereich rufen Sie nun die BEDINGTE FORMATIERUNG auf. Ein Klick auf NEUE REGEL ruft das Dialogfenster MANAGER FÜR REGELN ZUR BEDINGTEN FORMATIERUNG auf.

Erstellen Sie folgende bedingte Formatierungen für den Bereich B3:B1000:

Regel 1:

Als REGELTYP wählen Sie FORMEL ZUR ERMITTLUNG DER ZU FORMATIERENDEN ZELLEN VERWENDEN.
Bei REGELBESCHREIBUNG tragen Sie folgende Formel ein: =A3="".
Im Feld VORSCHAU lassen Sie den Eintrag unverändert bei KEIN FORMAT FESTGELEGT.
Ein Klick auf OK erstellt die bedingte Formatierung.
Damit wird allen Zellen der Spalte B die Formatvorlage STANDARD zugewiesen, falls die entsprechende Zelle der Spalte A keinen Eintrag enthält.

Regel 2:

Als REGELTYP wählen Sie NUR ZELLEN FORMATIEREN, DIE ENTHALTEN.
Bei REGELBESCHREIBUNG wählen Sie ZELLWERT GLEICH =" " und weisen unter FORMATIEREN einen grünen Hintergrund zu.
Ein abschließender Klick auf OK schließt das Dialogfeld und zeigt die leeren Felder der Spalte B grün eingefärbt an.

Regel 3:

Als REGELTYP wählen Sie wieder FORMEL ZUR ERMITTLUNG DER ZU FORMATIERENDEN ZELLEN VERWENDEN.
Bei REGELBESCHREIBUNG tragen Sie folgende Formel ein

```
=WENN(UND(B3="";C3="");1;0)
```

und wählen einen roten Hintergrund über FORMATIEREN.

Ein abschließender Klick auf OK schließt das Dialogfeld und zeigt die leeren Felder der Spalte B entsprechend farbig an.
Erstellen Sie sich nun für den Bereich C3:C1000 ebenfalls eine bedingte Formatierung mit den drei gleichen Bedingungen, nur mit gelbem anstatt grünem Hinter-

grund. Als Ergebnis werden fehlende einzelne Versuchszahlen grün oder gelb und komplett fehlende Versuchszahlen in roter Farbe angezeigt.

Hintergrund

Die Matrixfunktion SUMMENPRODUKT() addiert die Wahrheitswerte der überprüften Matrizen und gibt die Summe dieser Produkte zurück. Je nach Prüfung hinsichtlich leerer Zellen ("") oder nicht leerer Zellen (<>"") des Matrixbereichs erhalten Sie die Anzahl der leeren Zellen der Spalte B oder der Spalte C. Wird zusätzlich der Inhalt der Spalte A als Matrixbereich zur Prüfung einbezogen, (A3:A1000<>""), werden Zellen gezählt, die zwar eine Beschriftung, aber weder einen Eintrag in Spalte B noch in Spalte C haben.

Bei den Alternativberechnungen der in Calc und Excel verwendbaren Formeln berechnen die Funktionen NICHT() und IDENTISCH() die Summe aller Zeilen mit einem Eintrag (NICHT(IDENTISCH(B3:B1000;C3:C1000))) und multiplizieren den errechneten Wert mit den Wahrheitswerten der leeren Zellen des verwendeten Bereichs der zu berechnenden Spalte (B3:B1000="") sowie der Anzahl der mit Daten belegten Zeilen (A3:A1000<>""). Als Ergebnis erhalten Sie die Zahl der leeren Zellen der jeweiligen Spalte, die nur einen Eintrag entweder in der Spalte B oder der Spalte C haben.

Die Summe der Zeilen, die weder in der Spalte B noch in der Spalte C einen Eintrag haben, liefert das Produkt aus den identischen korrespondierenden Zellen der Spalten B und C mit dem Wahrheitswert aus (A3:A1000<>""). Weitere Möglichkeiten und Formeln finden Sie auch in der Beispieltabelle.

Verwendete Funktionen

```
ANZAHLLEEREZELLEN(Bereich)
IDENTISCH("Text1";"Text2")
NICHT(LogischerWert)
SUMMENPRODUKT(Matrix1[;Matrix2[;...[;Matrix255]]])
UND(Wahrheitswert1[;Wahrheitswert2[;...[;Wahrheitswert255]]])
WENN(Prüfung;DannWert;SonstWert)
```

4.3.5 Wie viele Werte zwischen 25 und 30 Grad Celsius enthält die Spalte?

Problem

An wie vielen Tagen des Monats gab es Temperaturen zwischen 25 und 30 Grad Celsius?

C6:D6 | fx Σ ▾ = | {=SUMME((B3:B368>=25)*(B3:B368<30))}

	A	B	C	D
1	Wie viele Werte zwischen 25 und 30 Grad Celsius enthält die Spalte?			
2	Datum:	Temperatur:		
3	01.07.22	25	**Anzahl der Tage mit einer Temperatur zwischen 25 und 30 Grad**	
4	02.07.22	26		
5	03.07.22	30		
6	04.07.22	34	**8**	
7	05.07.22	34	Formel der Zelle C6:	
8	06.07.22	31	{=SUMME((B3:B368>=25)*(B3:B368<30))}	
9	07.07.22	21		
10	08.07.22	28	**Alternative 1:**	
11	09.07.22	31		
12	10.07.22	31	**8**	
13	11.07.22	25	Formel der Zelle C12:	
14	12.07.22	26	=ZÄHLENWENN(B3:B368;">25")-ZÄHLENWENN(B3:B368;">30")	
15	13.07.22	32		
16	14.07.22	26	**Alternative 2 (funktioniert nur in Calc):**	
17	15.07.22	27		
18	16.07.22	21	**8**	
19	17.07.22	28	Formel der Zelle C18:	
20	18.07.22	22	=INDEX(HÄUFIGKEIT(B3:B368;{25;30});;2)	
21	19.07.22	20		

Lösung

In der Spalte B werden die Temperaturen der einzelnen Tage ausgewiesen.
In der Zelle C6 soll die Anzahl der Tage mit Temperaturen zwischen 25 und 30 Grad Celsius errechnet werden. Verwenden Sie dazu folgende Formel:

```
=ZÄHLENWENN(B3:B368;">25")-ZÄHLENWENN(B3:B368;">30")
```

Es wird Ihnen die Anzahl der Tage angezeigt, die dem Suchkriterium entsprechen.

Hintergrund

Die Formel zählt zuerst alle Tage, an denen die Temperatur über 25 Grad lag, und zieht von der ermittelten Summe die Anzahl der Tage ab, an denen die Temperatur mehr als 30 Grad betrug. Beenden Sie die Eingabe mit `Strg`+`Shift`+`Enter`, damit die Formel als Matrixformel erkannt und mit geschweiften Klammern umgeben wird.

Verwendete Funktion

```
HÄUFIGKEIT(Daten;Klassen)
INDEX(Bezug[;Zeile[;Spalte[;Bereich]]])
SUMME(Zahl_1;Zahl_2;...;Zahl_255)
ZÄHLENWENN(Bereich;Kriterium)
```

4.3.6 Anzahl unterschiedlicher Einträge in einem Tabellenbereich

Problem

Wie finden Sie heraus, wie viele unterschiedliche Einträge ein Tabellenbereich enthält?

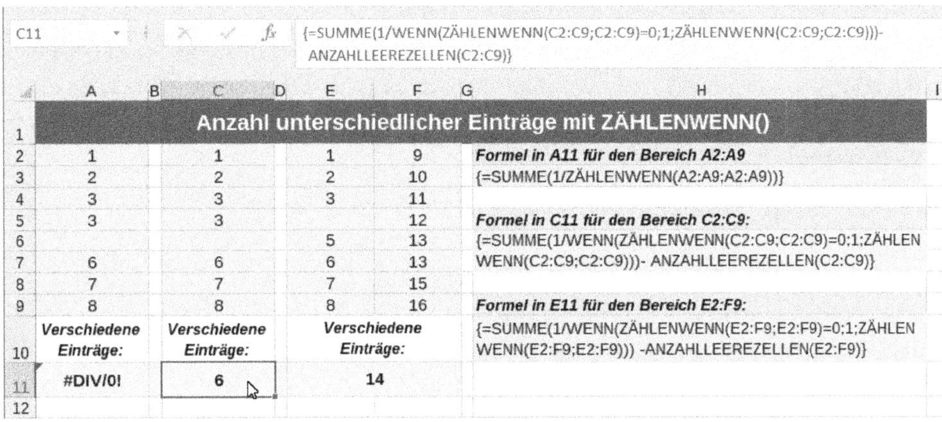

C11 | {=SUMME(1/WENN(ZÄHLENWENN(C2:C9;C2:C9)=0;1;ZÄHLENWENN(C2:C9;C2:C9)))-ANZAHLLEEREZELLEN(C2:C9)}

	A	B	C	D	E	F	G	H
1	Anzahl unterschiedlicher Einträge mit ZÄHLENWENN()							
2	1		1		1	9		*Formel in A11 für den Bereich A2:A9*
3	2		2		2	10		{=SUMME(1/ZÄHLENWENN(A2:A9;A2:A9))}
4	3		3		3	11		
5	3		3			12		*Formel in C11 für den Bereich C2:C9:*
6					5	13		{=SUMME(1/WENN(ZÄHLENWENN(C2:C9;C2:C9)=0;1;ZÄHLEN
7	6		6		6	13		WENN(C2:C9;C2:C9)))- ANZAHLLEEREZELLEN(C2:C9)}
8	7		7		7	15		
9	8		8		8	16		*Formel in E11 für den Bereich E2:F9:*
10	*Verschiedene Einträge:*		*Verschiedene Einträge:*		*Verschiedene Einträge:*			{=SUMME(1/WENN(ZÄHLENWENN(E2:F9;E2:F9)=0;1;ZÄHLEN WENN(E2:F9;E2:F9))) -ANZAHLLEEREZELLEN(E2:F9)}
11	**#DIV/0!**		**6**		**14**			
12								

Lösung

Sie können den Tabellenbereich mithilfe einer Matrixformel analysieren. Stehen die Daten, die Sie auswerten wollen, zum Beispiel im Bereich A3:A100, geben Sie in die Zelle, in der Sie die Anzahl der unterschiedlichen Einträge berechnen lassen wollen, folgende Formel ein:

```
=SUMME(1/ZÄHLENWENN(A3:A100;A3:A100))
```

Schließen Sie die Eingabe mit [Strg]+[Shift]+[Enter] ab. Die Formel wird daraufhin mit geschweiften Klammern umgeben und als Matrixformel berechnet.

Hintergrund

Die `ZÄHLENWENN()`-Funktion vergleicht den auszuwertenden Bereich mit sich selbst, sodass Sie eine Matrix erhalten, in der die Häufigkeiten jedes einzelnen Eintrags stehen. Wenn ein Eintrag zum Beispiel drei Mal auftaucht, steht an jeder Position dieses Eintrags eine »3«. Für einen Wert, der nur einmal vorkommt, erhält das `ZÄHLENWENN()`-Ergebnis »1«. Indem Sie die Zahl »1« durch die einzelnen Häufigkeiten teilen, weisen Sie den Matrixwerten eine Wertigkeit zu. Bei einem `ZÄHLENWENN()`-Ergebnis von »3« ist beispielsweise jedes einzelne Vorkommen nur ein Drittel wert und alle zusammen ergeben »1«. Die Summe aller Wertigkeiten entspricht somit der Anzahl der unterschiedlichen Listeneinträge.

Die Formel funktioniert aber nur, wenn der auszuwertende Bereich keine leeren Zellen enthält. Andernfalls liefert `ZÄHLENWENN()` den Wert 0, sodass es im Ergebnis zu einer Division durch null (Fehler: `#DIV/0!`) kommt, was dann auch als Gesamtergebnis der Matrixformel ausgegeben wird. Der Fehler kann aber mit einer Erweiterung der Formel abgefangen werden. Für den zu untersuchenden Bereich A3:A100 geben Sie dazu folgende Matrixformel ein:

```
=SUMME(1/WENN(ZÄHLENWENN(A3:A100;A3:A100)=0;1;
ZÄHLENWENN(A3:A100;A3:A100)))-ANZAHLLEEREZELLEN(A3:A100)
```

Mit der `WENN()`-Formel schließen Sie eine Division durch null aus. In der Matrix erscheint nun an jeder Leerzellenposition der Wert 1. Da diese Zellen aber nicht gezählt werden sollen, ziehen Sie am Ende die Anzahl der leeren Zellen des Bereichs mithilfe der Funktion `ANZAHLLEEREZELLEN()` wieder ab.

Verwendete Funktionen

```
ANZAHLLEEREZELLEN(Bereich)
SUMME(Zahl_1;Zahl_2;...;Zahl_255)
WENN(Prüfung;DannWert;SonstWert)
ZÄHLENWENN(Bereich;Kriterium)
```

4.3.7 Anzahl unterschiedlicher Einträge in einer gefilterten Liste

Problem

Angenommen, Sie haben eine Liste mit Informationen angelegt, wobei die Spaltenüberschriften in Zeile 2 stehen und die Daten in den Zeilen 3 bis 100. Nun möchten Sie wissen, wie viele unterschiedliche Einträge in der gefilterten Spalte A angezeigt werden.

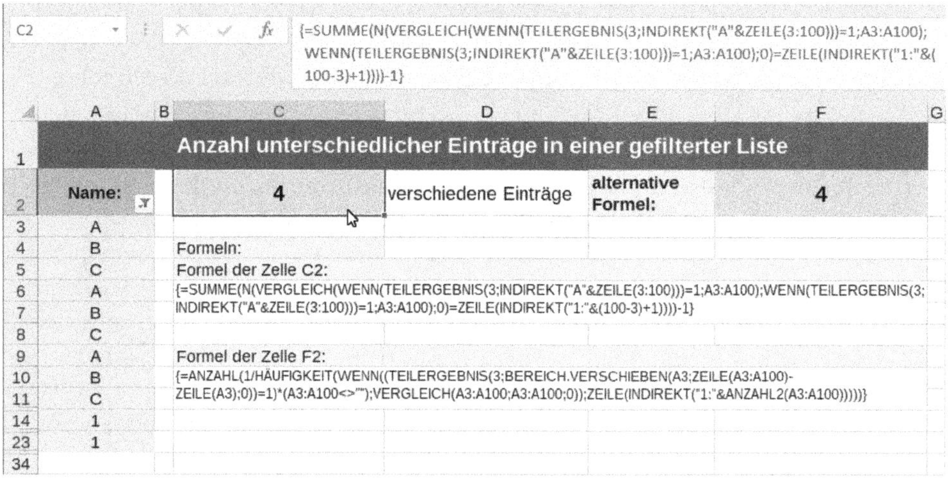

Lösung

In Excel und Calc können Sie dazu folgende Formel verwenden:

```
=SUMME(N(VERGLEICH(WENN(TEILERGEBNIS(3;INDIREKT( "A"&ZEILE(3:100)))=1;
A3:A100);WENN(TEILERGEBNIS(3; INDIREKT("A"&ZEILE(3:100)))=1;
A3:A100);0)=ZEILE( INDIREKT("1:"&(100-3)+1))))-1
```

Beenden Sie die Matrixformel mit Strg+Shift+Enter.

Hintergrund

Die Formel prüft, ob Listeneinträge aufgrund des gesetzten Filters der `TEILERGEBNIS()`-Funktion ausgeblendet sind. Nur, wenn ein Eintrag angezeigt wird, berücksichtigt ihn die `VERGLEICH()`-Funktion zur Ermittlung, wie viele unterschiedliche Einträge in der gefilterten Liste vorhanden sind. Anschließend ermittelt die Funktion für jeden sichtbaren Listeneintrag, an welcher Position er zum ersten Mal auftaucht. Nur wenn die aktuelle Prüfposition und die Position des ersten Auftretens identisch sind, handelt es sich um kein Duplikat und der Eintrag wird gezählt. Als Zähler zur Positionsbestimmung in der Matrix dient der Formelausdruck `ZEILE(INDIREKT("1:"&(100-3)+1))`, der von der ersten Zeile bis zur Anzahl der Listenzeilen hochzählt. Zum Schluss müssen die Ergebnisse der `VERGLEICH()`-Funktion nur noch addiert werden, wobei die zusätzliche Funktion `N()` dafür sorgt, dass die errechneten Wahrheitswerte in die Zahlen 0 und 1 umgewandelt werden.

Verwendete Funktionen

`ANZAHL(Zahl1[;Zahl2[;...[;Zahl255]]])`
`ANZAHL2(Zahl1[;Zahl2[;...[;Zahl255]]])`
`BEREICH.VERSCHIEBEN(Bezug;Zeilen;Spalten;[Höhe];[Breite])` (Excel)
`HÄUFIGKEIT(Daten;Klassen)`
`INDIREKT(Bezug[;A1])`
`N(Wert)`
`TEILERGEBNIS(Funktion;Bereich)`
`VERGLEICH(Suchwert;Suchmatrix[;Typ])`
`VERSCHIEBUNG(Bezug;Zeilen;Spalten[;Höhe[;Breite]])` (nur Calc)
`WENN(Prüfung;DannWert;SonstWert)`
`ZEILE(Bezug)`

4.3.8 Duplikate finden

Problem

Wie können Sie alle mehrfach erfassten Telefonnummern in einer Telefonliste herausfiltern und löschen?

D3 =ZÄHLENWENN($C$3:$C$997;$C3)

	A	B	C	D	E	F	G
1	Duplikate finden und löschen						
2	Name	Vorname	Tel.Nr.:	Anzahl	Anzahl (Alternative)		Formel der Zelle D3:
3	Meier	Judit	091 23365	3	3		=ZÄHLENWENN($C$3:$C$997;$C3)
4	Huber	Hans	091 12345	2	2		
5	Bauer	Xaver	0179 123456	1			Formel der Zelle E3:
6	Moser	Jens	09621 30981	1			=WENN(ZÄHLENWENN($C$3:$C$997;$C3)<2;"";
7	Meier	Judit	091 23365	3	3		ZÄHLENWENN($C$3:$C$997;$C3))
8	Müller	Ludwig	0179 34567	1			
9	Meier	Jakob	09323 12345	1			
10	Huber	Hans	091 12345	2	2		
11	Meier	Judit	091 23365	3	3		
12							

Lösung

Die ersten beiden Zeilen der Datenbank beinhalten die Spaltenüberschriften. In den Spalten A bis C befinden sich ab der Zeile 3 die Namen, Vornamen und Telefonnummern.

Fügen Sie Ihrer Datenbank eine neue Spalte mit der Überschrift `Anzahl` hinzu. In die erste Datenzelle der Spalte D (hier: D3) schreiben Sie die Formel:

```
=ZÄHLENWENN($C$3:$C$1000;$C3)
```

Als Ergebnis erhalten Sie die Anzahl der gefundenen gleichen Einträge. Kopieren Sie diese Formel in alle Zeilen Ihres Datenbereichs. Alternativ dazu können Sie sich auch nur die Zeilen mit den mehrfachen Einträgen anzeigen lassen. Die Formel dazu lautet:

```
=WENN(ZÄHLENWENN($C$3:$C$1000;$C3)<2;"";ZÄHLENWENN($C$3:$C$1000;$C3))
```

Als Ergebnis erhalten Sie eine Zahl, die anzeigt, wie oft eine Telefonnummer vorhanden ist (beispielsweise sind Meier Judit drei Mal und Huber Hans zwei Mal vorhanden).

Hintergrund

Die Funktion `ZÄHLENWENN()` vergleicht jede Zelle des Bereichs `$C$3:$C$1000` mit der Zelle `$C3` auf Übereinstimmung und zeigt als Ergebnis die Anzahl der gefundenen Einträge. In der zweiten Formel blendet eine `WENN()`-Funktion ein errechnetes Ergebnis mit dem Wert 1 (`ZÄHLENWENN()<2;""`) einfach aus (kein Mehrfacheintrag). Zum Überprüfen und Löschen der doppelten Einträge markieren Sie die Überschriftenzeile und rufen den Befehl: DATEN|AUTOFILTER auf. Die Überschriften des Datenbereichs erhalten nun alle kleine schwarze Pfeilschaltflächen.

Klicken Sie auf die Pfeilschaltfläche der Spalte ANZAHL, wählen Sie im Auswahlfeld die Mehrfacheinträge und klicken Sie dann auf OK. Es werden Ihnen jetzt nur noch die mehrfach vorhandenen Einträge zur Bearbeitung angezeigt. Alle anderen Adressen werden ausgeblendet. Zum Einblenden der gesamten Liste klicken Sie wiederum auf die kleine Pfeilschaltfläche, wählen ALLE und klicken dann wieder auf OK.

Verwendete Funktionen

`WENN(Prüfung;DannWert;SonstWert)`
`ZÄHLENWENN(Bereich;Kriterium)`

4.4 Rangfolgen ermitteln

4.4.1 Zelle mit der kleinsten bzw. größten Zahl ermitteln – »relative« und »absolute« Zelladressierung

Problem

Wie finden Sie die Zelle mit der kleinsten bzw. der größten Zahl?

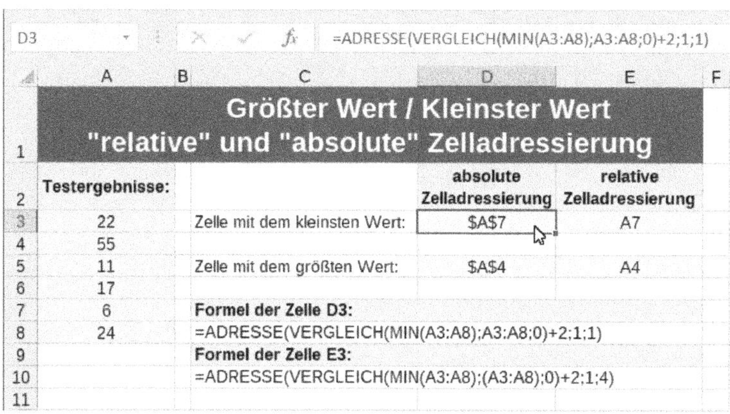

Lösung

Im Bereich A3:A8 stehen die Zahlen.
Die Zelle mit der kleinsten Zahl finden Sie mit der Formel:

```
=ADRESSE(VERGLEICH(MIN(A3:A8);A3:A8;0)+2;1;1)
```

Die Zelle mit der größten Zahl liefert die Formel:

```
=ADRESSE(VERGLEICH(MAX(A3:A8);A3:A8;0)+2;1;1)
```

Hintergrund

Die Formel sucht mithilfe der Funktion `MIN()` nach dem kleinsten Wert bzw. mit der Funktion `MAX()` nach dem größten Wert der Reihe. Anschließend wird die Zeilennummer der Fundstelle durch die Funktion `VERGLEICH()` bestimmt. Beginnt der Zellbereich nicht in Zeile 1, beispielsweise wegen Überschriften, müssen die vor dem Bereich liegenden Zeilen hinzugerechnet werden. Das obige Beispiel hat zwei Überschriftenzeilen, also `VERGLEICH()+2`.

Die umschließende Funktion `ADRESSE()` verwendet die so ermittelte Zeilennummer als erstes Argument `Zeile`. Das Argument `Spalte` steht für die Spaltennummer (nicht den Buchstaben, sondern die Zahl), nachdem die Testergebnisse in der Spalte A stehen, also die Zahl 1. Das dritte Argument `Bezug` bestimmt die Art des Bezugs. Der Wert 1 steht für absolute Zelladressierung.

Als Ergebnis erhalten Sie für den kleinsten Wert den Text »$A$7« und als Ergebnis für den größten Wert den Text »$A$4«. Wählen Sie als drittes Argument die Zahl 4, erhalten Sie eine relative Adressierung. Die Ergebnisse wären »A7« bzw. »A4«.

Verwendete Funktionen

```
ADRESSE(Zeile;Spalte[;Bezug[;A1[;"Tabelle"]]])
MAX(Zahl1[;Zahl2[;...[;Zahl255]]])
MIN(Zahl1[;Zahl2[;...[;Zahl255]]])
VERGLEICH(Suchwert;Suchmatrix[;Typ])
```

4.4.2 Die Rangfolge in der Reihe ermitteln

Problem

Sie möchten die Rangfolge der Zahlen in einer Werteliste ermitteln.

B4 =RANG.GLEICH(A4;$A$4:$A$11;1)

	A	B	C	D	E	F	G
1	Ermittlung der Rangfolge mit RANG.GLEICH()						
2				*als Matrixfunktionen*			
3	Punkte:	Rang Aufsteigend	Rang Absteigend	Rang Aufsteigend	Rang Absteigend		
4	411	1	8	1	8		**Formel der Zelle B4:**
5	529	7	2	7	2		=RANG.GLEICH(A4;$A$4:$A$11;1)
6	462	3	6	3	6		**Formel der Zelle C4:**
7	443	2	7	2	7		=RANG.GLEICH(A4;$A$4:$A$11;0)
8	498	6	3	6	3		**Formel der Zelle D4:**
9	474	4	4	4	4		{=RANG.GLEICH(A4:A11;A4:A11;1)}
10	474	4	4	4	4		**Formel der Zelle E4:**
11	636	8	1	8	1		{=RANG.GLEICH(A4:A11;A4:A11;0)}
12							

Lösung

In der Spalte A stehen im Bereich A4:A11 die Zahlen.
In der Spalte B soll die Rangfolge aufsteigend, in der Spalte C absteigend ausgewiesen werden. Dazu schreiben Sie in die Zelle B4 die Formel:

```
=RANG(A4;$A$4:$A$11;1)
```

In die Zelle C3 schreiben Sie:

```
=RANG(A4;$A$4:$A$11;0)
```

Ziehen Sie die Formel mithilfe der Aufziehkästchen nach unten.

Hintergrund

Mithilfe der Funktion RANG() wird der Rang der einzelnen Zahlen innerhalb einer Reihe bestimmt. Das Argument `Wert` ist der Wert, dessen Rang bestimmt wird. Das Argument `Daten` bestimmt die Matrix bzw. die Datenreihe, deren Rangfolge errechnet werden soll. Mit dem Argument `Art` wählen Sie die Sortierreihenfolge. Der Wert 1 bedeutet aufsteigende, der Wert 0 absteigende Sortierung.

Möglich wäre auch die Matrixformel =RANG(A4:A11;A4:A11;1), die mit [Strg]+[Shift]+[Enter] abgeschlossen werden muss. Diese Formel liefert in einer Matrix alle Werte gleichzeitig (aufsteigend sortiert).

Verwendete Funktion

RANG(Wert;Daten[;Art])

4.4.3 Rangfolge in einem nicht zusammenhängenden Bereich

Problem

Sie möchten in einer nicht zusammenhängenden Rangliste neben dem jeweiligen Sportler die Rangstufe der erzielten gültigen Würfe vermerken.

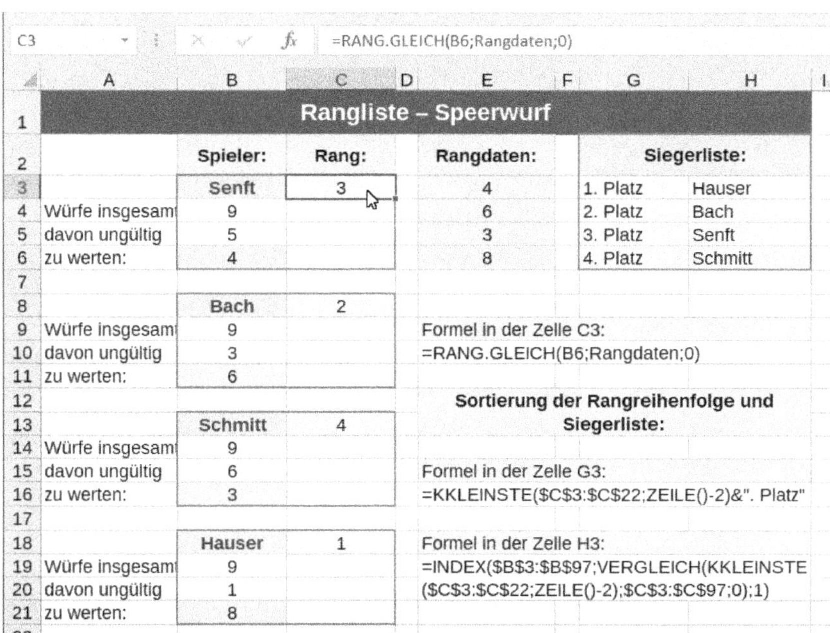

Die Funktion RANG() fordert jedoch einen zusammenhängenden Datenbereich. Wie können Sie die Rangstufe trotzdem errechnen?

Lösung

Verknüpfen Sie in einer leeren Spalte (hier: Spalte E) die Zellen mit den Daten, deren Reihenfolge ermittelt werden soll. Hier beispielsweise die Zelle E3 mit der Zelle B6 durch die Formel =B6.
Analog dazu verknüpfen Sie die Zelle E4 mit der Zelle B12, E5 mit der Zelle B18 und E6 mit der Zelle B24.
Sie haben nun in der Spalte E den geforderten zusammenhängenden Datenbereich, der mit der Funktion RANG() oder RANG.GLEICH() ausgewertet werden kann.
Die Formel zur Errechnung des Rangs des Sportlers Senft errechnet sich demnach mit:

```
=RANG(B6;E3:E6;0)
```

Nun kann ganz einfach eine Siegerliste erstellt werden. In G3 soll der Text »1. Platz« erscheinen. Dazu verwenden Sie folgende Formel:

```
=KKLEINSTE($C$3:$C$22;ZEILE()-2)&". Platz"
```

In der daneben liegenden Zelle H3 soll der dazugehörige Name erscheinen. Verwenden Sie dazu folgende Formel:

```
=INDEX($B$3:$B$97;VERGLEICH(KKLEINSTE($C$3:$C$22;ZEILE()-2);
$C$3:$C$97;0);1)
```

Ziehen Sie die beiden Zellen G3 und H3 vier Zeilen nach unten und die Siegerliste ist erstellt.

Hintergrund

Der optionale Parameter Art der Funktion RANG() kann zwei Werte annehmen. Der Wert 0 bedeutet aufsteigende, der Wert 1 absteigende Anordnung der Rangstufe. Stört die Spalte mit den eingefügten Verknüpfungen (Spalte E), kann sie auch ausgeblendet werden. Falls die Zahl der Teilnehmer öfter wechselt, arbeiten Sie besser mit einem benannten Bereich. Benennen Sie die Spalte E beispielsweise mit dem Namen Rangdaten, brauchen Sie die Zelle mit den zu wertenden Daten eines neuen Sportlers nur mit der Spalte E zu verknüpfen und schon kann die Rangstufe mit dem vergebenen Bereichsnamen zugewiesen werden.

Die Formel in der Zelle C6 mit dem benannten Bereich Rangdaten würde lauten: =RANG(B6;Rangdaten;0).

Verwendete Funktionen

RANG(Wert;Daten[;Art])
RANG.GLEICH(Zahl;Bezug;[Reihenfolge])

4.4.4 Eine Siegerliste mit SVERWEIS() und WENNFEHLER() – Zelleninhalte in unterschiedlichen Bereichen suchen

Problem

Bei einer Sportveranstaltung treten immer vier Spieler gegeneinander an und versuchen, möglichst viele Punkte zu erreichen. Erfasst und ausgewertet werden die Spiele in einer Excel-Tabelle, jede Gruppe in einem eigenen Bereich. Die Auswertung der Gruppe 1 erfolgt beispielsweise im Bereich A4:B4, wobei in der Spalte A die erreichte Punktzahl und in Spalte B der Name der Spielerin oder des Spielers steht. Die Daten der Gruppe 2 stehen im Bereich D4:E4, die Daten der Gruppe 3 im Bereich G4:H4 usw.

Zum Ende des Turniers soll die Siegerin oder der Sieger gekürt werden. Dazu soll in B12 die Punktezahl für den ersten Platz, in B13 die Punktzahl für den zweiten Platz und in B14 die Punktzahl für den dritten Platz errechnet und ausgewiesen werden. In der daneben liegenden Spalte C soll der dazugehörige Name angezeigt werden. Welche Formeln liefern Ihnen die Punkte für die Plätze sowie die dazugehörigen Namen?

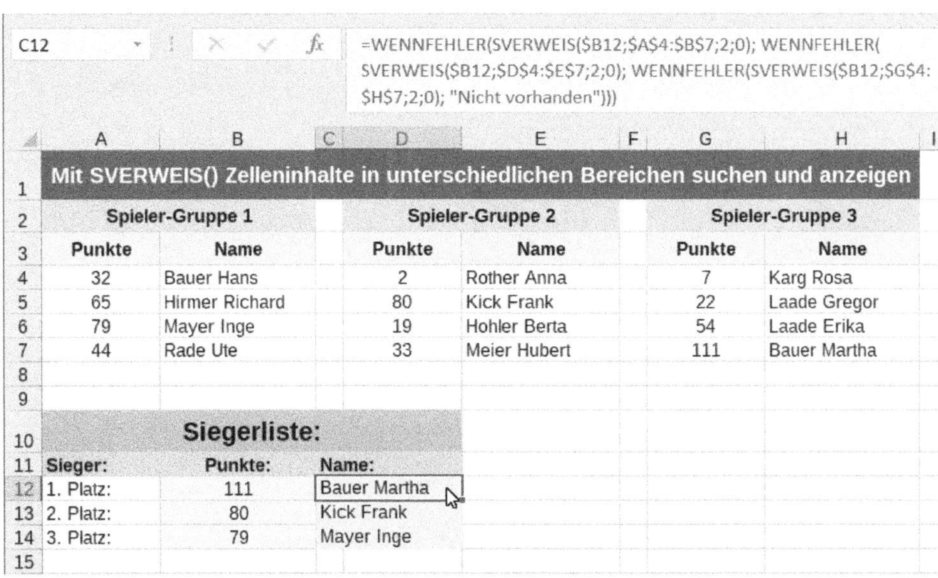
C12 =WENNFEHLER(SVERWEIS($B12;$A$4:$B$7;2;0); WENNFEHLER(SVERWEIS($B12;$D$4:$E$7;2;0); WENNFEHLER(SVERWEIS($B12;$G$4:$H$7;2;0); "Nicht vorhanden")))

	A	B	C	D	E	F	G	H
1	Mit SVERWEIS() Zelleninhalte in unterschiedlichen Bereichen suchen und anzeigen							
2	Spieler-Gruppe 1			Spieler-Gruppe 2			Spieler-Gruppe 3	
3	Punkte	Name		Punkte	Name		Punkte	Name
4	32	Bauer Hans		2	Rother Anna		7	Karg Rosa
5	65	Hirmer Richard		80	Kick Frank		22	Laade Gregor
6	79	Mayer Inge		19	Hohler Berta		54	Laade Erika
7	44	Rade Ute		33	Meier Hubert		111	Bauer Martha
8								
9								
10	Siegerliste:							
11	Sieger:	Punkte:	Name:					
12	1. Platz:	111	Bauer Martha					
13	2. Platz:	80	Kick Frank					
14	3. Platz:	79	Mayer Inge					
15								

Lösung

Die Punkte des Siegers liefert die Formel:

```
=KGRÖSSTE(($A$4:$A$7;$D$4:$D$7;$G$4:$G$7);ZEILE(A1))
```

Den dazugehörigen Namen ermittelt die Formel:

```
=WENNFEHLER(SVERWEIS($B12;$A$4:$B$7;2;0);WENNFEHLER(SVERWEIS($B12;$D$4:
$E$7;2;0);WENNFEHLER(SVERWEIS($B12;$G$4:$H$7;2;0);"Nicht vorhanden")))
```

Hintergrund

Die Funktion `KGRÖSSTE()` berechnet aus den Bereichen der Spielergruppen die Punkte für die gesuchten Ränge 1 bis 3, wobei Sie den Rang (= Parameter `k`) als Zahl oder als kopierbaren Zellbezug `Zeile(A1)` (für Rang 1) angeben können. Beim Kopieren in die beiden darunter liegenden Zellen wird dann aus `Zeile(A1)` `ZEILE(A2)` und `ZEILE(A3)`, was den Werten »2« (=Rang 2) und »3« (=Rang 3) entspricht. Als Ergebnisse erhalten Sie somit die drei höchsten Punktezahlen.

Die dazugehörigen Namen ermittelt die Funktion `SVERWEIS()`. Weil die Namen aber ebenfalls in verschiedenen Bereichen erfasst worden sind, müssen die `SVERWEISE()` miteinander gekoppelt werden. Jedes Mal, wenn die Funktion `SVERWEIS()` das Suchargument in einem Bereich nicht findet und einen Fehler produziert, soll der nächste Bereich überprüft werden.

Hinweis

Möglich macht dies die Funktion `WENNFEHLER()`, die bei jeder Fehlermeldung von `SVERWEIS()` einen neuen `SVERWEIS()` mit einem anderen Suchbereich startet. Sollte der gesuchte Wert auch im letzten Suchbereich nicht vorkommen, erscheint die von Ihnen festgelegte Nachricht.

Verwendete Funktionen

```
KGRÖSSTE(Matrix;k)
SVERWEIS(Suchkriterium;Matrix;Spaltenindex;[Bereich_Verweis])
WENNFEHLER(Wert;Wert_falls_Fehler)
```

4.4.5 Fortlaufende Rangfolge auch bei identischen Ergebnissen

Problem

Sie sollen die Punkte, die die Handballmannschaften bei einem Turnier erzielt haben, auswerten, um die Siegerplatzierungen zu ermitteln. Verwenden Sie dazu die Funktion `RANG()`, werden aber Plätze übersprungen, wenn es Teilnehmer mit identischer Punktzahl gibt. Wenn es zum Beispiel zwei Gruppen mit 22 Punkten gibt und diese damit den zweiten Platz einnehmen, weist die Funktion `RANG()` der Gruppe mit der nächstbesten Punktzahl Platz 4 zu. Die Rangfolge soll aber in diesem Fall mit dem direkt folgenden Platz – hier also mit Platz 3 – fortsetzen.

C3 =SUMMENPRODUKT((B3<$B$3:$B$17)/ZÄHLENWENN($B$3:$B$17;$B$3:$B$17))+1

	A	B	C	D
1	Fortlaufende Rangfolge auch bei identischen Ergebnissen			
2	Mannschaft:	Erreichte Punkte:	Rang aufsteigend	Rang absteigend
3	Gruppe 01	10	13	1
4	Gruppe 02	11	12	2
5	Gruppe 03	12	11	3
6	Gruppe 04	13	10	4
7	Gruppe 05	**14**	**9**	**5**
8	Gruppe 06	**14**	**9**	**5**
9	Gruppe 07	15	8	6
10	Gruppe 08	16	7	7
11	Gruppe 09	17	6	8
12	Gruppe 10	18	5	9
13	Gruppe 11	19	4	10
14	Gruppe 12	20	3	11
15	Gruppe 13	**22**	**2**	**12**
16	Gruppe 14	**22**	**2**	**12**
17	Gruppe 15	23	1	13
18				

Lösung

Angenommen, Sie haben die Punkte der teilnehmenden Gruppen im Bereich B3:B17 eingegeben. Den Platz der ersten Gruppe könnten Sie dann in Zelle C3 mit folgender Formel berechnen:

```
=SUMMENPRODUKT((B3<$B$3:$B$17)/ZÄHLENWENN($B$3:$B$17;$B$3:$B$17))+1
```

Kopieren Sie die Formel in die darunter liegenden Zellen – im Beispiel in C4:C17, um die restlichen Platzierungen zu ermitteln. Aufgrund der relativen und absoluten Bezüge in der Formel wird immer die passende Teilnehmerpunktzahl verglichen. Die Formel geht davon aus, dass die Gruppe mit der höchsten Punktzahl den ersten Platz einnimmt und die Gruppe mit der niedrigsten Punktzahl den letzten. Wenn es umgekehrt sein soll, müssen Sie nur den ersten Vergleich in der SUMMENPRODUKT()-Formel umdrehen. Anstelle von < (kleiner) fügen Sie > (größer) ein. Als geänderte Formel verwenden Sie dann:

```
=SUMMENPRODUKT((B3>$B$3:$B$17)/ZÄHLENWENN($B$3:$B$17;$B$3:$B$17))+1
```

Hintergrund

Die Formel errechnet für jede Zeile das Summenprodukt der Wahrheitswerte (B3>$B$3:$B$17) des auszuwertenden Bereichs und teilt die so ermittelte Rangzahl durch die mit ZÄHLENWENN() ermittelte Wertigkeit (zwei gleiche Punktzahlen ergeben auch zwei gleiche Wertigkeiten).

Als Ergebnis erhalten Sie die jeweils zutreffende fortlaufende Rangzahl, wobei identische Rangzahlen mit der gleichen Wertigkeit behandelt werden. Weil die Prüfung der Wahrheitswerte im ersten Formelteil immer einen Wahrheitswert FALSCH = 0 enthält, muss zum Schluss das Ergebnis um +1 berichtigt werden.

Da die Funktion SUMMENPRODUKT() als Ergebnis immer eine einzelne Zahl ergibt, ist es nicht erforderlich, die Funktion als eine Matrixformel einzugeben.

Verwendete Funktionen

```
SUMMENPRODUKT(Matrix1[;Matrix2[;...[;Matrix 255]]])
ZÄHLENWENN(Bereich;Kriterium)
```

4.4.6 Eine eindeutige Reihenfolge trotz gleichem Rang

Problem

Bei einem Wettkampf werden alle Daten in einer Tabelle erfasst. In der Zeile 2 der Tabelle stehen die Namen der Teilnehmer, darunter in der Zeile 3 steht die erreichte Punktzahl des Teilnehmers. Nun sollen Sie die erzielten Punkte der Teilnehmer des Wettkampfes auswerten, um die Rangfolge zu ermitteln. Anschließend soll die Punkteliste anhand der erreichten Punktzahl sortiert werden. Als Ergebnis soll eine eindeutige Reihenfolge absteigend sortiert und ohne Duplikate ausgegeben werden.

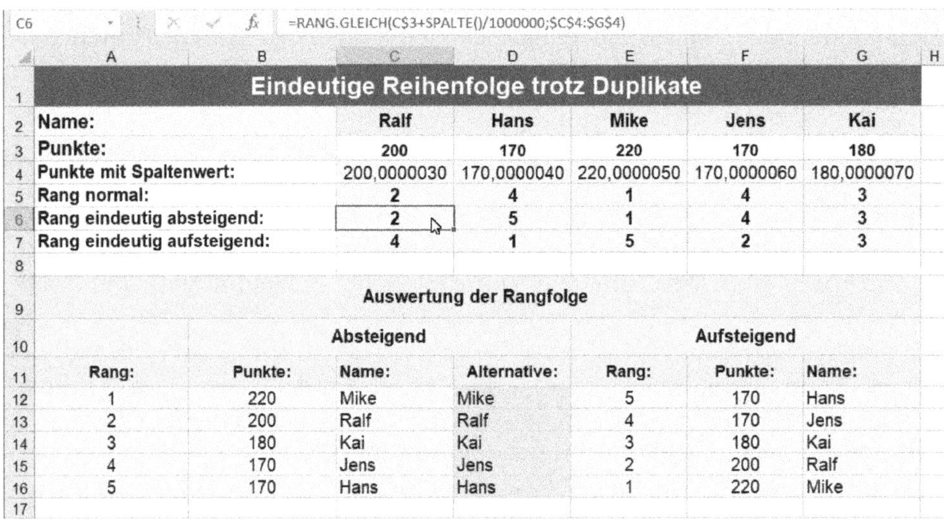

C6 =RANG.GLEICH(C$3+SPALTE()/1000000;$C$4:$G$4)

	A	B	C	D	E	F	G
1	Eindeutige Reihenfolge trotz Duplikate						
2	Name:		Ralf	Hans	Mike	Jens	Kai
3	Punkte:		200	170	220	170	180
4	Punkte mit Spaltenwert:		200,0000030	170,0000040	220,0000050	170,0000060	180,0000070
5	Rang normal:		2	4	1	4	3
6	Rang eindeutig absteigend:		2	5	1	4	3
7	Rang eindeutig aufsteigend:		4	1	5	2	3
8							
9			Auswertung der Rangfolge				
10			Absteigend			Aufsteigend	
11	Rang:	Punkte:	Name:	Alternative:	Rang:	Punkte:	Name:
12	1	220	Mike	Mike	5	170	Hans
13	2	200	Ralf	Ralf	4	170	Jens
14	3	180	Kai	Kai	3	180	Kai
15	4	170	Jens	Jens	2	200	Ralf
16	5	170	Hans	Hans	1	220	Mike
17							

Lösung

Im Prinzip geht das mit der Funktion RANG.GLEICH() ganz leicht. Um die Rangfolge der Punktzahl in C3 des Bereichs C3:G3 zu ermitteln, schreiben Sie einfach in die Zelle C5 die Formel:

```
=RANG.GLEICH(C3;$C$3:$G$3)
```

Enthält die Punkteliste aber Plätze mit identischer Punktzahl, wird auch ein identischer Rang ausgegeben. So kann es vorkommen, dass beispielsweise der Rang 4 zweimal in der Liste erscheint. Um dies zu verhindern, greifen Sie zu einem Trick. Mindern oder erhöhen Sie bei der Berechnung des Rangs einfach die erreichte Punktzahl um 1 Millionstel des jeweiligen Spaltenwerts. Schreiben Sie dazu in die Zelle C4 die Formel:

```
=C3+SPALTE()/1000000
```

Die entstehende geringe Differenz zwischen zwei gleichen Punktzahlen genügt, um eine eindeutige Reihenfolge zu erhalten, ohne die Rangzahl zu gefährden. Eine eindeutige Rangfolge erreichen Sie anschließend in der Zelle C6 mit der Formel:

```
=RANG.GLEICH($C3+SPALTE()/1000000;$C$4:$G$4)
```

Kopieren Sie die Formel in die übrigen Zellen des Bereichs D6:G6.

Die Funktion RANG.GLEICH() hat noch einen dritten Parameter. Verwenden Sie die Zahl 1 als dritten Parameter Art, wird die Rangfolge aufsteigend sortiert.

Für die Auswertung der Rangfolge ab A12 und die Zuweisung der entsprechenden Punktzahlen ab B12 verwenden Sie folgende Formeln:

In der Zelle A12 berechnen Sie die Rangfolge für Rang 1 mit folgender Formel:

```
=KKLEINSTE($C$6:$G$6;ZEILE()-11)
```

In B12 weisen Sie die dazugehörige Punktezahl mit folgender Formel aus:

```
=KGRÖSSTE($C$3:$G$3;ZEILE()-11)
```

Den dazugehörigen Namen des Teilnehmers ermitteln Sie in C12 mit der Formel:

```
=INDEX($C$2:$G$2;1;VERGLEICH(A12;$C$6:$G$6;0))
```

Ziehen Sie die Formeln der Zellen A12:C12 fünf Zeilen nach unten, um die übrigen Rangfolgen zu berechnen. Um eine umgekehrte Reihenfolge zu erhalten, verwenden Sie in E12 anstelle der Funktion KKLEINSTE() die Funktion KGRÖSSTE() und in F12 anstelle von KGRÖSSTE() die Funktion KKLEINSTE().

Hintergrund

1. Rangfolge
Die Funktion RANG.GLEICH() ergibt den Rang, den eine Zahl innerhalb einer Liste von Zahlen einnimmt. Die Sortierung der Rangreihenfolge erledigen anschließend die Funktionen KGRÖSSTE() oder KKLEINSTE(). Wenn Sie die Rangreihenfolge RangC variabel gestalten möchten, benutzen Sie dazu am einfachsten die Zeilennummer. Beginnt die Nummerierung jedoch wie hier nicht in der ersten Zeile, ziehen Sie einfach die Anzahl der vorhergehenden Zeilen ab.

2. Den richtigen Namen zuordnen
Mit den verschachtelten Funktionen INDEX() und VERGLEICH() können den einzelnen Rangzahlen die richtigen Sportlernamen zugeordnet werden. Dazu vergleicht die Funktion VERGLEICH() die Rangzahlen des Bereichs A12:A16 mit den im Bereich C6:G6 stehenden Rangzahlen. Wird die identische Zahl im Bereich C6:G6 gefunden, liefert die Funktion als Ergebnis die dazugehörige Spaltennum-

mer. Die so ermittelte Spaltennummer verwendet die Funktion `INDEX()` als zweiten Parameter. Der erste Parameter enthält den Bereich mit den Sportlernamen.

3. Matrixformel als Alternative

Mit einer einzigen Formel können Sie im Bereich D12:D16 die richtigen Namen ausweisen. Tragen Sie dazu in die Zelle D12 die folgende Formel ein

```
=INDEX($C$2:$G$2;1;VERGLEICH(A12:A16;$C$6:$G$6;0))
```

und beenden Sie die Eingabe mit der Tastenkombination [Strg]+[Shift]+[Enter].

Verwendete Funktionen

```
INDEX(Bezug[;Zeile[;Spalte[;Bereich]]])
KGRÖSSTE(Daten;RangC)
KKLEINSTE(Daten;RangC)
RANG.GLEICH(Zahl;Bezug;[Reihenfolge])
SPALTE([Bezug])
VERGLEICH(Suchwert;Suchmatrix[;Typ])
ZEILE([Bezug])
```

4.4.7 Eine dynamische »TOP 10«-Liste

Problem

In der Spalte A stehen die Artikelnamen, in der Spalte B die jeweils davon verkaufte Stückzahl. Im Bereich F4:F13 sollen nun die 10 meistverkauften Artikel absteigend nach der Verkaufszahl ausgewiesen werden. Diese »TOP 10«-Liste soll sich automatisch aktualisieren, sobald sich eine der Verkaufszahlen ändert.

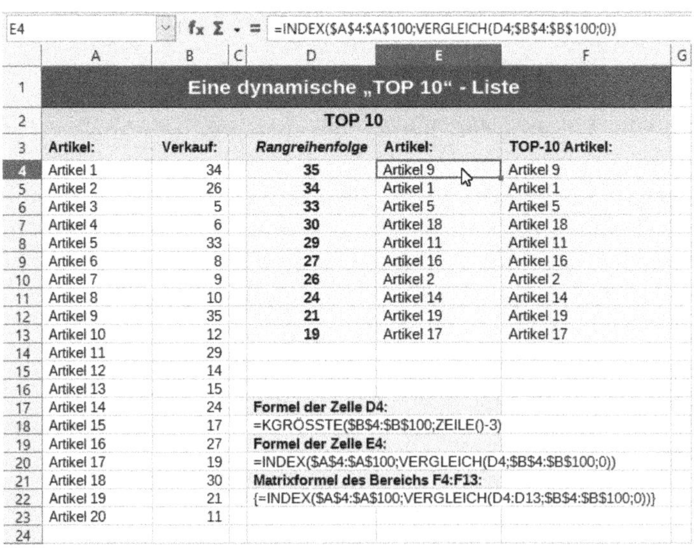

E4 | =INDEX($A$4:$A$100;VERGLEICH(D4;$B$4:$B$100;0))

Eine dynamische „TOP 10" - Liste

TOP 10

Artikel:	Verkauf:	Rangreihenfolge	Artikel:	TOP-10 Artikel:
Artikel 1	34	35	Artikel 9	Artikel 9
Artikel 2	26	34	Artikel 1	Artikel 1
Artikel 3	5	33	Artikel 5	Artikel 5
Artikel 4	6	30	Artikel 18	Artikel 18
Artikel 5	33	29	Artikel 11	Artikel 11
Artikel 6	8	27	Artikel 16	Artikel 16
Artikel 7	9	26	Artikel 2	Artikel 2
Artikel 8	10	24	Artikel 14	Artikel 14
Artikel 9	35	21	Artikel 19	Artikel 19
Artikel 10	12	19	Artikel 17	Artikel 17
Artikel 11	29			
Artikel 12	14			
Artikel 13	15			
Artikel 14	24	**Formel der Zelle D4:**		
Artikel 15	17	=KGRÖSSTE($B$4:$B$100;ZEILE()-3)		
Artikel 16	27	**Formel der Zelle E4:**		
Artikel 17	19	=INDEX($A$4:$A$100;VERGLEICH(D4;$B$4:$B$100;0))		
Artikel 18	30	**Matrixformel des Bereichs F4:F13:**		
Artikel 19	21	{=INDEX($A$4:$A$100;VERGLEICH(D4:D13;$B$4:$B$100;0))}		
Artikel 20	11			

Lösung

Zuerst errechnen Sie in der Spalte D die Rangfolge der Verkaufszahlen. Dazu schreiben Sie in D4 die Formel:

```
=KGRÖSSTE($B$3:$B$100;ZEILE()-3)
```

Kopieren Sie die Formel mithilfe des Aufziehkästchens bis zur Zelle D13 nach unten (10 Zellen).

In der Spalte E sollen nun die dazugehörigen Artikelnamen ausgewiesen werden. Schreiben Sie dazu in E4 die Formel:

```
=INDEX($A$3:$A$100;VERGLEICH(D4;$B$3:$B$100;0))
```

Kopieren Sie die Formel mithilfe des Aufziehkästchens bis zur Zelle E13 nach unten. Als Ergebnis erhalten Sie den zu jeder Rangzahl dazugehörigen Artikel.

Hintergrund

1. Die Rangfolge in der Spalte D ermitteln

Mithilfe der Funktion `KGRÖSSTE()` errechnet man den `RangC`-größten Wert einer Datenreihe. Sie könnten anstelle der angewandten Formel für den ersten Rang auch folgende Formel benutzen: `=KGRÖSSTE($B$3:$B$100;1)`.

Für die zweite Stelle schreiben Sie als zweiten Parameter anstelle der 1 eine 2 usw. Mit der im Beispiel angewandten Methode, anstelle einer Zahl die Zeilennummer zu verwenden, ersparen Sie sich diese Schreibarbeit. Verwenden Sie anstelle der Rangzahl besser die Zeilennummer. Wenn die »TOP 10« nicht in der ersten Zeile beginnt, ziehen Sie einfach die Zahl der vorhergehenden Zeilen ab. Im obigen Beispiel beginnt die Auswertung der »TOP 10« in der Zeile 4, deshalb lautet der zweite Parameter: `ZEILE()-3`.

Die so erstellte Formel können Sie dann ganz einfach nach unten kopieren.

2. Den richtigen Artikelnamen zuordnen

Mithilfe der verschachtelten Funktionen `INDEX()` und `VERGLEICH()` können den einzelnen Verkaufszahlen die richtigen Artikelnamen zugeordnet werden. Dazu vergleicht die Funktion `VERGLEICH()` die in der Spalte D stehenden »TOP 10«-Verkaufszahlen mit den in der Spalte B stehenden Verkaufszahlen. Wird die identische Zahl in der Spalte B gefunden, liefert die Funktion als Ergebnis die dazugehörige Zeilennummer. Die so ermittelte Zeilennummer verwendet die Funktion `INDEX()` als zweiten Parameter. Der erste Parameter enthält den Datenbereich mit den Artikelnamen.

Die Funktion liefert somit als Ergebnis den in der ermittelten Zeile des angegebenen Bereichs gefundenen Text. Mit den in den Funktionen verwendeten gemischten Bezügen kann die Formel in alle übrigen »TOP 10«-Zeilen kopiert werden.

> **Tipp**
>
> Eine elegante Möglichkeit, um alle Artikelnamen auf einmal den Verkaufszahlen zuzuordnen, bietet die alternative Matrixformel:
>
> `=INDEX($A$3:$A$100;VERGLEICH(D4:D13;$B$3:$B$100;0))`
>
> die mit `Strg`+`Shift`+`Enter` abzuschließen ist. Schreiben Sie diese Formel beispielsweise in die Zelle F4, werden beim Formelabschluss alle Artikelnamen in den Bereich F4:F13 geschrieben. Der Unterschied zur Formel in der Zelle E4 liegt lediglich in der Funktion `VERGLEICH()`, in der anstelle einer Zelle ein Bereich als Parameter `Suchkriterium` eingetragen wurde. Beachten Sie jedoch, dass Sie in einem Matrixbereich keine einzelnen Zellen bearbeiten können. Es muss immer der komplette Matrixbereich bearbeitet werden.

Verwendete Funktionen

```
INDEX(Bezug[;Zeile[;Spalte[;Bereich]]])
KGRÖSSTE(Daten;RangC)
VERGLEICH(Suchwert;Suchmatrix[;Typ])
ZEILE([Bezug])
```

4.4.8 Siegerliste mit Rang und Namen durch die Funktionen INDEX() und VERGLEICH()

Problem

Sie sollen den Sieger eines Marathonlaufs in einer Tabelle ermitteln.

G5 =INDEX($A$4:$A$11;VERGLEICH(F5;$C$4:$C$11;0);1)

	A	B	C	D	E	F	G	H	I
1	Eine Siegerliste mit Rang und Namen								
2		Start:	10:30:00						
3	Teilnehmer:	Ankunft im Ziel:	Zeit:			Auswertung			Formel der Zelle C4:
4	Max Schnecke	13:15:45	02:45:45		Rang:	Laufzeit:	Name:		=WENN($C$2>B4;"";B4-$C$2)
5	Fritz Läufer	13:35:10	03:05:10		1. Platz	02:25:05	Paul Langsam		Formel der Zelle F4:
6	Paul Langsam	12:55:05	02:25:05		2. Platz	02:35:34	Judit Schnell		=KKLEINSTE($C$4:$C$11;E5)
7	Julia Renner				3. Platz	02:40:33	Anna Flitzer		Formel der Zelle G4:
8	Anna Flitzer	13:10:33	02:40:33		4. Platz	02:45:45	Max Schnecke		=INDEX($A$4:$A$11;VERGLEICH
9	Jakob Sausewind				5. Platz	03:05:10	Fritz Läufer		(F5;$C$4:$C$11;0);1)
10	Judit Schnell	13:05:34	02:35:34		6. Platz	03:13:55	Erich Stiefel		Zahlenformat der Zelle E4:
11	Erich Stiefel	13:43:55	03:13:55						0". Platz"
12									

Lösung

Sie haben für den Wettkampf folgende Auswertungstabelle erstellt:
In der Zelle C2 steht die Startzeit.
In der Spalte A stehen die Namen der Teilnehmer.

In der Spalte B erfassen Sie die Ankunftszeit der Läufer im Ziel und in der Spalte C wird in der Zeile 4 mit der Formel

```
=WENN($C$2>B4;"";B4-$C$2)
```

die Laufzeit des ersten Teilnehmers errechnet.

Im Bereich E5:G10 wird die Rangreihenfolge der Sieger ermittelt. Schreiben Sie dazu in die Zelle E5 die Rangzahl 1 und formatieren Sie die Zelle mit dem benutzerdefinierten Zahlenformat `0". Platz"`.

In die Zelle F5 schreiben Sie zur Ermittlung der kürzesten Laufzeit die Formel:

```
=KKLEINSTE($C$4:$C$11;E5)
```

In der Zelle G5 erhalten Sie den Namen des Siegers mit der Formel:

```
=INDEX($A$4:$A$11;VERGLEICH(F5;$C$4:$C$11;0);1)
```

Markieren Sie den Bereich E5:G5 und ziehen Sie die Zellen mit dem Aufziehkästchen des markierten Bereichs sechs Zeilen nach unten (= Zahl der Läufer, die das Ziel erreichten). Sie erhalten eine Rangliste mit den Siegern des Wettkampfs.

Hintergrund

Mit den Funktionen `KKLEINSTE()`, `INDEX()` und `VERGLEICH()` ermittelt die Formel die zur Platznummer passenden Daten (Laufzeit und dazugehöriger Name) der Matrix. Durch die Verwendung relativer und absoluter Bezüge kann die Formel anschließend ohne Änderung in die übrigen Zellen kopiert werden.

Verwendete Funktionen

```
INDEX(Bezug[;Zeile[;Spalte[;Bereich]]])
KKLEINSTE(Daten;RangC)
VERGLEICH(Suchwert;Suchmatrix[;Typ])
WENN(Prüfung[;[DannWert][;[SonstWert]]])
```

4.5 Runden

4.5.1 Zahlen AUFRUNDEN() oder ABRUNDEN()

Problem

In einer geforderten Übersicht müssen Sie die errechneten Dezimalzahlen immer gerundet darstellen. Teilweise sollen diese aufgerundet, teilweise aber auch abgerundet ausgewiesen werden.

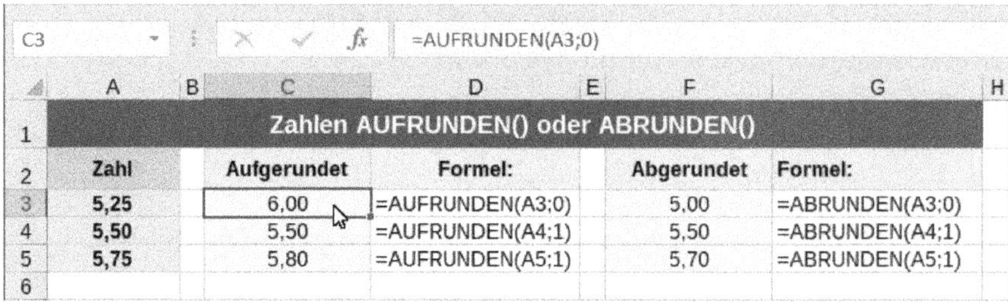

	A	B	C	D	E	F	G
1	Zahlen AUFRUNDEN() oder ABRUNDEN()						
2	Zahl		Aufgerundet	Formel:		Abgerundet	Formel:
3	5,25		6,00	=AUFRUNDEN(A3;0)		5,00	=ABRUNDEN(A3;0)
4	5,50		5,50	=AUFRUNDEN(A4;1)		5,50	=ABRUNDEN(A4;1)
5	5,75		5,80	=AUFRUNDEN(A5;1)		5,70	=ABRUNDEN(A5;1)
6							

Lösung

Verwenden Sie die Funktionen `AUFRUNDEN()` und `ABRUNDEN()`. Im nachfolgenden Beispiel steht die zu rundende Zahl in der Zelle A3 mit dem Wert 5,25.
In der Zelle C3 soll diese Zahl auf die nächste Ganzzahl aufgerundet,
in der Zelle E3 auf die nächste Ganzzahl abgerundet werden. Dazu schreiben Sie in die Zelle C3 die Funktion:

```
=AUFRUNDEN(A3;0)
```

Als Ergebnis erhalten Sie die Zahl 6.

In die Zelle E4 schreiben Sie die Funktion:

```
=ABRUNDEN(A3;0)
```

Als Ergebnis erhalten Sie die Zahl 5.

Hintergrund

Beide Funktionen haben die gleiche Syntax. Das erste Argument enthält die zu rundende Zahl oder einen Zellverweis. Arbeiten Sie mit Excel, muss das zweite Argument zwingend angegeben werden. Mit der Zahl des zweiten Parameters bestimmen Sie die Anzahl der Nachkommastellen, auf die auf- oder abgerundet werden soll.

Verwendete Funktionen

```
ABRUNDEN(Zahl[;Stellen])
AUFRUNDEN(Zahl[;Stellen])
```

4.5.2 Das Ergebnis auf eine bestimmte Dezimalzahl runden

Problem

Wie können Sie Zahlen auf eine bestimmte Anzahl von Dezimalstellen runden?

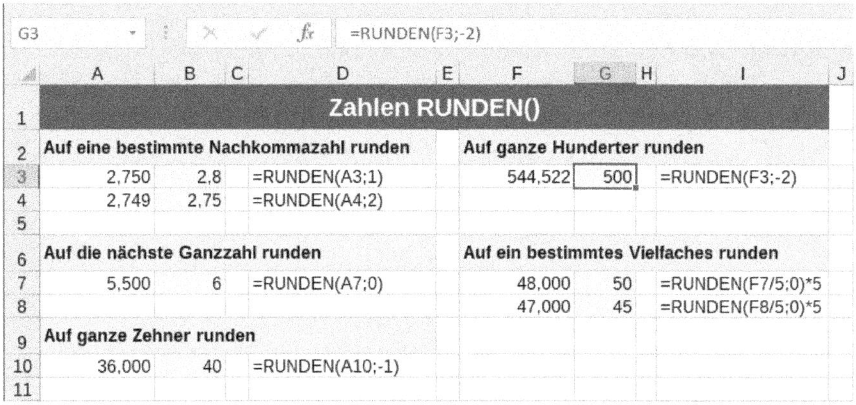

G3 =RUNDEN(F3;-2)

	A	B	C	D	E	F	G	H	I
1	Zahlen RUNDEN()								
2	Auf eine bestimmte Nachkommazahl runden					Auf ganze Hunderter runden			
3	2,750	2,8		=RUNDEN(A3;1)		544,522	500		=RUNDEN(F3;-2)
4	2,749	2,75		=RUNDEN(A4;2)					
5									
6	Auf die nächste Ganzzahl runden					Auf ein bestimmtes Vielfaches runden			
7	5,500	6		=RUNDEN(A7;0)		48,000	50		=RUNDEN(F7/5;0)*5
8						47,000	45		=RUNDEN(F8/5;0)*5
9	Auf ganze Zehner runden								
10	36,000	40		=RUNDEN(A10;-1)					
11									

Lösung

Verwenden Sie die Funktion `RUNDEN()`.

Welche Möglichkeiten diese unscheinbare Funktion bietet, sehen Sie anhand folgender Beispiele:

`=RUNDEN(A3;1)` rundet eine Zahl auf eine durch den zweiten Parameter bestimmte Nachkommazahl.

`=RUNDEN(A7;0)` rundet auf die nächste Ganzzahl.

`=RUNDEN(A11;-1)` rundet auf ganze Zehner.

`=RUNDEN(A15/5;0)*5` rundet auf ein bestimmtes Vielfaches (hier die Zahl 5; in Fünfer-Schritten). Wichtig sind hierbei die in der Funktion enthaltenen »dividiert durch 5« und »multipliziert mit 5«, um zum gewünschten Ergebnis zu kommen.

Verwendete Funktion

`RUNDEN(Zahl[;Stellen])`

4.5.3 Alle Beträge mit VRUNDEN() auf ein Vielfaches runden

Problem

Sie wollen alle Verkaufspreise auf 5 Cent auf- bzw. abrunden.

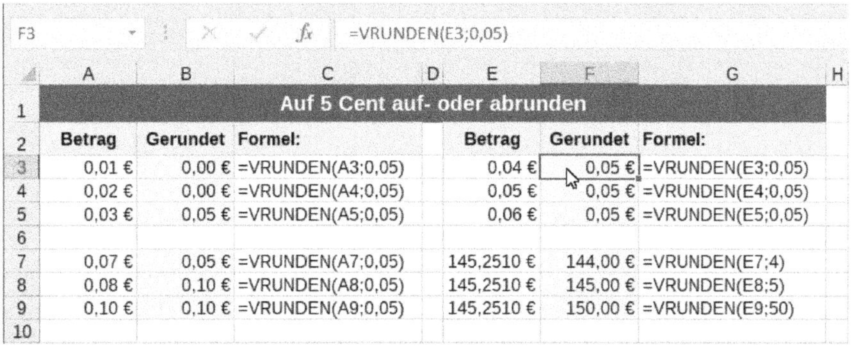

F3 =VRUNDEN(E3;0,05)

	A	B	C	D	E	F	G
1	Auf 5 Cent auf- oder abrunden						
2	Betrag	Gerundet	Formel:		Betrag	Gerundet	Formel:
3	0,01 €	0,00 €	=VRUNDEN(A3;0,05)		0,04 €	0,05 €	=VRUNDEN(E3;0,05)
4	0,02 €	0,00 €	=VRUNDEN(A4;0,05)		0,05 €	0,05 €	=VRUNDEN(E4;0,05)
5	0,03 €	0,05 €	=VRUNDEN(A5;0,05)		0,06 €	0,05 €	=VRUNDEN(E5;0,05)
6							
7	0,07 €	0,05 €	=VRUNDEN(A7;0,05)		145,2510 €	144,00 €	=VRUNDEN(E7;4)
8	0,08 €	0,10 €	=VRUNDEN(A8;0,05)		145,2510 €	145,00 €	=VRUNDEN(E8;5)
9	0,10 €	0,10 €	=VRUNDEN(A9;0,05)		145,2510 €	150,00 €	=VRUNDEN(E9;50)
10							

Lösung

Steht der zu rundende Betrag in der Zelle A3, schreiben Sie in die Ergebniszelle die Formel:

```
=VRUNDEN(A3;0,05)
```

Als Ergebnis erhalten Sie einen auf 5 Cent ab- bzw. aufgerundeten Betrag.

Hintergrund

Mit der Funktion `VRUNDEN()` können Zahlen auf das im zweiten Parameter angegebene Vielfache gerundet werden. Der Wert 0,05 rundet alle Ergebnisse auf 0,05 Cent ab. Ändern Sie den zweiten Parameter auf den Wert 0,5, so werden alle Beträge auf 50 Cent gerundet. Das Ergebnis der Funktion

```
=VRUNDEN(145,2510;4)
```

ergibt als Ergebnis 144, nämlich das ganzzahlige Vielfache von 4, das der Zahl 145,2510 am nächsten liegt. Den ersten Parameter `Zahl` kann auch ein Zellbezug oder eine Rechenformel darstellen.

Verwendete Funktion

`VRUNDEN(Zahl;Vielfaches)`

4.5.4 Rechnungsbeträge mit OBERGRENZE() auf 5 Cent auf- oder abrunden

Problem

In einem Rechnungsformular möchten Sie den Rechnungsbetrag immer auf volle 5 Cent aufrunden.

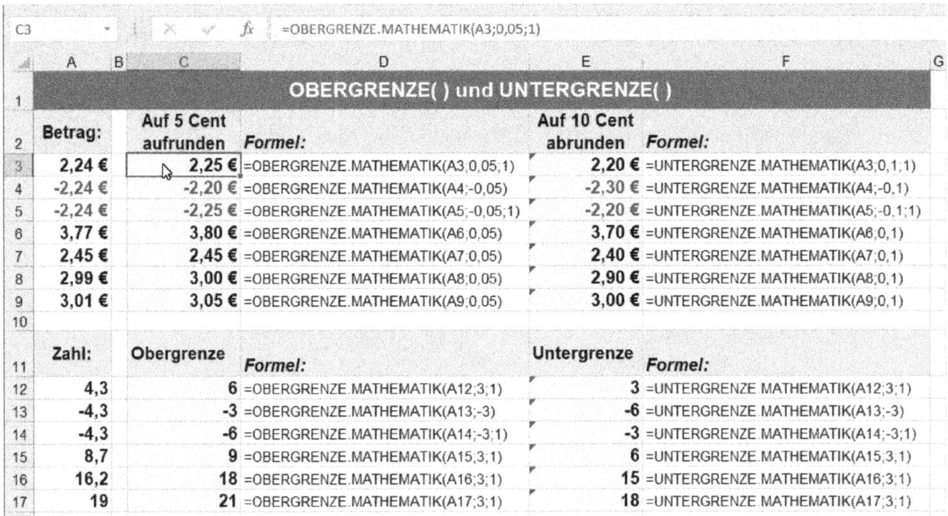

C3 =OBERGRENZE.MATHEMATIK(A3;0,05;1)

	A	B	C	D	E	F
1	OBERGRENZE( ) und UNTERGRENZE( )					
2	Betrag:		Auf 5 Cent aufrunden	Formel:	Auf 10 Cent abrunden	Formel:
3	2,24 €		2,25 €	=OBERGRENZE.MATHEMATIK(A3;0,05;1)	2,20 €	=UNTERGRENZE.MATHEMATIK(A3;0,1;1)
4	-2,24 €		-2,20 €	=OBERGRENZE.MATHEMATIK(A4;-0,05)	-2,30 €	=UNTERGRENZE.MATHEMATIK(A4;-0,1)
5	-2,24 €		-2,25 €	=OBERGRENZE.MATHEMATIK(A5;-0,05;1)	-2,20 €	=UNTERGRENZE.MATHEMATIK(A5;-0,1;1)
6	3,77 €		3,80 €	=OBERGRENZE.MATHEMATIK(A6;0,05)	3,70 €	=UNTERGRENZE.MATHEMATIK(A6;0,1)
7	2,45 €		2,45 €	=OBERGRENZE.MATHEMATIK(A7;0,05)	2,40 €	=UNTERGRENZE.MATHEMATIK(A7;0,1)
8	2,99 €		3,00 €	=OBERGRENZE.MATHEMATIK(A8;0,05)	2,90 €	=UNTERGRENZE.MATHEMATIK(A8;0,1)
9	3,01 €		3,05 €	=OBERGRENZE.MATHEMATIK(A9;0,05)	3,00 €	=UNTERGRENZE.MATHEMATIK(A9;0,1)
10						
11	Zahl:		Obergrenze	Formel:	Untergrenze	Formel:
12	4,3		6	=OBERGRENZE.MATHEMATIK(A12;3;1)	3	=UNTERGRENZE.MATHEMATIK(A12;3;1)
13	-4,3		-3	=OBERGRENZE.MATHEMATIK(A13;-3)	-6	=UNTERGRENZE.MATHEMATIK(A13;-3)
14	-4,3		-6	=OBERGRENZE.MATHEMATIK(A14;-3;1)	-3	=UNTERGRENZE.MATHEMATIK(A14;-3;1)
15	8,7		9	=OBERGRENZE.MATHEMATIK(A15;3;1)	6	=UNTERGRENZE.MATHEMATIK(A15;3;1)
16	16,2		18	=OBERGRENZE.MATHEMATIK(A16;3;1)	15	=UNTERGRENZE.MATHEMATIK(A16;3;1)
17	19		21	=OBERGRENZE.MATHEMATIK(A17;3;1)	18	=UNTERGRENZE.MATHEMATIK(A17;3;1)
18						

Lösung

In der Zelle A3 steht der Rechnungsbetrag, z.B. 2,24 €. Schreiben Sie in die Ergebniszelle die Formel

```
=OBERGRENZE.MATHEMATIK(A3;0,05;1)
```

erhalten Sie als Ergebnis: »2,25 €«.

Sollen die Beträge dagegen auf volle 10 Cent abgerundet werden, benutzen Sie anstelle der Funktion `OBERGRENZE()` die Funktion `UNTERGRENZE()`.

Als Ergebnis der Formel

```
=UNTERGRENZE.MATHEMATIK(A3;0,1;1)
```

erhalten Sie: »2,20 €«.

Hintergrund

Die Funktionen `OBERGRENZE.MATHEMATIK()` und `UNTERGRENZE.MATHEMATIK()` rundet eine Zahl auf das Vielfache des im Parameter `Schrittweite` angegebenen Werts auf beziehungsweise ab.

In Calc verwenden Sie die entsprechenden Funktionen `OBERGRENZE()` und `UNTERGRENZE()`.

Tipp

Der Parameter `Modus` ist ein optionaler Wert. Wird er angegeben und ist er ungleich null, so wird bei negativer Zahl und Schrittweite betragsmäßig aufgerundet. Diese Funktionen eignen sich hervorragend, um Rechnungsbeträge auf volle 5 oder auch 50 Cent ab- oder abzurunden.

Verwendete Funktionen

```
OBERGRENZE(Zahl[;Schrittweite[;Modus]])
OBERGRENZE.MATHEMATIK(Zahl;Schritt;[Modus])
UNTERGRENZE(Zahl[;Schrittweite[;Modus]])
UNTERGRENZE.MATHEMATIK(Zahl;Schritt;Modus)
```

4.5.5 Zahlen auf glatte 100 oder 1000 Einheiten runden

Problem

Normalerweise wird mit den `RUNDEN()`-Funktionen nur hinter dem Komma auf eine beliebige Zahl von Stellen gerundet. Wie können Sie aber die Zahlen vor dem Komma runden?

B3 =RUNDEN(B2/100;0)*100

	A	B	C
1	Zahlen auf glatte 100 oder 1000 Einheiten vor dem Komma runden		
2	**Zu rundende Zahl:**	**1.240,78 €**	
3	Kaufmännisch auf volle 100 gerundet:	**1.200,00 €**	=RUNDEN(B2/100;0)*100
4	Auf volle 100 **auf**gerundet:	**1.300,00 €**	=AUFRUNDEN(B2/100;0)*100
5	Auf volle 100 **ab**gerundet:	**1.200,00 €**	=ABRUNDEN(B2/100;0)*100
6			
7	Kaufmännisch auf volle 1000 gerundet:	**1.000,00 €**	=RUNDEN(B2/1000;0)*1000
8	Auf volle 1000 **auf**gerundet:	**2.000,00 €**	=AUFRUNDEN(B2/1000;0)*1000
9	Auf volle 1000 **ab**gerundet:	**1.000,00 €**	=ABRUNDEN(B2/1000;0)*1000
10			

Lösung

Steht in der Zelle B2 die zu rundende Zahl »1.240,78 €«, so erhalten Sie den auf volle 100 kaufmännisch gerundeten Betrag von »1.200,00 €« mit der Formel:

```
=RUNDEN(B2/100;0)*100
```

Hintergrund

Es wird der Inhalt der Zelle B2 durch 100 dividiert, auf 0 Stellen gerundet =RUNDEN(B2/100;0) und anschließend sofort wieder mit 100 multipliziert *100. Das Ergebnis lautet nun: »1.200,00 €«.

Wenn die Zahlen auf 1000 Einheiten gerundet werden sollen, müssen die Multiplikation und Division entsprechend angepasst werden. Sie können natürlich auch auf 10 oder 10.000 Einheiten genau runden. Verwenden Sie die Funktion RUNDEN(), wird immer kaufmännisch gerundet. Soll immer abgerundet bzw. aufgerundet werden, verwenden Sie die Funktionen ABRUNDEN() bzw. AUFRUNDEN() mit identischem Aufbau.

Verwendete Funktionen

ABRUNDEN(Zahl[;Stellen])
AUFRUNDEN(Zahl[;Stellen])
RUNDEN(Zahl[;Stellen])

4.5.6 Auf GERADE() bzw. UNGERADE() Zahlen runden

Problem

Sie möchten alle Ergebnisse der berechneten Zahlenreihe als gerade Zahl ausweisen.

B4 =GERADE(A4)

	A	B	C	D	E	F	G	H
1	Ergebnis als GERADE() oder UNGERADE() Zahl							
2	Wert:	Ergebnis:						
3		GERADE()	und	UNGERADE()		Formeln:		
4	2,25	4		3				
5	2,5	4		3		Formel der Zelle B4:		
6	2,75	4		3		=GERADE(A4)		
7	4,25	6		5				
8	4,5	6		5		Formel der Zelle D4:		
9	4,75	6		5		=UNGERADE(A4)		
10	3	4		3				
11	4	4		5		Formel der Zelle B18		
12	5	6		5		=GERADE(MITTELWERT(A4:A16))		
13	-3	-4		-3				
14	-4	-4		-5		Formel der Zelle D18		
15	-5	-6		-5		=UNGERADE(MITTELWERT(A4:A16))		
16	-2	-2		-3				
17		MITTELWERT()						
18		2		3				
19								

Lösung

Die Zahlenwerte befinden sich im Bereich A4:A16.
In der Zelle B4 soll der Wert der Zelle A4 auf die nächste gerade Ganzzahl aufgerundet werden. Schreiben Sie dazu in die Ergebniszelle die Funktion:

```
=GERADE(A4)
```

In der Zelle D4 soll der Wert der Zelle A4 auf die nächste ungerade Ganzzahl aufgerundet werden. Schreiben Sie dazu in die Ergebniszelle die Funktion:

```
=UNGERADE(A4)
```

Die Mittelwerte so berechneter Zahlenreihen erhalten Sie mit den Formeln

```
=GERADE(MITTELWERT(A4:A16))
```

oder

```
=UNGERADE(MITTELWERT(A4:A16))
```

Hintergrund

Die Funktionen `GERADE()` und `UNGERADE()` runden auf die nächste ganze Zahl. Bei der Berechnung der Mittelwerte wird die Funktion `MITTELWERT()` von einer der Funktionen `GERADE()` oder `UNGERADE()` umschlossen.

Verwendete Funktionen

```
GERADE(Zahl)
MITTELWERT(Zahl1[;Zahl2 [;...[;Zahl255]]])
UNGERADE(Zahl)
```

4.5.7 Als Ergebnis einer Berechnung nur die Zahl links vom Komma anzeigen

Problem

Zur Darstellung der Ergebnisse möchten Sie nur die Zahlen links vom Komma verwenden. Die Zahlen sollen jedoch nicht gerundet werden, wenn die Dezimalzahl größer als 0,5 ist.

B3 =GANZZAHL(A3)

	A	B	C	D	E	F
1	Die Funktionen GANZZAHL() und KÜRZEN()					
2	Wert:	GANZZAHL(Zahl)	KÜRZEN(Zahl)	KÜRZEN(Zahl; Anzahl)		
3	2,45	2	2	2,4		Formel der Zelle B3:
4	-2,45	-3	-2	-2,4		=GANZZAHL(A3)
5	6,66	6	6	6,6		Formel der Zelle C3:
6	-6,66	-7	-6	-6,6		=KÜRZEN(A3)
7	10,5	10	10	10,5		Formel der Zelle D3:
8	-10,5	-11	-10	-10,5		=KÜRZEN(A3;1)
9	30	30	30	30		
10	-30	-30	-30	-30		
11						

Lösung

In der Spalte A stehen die Werte mit Dezimalzahl. Um die Ganzzahl der Zelle A3 zu erhalten, schreiben Sie in die Ergebniszelle:
entweder die Funktion

```
=GANZZAHL(A3)
```

oder die Funktion

```
=KÜRZEN(A3)
```

Jedes Mal erhalten Sie die ungerundete Ganzzahl links vom Komma.

Hintergrund

GANZZAHL() und KÜRZEN() sind fast identische Funktionen.

Die Funktion GANZZAHL() liefert grundsätzlich eine ganze Zahl, während die Anzahl von Nachkommastellen bei der Funktion KÜRZEN() durch Angabe eines zweiten Parameters bestimmt werden kann. Fehlt der zweite Parameter, wird ebenfalls nur eine Ganzzahl ausgewiesen. Der Unterschied zwischen den Funktionen GANZZAHL() und KÜRZEN() wird erst bei der Eingabe einer negativen Zahl deutlich. Während GANZZAHL() die nächstkleinere ganze Zahl ergibt, schneidet die Funktion KÜRZEN() grundsätzlich den Teil rechts vom Komma ab. Bei negativen Zahlen wird jedoch in Richtung null gerundet. Welche Funktion für Ihre Zwecke geeigneter ist, können Sie anhand der benötigten Ergebnisse entscheiden.

Verwendete Funktionen

`GANZZAHL(Zahl)`
`KÜRZEN(Zahl[;Anzahl])`

4.6 Mittelwertberechnung

4.6.1 Welcher Zahlenwert liegt in der Mitte der Zahlenreihe?

Problem

Wie ermitteln Sie den Median (Mittelpunkt) von bestimmten Zahlenreihen?

Im Bereich A3:F3 stehen die Zahlen 1, 3, 6, 7 und 8, die Zelle F3 ist leer.
Im Bereich A6:F6 stehen die Zahlen 0, 1, 3, 6, 7 und 8.

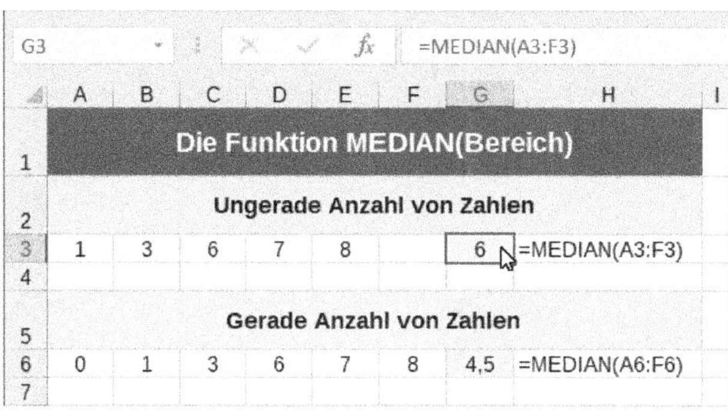

G3 | =MEDIAN(A3:F3)

	A	B	C	D	E	F	G	H
1	Die Funktion MEDIAN(Bereich)							
2	Ungerade Anzahl von Zahlen							
3	1	3	6	7	8		6	=MEDIAN(A3:F3)
4								
5	Gerade Anzahl von Zahlen							
6	0	1	3	6	7	8	4,5	=MEDIAN(A6:F6)
7								

Lösung

Den Median des Bereichs A3:F3 ermittelt die Formel:

```
=MEDIAN(A3:F3)
```

Als Ergebnis erhalten Sie: »6«. Den Median des Bereichs A6:F6 ermittelt die Formel:

```
=MEDIAN(A6:F6)
```

Als Ergebnis erhalten Sie: »4,5«.

Hintergrund

Die Funktion `MEDIAN()` berechnet den Mittelpunkt einer Zahlenreihe. Der Median ist also die Zahl, die in der Mitte der Reihe liegt. Enthaltene leere Zellen werden ignoriert. Der Wert »0« oder Wahrheitswerte werden jedoch berücksichtigt.

Besteht die Zahlenreihe aus einer ungeraden Anzahl von Zahlen, wird der Wert ermittelt, der in der Mitte der Reihe liegt. Im obigen Beispiel liegt der Wert »6« des Bereichs A3:F3 genau in der Mitte. Die Werte »1« und »3« liegen unterhalb des Medians, die Werte »7« und »8« liegen über dem Median. Die leere Zelle A8 bleibt unberücksichtigt.

Besteht die Zahlenreihe aus einer geraden Anzahl von Zahlen, berechnet die Funktion `MEDIAN()` den Mittelwert der beiden mittleren Zahlen. Im obigen Beispiel des Bereichs A6:F6 errechnet sich der Mittelpunkt aus dem Mittelwert der Zahlen 3 und 6. Als Ergebnis liefert die Funktion die Zahl »4,5«. Die Zahlen 0 und 1 liegen unter dem Median der Zahlenreihe, die Zahlen 7 und 8 darüber.

Verwendete Funktion

`MEDIAN(Zahl1[;Zahl2[;...[;Zahl255]]])`

4.6.2 Wie erhalten Sie den Mittelwert einer Datenreihe ohne »Ausreißerwerte«?

Problem

Sie sollen den Mittelwert der Zahlen einer Spalte berechnen. Dabei sollen jedoch alle Zellen, die mehr als 50 % vom Mittelwert abweichen, unberücksichtigt bleiben.

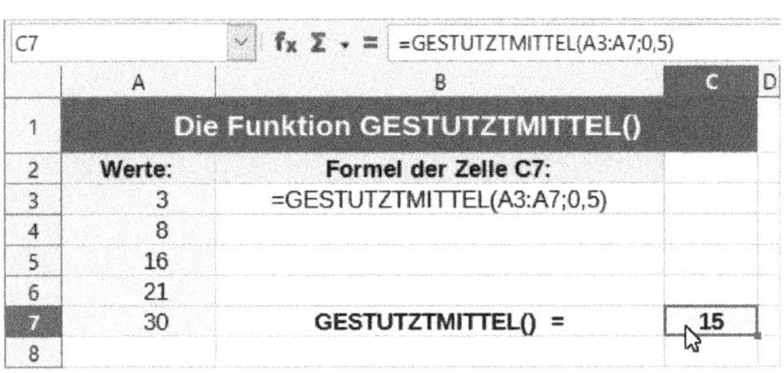

	A	B	C
1	Die Funktion GESTUTZTMITTEL()		
2	Werte:	Formel der Zelle C7:	
3	3	=GESTUTZTMITTEL(A3:A7;0,5)	
4	8		
5	16		
6	21		
7	30	GESTUTZTMITTEL() =	15
8			

Lösung

Im Bereich A3:A7 stehen die Zahlen 3, 8, 16, 21 und 30.
In die Zelle C7 schreiben Sie die Formel:

```
=GESTUTZTMITTEL(A3:A7;0,5)
```

Als Ergebnis erhalten Sie: »15«.

Hintergrund

Die Funktion `GESTUTZTMITTEL()` ermöglicht die Berechnung eines Mittelwerts, bei dem ein mit dem Argument `Alpha` angegebener Anteil von Werten nicht berücksichtigt wird. `Alpha` ist der Prozentsatz der Randdaten, die nicht berücksichtigt werden sollen.

Hinweis

Dabei beziehen sich die Prozentzahlen auf den Betrag des ungestutzten Mittelwerts, nicht auf die Anzahl der Summanden. Bei der Berechnung werden sowohl die kleinsten als auch die größten Werte ausgenommen. Damit bietet sich die Möglichkeit, die »Ausreißerwerte« an den Rändern zu unterdrücken. Ist `Alpha` größer 1, liefert `GESTUTZTMITTEL()` den Fehlerwert `Fehler:502`.

Verwendete Funktion

`GESTUTZTMITTEL(Daten;Alpha)`

4.6.3 Das gewogene Mittel berechnen

Problem

Sie haben eine Versuchsreihe durchgeführt.

Im Bereich B3:B7 stehen die ermittelten Zahlen der Versuchsreihe.
Im Bereich C3:C7 steht die Gewichtung der ermittelten Testergebnisse.
In der Zelle D3 soll das gewogene Mittel der Versuchsreihe errechnet werden.

D3 {=SUMME((B3:B7)*(C3:C7))/SUMME(B3:B7)}

	A	B	C	D	E	F
1	Das gewogene Mittel					
2	Testreihe	Testergebnis	Gewichtung	Mittel		Formel der Zelle D3:
3	Test 1	4	2	2,3		{=SUMME((B3:B7)*(C3:C7))/SUMME(B3:B7)}
4	Test 2	5	2			
5	Test 3	4	4			
6	Test 4	8	1			
7	Test 5	9	3			
8						

Lösung

Im Bereich B3:B7 stehen die Zahlen: 4, 5, 4, 8, 9.
Im Bereich C3:C7 stehen die Zahlen der Gewichtung: 2, 2, 4, 1, 3.
In die Ergebniszelle D3 schreiben Sie folgende Matrixformel:

```
=SUMME((B3:B7)*(C3:C7))/SUMME(B3:B7)
```

Beenden Sie die Eingabe mit der Tastenkombination `Strg`+`Shift`+`Enter`.

Als Ergebnis erhalten Sie: »2,3«.

Hintergrund

Die Matrixfunktion multipliziert die Werte des Bereichs B3:B7 zeilenweise mit den Gewichtungswerten des Bereichs C3:C7 und summiert die Ergebnisse. Die so ermittelte Summe wird durch die Summe der Werte des Bereichs B3:B7 dividiert, im Gegensatz zum arithmetischen Mittel, das die Summe durch die Zahl aller Werte dividiert.

Hinweis

Mit dieser Matrixfunktion können auch Werte in die Berechnung einbezogen werden, die gar nicht in der Tabelle stehen oder in andere Tabellen ausgelagert wurden.

Verwendete Funktion

`SUMME(Zahl1[;Zahl2[;...[;Zahl255]]])`

4.6.4 Einen Mittelwert ohne Einbeziehung von »0«-Werten bilden

Problem

Sie sollen den Mittelwert einer Zahlenreihe bilden, ohne dass die sich darin befindenden Null-Werte berücksichtigt werden.

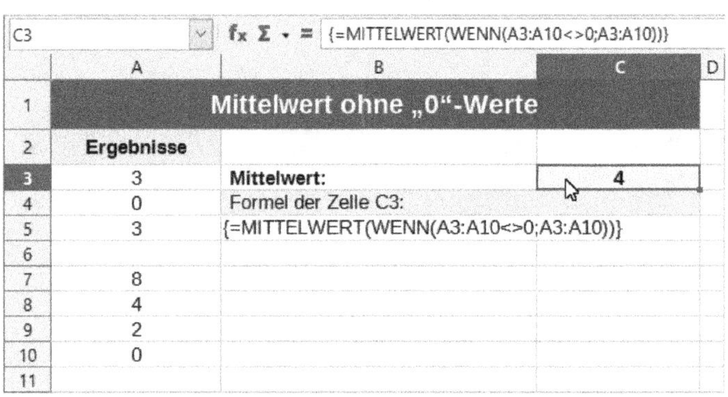

	A	B	C	D
2	Ergebnisse			
3	3	Mittelwert:	4	
4	0	Formel der Zelle C3:		
5	3	{=MITTELWERT(WENN(A3:A10<>0;A3:A10))}		
6				
7	8			
8	4			
9	2			
10	0			
11				

Lösung

Im Bereich A3:A10 stehen die Daten. In die Ergebniszelle schreiben Sie folgende Matrixformel:

```
=MITTELWERT(WENN(A3:A10<>0;A3:A10))
```

Beenden Sie die Eingabe mit der Tastenkombination [Strg]+[Shift]+[Enter]. Als Ergebnis erhalten Sie den Wert: »4«.

Hintergrund

Die Funktion MITTELWERT() berücksichtigt bei der Bildung des arithmetischen Mittels alle Zellen, die Zahlenwerte oder Wahrheitswerte enthalten. Textzellen und leere Zellen werden nicht berücksichtigt. Im Lösungsbeispiel prüft eine Matrixformel Zelle für Zelle des eingegebenen Bereichs, ob deren Wert ungleich »0« ist. Aus allen gefundenen Zellen, deren Wahrheitswert dem Wert WAHR entspricht, wird zum Schluss der Mittelwert gebildet.

Verwendete Funktion

```
MITTELWERT(Zahl1[;Zahl2[;...[;Zahl255]]])
WENN(Prüfung[;[DannWert][;[SonstWert]]])
```

4.7 Weitere Rechenfunktionen

4.7.1 Maßeinheiten UMWANDELN()

Problem

Wie können Sie ein Längenmaß bzw. einen Wert aus einer Maßeinheit in eine andere umwandeln?

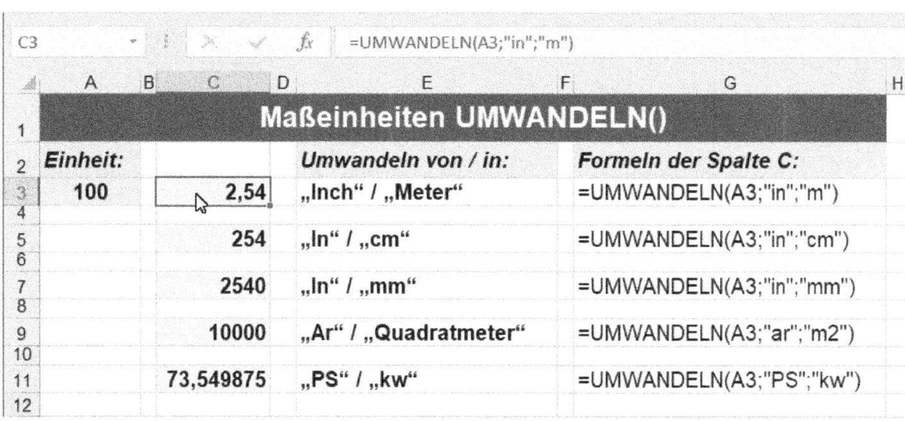

C3 =UMWANDELN(A3;"in";"m")

	A	B	C	D	E	F	G
1	Maßeinheiten UMWANDELN()						
2	Einheit:				Umwandeln von / in:		Formeln der Spalte C:
3	100		2,54		„Inch" / „Meter"		=UMWANDELN(A3;"in";"m")
5			254		„In" / „cm"		=UMWANDELN(A3;"in";"cm")
7			2540		„In" / „mm"		=UMWANDELN(A3;"in";"mm")
9			10000		„Ar" / „Quadratmeter"		=UMWANDELN(A3;"ar";"m2")
11			73,549875		„PS" / „kw"		=UMWANDELN(A3;"PS";"kw")

Lösung

In der Zelle A3 steht die Maßeinheit, die in eine andere umgerechnet werden soll. In der Zelle C3 möchten Sie errechnen, wie viele dieser Einheiten in der Maßeinheit »Inch« die Maßeinheit in »Meter« ergeben. Schreiben Sie in die Ergebniszelle die Formel:

```
=UMWANDELN(A3;"in";"m")
```

Als Ergebnis erhalten Sie: »2.54«.

Hintergrund

Zum Umrechnen von einer Maßeinheit in eine andere stehen Ihnen in Calc die Funktion `UMRECHNEN()` und in Excel `UMWANDELN()` zur Verfügung. Der erste Parameter `Zahl` stellt die Zahl dar, die umgerechnet wird, der zweite Parameter `Ausgangseinheit` ist die Einheit, aus der umgewandelt wird. Der dritte Parameter `Zieleinheit` ist die Einheit, in die die Umwandlung stattfindet.

Verwendete Funktion

`UMRECHNEN(Zahl;"Ausgangseinheit";"Zieleinheit")` (nur Calc)
`UMWANDELN(Zahl;Von_Maßeinheit;In_Maßeinheit)` (nur Excel)

4.7.2 Währungen umrechnen und darstellen

Problem

Wie können Sie eine Währung in eine andere umwandeln oder eine Zahl als Währung anzeigen?

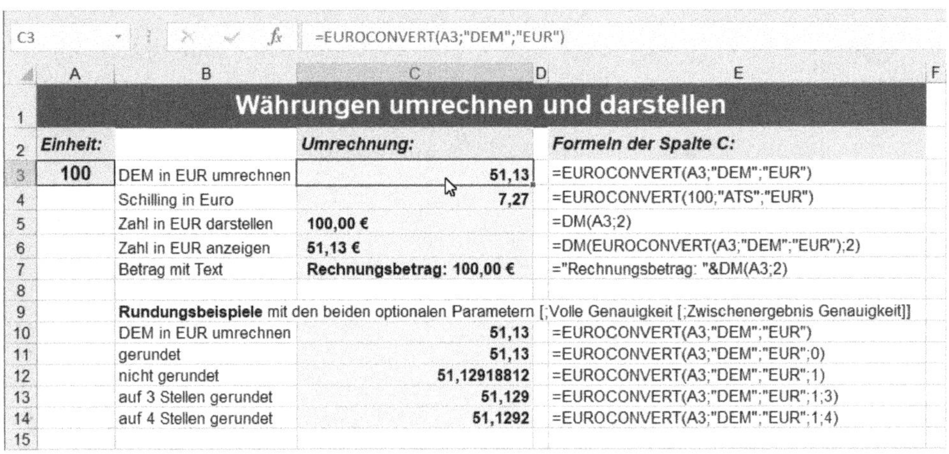

C3 =EUROCONVERT(A3;"DEM";"EUR")

	A	B	C	D	E
1	Währungen umrechnen und darstellen				
2	*Einheit:*		*Umrechnung:*		*Formeln der Spalte C:*
3	100	DEM in EUR umrechnen	51,13		=EUROCONVERT(A3;"DEM";"EUR")
4		Schilling in Euro	7,27		=EUROCONVERT(100;"ATS";"EUR")
5		Zahl in EUR darstellen	100,00 €		=DM(A3;2)
6		Zahl in EUR anzeigen	51,13 €		=DM(EUROCONVERT(A3;"DEM";"EUR");2)
7		Betrag mit Text	Rechnungsbetrag: 100,00 €		="Rechnungsbetrag: "&DM(A3;2)
8					
9		**Rundungsbeispiele** mit den beiden optionalen Parametern [;Volle Genauigkeit [;Zwischenergebnis Genauigkeit]]			
10		DEM in EUR umrechnen	51,13		=EUROCONVERT(A3;"DEM";"EUR")
11		gerundet	51,13		=EUROCONVERT(A3;"DEM";"EUR";0)
12		nicht gerundet	51,12918812		=EUROCONVERT(A3;"DEM";"EUR";1)
13		auf 3 Stellen gerundet	51,129		=EUROCONVERT(A3;"DEM";"EUR";1;3)
14		auf 4 Stellen gerundet	51,1292		=EUROCONVERT(A3;"DEM";"EUR";1;4)
15					

Lösung

In der Zelle A3 steht der Währungsbetrag, der in eine andere Währung umgerechnet werden soll.
In der Zelle C3 soll errechnet werden, wie viele dieser Einheiten in der Währung »DEM« die Währungseinheiten in »EUR« ergeben.
Verwenden Sie Excel (mit Add-In »Eurowährungs-Tool«), schreiben Sie in die Ergebniszelle:

```
=EUROCONVERT(A3;"DEM";"EUR")
```

Als Ergebnis erhalten Sie: »51,13«. Soll die Zahl der Zelle A3 ohne Umrechnung an anderer Stelle als zweistelliger Eurobetrag ausgewiesen werden, verwenden Sie in Excel die Funktion `DM()` in der Formel `=DM(A3;2)` oder `=EUR(A3;2)`.

Als Ergebnis erhalten Sie: »100,00 €«.

Hintergrund

Zum Umrechnen von einer Währungseinheit in eine andere stehen Ihnen in Calc die Funktion `EUROUMRECHNEN()` und in Excel die Funktion `EUROCONVERT()` zur Verfügung. Der erste Parameter `Wert` ist der Betrag der umzurechnenden Währung, `Ausgangswährung` und `Zielwährung` sind die Währungseinheiten, aus denen beziehungsweise in die umgerechnet werden soll. Diese müssen aus einem `Text` bestehen, der die offizielle Abkürzung einer Währung (zum Beispiel `EUR`) ist. Mit den optionalen Parametern `Volle_Genauigkeit` und `Zwischenergebnis_Genauigkeit` bestimmen Sie die Rundungsgenauigkeit des berechneten Betrags.

Verwendete Funktionen

In Excel (mit Add-In):

```
DM(Zahl;[Dezimalstellen])
EUROCONVERT(Zahl;Ausgangswährung;Zielwährung;Volle Genauigkeit;
Zwischenergebnis Genauigkeit)
```

In Calc:

```
EUR(Wert[;Dezimalstellen])
EUROUMRECHNEN(Wert;Ausgangswährung;Zielwährung[;
Volle_Genauigkeit[;Zwischenergebnis_Genauigkeit]])
```

4.7.3 Das erste und das letzte Auftreten einer Zahl erfassen

Problem

In einer unsortierten Datenreihe können alle Zahlen verschieden oft vorkommen. Zur Auswertung der Daten möchten Sie nun das erstmalige sowie das letztmalige Auftreten einer Zahl erfassen und feststellen. Wie erhalten Sie die Zelladressen dieser Daten?

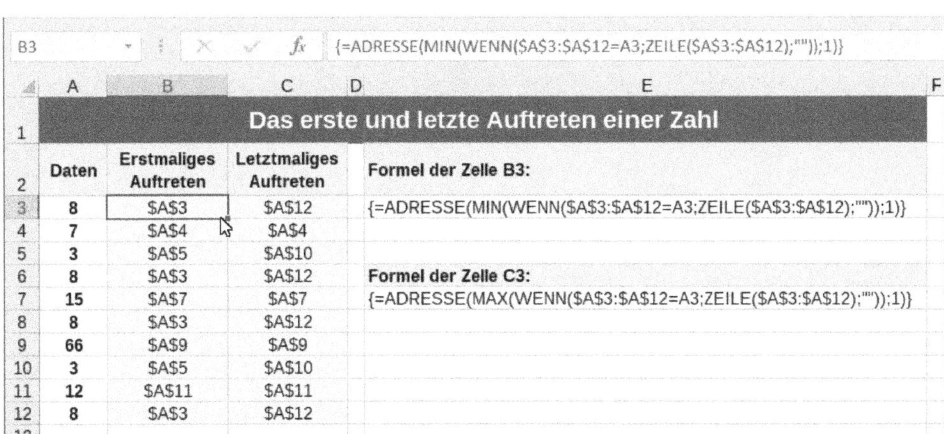

Daten	Erstmaliges Auftreten	Letztmaliges Auftreten		
8	$A$3	$A$12		{=ADRESSE(MIN(WENN($A$3:$A$12=A3;ZEILE($A$3:$A$12);""));1)}
7	$A$4	$A$4		
3	$A$5	$A$10		
8	$A$3	$A$12		Formel der Zelle C3:
15	$A$7	$A$7		{=ADRESSE(MAX(WENN($A$3:$A$12=A3;ZEILE($A$3:$A$12);""));1)}
8	$A$3	$A$12		
66	$A$9	$A$9		
3	$A$5	$A$10		
12	$A$11	$A$11		
8	$A$3	$A$12		

Formel der Zelle B3 steht in der Kopfzeile der Spalte E.

Lösung

Die Spalte A enthält im Bereich A3:A12 die Zahlen der Testreihe.
Im Bereich B3:B13 soll das erstmalige Auftreten der Zahl angezeigt werden, im Bereich C3:C13 das letztmalige Auftreten der Zahl.
In der Zelle B3 errechnen Sie das erstmalige Auftreten der in der gleichen Zeile der Spalte A erfassten Zahl mit folgender Matrixformel:

```
=ADRESSE(MIN(WENN($A$3:$A$12=A3;ZEILE($A$3:$A$12);""));1)
```

Beenden Sie die Eingabe mit der Tastenkombination Strg+Shift+Enter.

In der Zelle C3 errechnen Sie das letztmalige Auftreten der in der gleichen Zeile der Spalte A erfassten Zahl mit folgender Matrixformel:

```
=ADRESSE(MAX(WENN($A$3:$A$12=A3;ZEILE($A$3:$A$12);""));1)
```

Beenden Sie die Eingabe wieder mit Strg+Shift+Enter.

Hintergrund

Diese Matrixformel prüft mit der `WENN()`-Funktion Zeile für Zeile das Auftreten einer jeden Zahl und weist mit der Funktion `ZEILE()` dem gefundenen Ergebnis die entsprechende Zeilenzahl zu. Mithilfe der Funktionen `MIN()` und `MAX()` wird das erstmalige bzw. letztmalige Auftreten ermittelt. Anschließend wird mit der Funktion `ADRESSE()` die Zellenadressierung als Textwert ausgewiesen. Weisen Sie dem Parameter `Bezug` der Funktion `ADRESSE()` den Wert »1« zu, erhalten Sie einen absoluten Zellbezug (`$A$1`), Wert »4« liefert einen relativen Zellbezug (`A1`).

Kopieren Sie diese Formeln und fügen Sie sie über Inhalte einfügen|Formeln (den Befehl finden Sie auch im Kontextmenü) in alle Zellen des jeweils markierten Datenbereichs der Spalten B und C ein.

Verwendete Funktionen

```
ADRESSE(Zeile;Spalte[;Bezug[;A1[;"Tabelle"]]])
MIN(Zahl1[;Zahl2[;...[;Zahl255]]])
MAX(Zahl1[;Zahl2[;...[;Zahl255]]])
WENN(Prüfung[;[DannWert][;[SonstWert]]])
ZEILE([Bezug])
```

4.7.4 Ermittlung des x-größten Werts

Problem

Sie suchen den »x«-größten Wert des Bereichs A3:A10 einer Tabelle.

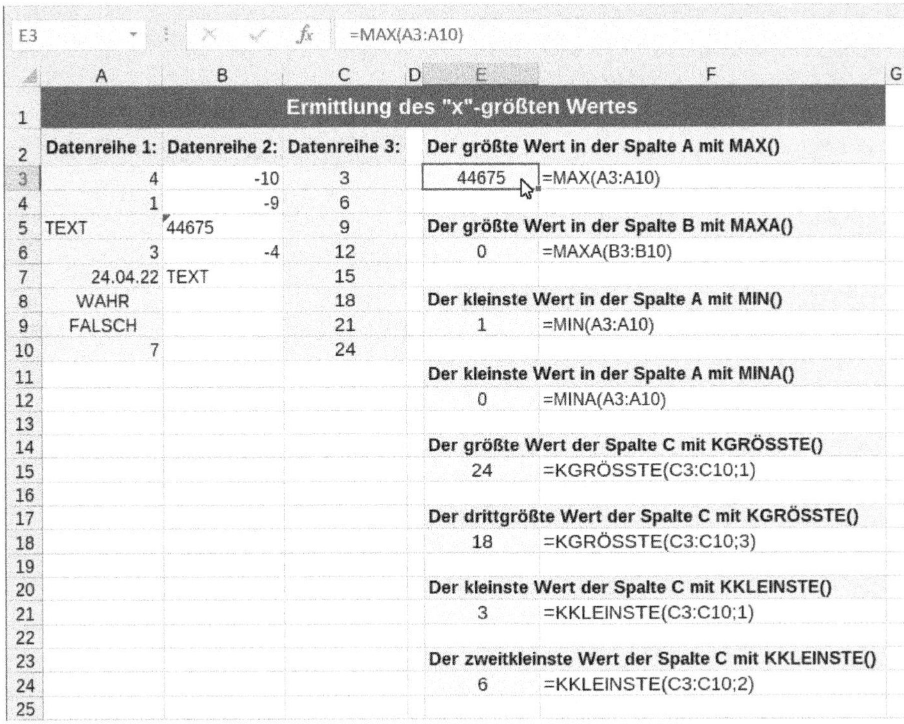

E3 =MAX(A3:A10)

	A	B	C	D	E	F
1	Ermittlung des "x"-größten Wertes					
2	Datenreihe 1:	Datenreihe 2:	Datenreihe 3:		Der größte Wert in der Spalte A mit MAX()	
3	4	-10	3		44675	=MAX(A3:A10)
4	1	-9	6			
5	TEXT	44675	9		Der größte Wert in der Spalte B mit MAXA()	
6	3	-4	12		0	=MAXA(B3:B10)
7	24.04.22	TEXT	15			
8	WAHR		18		Der kleinste Wert in der Spalte A mit MIN()	
9	FALSCH		21		1	=MIN(A3:A10)
10	7		24			
11					Der kleinste Wert in der Spalte A mit MINA()	
12					0	=MINA(A3:A10)
13						
14					Der größte Wert der Spalte C mit KGRÖSSTE()	
15					24	=KGRÖSSTE(C3:C10;1)
16						
17					Der drittgrößte Wert der Spalte C mit KGRÖSSTE()	
18					18	=KGRÖSSTE(C3:C10;3)
19						
20					Der kleinste Wert der Spalte C mit KKLEINSTE()	
21					3	=KKLEINSTE(C3:C10;1)
22						
23					Der zweitkleinste Wert der Spalte C mit KKLEINSTE()	
24					6	=KKLEINSTE(C3:C10;2)
25						

Lösung

Den größten Wert des Bereichs A3:A10 erhalten Sie mit der Formel:

```
=MAX(A3:A10)
```

Den kleinsten Wert des Bereichs A3:A10 erhalten Sie mit:

```
=MIN(A3:A10)
```

Den drittgrößten Wert der Datenreihe erhalten Sie mit der Formel:

```
=KGRÖSSTE(A3:A10;3)
```

Den zweitkleinsten Wert der Datenreihe erhalten Sie mit der Formel:

```
=KKLEINSTE(A3:A10;3)
```

Hintergrund

Die Funktion MAX() ermittelt den größten Wert der Reihe. Im obigen Beispiel den Zahlenwert des Datums 24.04.22.

Die Funktion MIN() liefert den kleinsten Zahlenwert der Reihe. Argumente wie leere Zellen oder Text werden ignoriert.

> **Hinweis**
>
> Sollen Zellen, die Text oder Wahrheitswerte enthalten, mitgezählt werden, verwenden Sie die Funktionen `MAXA()` oder `MINA()`. Zellen mit Text oder dem Wahrheitswert `FALSCH` erhalten den Wert 0; Zellen mit dem Wahrheitswert `WAHR` erhalten den Wert 1.
>
> Mit den Funktionen: `KGRÖSSTE()` und `KKLEINSTE()` ermitteln Sie die Rangfolge von Werten einer Datenreihe. Der Parameter `Daten` stellt den Wertebereich oder die Matrix dar, deren C-größten Wert Sie bestimmen möchten. Der Parameter `RangC` ist der Rang des Elements, das angezeigt werden soll. Der Rang wird mit einer Zahl ausgedrückt (drittgrößter Wert = 3).

Verwendete Funktionen

```
MAX(Zahl1[;Zahl2[;...[;Zahl255]]])
MAXA(Zahl1[;Zahl2[;...[;Zahl255]]])
MIN(Zahl1[;Zahl2[;...[;Zahl255]]])
MINA(Zahl1[;Zahl2[;...[;Zahl255]]])
KGRÖSSTE(Daten;RangC)
KKLEINSTE(Daten;RangC)
```

4.7.5 Differenz zwischen der aktuellen Zeile und der Zeile mit dem letzten Eintrag ermitteln

Problem

Sie möchten in einem Tabellenblatt automatisch die Kilometerdifferenz zum vorherigen Tankstopp und den daraus resultierenden Verbrauch berechnen. Das Problem ist, dass die Kilometerstände der letzten Tankstopps in unterschiedlichen Zeilenabständen vorher stehen können. Wie können Sie nun vom Kilometerstand aus der aktuellen Zeile den letzten zuvor eingetragenen Kilometerstand subtrahieren, egal in welcher Zeile dieser Wert steht?

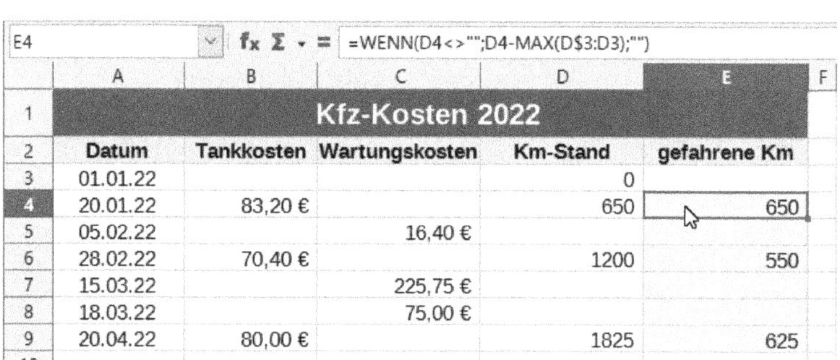

E4 =WENN(D4<>"";D4-MAX(D$3:D3);"")

	A	B	C	D	E
1	Kfz-Kosten 2022				
2	Datum	Tankkosten	Wartungskosten	Km-Stand	gefahrene Km
3	01.01.22			0	
4	20.01.22	83,20 €		650	650
5	05.02.22		16,40 €		
6	28.02.22	70,40 €		1200	550
7	15.03.22		225,75 €		
8	18.03.22		75,00 €		
9	20.04.22	80,00 €		1825	625
10					

Lösung

In der Spalte A steht das Datum, in der Spalte D der Kilometerstand beim jeweiligen Tankstopp.
In den Zeilen 1 und 2 stehen die Spaltenüberschriften und in der Zelle D3 der Übertrag des Kilometerstands beim Jahreswechsel bzw. »0« beim Neukauf des Pkws.
Die Anzahl der zwischen den beiden letzten Tankstopps gefahrenen Kilometer erhalten Sie in der Zelle E4 mit der Formel:

```
=WENN(D4<>"";D4-MAX(D$3:D3);"")
```

Ziehen Sie die Formel mit dem Aufziehkästchen der Zelle nach unten.

Hintergrund

Die `WENN()`-Funktion prüft, ob am aktuellen Tag ein Kilometerstand eingetragen wurde. Sollte das nicht der Fall sein, bleibt die Ergebniszelle leer. Ist ein Kilometerstand vorhanden, wird die Formel berechnet. Sie subtrahiert den größten zuvor eingegebenen Wert ab Zelle D3 vom Wert der aktuellen Zelle (hier D4). Dass D3 immer als Ausgangspunkt genommen wird, erreichen Sie durch den absoluten Bezug auf die Zeile 3: $3. Das flexible Ende des Bereichs erhalten Sie mit dem relativen Bezug D3, eine Zeile über der Formelzelle.

Verwendete Funktionen

```
MAX(Zahl1[;Zahl2[;...[;Zahl255]]])
WENN(Prüfung[;[DannWert][;[SonstWert]]])
```

4.7.6 Wie errechnen Sie den Sinus eines bestimmten Winkels?

Problem

Sie möchten den Sinus eines Winkels von 90 Grad errechnen. Wenn Sie die Funktion `=SIN(90)` eingeben, erhalten Sie den Wert: 0,8939967. Auf dem Taschenrechner erscheint jedoch der Wert: 1,0000000. Wieso erhalten Sie einen anderen Wert?

A1 | Sinus – Cosinus – Gradzahlen

	A	C	E	G	I
1	Sinus – Cosinus – Gradzahlen				
2	Grad:	Bogenmaß	Sinus	Cosinus	Grad:
3	180 °	3,1415927	0,0000000	-1,0000000	180 °
4	90 °	1,5707963	1,0000000	0,0000000	90 °
5	45 °	0,7853982	0,7071068	0,7071068	45 °
6	135 °	2,3561945	0,7071068	-0,7071068	135 °
7	60 °	1,0471976	0,8660254	0,5000000	60 °
8	30 °	0,5235988	0,5000000	0,8660254	30 °
9	120 °	2,0943951	0,8660254	-0,5000000	120 °
10					
11	*Formel in C3:*			*Formel in G3:*	
12	=BOGENMASS(A3)			=COS(BOGENMASS(A3))	
13	*Formel in E3:*			*Formel in I3:*	
14	=SIN(BOGENMASS(A3))			=GRAD(C3)	
15					

Lösung

In der Zelle A4 steht die in einen Sinuswert umzurechnende Gradzahl; hier: 90°. In der Zelle C4 errechnen Sie den Sinuswert mit der Formel:

```
=SIN(BOGENMASS(A4))
```

Als Ergebnis erhalten Sie den Wert: »1,0000000«.

Hintergrund

Die Formel nutzt für alle trigonometrischen Funktionen die Winkel nicht in Grad, sondern im Bogenmaß. Ganz einfach aus dem Grund, weil die zu errechnenden Werte keine Winkel, sondern Längen darstellen. Sie müssen also die Gradzahl zuerst mit der Funktion `BOGENMASS()` in ein Bogenmaß umrechnen. Erst das so ermittelte Bogenmaß kann mit der Funktion `SIN()` in einen Sinuswert umgerechnet werden.

Wollen Sie ein Bogenmaß in eine Gradzahl umwandeln, so steht Ihnen die Funktion `GRAD()` zur Verfügung. Die Gradzahl des Bogenmaßes 3,1415927 errechnet beispielsweise die Formel:

```
=GRAD(3,1415927)
```

Als Ergebnis erhalten Sie die Gradzahl »180«.

Tipp

Die Funktion Kosinus arbeitet nach dem gleichen Prinzip. Den Kosinuswert der Zelle A3 mit der Gradzahl 180 erhalten Sie mit der Formel:

```
=COS(BOGENMASS(A3))
```

Verwendete Funktionen

```
BOGENMASS(Zahl)
COS(Zahl)
GRAD(Zahl)
SIN(Zahl)
```

4.7.7 Potenzieren und Wurzel ziehen

Problem

Wie können Sie die dritte Potenz einer Zahl errechnen bzw. die 3. Wurzel einer Zahl ziehen?

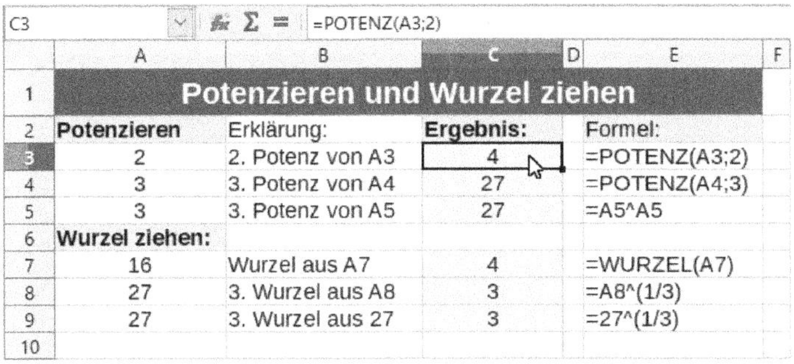

C3 =POTENZ(A3;2)

	A	B	C	D	E	F
1	Potenzieren und Wurzel ziehen					
2	**Potenzieren**	Erklärung:	**Ergebnis:**		Formel:	
3	2	2. Potenz von A3	4		=POTENZ(A3;2)	
4	3	3. Potenz von A4	27		=POTENZ(A4;3)	
5	3	3. Potenz von A5	27		=A5^A5	
6	**Wurzel ziehen:**					
7	16	Wurzel aus A7	4		=WURZEL(A7)	
8	27	3. Wurzel aus A8	3		=A8^(1/3)	
9	27	3. Wurzel aus 27	3		=27^(1/3)	
10						

Lösung

Die dritte Potenz der Zahl der Zelle A4 erhalten Sie mit der Formel:

```
=POTENZ(A4;3)
```

Steht in A4 die Zahl 3, erhalten Sie als Ergebnis die Zahl 27.

Als Alternative können Sie auch die Formel =3^3 verwenden.

Die Quadratwurzel einer Zahl erhalten Sie mit der Funktion `WURZEL()`. Die Quadratwurzel aus dem Inhalt der Zelle A7 mit der Zahl 16 errechnet demnach die Formel:

```
=WURZEL(A7)
```

Als Ergebnis erhalten Sie die Zahl 4. Für die Berechnung einer beliebigen Wurzel verwenden Sie das Caret-Zeichen (^).

Die 3. Wurzel aus dem Inhalt der Zelle A8 mit der Zahl 27 errechnet beispielsweise die Formel

```
=A8^(1/3)
```

und liefert als Ergebnis die Zahl 3.

Hintergrund

Um eine Zahl zu potenzieren, verwenden Sie die Funktion `POTENZ()`. Zur Wurzelziehung steht Ihnen die Funktion `WURZEL()` zur Verfügung. Als Alternative können Sie in jedem Falle das Caret-Zeichen (^) verwenden.

Verwendete Funktionen

```
POTENZ(Basis;Exponent)
WURZEL(Zahl)
```

4.8 Rechenfunktionen in der Praxis

4.8.1 Ein Haushaltsbuch mit der Funktion SUMMENPRODUKT()

Problem

Sie haben ein Ausgaben-Journal in einer Tabelle erstellt. In der Spalte A steht das Datum, in der Spalte B die Kostenart und in der Spalte C der Betrag. Das Journal wird chronologisch fortgeführt. Diese Tabelle möchten Sie nun im Bereich E3:R»x« monatlich auswerten.

G4 | {=SUMMENPRODUKT(($B$4:$B$1000=$E4)*($C$4:$C$1000)*(MONAT($A$4:$A$1000)=MONAT(G$3)))}

	A	B	C	D	E	F	G	H	I
1	Haushaltsbuch								
2	Journal 2022				Auswertung				
3	Datum:	Kosten:	Betrag:		Kategorie	Jahr	Januar	Februar	März
4	01.01.22	Lebensmittel	104,00 €		Lebensmittel	2.625,00 €	834,00 €	825,00 €	966,00 €
5	02.01.22	Kosmetik	82,00 €		Pkw	1.432,00 €	438,00 €	401,00 €	593,00 €
6	03.01.22	Kleidung	36,00 €		Kosmetik	1.124,00 €	379,00 €	353,00 €	392,00 €
7	04.01.22	Pkw	117,00 €		Kleidung	985,00 €	299,00 €	361,00 €	325,00 €
8	05.01.22	Freizeit	97,00 €		Freizeit	1.807,00 €	680,00 €	483,00 €	644,00 €
9	06.01.22	Kosmetik	18,00 €		Summe	7.973,00 €	2.630,00 €	2.423,00 €	2.920,00 €
10	07.01.22	Lebensmittel	67,00 €						
11	08.01.22	Kleidung	82,00 €						
12	09.01.22	Pkw	113,00 €		*Formel der Zelle F4:*				
13	10.01.22	Freizeit	150,00 €		{=SUMMENPRODUKT(($B$4:$B$1000=$E4)*($C$4:$C$1000))}				
14	11.01.22	Lebensmittel	137,00 €		*Formel der Zelle G4:*				
15	12.01.22	Freizeit	146,00 €		{=SUMMENPRODUKT(($B$4:$B$1000=$E4)*($C$4:$C$1000)*(MONAT($A$4:$A$1000)=MONAT(G$3)))}				
16	13.01.22	Lebensmittel	84,00 €		*Formel der Zelle F9:*				
17	14.01.22	Kosmetik	92,00 €		=SUMME(F4:F8)				
18	15.01.22	Kleidung	109,00 €		*Formel der Zelle G3:*				
19	16.01.22	Lebensmittel	14,00 €		=DATUM(JAHR($A$2);SPALTE()-6;1)				
20	17.01.22	Freizeit	126,00 €						

Lösung

Erstellen Sie sich eine Auswertungstabelle nach folgendem Muster:
In den Zeilen 1 und 2 stehen die Tabellenüberschriften.
In die Zeile 3 des Auswertungsbereichs (Spalten E:R) schreiben Sie die Überschriften der einzelnen Spalten und ab G3 die Monatsnamen. Als Monatsnamen verwenden Sie den 1.1. eines Monats (z.B.: 01.01.22) und formatieren die Zellen anschließend mit dem Format `MMMM`, sodass der Text »Januar«, »Februar« usw. erscheint.
Auf diese Weise formatierte Datumszellen können Sie später leichter in Ihre Formeln einbauen. In der Spalte E mit der Überschrift »Kategorie« erfassen Sie die einzelnen Kostenarten. In der Spalte F werden die Jahressummen der einzelnen Kostenarten errechnet und ab Spalte G die aufsummierten Monatssummen. Die letzte Zeile des Auswertungsbereichs bildet eine Summenzeile.

1. Die Jahressummen:

Zur Errechnung der Jahressummen der einzelnen Kategorien schreiben Sie in die Zelle F4 folgende Matrixformel

```
=SUMMENPRODUKT(($B$4:$B$1000=$E4)*($C$4:$C$1000))
```

und beenden die Eingabe mit [Strg]+[Shift]+[Enter]. Als Ergebnis erhalten Sie die Jahressumme der in die Zelle E4 eingetragenen Ausgabenkategorie.

Diese Formel können Sie nun in die anderen Zellen des Auswertungsbereichs der Spalte F, hier F5:F8, übertragen. Kopieren Sie dazu die Zelle F4 mit [Strg]+[C] und markieren anschließend den Bereich F5:F8. Im Kontextmenü des markierten Bereichs rufen Sie den Befehl INHALTE EINFÜGEN auf und klicken dann auf FORMELN.

2. Die Monatssummen der einzelnen Kategorien:

In der Zelle G4 errechnen Sie die Ausgaben der ersten Kategorie für den Monat Januar. Verwenden Sie dazu folgende Matrixformel:

```
=SUMMENPRODUKT(($B$4:$B$1000=$E4)*($C$4:$C$1000)*
(MONAT($A$4:$A$1000)=MONAT(G$3)))
```

Beenden Sie die Eingabe mit [Strg]+[Shift]+[Enter]. Als Ergebnis erhalten Sie die Monatssumme der in der Zelle E4 ausgewiesenen Kategorie. Diese Formel muss nun in alle übrigen Auswertungszellen des Bereichs G5:R8 (= monatlicher Auswertungsbereich Januar bis Dezember der einzelnen Kategorien) kopiert werden. Als Ergebnis erhalten Sie die monatlichen Werte der einzelnen Kategorien.

3. Die gesamten Ausgaben im Monat bzw. im Kalenderjahr:

Schreiben Sie, wenn die Monatssummen in dieser Zeile errechnet werden sollen, in die Zelle F9 folgende Formel:

```
=SUMME(F4:F8)
```

Ziehen Sie die Formel mit dem Aufziehkästchen bis zur Spalte R auf. Als Ergebnis erhalten Sie die Jahres- bzw. die Monatssummen.

Hintergrund

Sowohl zur Berechnung der Jahressummen als auch zur Berechnung der einzelnen Monatssummen wird die Funktion `SUMMENPRODUKT()` verwendet. Zur Berechnung der Jahressumme einer Kategorie prüft die Formel jede Zeile des Datenbereichs A4:C1000, ob die enthaltene Kostenart der Spalte B der auszuwertenden Kategorie der Spalte E entspricht. Stimmen beide Werte überein, wird der Wahrheitswert 1 vergeben; andernfalls 0. Die Summen der einzelnen Produkte `Wahrheitswert * Betrag` ergeben den Jahreswert der Kategorie. Beachten Sie die Bezüge der Formeln. Es sind absolute und teilabsolute Bezüge vorhanden. Bei den teilabsoluten Bezügen haben entweder die Spalten oder die Zeilen eine absolute Adressierung. Dies hat den großen Vorteil, dass Sie die entwickelte Formel für alle Zellen des Bereichs ohne Änderung verwenden können.

Zur Berechnung der Monatssummen der einzelnen Kategorien erweitern Sie die Formel der Jahressummenberechnung um die Multiplikation mit dem Formelteil: `MONAT($A$4:$A$1000)=MONAT(G$3)`.

Dieser Formelteil extrahiert aus der berechneten Jahresgesamtsumme einer Kategorie alle Summen, die auf den ausgewählten Monat entfallen.

Verwendete Funktionen

```
MONAT(Zahl)
SUMME(Zahl_1;Zahl_2;...;Zahl_255)
SUMMENPRODUKT(Matrix1[;Matrix2[;...[;Matrix255]]])
```

4.8.2 Kfz-Kosten-Verwaltung mit den Funktionen SUMME() und WENN()

Problem

Sie erfassen fortlaufend Ihre Kfz-Kosten in einer Tabelle. In der Spalte B steht das Datum, in der Spalte C die Kostenart und in der Spalte D der Betrag. Nun möchten Sie diese Tabelle auswerten und die Beträge monatlich zusammenfassen. Welche Formeln verwenden Sie dazu?

G4 {=SUMME(WENN(MONAT($B$3:$B$97)=MONAT(G$3);WENN($C$3:$C$97=$F4;$D$3:$D$97)))}

	A	B	C	D	E	F	G	H	I	J
1		Meine Kfz-Kosten								
2		Datum:	Kostenart:	Betrag:		Auswertung				
3		05.01.22	Tanken	60,00 €		Kostenart:	Januar	Februar	März	
4		25.01.22	Versicherung	155,00 €		Tanken	60,00 €	90,00 €	35,00 €	
5		10.02.22	Tanken	40,00 €		Wartung	0,00 €	140,00 €	75,00 €	
6		15.02.22	Wartung	140,00 €		Versicherung	155,00 €	0,00 €	0,00 €	
7		20.02.22	Tanken	50,00 €		Pflege	0,00 €	0,00 €	15,00 €	
8		05.03.22	Wartung	75,00 €		Gesamtkosten:	215,00 €	230,00 €	125,00 €	
9		07.03.22	Tanken	35,00 €						
10		14.03.22	Pflege	15,00 €						
11										

Lösung

Erstellen Sie eine Auswertungstabelle nach folgendem Muster:
In die Spalte F schreiben Sie ab Zeile 4 die Kostenarten, beispielsweise in die Zelle F4 »Tanken«, in die Zelle F5 »Wartung« usw.
In der Zeile 3 stehen ab Spalte G die Monatsnamen, in der Zelle G3 also der Januar. Als Monatsnamen verwenden Sie nicht den Text »Januar«, »Februar« usw., sondern benutzen mit dem Format `MMMM` formatierte Datumszahlen, z.B. »01.01.2022«, »01.02.2022« usw.
Ab der Zeile 4 berechnen Sie ab Spalte G die im Monat angefallenen Kostenarten, beispielsweise in der Zelle G4 die Tankkosten für Januar, in G5 die Wartungskosten für den Januar usw.

Die zutreffenden Ergebnisse liefert die Matrixformel:

```
=SUMME(WENN(MONAT($B$3:$B$100)=MONAT(G$3);
WENN($C$3:$C$100=$F4;$D$3:$D$100)))
```

Beenden Sie die Eingabe dieser Matrixformel mit [Strg]+[Shift]+[Enter]. Zur Berechnung der übrigen Monatswerte kopieren Sie die Formel und fügen sie in die übrigen Ergebniszellen ein. Aufgrund der absoluten und teilabsoluten Zellbezüge erhalten Sie immer das zutreffende Ergebnis. In der Summenzelle G8 ergibt die Summe von G4:G7 (=SUMME(G4:G7)) die Gesamtkosten des Monats Januar. Auch diese Formel braucht nur in die übrigen Monate kopiert zu werden.

Hintergrund

Mithilfe der WENN()-Funktion durchsucht die Formel den Matrixbereich nach übereinstimmenden Werten und addiert mithilfe der Funktion SUMME() die dazu gefundenen korrespondierenden Beträge zu einer Gesamtsumme.

Verwendete Funktionen

```
MONAT(Zahl)
SUMME(Zahl_1;Zahl_2;...;Zahl_255)
WENN(Prüfung;DannWert;SonstWert)
```

4.8.3 Kilometergeld nach Entfernungspauschalen berechnen

Problem

Die steuerlich berücksichtigungsfähigen Fahrtkosten berechnen sich aus unterschiedlichen Kilometerpauschalen: 30 Cent bis zu einer Entfernung von 20 Kilometern und 38 Cent ab dem 21. Kilometer. Wie können Sie in Ihrer Reisekostentabelle die zutreffende Kilometerpauschale berechnen, ohne die Kilometeranteile gesondert trennen und berechnen zu müssen?

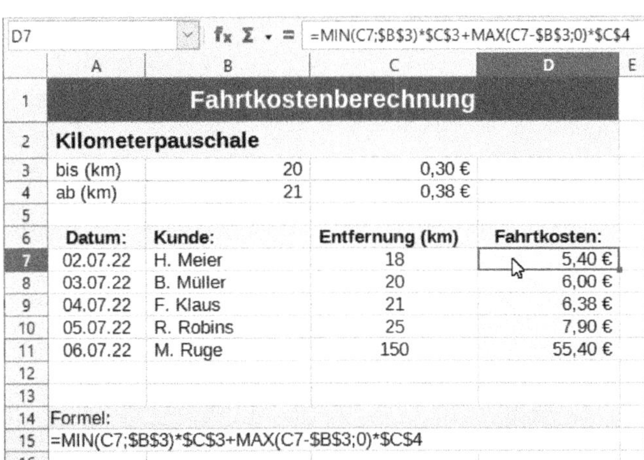

D7 | =MIN(C7;$B$3)*$C$3+MAX(C7-$B$3;0)*$C$4

	A	B	C	D
1	Fahrtkostenberechnung			
2	Kilometerpauschale			
3	bis (km)	20	0,30 €	
4	ab (km)	21	0,38 €	
5				
6	Datum:	Kunde:	Entfernung (km)	Fahrtkosten:
7	02.07.22	H. Meier	18	5,40 €
8	03.07.22	B. Müller	20	6,00 €
9	04.07.22	F. Klaus	21	6,38 €
10	05.07.22	R. Robins	25	7,90 €
11	06.07.22	M. Ruge	150	55,40 €
12				
13				
14	Formel:			
15	=MIN(C7;$B$3)*$C$3+MAX(C7-$B$3;0)*$C$4			
16				

Lösung

Angenommen, Sie haben eine Tabelle mit folgendem Aufbau:
In Zelle B3 haben Sie den Grenzwert für die Änderung der Kilometerpauschale, hier den Wert »20« eingegeben.
Daneben in Zelle C3 schreiben Sie die Kilometerpauschale bis zu diesem Grenzwert; hier: »0,30 €« und darunter
in der Zelle C4 steht die Kilometerpauschale ab dem 21. Kilometer; hier: »0,38 €«.
In der Zeile 7 steht in Spalte A das Datum der Dienstreise, in Spalte B der Kundenname, in Spalte C die Entfernung zum Kunden und in der Spalte D soll die zutreffende Kilometerpauschale errechnet werden. Dazu schreiben Sie in die Zelle D7 die Formel:

```
=MIN(C7;$B$3)*$C$3+MAX(C7-$B$3;0)*$C$4
```

Als Ergebnis erhalten Sie die steuerlich ansetzbaren Fahrtkosten.

Hintergrund

Die Berechnung der Aufteilung der gefahrenen Kilometer in den Anteil bis 20 Kilometer und den Anteil ab dem 21. Kilometer kann durch die Funktionen `MIN()` und `MAX()` erfolgen. Die ermittelten Anteile müssen dann nur noch mit den entsprechenden Pauschalen multipliziert werden. Den Anteil der gefahrenen Kilometer bis zum Grenzwert von 20 Kilometern erhalten Sie in Zelle D8 mit folgender Formel: `=MIN(C7;$B$3)`.

Ist die Gesamtkilometerzahl kleiner als 20, liefert die Formel die Gesamtkilometerzahl, ansonsten den Grenzwert aus Zelle B3. Der Anteil ab 20 Kilometer ergibt sich durch folgende Formel: `=MAX(C7-$B$3;0))`. Sie kürzt die Gesamtkilometerzahl um den Grenzwert in B3 (20 Kilometer).

Damit bei Fahrstrecken unter 20 Kilometern keine negativen Werte gerechnet werden, schließt die Funktion `MAX()` mit der km-Zahl 0 als zweiten Parameter diesen Fall aus und setzt den Anteil auf 0. Nun müssen Sie die Kilometeranteile nur noch mit den entsprechenden Pauschalen der Zellen C3 und C4 multiplizieren.

Tipp

Durch die Verwendung von »absoluten« und »relativen« Bezügen kann die Formel problemlos in die übrigen Berechnungszellen kopiert werden.

Verwendete Funktionen

```
MAX(Zahl1[;Zahl2 [;...[;Zahl255]]])
MIN(Zahl1[;Zahl2 [;...[;Zahl255]]])
```

4.8.4 Die Altersgruppen eines Vereins ermitteln

Problem

Für die Vereins-Chronik sollen Sie ermitteln, aus welchen Altersgruppen sich die Mitglieder zusammensetzen.

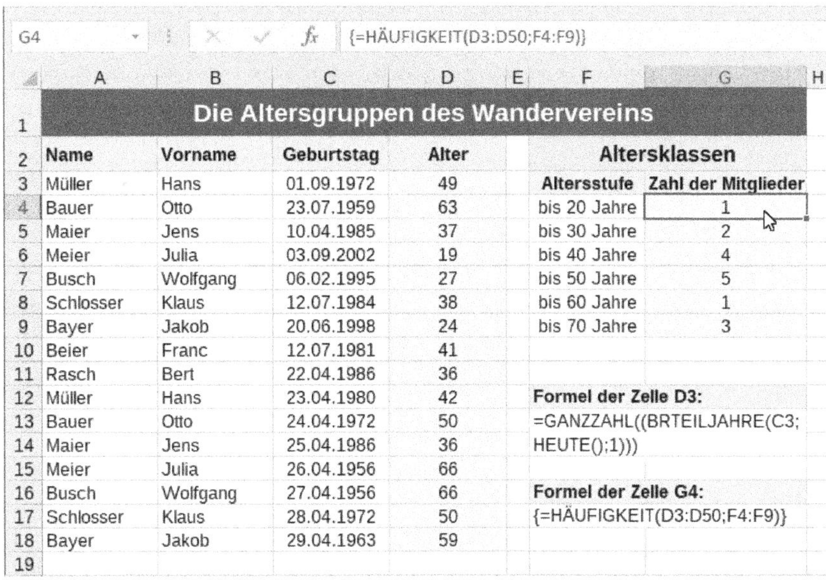

G4 | {=HÄUFIGKEIT(D3:D50;F4:F9)}

	A	B	C	D	E	F	G
1	Die Altersgruppen des Wandervereins						
2	Name	Vorname	Geburtstag	Alter		Altersklassen	
3	Müller	Hans	01.09.1972	49		Altersstufe	Zahl der Mitglieder
4	Bauer	Otto	23.07.1959	63		bis 20 Jahre	1
5	Maier	Jens	10.04.1985	37		bis 30 Jahre	2
6	Meier	Julia	03.09.2002	19		bis 40 Jahre	4
7	Busch	Wolfgang	06.02.1995	27		bis 50 Jahre	5
8	Schlosser	Klaus	12.07.1984	38		bis 60 Jahre	1
9	Bayer	Jakob	20.06.1998	24		bis 70 Jahre	3
10	Beier	Franc	12.07.1981	41			
11	Rasch	Bert	22.04.1986	36			
12	Müller	Hans	23.04.1980	42		Formel der Zelle D3:	
13	Bauer	Otto	24.04.1972	50		=GANZZAHL((BRTEILJAHRE(C3;	
14	Maier	Jens	25.04.1986	36		HEUTE();1)))	
15	Meier	Julia	26.04.1956	66			
16	Busch	Wolfgang	27.04.1956	66		Formel der Zelle G4:	
17	Schlosser	Klaus	28.04.1972	50		{=HÄUFIGKEIT(D3:D50;F4:F9)}	
18	Bayer	Jakob	29.04.1963	59			
19							

Lösung

In den Spalten A:C wurden die Mitglieder mit Nachnamen, Vornamen und Geburtstagen erfasst. Damit die einzelnen Personen einer Altersgruppe zugeordnet werden können, muss zuerst das Alter jeder Person berechnet werden. Verwenden Sie dazu die Formel:

```
=GANZZAHL((BRTEILJAHRE(C3;HEUTE();1)))
```

Diese Formel liefert das genaue Alter einer Person zum aktuellen Tag. Kopieren Sie die Formel in alle Zeilen des Datenbereichs. Damit die Mitglieder in Altersgruppen eingeteilt und in 10-Jahres-Schritten zugeordnet werden können, schreiben Sie in die Zellen F4 bis F9 die Zahlen: 20, 30, 40, 50, 60, 70 und formatieren diese Zahlen mit dem benutzerdefinierten Zahlenformat: `bis "0" Jahre`, um sie in der Form »bis 20 Jahre« darzustellen.

Nun können die Personen den einzelnen Altersgruppen zugewiesen werden. Dazu markieren Sie den Bereich G4:G9, klicken in die Rechenleiste und schreiben folgende Matrixformel:

```
=HÄUFIGKEIT(D3:D22;F4:F9)
```

Die Eingabe beenden Sie mit `Strg`+`Shift`+`Enter`. Als Ergebnis erhalten Sie zu jeder Altersstufe die Anzahl der Vereinsmitglieder.

Hintergrund

Für die Berechnung der einzelnen Altersgruppen brauchen Sie zuerst das Lebensalter der einzelnen Personen. Dieses ermitteln Sie mit der Funktion `GANZZAHL()` des auf die nächstkleinere ganze Zahl gerundeten Werts des Ergebnisses von `BRTEILJAHRE()`. Wichtig bei der Berechnung des Lebensalters ist jeweils der dritte Parameter. Bei der Funktion `JAHRE()` verwenden Sie den Wert 0, (Jahresberechnung in Intervallen), bei der Funktion `BRTEILJAHRE()` den Wert `1` (genaue Tagesberechnung). Das heißt, die Jahresberechnung wird von Geburtstag zu Geburtstag ausgeführt. In diesem Fall ist diese Funktion genau die richtige.

Die Zuordnung der einzelnen Personen zu den Altersstufen erreichen Sie mit der Funktion `HÄUFIGKEIT()`. Der Parameter `Daten` umfasst die auszuwertenden Zellen, also die Zellen der Spalte D mit dem errechneten Alter. Der Parameter `Klassen` umfasst den Wertebereich der Altersstufen, also den Bereich F4:F9.

Die Tastenkombination [Strg]+[Shift]+[Enter] beendet die Matrixformel. Die Ergebnisse werden sofort in den Zellen G4:G9 ausgewiesen.

Verwendete Funktionen

```
BRTEILJAHRE(Anfangsdatum;End-Datum[;Basis])
GANZZAHL(Zahl)
HEUTE()
HÄUFIGKEIT(Daten;Klassen)
JAHRE(Anfangsdatum;End-Datum;Typ)
```

4.8.5 Das häufigste Ergebnis einer Versuchsreihe

Problem

Sie sind damit beauftragt, Tests durchzuführen. Jeder Test wird unter zehn verschiedenen Bedingungen durchgeführt. Wie können Sie sich in einer Zelle das häufigste Ergebnis anzeigen lassen?

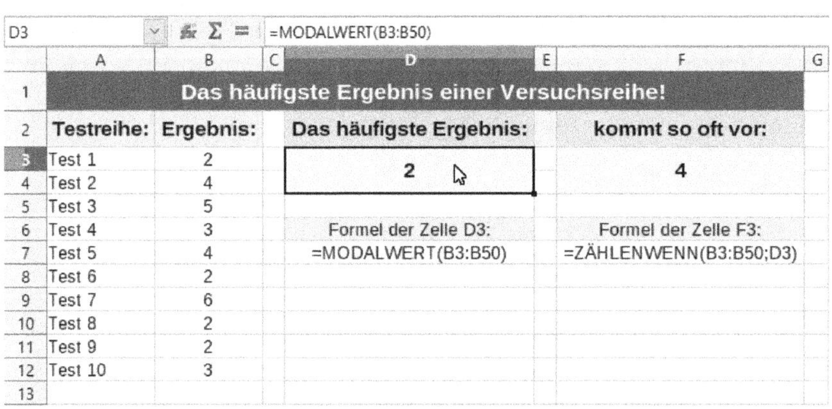

Lösung

In der Spalte A stehen die Testreihen, in der Spalte B wird das Ergebnis jedes Tests erfasst.
In der Zelle D3 soll das häufigste Testergebnis ausgewiesen werden, in der Zelle F3 die Zahl, wie oft dieses Testergebnis vorkam.
Um zu erfahren, welches Ergebnis am häufigsten vorkommt, schreiben Sie in die Zelle D3 die Formel:

```
=MODALWERT(B3:B50)
```

Als Ergebnis erhalten Sie den Wert, der am häufigsten vorkommt. Wenn Sie wissen wollen, wie oft dieser Wert vorkommt, so schreiben Sie in die Zelle F3 die Formel:

```
=ZÄHLENWENN(B3:B50;MODALWERT(B3:B50))
```

Als Ergebnis erhalten Sie die Anzahl, wie oft der Test den Wert der Zelle D3 ergab.

Hintergrund

Die Funktion `MODALWERT()` liefert Ihnen die Zahl, die im Bereich am häufigsten vorkommt. Im obigen Beispiel die Zahl 2.

Mit der Funktion `ZÄHLENWENN()` ermitteln Sie dann, wie oft der Parameter `Kriterium`, hier der ermittelte Modalwert, im Bereich vorkommt. Im obigen Beispiel kommt die Zahl 2 vier Mal vor.

Verwendete Funktionen

```
MODALWERT(Zahl1[;Zahl2[;...[;Zahl255]]])
ZÄHLENWENN(Bereich;Kriterium)
```

4.8.6 Jahresdurchschnittsnote berechnen

Problem

In einem Datenblatt möchten Sie die durchschnittliche Jahresnote für jedes Schulfach errechnen. Im Beispielsfall werden in einem Schuljahr vier Schularbeiten und vier Extemporalen geschrieben, wobei die Note für eine Schularbeit die doppelte Wertigkeit hat. Welche Formel errechnet Ihnen die richtige Durchschnittsnote?

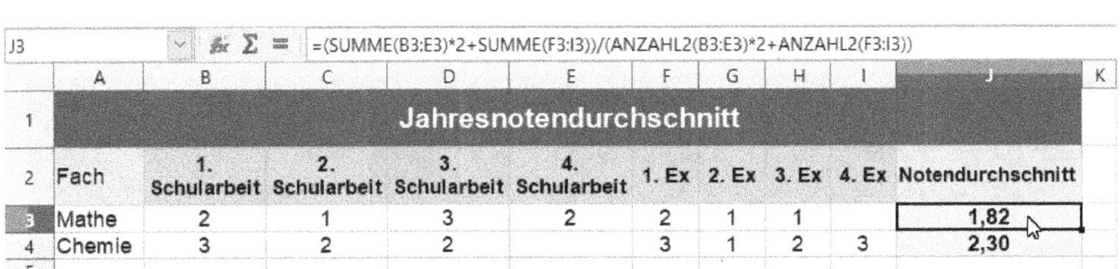

J3 | =(SUMME(B3:E3)*2+SUMME(F3:I3))/(ANZAHL2(B3:E3)*2+ANZAHL2(F3:I3))

	A	B	C	D	E	F	G	H	I	J	K
1	Jahresnotendurchschnitt										
2	Fach	1. Schularbeit	2. Schularbeit	3. Schularbeit	4. Schularbeit	1. Ex	2. Ex	3. Ex	4. Ex	Notendurchschnitt	
3	Mathe	2	1	3	2	2	1	1		1,82	
4	Chemie	3	2	2		3	1	2	3	2,30	
5											

Lösung

Erstellen Sie sich ein Notenblatt nach folgendem Muster:
In den Zeilen 1 und 2 befinden sich die Überschriften.
In die Spalte A schreiben Sie die Schulfächer.
In den Spalten B:E erfassen Sie die Noten der Schularbeiten, in den Spalten F:I die Noten der geschriebenen Extemporalen.
In der Spalte J soll die Jahresdurchschnittsnote errechnet werden. Dazu schreiben Sie in die Zelle J3 zur Berechnung des Notendurchschnitts der Zeile 3 unter Zugrundelegung des oben abgebildeten Musters folgende Formel:

```
=(SUMME(B3:E3)*2+SUMME(F3:I3))/(ANZAHL2(B3:E3)*2+ANZAHL2(F3:I3))
```

Kopieren Sie diese Formel in alle Zellen, in denen eine Jahresdurchschnittsnote errechnet werden soll.

Hintergrund

Die Formel summiert die Noten der geschriebenen Schularbeiten und multipliziert sie mit zwei (doppelte Wertigkeit). Dazu werden die Noten der Extemporalen gezählt. Die Notensumme wird nun durch die Anzahl der geschriebenen Schularbeiten geteilt, wobei die Schularbeiten wieder doppelt gezählt werden.

Damit die ausgewiesene Durchschnittsnote immer dem tatsächlichen Notendurchschnitt entspricht und weil ungewiss ist, wie viele Schularbeiten tatsächlich geschrieben werden, werden mit der Funktion ANZAHL2() die Zellen mit Noteneinträgen gezählt und getrennt nach Schularbeiten und Extemporalen aufsummiert. Die errechnete Notensumme, dividiert durch den errechneten Teiler, ergibt die gesuchte Jahresdurchschnittsnote.

Verwendete Funktionen

```
ANZAHL2(Zahl1[;Zahl2[;...[;Zahl255]]])
SUMME(Zahl1[;Zahl2[;...[;Zahl255]]])
```

4.8.7 Wie hoch sind die Gewinnchancen, wie viele mögliche KOMBINATIONEN() gibt es?

Problem

Wie hoch sind Ihre Gewinnchancen beim Lottospielen?

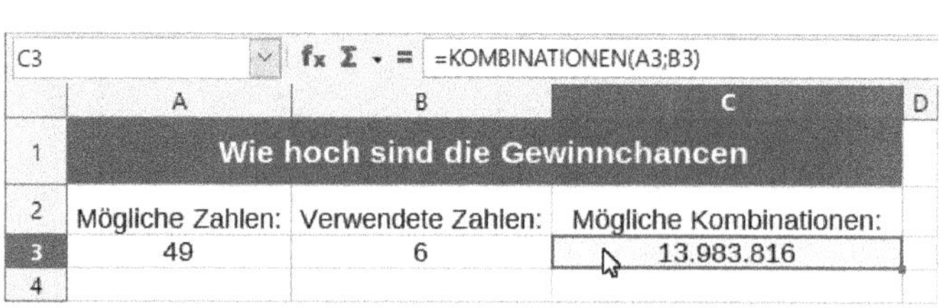

Lösung

Schreiben Sie in eine Zelle die Formel:

```
=KOMBINATIONEN(49;6)
```

Als Ergebnis erhalten Sie die Zahl: »13.983.816«.

Hintergrund

Die Funktion `KOMBINATIONEN()` kann immer dann verwendet werden, wenn Sie berechnen möchten, wie viele Möglichkeiten aus einer bestimmten Anzahl von Elementen ohne Wiederholung gebildet werden können. Für das Argument `Anzahl_1` geben Sie die Anzahl aller Elemente an und für `Anzahl_2`, aus wie vielen Elementen jede Kombination bestehen soll.

Verwendete Funktion

`KOMBINATIONEN(Anzahl_1;Anzahl_2)`

Kapitel 5

Tabelle und Datenbank

5.1 Zeilen und Spalten

5.1.1 x-letzter Eintrag einer Zeile und dessen Zellbezug

Problem

In einer bestimmten Zelle soll der letzte Eintrag der Zeile 2 ausgegeben werden. In einer weiteren Zelle soll zusätzlich der Zellbezug zur letzten beschriebenen Zelle der Zeile 2 angezeigt werden.

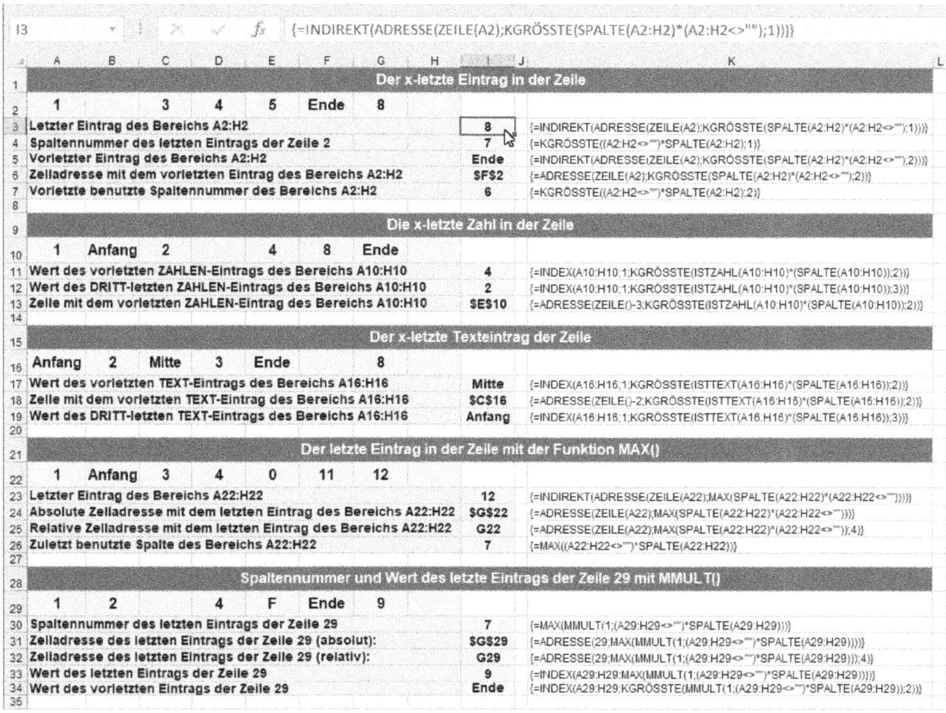

I3 {=INDIREKT(ADRESSE(ZEILE(A2);KGRÖSSTE(SPALTE(A2:H2)*(A2:H2<>"");1)))}

	A	B	C	D	E	F	G	H	I	J	K
1	Der x-letzte Eintrag in der Zeile										
2	1		3	4	5	Ende	8				
3	Letzter Eintrag des Bereichs A2:H2								8		{=INDIREKT(ADRESSE(ZEILE(A2);KGRÖSSTE(SPALTE(A2:H2)*(A2:H2<>"");1)))}
4	Spaltennummer des letzten Eintrags der Zeile 2								7		{=KGRÖSSTE((A2:H2<>"")*SPALTE(A2:H2);1)}
5	Vorletzter Eintrag des Bereichs A2:H2								Ende		{=INDIREKT(ADRESSE(ZEILE(A2);KGRÖSSTE(SPALTE(A2:H2)*(A2:H2<>"");2)))}
6	Zelladresse mit dem vorletzten Eintrag des Bereichs A2:H2								$F$2		{=ADRESSE(ZEILE(A2);KGRÖSSTE(SPALTE(A2:H2)*(A2:H2<>"");2))}
7	Vorletzte benutzte Spaltennummer des Bereichs A2:H2								6		{=KGRÖSSTE((A2:H2<>"")*SPALTE(A2:H2);2)}
8											
9	Die x-letzte Zahl in der Zeile										
10	1	Anfang	2		4	8	Ende				
11	Wert des vorletzten ZAHLEN-Eintrags des Bereichs A10:H10								4		{=INDEX(A10:H10;1;KGRÖSSTE(ISTZAHL(A10:H10)*(SPALTE(A10:H10));2))}
12	Wert des DRITT-letzten ZAHLEN-Eintrags des Bereichs A10:H10								2		{=INDEX(A10:H10;1;KGRÖSSTE(ISTZAHL(A10:H10)*(SPALTE(A10:H10));3))}
13	Zelle mit dem vorletzten ZAHLEN-Eintrag des Bereichs A10:H10								$E$10		{=ADRESSE(ZEILE()-3;KGRÖSSTE(ISTZAHL(A10:H10)*(SPALTE(A10:H10));2))}
14											
15	Der x-letzte Texteintrag der Zeile										
16	Anfang	2	Mitte	3	Ende		8				
17	Wert des vorletzten TEXT-Eintrags des Bereichs A16:H16								Mitte		{=INDEX(A16:H16;1;KGRÖSSTE(ISTTEXT(A16:H16)*(SPALTE(A16:H16));2))}
18	Zelle mit dem vorletzten TEXT-Eintrag des Bereichs A16:H16								$C$16		{=ADRESSE(ZEILE()-2;KGRÖSSTE(ISTTEXT(A16:H16)*(SPALTE(A16:H16));2))}
19	Wert des DRITT-letzten TEXT-Eintrags des Bereichs A16:H16								Anfang		{=INDEX(A16:H16;1;KGRÖSSTE(ISTTEXT(A16:H16)*(SPALTE(A16:H16));3))}
20											
21	Der letzte Eintrag in der Zeile mit der Funktion MAX()										
22	1	Anfang	3	4	0	11	12				
23	Letzter Eintrag des Bereichs A22:H22								12		{=INDIREKT(ADRESSE(ZEILE(A22);MAX(SPALTE(A22:H22)*(A22:H22<>""))))}
24	Absolute Zelladresse mit dem letzten Eintrag des Bereichs A22:H22								$G$22		{=ADRESSE(ZEILE(A22);MAX(SPALTE(A22:H22)*(A22:H22<>"")))}
25	Relative Zelladresse mit dem letzten Eintrag des Bereichs A22:H22								G22		{=ADRESSE(ZEILE(A22);MAX(SPALTE(A22:H22)*(A22:H22<>""));4)}
26	Zuletzt benutzte Spalte des Bereichs A22:H22								7		{=MAX((A22:H22<>"")*SPALTE(A22:H22))}
27											
28	Spaltennummer und Wert des letzte Eintrags der Zeile 29 mit MMULT()										
29	1	2		4	F	Ende	9				
30	Spaltennummer des letzten Eintrags der Zeile 29								7		{=MAX(MMULT(1;(A29:H29<>"")*SPALTE(A29:H29)))}
31	Zelladresse des letzten Eintrags der Zeile 29 (absolut):								$G$29		{=ADRESSE(29;MAX(MMULT(1;(A29:H29<>"")*SPALTE(A29:H29))))}
32	Zelladresse des letzten Eintrags der Zeile 29 (relativ):								G29		{=ADRESSE(29;MAX(MMULT(1;(A29:H29<>"")*SPALTE(A29:H29)));4)}
33	Wert des letzten Eintrags der Zeile 29								9		{=INDEX(A29:H29;MAX(MMULT(1;(A29:H29<>"")*SPALTE(A29:H29))))}
34	Wert des vorletzten Eintrags der Zeile 29								Ende		{=INDEX(A29:H29;KGRÖSSTE(MMULT(1;(A29:H29<>"")*SPALTE(A29:H29));2))}
35											

Lösung

Zur Ermittlung des Inhalts der letzten benutzten Zelle der Zeile 2 schreiben Sie in der Ausgabezelle eine der beiden folgenden Matrixformeln:

```
=INDIREKT(ADRESSE(ZEILE(A2);MAX(SPALTE($1:$8)*(A2:H2<>""))))
```

oder

```
=INDIREKT(ADRESSE(ZEILE(A2);KGRÖSSTE(SPALTE($1:$1000)*(A2:H2<>"");1)))
```

Beenden Sie die Eingabe dieser Formeln mit der Tastenkombination [Strg]+[Shift]+[Enter], damit sie als Matrixformel erkannt und mit geschweiften Klammern umgeben werden.

Die absolute Zelladresse der letzten benutzten Zelle der Zeile 2 erhalten Sie mit der Matrixformel

```
=ADRESSE(ZEILE(A2);MAX(SPALTE($1:$1017)*(A2:H2<>"")))
```

die ebenfalls mit der Tastenkombination [Strg]+[Shift]+[Enter] abgeschlossen werden muss.

Hintergrund

Mithilfe des Formelteils `MAX(SPALTE($1:$8)*(A2:H2<>""))` wird ermittelt, wie viele Spalten des Bereichs `SPALTE($1:$8)` Einträge enthalten. Als Ergebnis liefert die Funktion `MAX()` die letzte verwendete Spaltennummer der Zeile. Hier die Nummer der Spalte G = 7. Diese Zahl verwendet die Funktion `ADRESSE()` als zweiten Parameter `Spalte`. Als Parameter `Zeile` verwendet die Funktion die Zeilennummer der zu durchsuchenden Zeile. Ohne Parameter `Bezug` liefert die Formel einen absoluten Zellbezug `$G$2`. Übergeben Sie diesen Zellbezug der Funktion `INDIREKT()` als Parameter `Bezug`, so erhalten Sie den Inhalt der ermittelten Zelle.

Tipp

Flexibler wird die Formel, wenn Sie anstelle der Funktion `MAX()` die Funktion `KGRÖSSTE()` verwenden, die einen zweiten Parameter `RangC` zur Verfügung stellt. Verwenden Sie als `RangC` den Wert 1, erhalten Sie wiederum den letzten Zeileneintrag, Wert 2 liefert den vorletzten verwendeten Eintrag, Wert 3 den drittletzten Zeileneintrag und so weiter. Mit dem zusätzlichen Einsatz der Funktionen `ISTZAHL()` oder `ISTTEXT()` besteht auch die Möglichkeit, ganz gezielt nach dem x-letzten Textwert oder dem x-letzten Zahlenwert zu suchen.

Alternative

Mithilfe der Matrixfunktion `MMULT()` errechnet die Formel das Produkt aus den beiden Matrizen `Matrix 1` und `Matrix 2`, wobei die Spaltenanzahl in Matrix 1 mit der Zeilenanzahl in Matrix 2 übereinstimmen muss.

Die Spaltennummer des letzten Eintrags der Zeile 29 bestimmen Sie mit der Matrixformel:

```
=MAX(MMULT(1;(29:29)<>"")*SPALTE(1:8))
```

Als Ergebnis erhalten Sie die Zahl 7 = Spalte G. Dazu multipliziert die Funktion `MMULT()` den Wert der `Matrix 1` mit dem Wahrheitswert der `Matrix 2` (Wahrheitswerte der Zeile 29 * Spaltennummer) bis zur angegebenen Spaltenzahl. Aus der Matrix der gefundenen Spaltennummern liefert die umschließende Funktion `MAX()` die größte Spaltennummer (letzter Zeileneintrag) als Ergebnis.

Verwendete Funktionen

```
ADRESSE(Zeile;Spalte[;Bezug[;A1[;"Tabelle"]]])
INDIREKT(Bezug[;A1])
KGRÖSSTE(Daten;RangC)
MAX(Zahl1[;Zahl2[;...[;Zahl255]]])
MMULT(Matrix1;Matrix2)
SPALTE(Bezug)
ZEILE(Bezug)
```

5.1.2 x-letzter Spaltenwert bei lückenhaften Einträgen

Problem

In der Spalte A einer Tabelle werden ab der Zeile 2 verschiedene Werte erfasst und fortlaufend ausgewiesen. Zusätzlich können auch eine oder mehrere Leerzellen enthalten sein. Wie können Sie nun trotz der Leerzellen den jeweils letzten und vorletzten Eintrag der Spalte A auslesen?

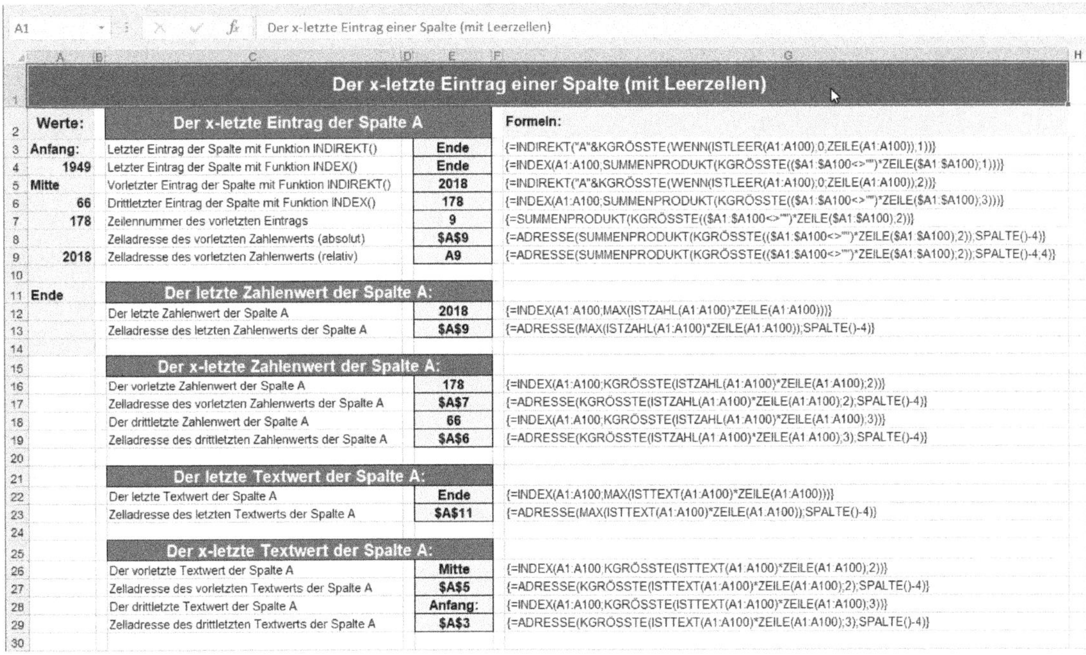

	A	C	E	G
1	Der x-letzte Eintrag einer Spalte (mit Leerzellen)			
2	Werte:	Der x-letzte Eintrag der Spalte A		Formeln:
3	Anfang:	Letzter Eintrag der Spalte mit Funktion INDIREKT()	Ende	{=INDIREKT("A"&KGRÖSSTE(WENN(ISTLEER(A1:A100);0;ZEILE(A1:A100));1))}
4	1949	Letzter Eintrag der Spalte mit Funktion INDEX()	Ende	{=INDEX(A1:A100;SUMMENPRODUKT(KGRÖSSTE(($A1:$A100<>"")*ZEILE($A1:$A100);1)))}
5	Mitte	Vorletzter Eintrag der Spalte mit Funktion INDIREKT()	2018	{=INDIREKT("A"&KGRÖSSTE(WENN(ISTLEER(A1:A100);0;ZEILE(A1:A100));2))}
6	66	Drittletzter Eintrag der Spalte mit Funktion INDEX()	178	{=INDEX(A1:A100;SUMMENPRODUKT(KGRÖSSTE(($A1:$A100<>"")*ZEILE($A1:$A100);3)))}
7	178	Zeilennummer des vorletzten Eintrags	9	{=SUMMENPRODUKT(KGRÖSSTE(($A1:$A100<>"")*ZEILE($A1:$A100);2))}
8		Zelladresse des vorletzten Zahlenwerts (absolut)	$A$9	{=ADRESSE(SUMMENPRODUKT(KGRÖSSTE(($A1:$A100<>"")*ZEILE($A1:$A100);2));SPALTE()-4)}
9	2018	Zelladresse des vorletzten Zahlenwerts (relativ)	A9	{=ADRESSE(SUMMENPRODUKT(KGRÖSSTE(($A1:$A100<>"")*ZEILE($A1:$A100);2));SPALTE()-4;4)}
10				
11	Ende	Der letzte Zahlenwert der Spalte A:		
12		Der letzte Zahlenwert der Spalte A	2018	{=INDEX(A1:A100;MAX(ISTZAHL(A1:A100)*ZEILE(A1:A100)))}
13		Zelladresse des letzten Zahlenwerts der Spalte A	$A$9	{=ADRESSE(MAX(ISTZAHL(A1:A100)*ZEILE(A1:A100));SPALTE()-4)}
14				
15		Der x-letzte Zahlenwert der Spalte A:		
16		Der vorletzte Zahlenwert der Spalte A	178	{=INDEX(A1:A100;KGRÖSSTE(ISTZAHL(A1:A100)*ZEILE(A1:A100);2))}
17		Zelladresse des vorletzten Zahlenwerts der Spalte A	$A$7	{=ADRESSE(KGRÖSSTE(ISTZAHL(A1:A100)*ZEILE(A1:A100);2);SPALTE()-4)}
18		Der drittletzte Zahlenwert der Spalte A	66	{=INDEX(A1:A100;KGRÖSSTE(ISTZAHL(A1:A100)*ZEILE(A1:A100);3))}
19		Zelladresse des drittletzten Zahlenwerts der Spalte A	$A$6	{=ADRESSE(KGRÖSSTE(ISTZAHL(A1:A100)*ZEILE(A1:A100);3);SPALTE()-4)}
20				
21		Der letzte Textwert der Spalte A:		
22		Der letzte Textwert der Spalte A	Ende	{=INDEX(A1:A100;MAX(ISTTEXT(A1:A100)*ZEILE(A1:A100)))}
23		Zelladresse des letzten Textwerts der Spalte A	$A$11	{=ADRESSE(MAX(ISTTEXT(A1:A100)*ZEILE(A1:A100));SPALTE()-4)}
24				
25		Der x-letzte Textwert der Spalte A:		
26		Der vorletzte Textwert der Spalte A	Mitte	{=INDEX(A1:A100;KGRÖSSTE(ISTTEXT(A1:A100)*ZEILE(A1:A100);2))}
27		Zelladresse des vorletzten Textwerts der Spalte A	$A$5	{=ADRESSE(KGRÖSSTE(ISTTEXT(A1:A100)*ZEILE(A1:A100);2);SPALTE()-4)}
28		Der drittletzte Textwert der Spalte A	Anfang:	{=INDEX(A1:A100;KGRÖSSTE(ISTTEXT(A1:A100)*ZEILE(A1:A100);3))}
29		Zelladresse des drittletzten Textwerts der Spalte A	$A$3	{=ADRESSE(KGRÖSSTE(ISTTEXT(A1:A100)*ZEILE(A1:A100);3);SPALTE()-4)}
30				

Lösung

Den letzten Eintrag berechnen Sie zum Beispiel mit folgender Matrixformel

```
=INDIREKT("A"&KGRÖSSTE(WENN(ISTLEER(A1:A100);0;ZEILE(A1:A100));1))
```

die mit Strg+Shift+Enter abgeschlossen werden muss, damit sie als Matrixformel erkannt und mit geschweiften Klammern umgeben wird.

Hintergrund

Die Funktion `INDIREKT()` stellt einen Bezug auf eine Zelle oder einen Bereich dar, dessen Inhalt zurückgegeben werden soll. In diesem Falle den Bezug auf die letzte benutzte Zelle des Bereichs A1:A100. Um Fehlermeldungen zu vermeiden, prüft zuerst eine `WENN()`-Funktion, ob der Bereich auch tatsächlich Leerzellen enthält, und weist vorkommenden Leerzellen den Wert 0 zu. Anschließend ermittelt der Formelteil `KGRÖSSTE(... ZEILE(A1:A100);1)` die größte verwendete Zeilennummer des Bereichs.

Zuständig ist dafür der zweite Parameter der Funktion `RangC` mit dem Wert 1. Verwenden Sie als `RangC` den Wert 2, erhalten Sie die vorletzte verwendete Zeilennummer, Wert 3 liefert die drittletzte verwendete Zeilennummer und so weiter. Die so gefundene Zeilennummer wird anschließend als Zahl mit dem Spaltennamen verknüpft und bildet somit den gesuchten Bezug, dessen Inhalt mithilfe der Funktion `INDIREKT()` ausgegeben wird.

Mit dem zusätzlichen Einsatz der Funktionen `ISTZAHL()` oder `ISTTEXT()` besteht auch die Möglichkeit, ganz gezielt nach dem x-letzten Textwert oder dem x-letzten Zahlenwert zu suchen. Die absolute Zelladresse des letzten Eintrags ermitteln Sie mit der Matrixformel

```
=ADRESSE(SUMMENPRODUKT(KGRÖSSTE(($A1:$A100<>"")*
ZEILE($A1:$A100);1));SPALTE()-4)
```

die wieder mit Strg+Shift+Enter abgeschlossen werden muss. Soll das Ergebnis als relativer Wert ausgegeben werden, verwenden Sie die Funktion `ADRESSE()` mit dem Wert 4 als dritten Parameter `Bezug`:

```
=ADRESSE(SUMMENPRODUKT(KGRÖSSTE(($A1:$A100<>"")*
ZEILE($A1:$A100);1));SPALTE()-4;4)
```

Verwendete Funktionen

```
ADRESSE(Zeile;Spalte[;Bezug[;A1[;"Tabelle"]]])
INDIREKT(Bezug[;A1])
INDEX(Bezug[;Zeile[;Spalte[;Bereich]]])
ISTLEER(Wert)
ISTTEXT(Wert)
ISTZAHL(Wert)
```

```
KGRÖSSTE(Daten;RangC)
MAX(Zahl1[;Zahl2[;...[;Zahl255]]])
SPALTE([Bezug])
SUMMENPRODUKT(Matrix1[;Matrix2[;...[;Matrix255]]])
WENN(Prüfung;DannWert;SonstWert)
ZEILE([Bezug])
```

5.1.3 Summe der Zahlen einer bestimmten Zeile

Problem

Ein Tabellenblatt enthält eine Umsatzaufstellung nach folgendem Muster:

In der Zeile 3 stehen die Überschriften.
In der Spalte A stehen ab Zeile 4 die Zeilennummern.
In der Spalte B stehen ab Zeile 4 die Artikelnummern.
In den Spalten C:N stehen die dazugehörigen Monatsumsätze von Januar bis Dezember.

Wie können Sie sich einen schnellen Überblick über den bisher erzielten Jahresumsatz der einzelnen Artikel verschaffen?

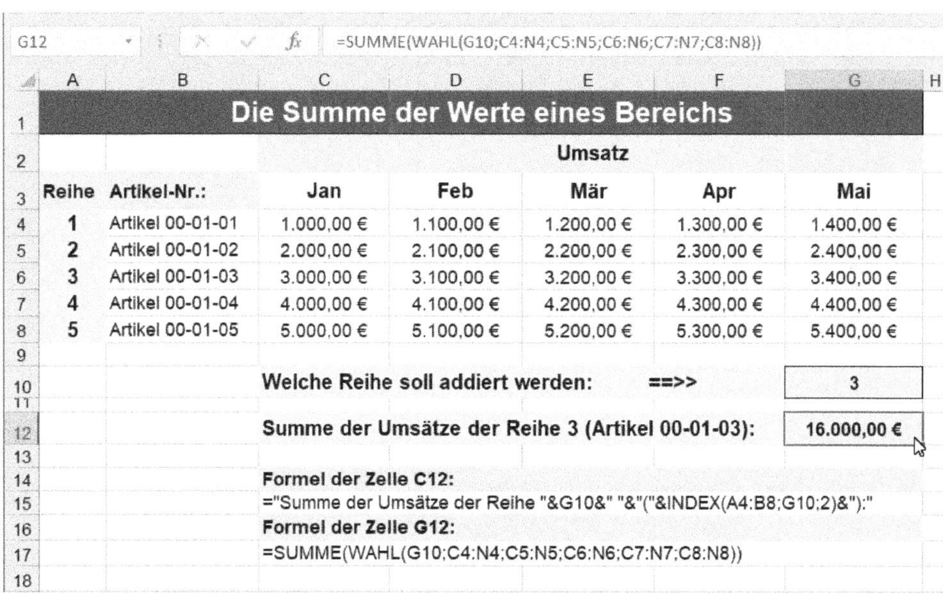
G12 =SUMME(WAHL(G10;C4:N4;C5:N5;C6:N6;C7:N7;C8:N8))

	A	B	C	D	E	F	G
1	Die Summe der Werte eines Bereichs						
2					Umsatz		
3	Reihe	Artikel-Nr.:	Jan	Feb	Mär	Apr	Mai
4	1	Artikel 00-01-01	1.000,00 €	1.100,00 €	1.200,00 €	1.300,00 €	1.400,00 €
5	2	Artikel 00-01-02	2.000,00 €	2.100,00 €	2.200,00 €	2.300,00 €	2.400,00 €
6	3	Artikel 00-01-03	3.000,00 €	3.100,00 €	3.200,00 €	3.300,00 €	3.400,00 €
7	4	Artikel 00-01-04	4.000,00 €	4.100,00 €	4.200,00 €	4.300,00 €	4.400,00 €
8	5	Artikel 00-01-05	5.000,00 €	5.100,00 €	5.200,00 €	5.300,00 €	5.400,00 €
9							
10			Welche Reihe soll addiert werden:			==>>	3
11							
12			Summe der Umsätze der Reihe 3 (Artikel 00-01-03):				16.000,00 €
13							
14			Formel der Zelle C12:				
15			="Summe der Umsätze der Reihe "&G10&" "&"("&INDEX(A4:B8;G10;2)&"):"				
16			Formel der Zelle G12:				
17			=SUMME(WAHL(G10;C4:N4;C5:N5;C6:N6;C7:N7;C8:N8))				
18							

Lösung
Erstellen Sie sich die oben beschriebene Mustertabelle.
Schreiben Sie in die Zelle G10 die Zahl 3 (= Artikelreihe 3).
In die Zelle G12 schreiben Sie folgende Formel:

```
=SUMME(WAHL(G10;C4:N4;C5:N5;C6:N6;C7:N7;C8:N8))
```

Als Ergebnis erhalten Sie die Summe der Umsätze der Artikelreihe 3 (Artikel 00-01-03). Den Hinweis auf den Inhalt der Zelle G12 liefert in der Zelle C12 der verkettete Text »Summe der Umsätze der Reihe 3 (Artikel 00-01-03):« durch die Formel:

```
="Summe der Umsätze der Reihe "&G10&" "&"("&INDEX(A4:B8;G10;2)&"):"
```

Hintergrund

Obige Formel errechnet die Summe einer durch die Funktion `WAHL()` bestimmten Zahlenreihe, wobei die Argumente `Wert1` bis `Wert30` die aufzusummierenden Zahlenreihen darstellen. Welche Zahlenreihe aufzusummieren ist, bestimmt das erste Argument `Index`. Im Beispiel wird die aufzuaddierende Zahlenreihe durch den Eintrag in der Zelle G10 (= Position »3«) bestimmt. Die Funktion `SUMME()` addiert also den dritten Wert der dem Index nachfolgenden Argumente (hier: den Bereich C6:N6, also die Umsätze des Artikels 00-01-03). Schreiben Sie in G9 die Zahl 4, summiert die Formel das vierte Argument `C7:N7`, also die Summe der Umsätze von Artikel 00-01-04.

In der Zelle C12 wird neben der Zahl der aufsummierten Reihe (erster Teil der Formel) mithilfe der Funktion `INDEX()` auch die dazugehörige Artikelnummer angezeigt (zweiter Teil der Formel). Die Funktion `INDEX()` benötigt dazu als erstes Argument den Datenbereich von Zeilen und Artikelnummern, als zweites Argument die Zeilennummer des auszugebenden Bereichs und als drittes Argument die Spaltennummer, deren Inhalt ausgegeben werden soll (hier den Inhalt von Spalte 2 der Zeile 3, also die Artikelnummer).

Tipp

Verwenden Sie anstelle der umschließenden Funktion `SUMME()` die Funktion `MAX()`, können sehr schnell die Monate mit den höchsten Umsätzen eines Artikels ermittelt werden.

Verwendete Funktionen

```
INDEX(Bezug[;Zeile[;Spalte[;Bereich]]])
SUMME(Zahl1[;Zahl2[;...[;Zahl255]]])
WAHL(Index;Wert1[;Wert2[;...[;Wert254]]])
```

5.1.4 Wert jeder x-ten Zelle einer Spalte ausgeben

Problem

In einer Tabelle wurde eine Messwertreihe mit mehreren Hundert Einträgen angelegt. Die Ergebniswerte sind in der Spalte A ab der vierten Zeile erfasst. Nun soll in einer zweiten Spalte der Tabelle jeder zehnte Messwert ausgegeben werden. Diese Werte sollen später einem Diagramm zugrunde liegen. Wie erhalte ich diese extrahierte Datenreihe?

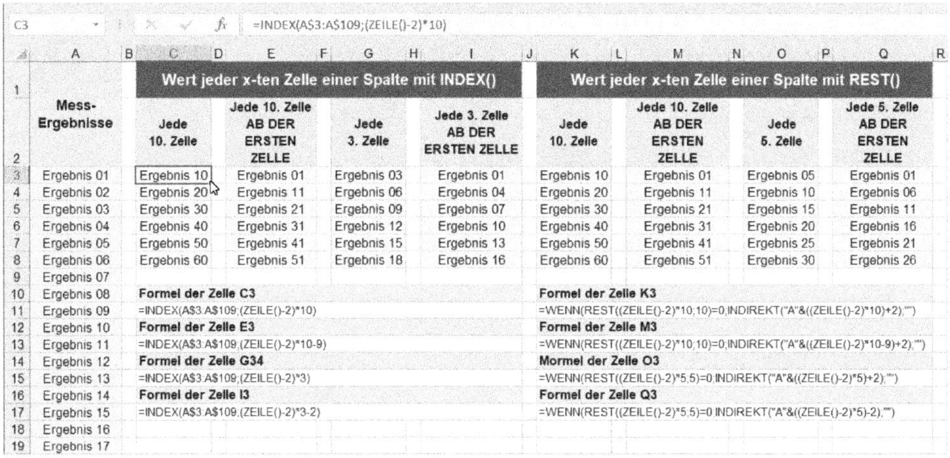

C3 =INDEX(A$3:A$109;(ZEILE()-2)*10)

	A	C	E	G	I	K	M	O	Q
1		Wert jeder x-ten Zelle einer Spalte mit INDEX()				Wert jeder x-ten Zelle einer Spalte mit REST()			
2	Mess-Ergebnisse	Jede 10. Zelle	Jede 10. Zelle AB DER ERSTEN ZELLE	Jede 3. Zelle	Jede 3. Zelle AB DER ERSTEN ZELLE	Jede 10. Zelle	Jede 10. Zelle AB DER ERSTEN ZELLE	Jede 5. Zelle	Jede 5. Zelle AB DER ERSTEN ZELLE
3	Ergebnis 01	Ergebnis 10	Ergebnis 01	Ergebnis 03	Ergebnis 01	Ergebnis 10	Ergebnis 01	Ergebnis 05	Ergebnis 01
4	Ergebnis 02	Ergebnis 20	Ergebnis 11	Ergebnis 06	Ergebnis 04	Ergebnis 20	Ergebnis 11	Ergebnis 10	Ergebnis 06
5	Ergebnis 03	Ergebnis 30	Ergebnis 21	Ergebnis 09	Ergebnis 07	Ergebnis 30	Ergebnis 21	Ergebnis 15	Ergebnis 11
6	Ergebnis 04	Ergebnis 40	Ergebnis 31	Ergebnis 12	Ergebnis 10	Ergebnis 40	Ergebnis 31	Ergebnis 20	Ergebnis 16
7	Ergebnis 05	Ergebnis 50	Ergebnis 41	Ergebnis 15	Ergebnis 13	Ergebnis 50	Ergebnis 41	Ergebnis 25	Ergebnis 21
8	Ergebnis 06	Ergebnis 60	Ergebnis 51	Ergebnis 18	Ergebnis 16	Ergebnis 60	Ergebnis 51	Ergebnis 30	Ergebnis 26
9	Ergebnis 07								
10	Ergebnis 08	Formel der Zelle C3				Formel der Zelle K3			
11	Ergebnis 09	=INDEX(A$3:A$109;(ZEILE()-2)*10)				=WENN(REST((ZEILE()-2)*10;10)=0;INDIREKT("A"&((ZEILE()-2)*10)+2);"")			
12	Ergebnis 10	Formel der Zelle E3				Formel der Zelle M3			
13	Ergebnis 11	=INDEX(A$3:A$109;(ZEILE()-2)*10-9)				=WENN(REST((ZEILE()-2)*10;10)=0;INDIREKT("A"&((ZEILE()-2)*10-9)+2);"")			
14	Ergebnis 12	Formel der Zelle G34				Mormel der Zelle O3			
15	Ergebnis 13	=INDEX(A$3:A$109;(ZEILE()-2)*3)				=WENN(REST((ZEILE()-2)*5;5)=0;INDIREKT("A"&((ZEILE()-2)*5)+2);"")			
16	Ergebnis 14	Formel der Zelle I3				Formel der Zelle Q3			
17	Ergebnis 15	=INDEX(A$3:A$109;(ZEILE()-2)*3-2)				=WENN(REST((ZEILE()-2)*5;5)=0;INDIREKT("A"&((ZEILE()-2)*5)-2);"")			
18	Ergebnis 16								
19	Ergebnis 17								

Lösung

In der Spalte A stehen ab Zeile 3 die Ergebnisse der Messwertreihen.
In die Zelle C3 schreiben Sie folgende Formel:

```
=INDEX(A$3:A$109;(ZEILE()-2)*10)
```

Als Ergebnis erhalten Sie den Inhalt der 12. Zeile (= 10. Datensatz). Ziehen Sie die Formel mithilfe des Aufziehkästchens nach unten, bis jeder 10. Datensatz in der Spalte angezeigt wird.

Hintergrund

Die Formel gibt mit der Funktion `INDEX(Bezug;Zeile)` den Wert aus dem als Bezug bestimmten Bereich (hier: A3:A109) in `Zeile()-X` zurück. Dabei bestimmt der Funktionsteil `Zeile()-X` als Ausgangspunkt der Berechnung immer die erste Zeile. So besagt `Zeile()-2`, dass sich der erste Datensatz in der dritten Zeile befindet (in den ersten zwei Zeilen befinden sich die Überschriften); bei `ZEILE()-24` befindet sich der erste Datensatz demnach in Zeile 25.

Der Zeilenbezug der jeweils gesuchten 10. Zeile ergibt sich ganz einfach aus der Multiplikation eines Zählers mit dem gewünschten Zeilenwert (hier: 10). Wenn jede 10. Zeile gesucht wird, kommt der erste Datensatz aus der Zeile 10*1 (= 10), der zweite Datensatz aus der Zeile 10*2 (= 20), der dritte Datensatz aus der Zeile 10*3 (= 30) usw. Soll der Inhalt jeder dritten Zeile ausgegeben werden, erreichen Sie dies mit der Formel:

```
=INDEX(A$3:A$109;(ZEILE()-2)*3)
```

Obige Formeln liefern als ersten Wert das zehnte beziehungsweise dritte Messergebnis der Reihe. Soll als erster ausgegebener Wert das erste Messergebnis ausgewiesen werden, ändern Sie die Formel für jeden zehnten Datensatz um in

```
=INDEX(A$3:A$109;(ZEILE()-2)*10-9)
```

und zur Anzeige jedes dritten Datensatzes einschließlich des ersten verwenden Sie:

```
=INDEX(A$3:A$109;(ZEILE()-2)*3-2)
```

Alternative Berechnung:

Anstelle der Funktionen `INDEX()` und `ZEILE()` können Sie zur Berechnung jedes x-ten Eintrags auch die Funktionen `REST()`, `ZEILE()` und `INDIREKT()` verwenden. Die umschließende Funktion `WENN()` sorgt dafür, dass nur der jeweils x-te Datensatz angezeigt wird. Steht der erste Datensatz beispielsweise in Zeile 25, verwenden Sie zur Anzeige jedes 10. Datensatzes die Formel:

```
=WENN(REST((ZEILE()-24)*10;10)=0;INDIREKT("A"&((ZEILE()-24)*10)+2);"")
```

Verwendete Funktionen

```
INDEX(Bezug[;Zeile[;Spalte[;Bereich]]])
INDIREKT(Bezug[;A1])
REST(Divident;Divisor)
WENN(Prüfung[;[DannWert][;[SonstWert]]])
ZEILE([Bezug])
```

5.1.5 Eine Zeilennummerierung erstellen

Problem

Sie möchten eine fortlaufende Zeilennummerierung in ein Tabellenblatt einfügen. Die Zeilennummer soll aber nur angezeigt werden, wenn in der betreffenden Zeile auch Daten erfasst wurden.

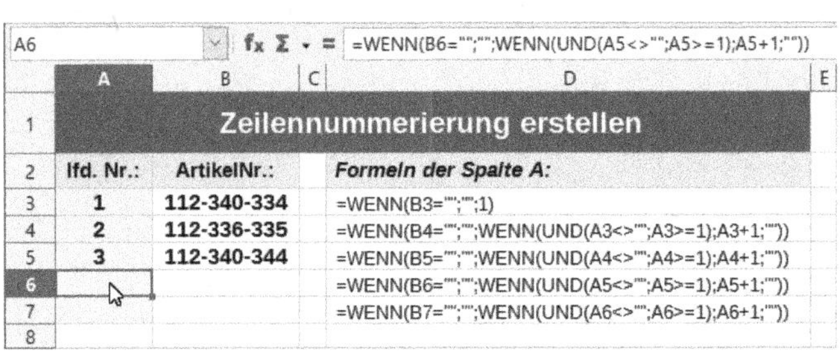

A6 =WENN(B6="";"";WENN(UND(A5<>"";A5>=1);A5+1;""))

	A	B	C	D
1	Zeilennummerierung erstellen			
2	lfd. Nr.:	ArtikelNr.:		Formeln der Spalte A:
3	1	112-340-334		=WENN(B3="";"";1)
4	2	112-336-335		=WENN(B4="";"";WENN(UND(A3<>"";A3>=1);A3+1;""))
5	3	112-340-344		=WENN(B5="";"";WENN(UND(A4<>"";A4>=1);A4+1;""))
6				=WENN(B6="";"";WENN(UND(A5<>"";A5>=1);A5+1;""))
7				=WENN(B7="";"";WENN(UND(A6<>"";A6>=1);A6+1;""))
8				

Lösung

Schreiben Sie in erste Nummerierungszelle (beispielsweise in die Zelle A3) die Formel:

```
=WENN(B3="";"";1)
```

In die zweite Nummerierungszelle (A4) schreiben Sie die Formel

```
=WENN(B4="";"";WENN(UND(A3<>"";A3>=1);A3+1;""))
```

und kopieren sie mithilfe des Aufziehpunktes (an der rechten unteren Ecke der Zelle) nach unten in die übrigen Zellen. Solange in der dazugehörigen Spalte B der betreffenden Zeile kein Text erfasst wurde, wird nichts angezeigt. Werden Text oder Daten erfasst, wird die Nummerierung hinzugefügt.

Hintergrund

In der ersten Nummerierungszelle überprüft die Formel mit einer `WENN()`-Funktion, ob die betreffende Zeile Daten enthält. Wenn ja, wird die laufende Nummer 1 angezeigt. Es kann aber auch mit jeder beliebigen Nummerierungsnummer begonnen werden. In der zweiten Nummerierungszelle prüft die Formel wieder zuerst, ob die dazugehörige Zeile Daten enthält oder leer ist. Enthält die Zeile keine Daten, wird »Nichts« angezeigt. Andernfalls wird eine Nummerierung hinzugefügt.

> **Hinweis**
>
> Die eigentliche Nummerierungsformel besteht ebenfalls aus einer `WENN()`-Funktion. Mit dem Formelteil `(WENN(UND(A3<>"";A3>=1);A3+1)` überprüft Excel die vorhergehende Zelle der gleichen Spalte auf ihren Inhalt. Ist die Zelle leer, wird keine Nummerierung hinzugefügt. Enthält die Zelle eine positive Zahl >=1, wird die Zahl der vorhergehenden Zelle + 1 eingefügt.

Verwendete Funktionen

```
WENN(Prüfung[;[DannWert][;[SonstWert]]])
UND(Wahrheitswert1[;Wahrheitswert2[;...[;Wahrheitswert255]]])
```

5.1.6 Eine laufende Nummerierung mit ANZAHL2()

Problem

Sie haben eine Artikelliste erstellt. Diese soll mit einer fortlaufenden Zeilennummerierung versehen werden. Die Liste hat aber immer wieder Leerzeilen. Können Sie eine Nummerierung erstellen, die nur die belegten Zeilen fortlaufend nummeriert?

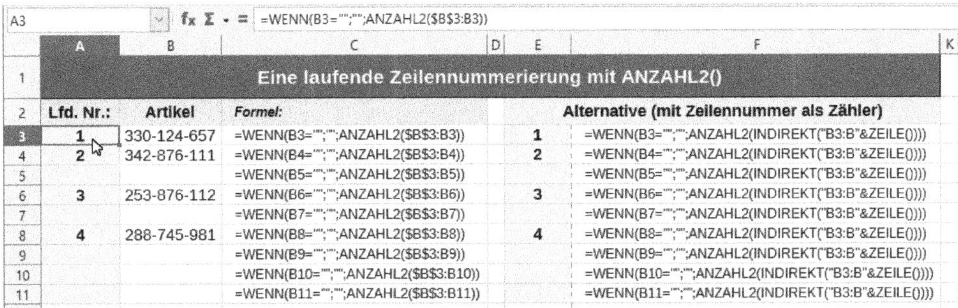

A3 =WENN(B3="";"";ANZAHL2($B$3:B3))

	A	B	C	D	E	F
1	Eine laufende Zeilennummerierung mit ANZAHL2()					
2	Lfd. Nr.:	Artikel	*Formel:*		Alternative (mit Zeilennummer als Zähler)	
3	1	330-124-657	=WENN(B3="";"";ANZAHL2($B$3:B3))		1	=WENN(B3="";"";ANZAHL2(INDIREKT("B3:B"&ZEILE())))
4	2	342-876-111	=WENN(B4="";"";ANZAHL2($B$3:B4))		2	=WENN(B4="";"";ANZAHL2(INDIREKT("B3:B"&ZEILE())))
5			=WENN(B5="";"";ANZAHL2($B$3:B5))			=WENN(B5="";"";ANZAHL2(INDIREKT("B3:B"&ZEILE())))
6	3	253-876-112	=WENN(B6="";"";ANZAHL2($B$3:B6))		3	=WENN(B6="";"";ANZAHL2(INDIREKT("B3:B"&ZEILE())))
7			=WENN(B7="";"";ANZAHL2($B$3:B7))			=WENN(B7="";"";ANZAHL2(INDIREKT("B3:B"&ZEILE())))
8	4	288-745-981	=WENN(B8="";"";ANZAHL2($B$3:B8))		4	=WENN(B8="";"";ANZAHL2(INDIREKT("B3:B"&ZEILE())))
9			=WENN(B9="";"";ANZAHL2($B$3:B9))			=WENN(B9="";"";ANZAHL2(INDIREKT("B3:B"&ZEILE())))
10			=WENN(B10="";"";ANZAHL2($B$3:B10))			=WENN(B10="";"";ANZAHL2(INDIREKT("B3:B"&ZEILE())))
11			=WENN(B11="";"";ANZAHL2($B$3:B11))			=WENN(B11="";"";ANZAHL2(INDIREKT("B3:B"&ZEILE())))
12						

Lösung

In den ersten beiden Zeilen stehen die Überschriften.
Ab Zeile 3 soll eine laufende Nummerierung eingefügt werden. Dazu schreiben Sie in die Zelle A3 die Formel

```
=WENN(B3="";"";ANZAHL2($B$3:B3))
```

und kopieren die Formel in alle Zellen des Datenbereichs der Spalte A.

Wenn nun in der Spalte B ein Artikel erfasst wird, wird die laufende Nummerierung in der Spalte A hinzugefügt. Dies gilt selbst dann, wenn der nächste Artikel erst nach einer oder mehreren Leerzeilen eingefügt wird. Wird später die »Lücke« ergänzt, wird auch die Nummerierung berichtigt.

Hintergrund

Die richtige Nummerierung wird mithilfe einer `WENN()`-Formel zusammen mit der Summe der nicht leeren Zeilen eines Bereichs errechnet. Die Formel arbeitet nach dem folgenden Schema: Wenn die Zelle B3 leer ist, dann bleibt die Zelle A3 ebenfalls leer. Andernfalls ermittelt die Funktion `ANZAHL2()` die Zahl der nicht leeren Zeilen des übergebenen Bereichs.

Als Alternative bietet sich folgende Formel an:

```
=WENN(B3="";"";ANZAHL2(INDIREKT("B3:B"&ZEILE())))
```

Die Nummerierung ermittelt hier die Funktion `ANZAHL2()` mithilfe der Funktion `INDIREKT()` für den Bereich B3 bis zur aktuellen mit der Funktion `ZEILE()` zurückgegebenen Zeilennummer.

Verwendete Funktionen

```
ANZAHL2(Zahl1[;Zahl2[;...[;Zahl255]]])
INDIREKT(Bezug[;A1])
WENN(Prüfung[;[DannWert][;[SonstWert]]])
ZEILE([Bezug])
```

5.1.7 Eine laufende Nummerierung mit KGRÖSSTE()

Problem

Sie haben eine Liste erstellt. Diese soll mit einer fortlaufenden Zeilennummerierung versehen werden. Die Liste hat aber auch Leerzeilen. Wie erstellen Sie eine Nummerierung, die nur die belegten Zeilen fortlaufend nummeriert?

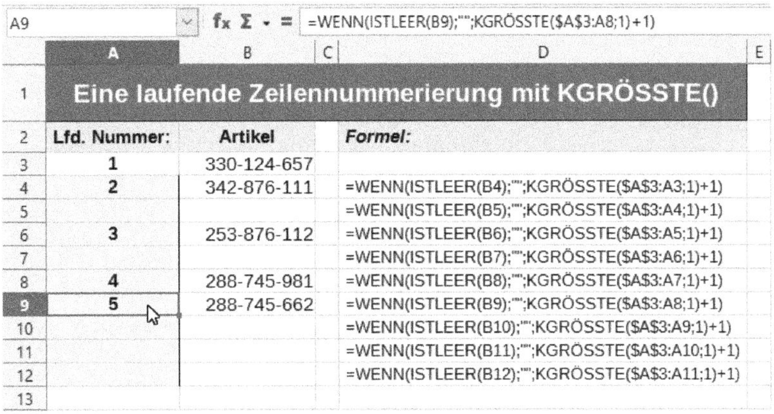
A9 =WENN(ISTLEER(B9);"";KGRÖSSTE($A$3:A8;1)+1)

	A	B	C	D
1	Eine laufende Zeilennummerierung mit KGRÖSSTE()			
2	Lfd. Nummer:	Artikel		Formel:
3	1	330-124-657		
4	2	342-876-111		=WENN(ISTLEER(B4);"";KGRÖSSTE($A$3:A3;1)+1)
5				=WENN(ISTLEER(B5);"";KGRÖSSTE($A$3:A4;1)+1)
6	3	253-876-112		=WENN(ISTLEER(B6);"";KGRÖSSTE($A$3:A5;1)+1)
7				=WENN(ISTLEER(B7);"";KGRÖSSTE($A$3:A6;1)+1)
8	4	288-745-981		=WENN(ISTLEER(B8);"";KGRÖSSTE($A$3:A7;1)+1)
9	5	288-745-662		=WENN(ISTLEER(B9);"";KGRÖSSTE($A$3:A8;1)+1)
10				=WENN(ISTLEER(B10);"";KGRÖSSTE($A$3:A9;1)+1)
11				=WENN(ISTLEER(B11);"";KGRÖSSTE($A$3:A10;1)+1)
12				=WENN(ISTLEER(B12);"";KGRÖSSTE($A$3:A11;1)+1)
13				

Lösung

In den ersten beiden Zeilen stehen die Überschriften.
In die Zelle A3 schreiben Sie die erste Zahl der Nummerierung: 1; die Nummerierung kann aber auch mit einer anderen Zahl beginnen.
In die Zelle A4 schreiben Sie die Formel:

```
=WENN(ISTLEER(B4);"";KGRÖSSTE($A$3:A3;1)+1)
```

Kopieren Sie die Formel in alle Zellen der Spalte A, die der Datenbereich umfasst. Wenn nun in der Spalte B ein Artikel erfasst wird, wird die laufende Nummerierung in der Spalte A hinzugefügt. Dies gilt selbst dann, wenn der nächste Artikel erst nach einer oder mehreren Leerzeilen eingefügt wird. Ergänzen Sie die Lücke später, wird auch die Nummerierung berichtigt.

Hintergrund

Die richtige Nummerierung wird mithilfe einer `WENN()`-Formel erstellt. Die Formel arbeitet nach folgendem Schema: `WENN` die Zelle B4 leer ist, dann bleibt die Zelle A4 ebenfalls leer. Andernfalls ermittelt die Funktion `KGRÖSSTE()` die größte vergebene Nummer in der Spalte A. Diese Zahl ist schließlich noch um den Wert +1 (nächste Nummer) zu erhöhen.

Verwendete Funktionen

```
ISTLEER(Wert)
KGRÖSSTE(Daten;RangC)
WENN(Prüfung[;[DannWert][;[SonstWert]]])
```

5.1.8 Jede 5. Zeile nummerieren

Problem

Sie haben eine Tabelle erstellt. In dieser soll lediglich jede fünfte Zeile nummeriert werden.

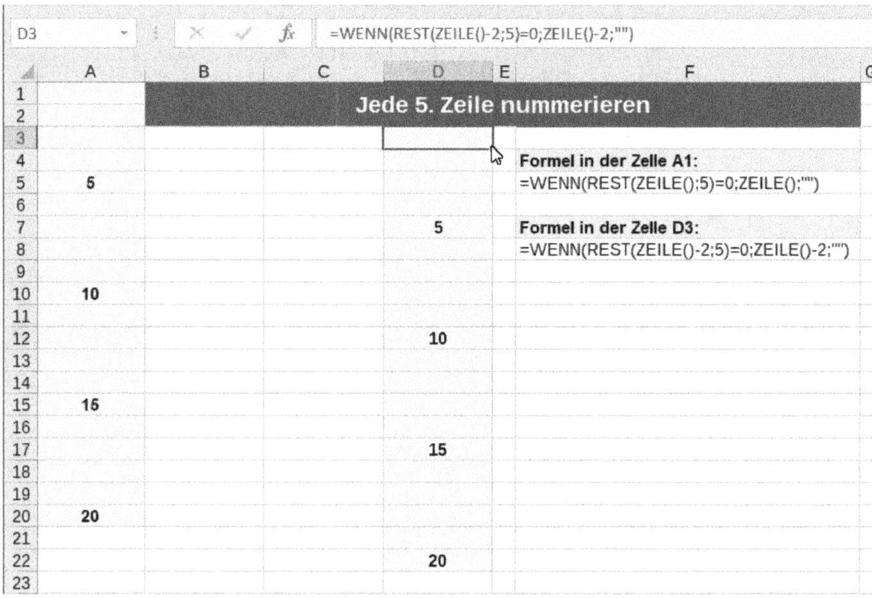

Lösung

Schreiben Sie in die Zelle A1 folgende Formel:

```
=WENN(REST(ZEILE();5)=0;ZEILE();"")
```

Kopieren Sie die Formel durch Ziehen mit dem Aufziehkästchen nach unten.

Hintergrund

Mithilfe der Funktionen `REST()` und `ZEILE()` wird überprüft, ob die Zeilennummer ohne Rest durch 5 teilbar ist: Trifft dies zu, wird die Zeilennummer mithilfe einer `WENN()`-Funktion angezeigt; ansonsten wird sie ausgeblendet.

Die oben erarbeitete Lösung funktioniert nur, wenn die Zählung in der ersten Zeile beginnt, also wenn Zeilennummer und Ergebnis der Funktion `ZEILE()` übereinstimmen. Soll die Zählung in einer anderen Zeile beginnen (beispielsweise wegen einer Überschrift), muss die Formel um die Anzahl der übersprungenen Zeilen korrigiert werden (hier: `ZEILE()-2`). Beginnt die Zählung in der Zeile 3, muss die Formel wie folgt anpasst werden:

```
=WENN(REST(ZEILE()-2;5)=0;ZEILE()-2;"")
```

Soll jede dritte Zeile nummeriert werden, ändern Sie einfach den Teiler. Die Beispielsformel dazu:

```
=WENN(REST(ZEILE();3)=0;ZEILE();"")
```

Verwendete Funktionen

```
REST(Divident;Divisor)
WENN(Prüfung[;[DannWert][;[SonstWert]]])
ZEILE([Bezug])
```

5.1.9 ZEILEN() und SPALTEN() zählen

Problem

Sie möchten wissen, aus wie vielen Zeilen und Spalten der Bereich A4:D63 besteht.

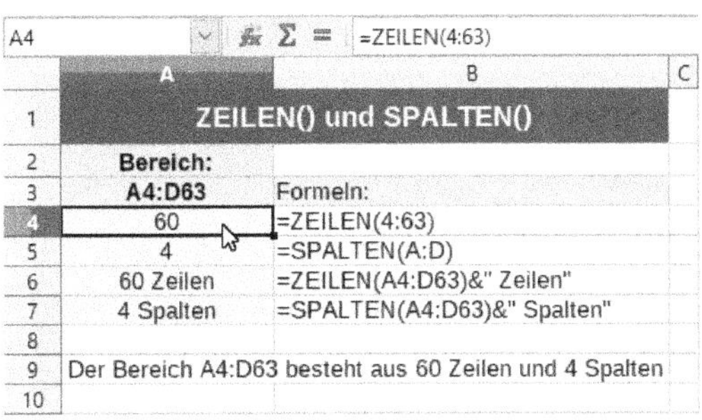

Lösung

Zur Ermittlung der Zeilen des Bereichs A4:D63 verwenden Sie die Formel:

```
=ZEILEN(A4:D63)
```

Als Ergebnis erhalten Sie die Zahl 60.

Die Anzahl der Spalten des Bereichs ermittelt die Formel:

```
=SPALTEN(A4:D63)
```

Als Ergebnis erhalten Sie die Zahl 4.

Hintergrund

Die Funktion `ZEILEN()` ergibt die Anzahl der Zeilen in einem Bereich, im Gegensatz zur Funktion `ZEILE()`, die die Zeilennummer eines Zellbezugs oder einer Zelle liefert.

Die Funktion `SPALTEN()` ergibt die Anzahl der Spalten eines gegebenen Bezugs, im Gegensatz zur Funktion `SPALTE()`, die die Spaltennummer eines Bezugs oder einer Zelle zurückgibt.

Verwendete Funktionen

```
SPALTE([Bezug])
SPALTEN(Matrix)
ZEILE([Bezug])
ZEILEN(Matrix)
```

5.2 Zellinhalte suchen und anzeigen

5.2.1 Steht ein bestimmter Wert im Zellbereich?

Problem

Wie überprüfen Sie für einen Bereich, ob er ein bestimmtes Suchkriterium enthält?

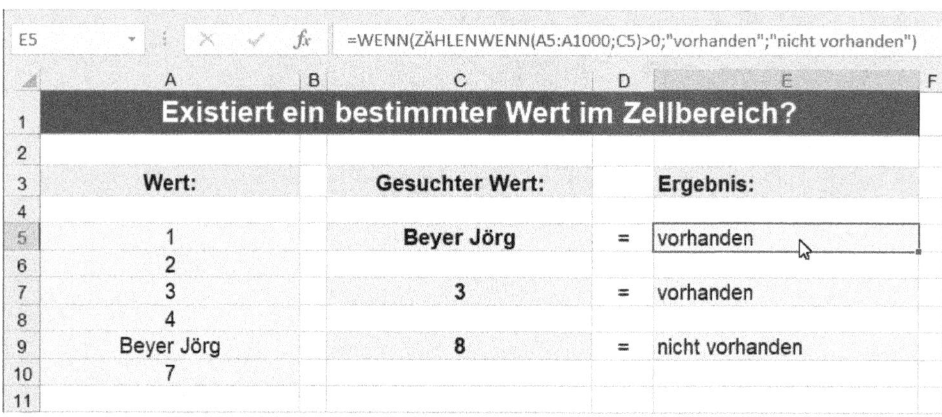
E5 =WENN(ZÄHLENWENN(A5:A1000;C5)>0;"vorhanden";"nicht vorhanden")

	A	B	C	D	E	F
1	Existiert ein bestimmter Wert im Zellbereich?					
2						
3	Wert:		Gesuchter Wert:		Ergebnis:	
4						
5	1		Beyer Jörg	=	vorhanden	
6	2					
7	3		3	=	vorhanden	
8	4					
9	Beyer Jörg		8	=	nicht vorhanden	
10	7					
11						

Lösung

Der Bereich A5:A1000 beinhaltet den Datenbereich.
In der Zelle C5 steht das Suchkriterium.
In die Zelle E5 schreiben Sie die Formel:

```
=WENN(ZÄHLENWENN(A5:A1000;C5)>0;"vorhanden"; "nicht vorhanden")
```

Ergebnis: Wurde die gesuchte Zahl (oder der gesuchte Begriff) gefunden, erfolgt die Meldung »vorhanden«, sonst »nicht vorhanden«.

Hintergrund

Die Formel ermittelt mit der Funktion `ZÄHLENWENN()`, wie oft ein gesuchtes Kriterium im Datenbereich enthalten ist. Ergibt sich ein Wert größer als null, wird der Wahrheitswert 1 (`WAHR`) zurückgegeben, andernfalls der Wahrheitswert 0 (`FALSCH`). Dieser Wahrheitswert dient gleichzeitig der umschließenden Funktion

`WENN()` als Parameter `Prüfung`. Ergibt `Prüfung` den Wert 1, zeigt die Formel den `DannWert` »vorhanden«, andernfalls den `SonstWert` »nicht vorhanden«.

Verwendete Funktionen

`ZÄHLENWENN(Bereich;Kriterium)`
`WENN(Prüfung[;[DannWert][;[SonstWert]]])`

5.2.2 Texte mit SVERWEIS() suchen und zusammenführen

Problem

In einer Tabelle befindet sich ab Zeile 10 die Adressdatenbank mit den Kundennummern und den Anschriften der Kunden. Dazu stehen in der Zeile 11 der Spalten A:G die Überschriften: Kundennummer, Anrede, Vorname, Nachname, Straße mit Hausnummer, Postleitzahl und Wohnort.

Ab Zeile 12 werden die Kundendaten erfasst. Sie möchten nun, dass über dem Datenbereich bei Eingabe einer Kundennummer in der Zelle D3 die Anschrift des dazugehörenden Kunden in der Zelle E3 ausgewiesen wird.

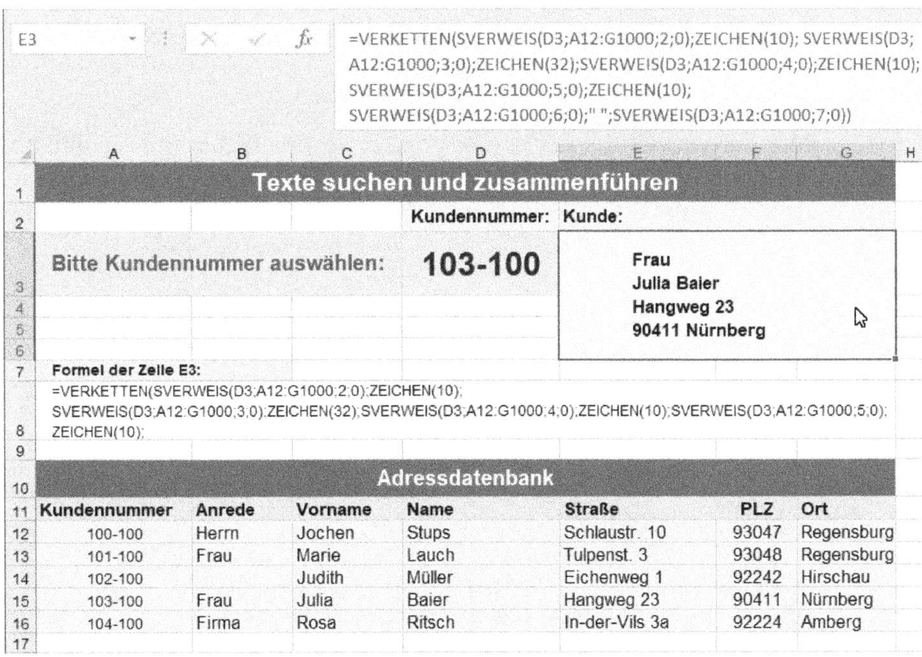

Lösung

In die Zelle D3 schreiben Sie die Kundennummer, beispielsweise »103-100«.
In der Zelle E3 soll nun die komplette Anschrift des Kunden mit der Nummer »103-100« angezeigt werden. Dazu schreiben Sie in die betreffende Zelle die Formel:

```
=VERKETTEN(SVERWEIS(D3;A12:G1000;2;0);ZEICHEN(10);SVERWEIS(D3;
A12:G1000;3;0);ZEICHEN(32);SVERWEIS(D3;A12:G1000;4;0);ZEICHEN(10);
SVERWEIS(D3;A12:G1000;5;0);ZEICHEN(10);SVERWEIS(D3;A12:G1000;6;0);" ";
SVERWEIS(D3;A12:G1000;7;0))
```

Als Ergebnis erhalten Sie die formatierte Adresse, beispielsweise:

Frau
Julia Baier
Hangweg 23
90411 Nürnberg

Hintergrund

Mit der Funktion `SVERWEIS(Kundennummer;Datenbereich;Spalte)` sucht die Formel die zur eingegebenen Kundennummer passenden Werte aus der Adressdatenbank und setzt diese dann mit der Funktion `VERKETTEN()` zu einer Gesamtzeichenfolge zusammen. Die zur Formatierung notwendigen Zeilenumbrüche erhalten Sie mit der Funktion `ZEICHEN()` und dem Codewert 10. Die Leerzeichen zwischen »Name« und »Vorname« sowie zwischen »PLZ« und »Ort« erhalten Sie entweder mit der leeren Zeichenfolge " " oder mit dem Sonderzeichen Codenummer 32, das mit der Funktion `ZEICHEN(32)` verwendet werden kann. In der obigen Formel finden Sie beide Anwendungsmöglichkeiten.

Nach Abschluss der Formel mit der [Enter]-Taste wird Ihnen aber nur ein Teil der Anschrift in der Zelle angezeigt. Erst, wenn Sie über START|ZAHL das Dialogfenster ZELLEN FORMATIEREN aufrufen und in der Registerkarte AUSRICHTUNG unter TEXTSTEUERUNG die Option TEXTUMBRUCH aktivieren, wird der Zelleninhalt wie gewünscht angezeigt.

Verwendete Funktionen

```
SVERWEIS(Suchwert;Matrix;Index[;Sortiert])
VERKETTEN(Zeichenkette1[;Zeichenkette2[;...[;Zeichenkette255]]])
ZEICHEN(Zahl)
```

5.2.3 SVERWEIS() nach links

Problem

In einer Tabelle stehen in der Zeile 8 die Überschriften einer Auswahlliste, in A8 »ISBN«, in B8 »Buchtitel« und in C8 »Preis«. Darunter stehen ab Zeile 9 die einzelnen Datensätze.

Schreiben Sie nun in die Zelle A3 einen Buchtitel, so soll in den daneben liegenden Zellen B3 die dazugehörige ISBN und in der Zelle C3 der Buchpreis ausgegeben werden. Welche Formeln können Sie dazu einsetzen?

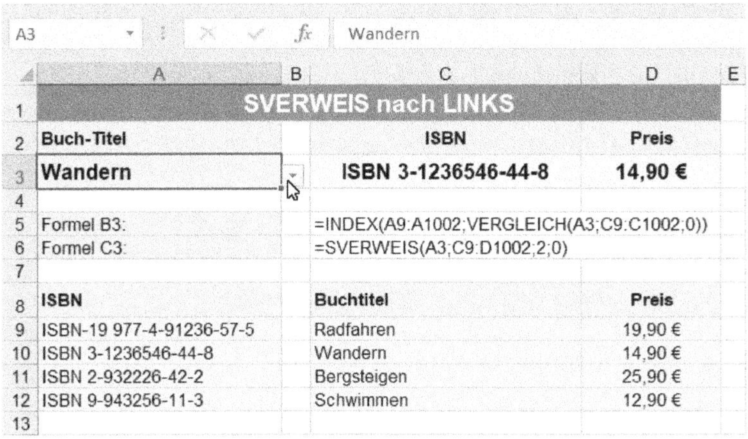

Lösung

Zur Ermittlung des zutreffenden Buchpreises verwenden Sie in der Zelle C3 die Formel

```
=SVERWEIS(A3;C9:D1002;2;0)
```

und zur Anzeige der dazu gehörigen ISBN verwenden Sie in der Zelle B3 die Formel:

```
=INDEX(A9:A1002;VERGLEICH(A3;C9:C1002;0))
```

Zu jedem in der Zelle A3 ausgewähltem Buch erhalten Sie nun in den danebenliegenden Zellen die ISBN und den Kaufpreis angezeigt.

Hintergrund

Die Funktion SVERWEIS() liefert zuverlässig Preise, Artikelbezeichnungen oder sonstige Daten aus Tabellen, deren Suchkriterien in einer Referenztabelle enthalten sind. Einziger Nachteil: Die Funktion SVERWEIS() sucht immer in der ersten Spalte der vorgegebenen Matrix nach dem Suchkriterium und liefert dann aus rechts benachbarten Zellen die gesuchten Daten. Stehen die gesuchten Daten links vom Suchbegriff, kann die Tabellenfunktion SVERWEIS() für diesen Zweck nicht eingesetzt werden. Steht wie im obigen Beispiel ab Zeile 9 der Referenztabelle das Suchkriterium – der Buchtitel – in der Spalte B, so kann der dazugehörige Buchpreis jederzeit mithilfe der Funktion =SVERWEIS() in der Zelle C3 ausgewiesen werden, weil der Preis rechts vom Suchkriterium steht.

Zum Ausweis der dazugehörigen ISBN in Zelle B3 muss man jedoch anders vorgehen, weil die ISBN in der Referenztabelle links vom Suchkriterium steht. Die Lösung bringt hier die Funktion VERGLEICH() in einer INDEX()-Formel. Bei der Tabellenfunktion INDEX() gibt man im ersten Argument den Bereich an, aus dem man die Daten holen möchte. Das zweite Argument `VERGLEICH()` enthält als erstes Argument die Zelle, die das Suchkriterium enthält, und als zweites Argument den Bereich, in dem das Suchkriterium gefunden werden soll. Der dritte Parameter `Vergleichstyp` mit dem Wert `0` sorgt für genaue Übereinstimmung mit dem Suchkriterium.

Um das Suchkriterium – den Buchtitel – fehlerlos bestimmen zu können, arbeiten Sie in der Zelle A3 am besten mit einer dynamischen Dropdownliste, die Sie bei markierter Zelle A3 über DATEN|DATENTOOLS|DATENÜBERPRÜFUNG erstellen. Wählen Sie in der Registerkarte EINSTELLUNGEN bei ZULASSEN: LISTE und schreiben Sie bei QUELLE in das Eingabefeld den zutreffenden Zellbereich, hier `$B$9:$B$1000`. Ein Klick auf OK erstellt das Dropdownfeld.

Verwendete Funktionen

```
INDEX(Bezug[;Zeile[;Spalte[;Bereich]]])
SVERWEIS(Suchwert;Matrix;Index[;Sortiert])
VERGLEICH(Suchwert;Suchmatrix[;Vergleichstyp])
```

5.2.4 Mit INDEX() den Inhalt bestimmter Zellen anzeigen

Problem

In einer Tabelle werden die monatlichen Umsätze aller Mitarbeiter ausgewiesen. Wie können Sie aus dieser Tabelle die erfolgreichsten Mitarbeiter und deren Umsatz herausfiltern?

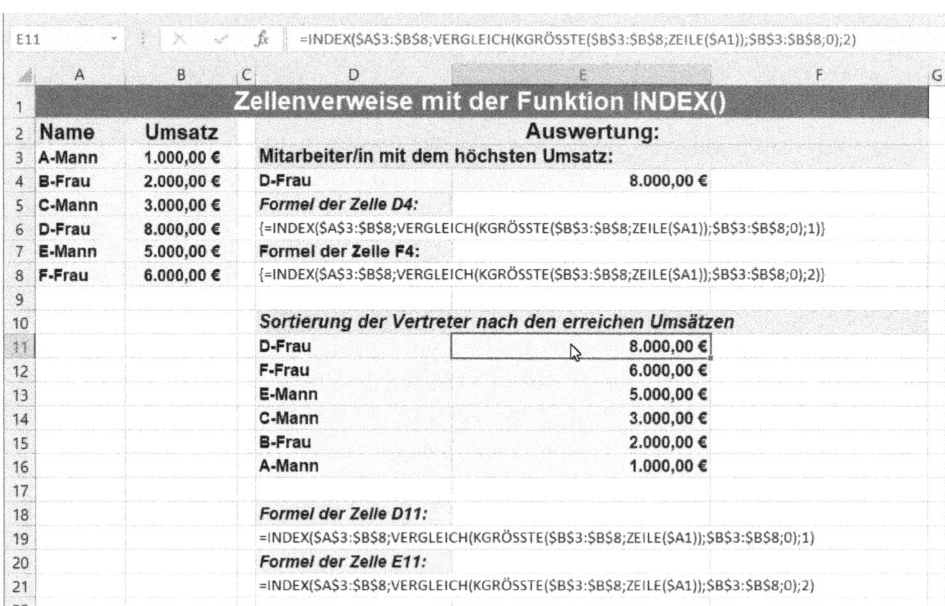

Lösung

In der Spalte A stehen ab Zeile 3 die Namen der Mitarbeiter.
In der Spalte B befinden sich ab Zeile 3 die monatlichen Umsätze.
In der Zelle D4 soll der Name des Mitarbeiters mit dem höchsten Umsatz ausgewiesen werden. Verwenden Sie dazu die Formel:

```
=INDEX($A$3:$B$8;VERGLEICH(KGRÖSSTE($B$3:$B$8;ZEILE($A1));$B$3:$B$8;0);1)
```

Den dazugehörigen Umsatz erhalten Sie beispielsweise in der Zelle F4 mit folgender Formel:

```
=INDEX($A$3:$B$8;VERGLEICH(KGRÖSSTE($B$3:$B$8;ZEILE($A1));$B$3:$B$8;0);2)
```

Hintergrund

Die Funktion `INDEX()` liefert den Inhalt einer durch Zeilen- und Spaltennummer bestimmten Zelle eines vorgegebenen Bereichs (hier A3:B8). Den zweiten Parameter `Zeilennummer` ermittelt die Funktion `VERGLEICH()` durch Vergleich der mithilfe der Funktion `KGRÖSSTE()` gelieferten Rangzahl mit dem im zweiten Parameter angegebenen Suchbereich. Das Ergebnis ist die Position des `KGRÖSSTEN()`-Werts (= Zeilennummer) in Form einer Zahl. Der dritte Parameter `Spalte` hat hier den Wert »1« (= Spalte A). Die Funktion `INDEX()` liefert demnach als Ergebnis den Inhalt der sechsten (Bereichs-)Zeile der ersten Spalte des Bereichs A3:A8, also den Namen »D-Frau«.

Die zweite Formel unterscheidet sich von der ersten nur durch die verwendete Spaltenzahl »2« im dritten Parameter. Als Ergebnis liefert die Formel die Zahl »8000«, die entsprechend formatiert werden kann.

Hinweis

Sollen nicht nur der Mitarbeiter mit dem höchsten erzielten Umsatz, sondern auch die Mitarbeiter mit den zweit- und dritthöchsten Umsätzen ausgewiesen werden, so brauchen Sie die hier verwendeten Formeln nur zu kopieren und in die darunter liegenden Zeilen einzufügen. Zuständig für die jeweilige Umsatzermittlung ist der Formelteil `KGRÖSSTE($B$3:$B$8;ZEILE($A1))`, in dem als zweiter Parameter `RangC` keine starre `Rangzahl`, sondern eine Zeilennummer als Zähler verwendet wird.

Das hat den Vorteil, dass sich die Rangzahl beim Kopieren automatisch anpasst. Beim Kopieren nach unten wird aus `ZEILE($A1)` automatisch `ZEILE($A2)`, dann `ZEILE($A3)` und so weiter. Zurückgegeben wird jedoch nur das Ergebnis der Funktion `ZEILE()` als Zahl, also die Zahlen 1, 2, 3 usw., sodass eine Sortierung der erzielten Umsätze durchgeführt wird.

Verwendete Funktionen

```
INDEX(Bezug[;Zeile[;Spalte[;Bereich]]])
KGRÖSSTE(Daten;RangC)
VERGLEICH(Suchwert;Suchmatrix [; Typ])
ZEILE(Bezug)
```

5.2.5 Den aktuellen Saldo in der ersten Zeile anzeigen

Problem

In einem Kassenbuch werden jeden Tag die Einnahmen und Ausgaben erfasst. Nun möchten Sie, dass der aktuelle Saldo immer in der Zelle E3 des fixierten Kopfbereichs angezeigt wird.

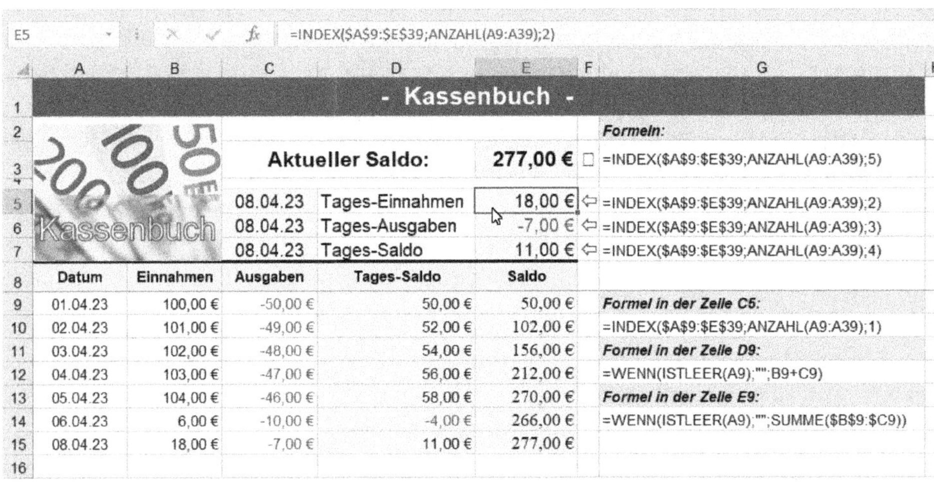

E5 =INDEX($A$9:$E$39;ANZAHL(A9:A39);2)

	A	B	C	D	E	F	G
1			- Kassenbuch -				
2							Formeln:
3			Aktueller Saldo:		277,00 €		=INDEX($A$9:$E$39;ANZAHL(A9:A39);5)
5			08.04.23	Tages-Einnahmen	18,00 €	⇦	=INDEX($A$9:$E$39;ANZAHL(A9:A39);2)
6			08.04.23	Tages-Ausgaben	-7,00 €	⇦	=INDEX($A$9:$E$39;ANZAHL(A9:A39);3)
7			08.04.23	Tages-Saldo	11,00 €	⇦	=INDEX($A$9:$E$39;ANZAHL(A9:A39);4)
8	Datum	Einnahmen	Ausgaben	Tages-Saldo	Saldo		
9	01.04.23	100,00 €	-50,00 €	50,00 €	50,00 €		Formel in der Zelle C5:
10	02.04.23	101,00 €	-49,00 €	52,00 €	102,00 €		=INDEX($A$9:$E$39;ANZAHL(A9:A39);1)
11	03.04.23	102,00 €	-48,00 €	54,00 €	156,00 €		Formel in der Zelle D9:
12	04.04.23	103,00 €	-47,00 €	56,00 €	212,00 €		=WENN(ISTLEER(A9);"";B9+C9)
13	05.04.23	104,00 €	-46,00 €	58,00 €	270,00 €		Formel in der Zelle E9:
14	06.04.23	6,00 €	-10,00 €	-4,00 €	266,00 €		=WENN(ISTLEER(A9);"";SUMME($B$9:$C9))
15	08.04.23	18,00 €	-7,00 €	11,00 €	277,00 €		
16							

Lösung

In der Zeile 8 stehen die Überschriften des Kassenbuchs.
Der Bereich A9:E39 (31 Zeilen = 31 Tage) enthält die eingegebenen und errechneten Tagesdaten.
Zur Anzeige des aktuellen Saldos schreiben Sie in die Zelle E3 die Formel:

```
=INDEX($A$9:$E$39;ANZAHL(A9:A39);5)
```

Als Ergebnis erhalten Sie den letzten Saldo der Spalte E, hier: »277,00 €«.

Hintergrund

Mithilfe der Funktion `INDEX()` liefert die Formel den Inhalt (aktuellen Saldo) der mithilfe der Funktion `ANZAHL()` ermittelten letzten Zelle der fünften Spalte. Den Tagessaldo der Zelle E7 (letzter Eintrag in der vierten Spalte = Parameter `Spalte`) erhalten Sie demnach mit der Formel:

```
=INDEX(Datenbereich;ANZAHL(Tagebereich);4).
```

Verwendete Funktionen

```
ANZAHL(Zahl1[;Zahl2[;...[;Zahl255]]])
INDEX(Bezug[;Zeile[;Spalte[;Bereich]]])
```

5.2.6 Wert am Schnittpunkt von Zeile und Spalte einer Matrix

Problem

Anhand zweier Suchkriterien wird der Wert im Schnittpunkt einer als Matrix aufgebauten Tabelle gesucht. Die Spalte A der Matrix enthält die Längenmaße; die Zeile 5 des Bereichs enthält die Breitenmaße eines bestimmten Artikels. In der Matrix selbst sind die Preise für das Produkt in der entsprechenden Größe eingetragen. So kann man zum Beispiel in der ersten Spalte nach einer Länge von »0,5 m« suchen und in der Zeile 5 nach einer Breite von »0,3 m«. Im Schnittpunkt dieser beiden Maßangaben findet man in der Matrix dann den entsprechenden Verkaufspreis. Weil der Datenbereich aber immer größer wird, soll die Tabelle mithilfe einer Formel automatisiert werden. Es sollen also nur noch Länge und Breite in zwei Zellen eingegeben werden, eine Formel soll daraufhin den Verkaufspreis im zugehörigen Schnittpunkt suchen und anzeigen. Wie können Sie diese Aufgabe lösen?

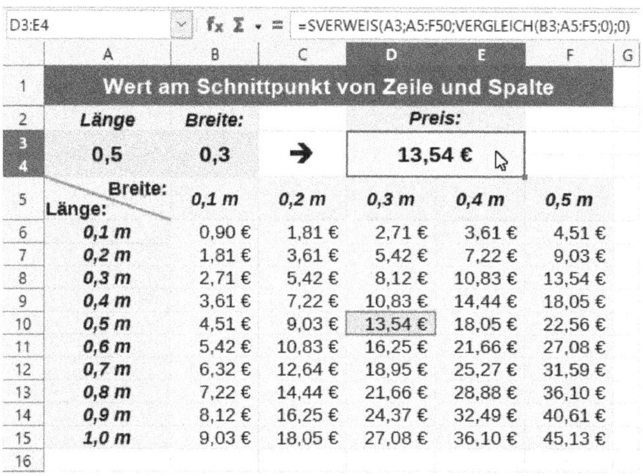
D3:E4 | =SVERWEIS(A3;A5:F50;VERGLEICH(B3;A5:F5;0);0)

	A	B	C	D	E	F
1	Wert am Schnittpunkt von Zeile und Spalte					
2	Länge	Breite:		Preis:		
3/4	0,5	0,3	➔	13,54 €		
5	Breite: / Länge:	0,1 m	0,2 m	0,3 m	0,4 m	0,5 m
6	0,1 m	0,90 €	1,81 €	2,71 €	3,61 €	4,51 €
7	0,2 m	1,81 €	3,61 €	5,42 €	7,22 €	9,03 €
8	0,3 m	2,71 €	5,42 €	8,12 €	10,83 €	13,54 €
9	0,4 m	3,61 €	7,22 €	10,83 €	14,44 €	18,05 €
10	0,5 m	4,51 €	9,03 €	13,54 €	18,05 €	22,56 €
11	0,6 m	5,42 €	10,83 €	16,25 €	21,66 €	27,08 €
12	0,7 m	6,32 €	12,64 €	18,95 €	25,27 €	31,59 €
13	0,8 m	7,22 €	14,44 €	21,66 €	28,88 €	36,10 €
14	0,9 m	8,12 €	16,25 €	24,37 €	32,49 €	40,61 €
15	1,0 m	9,03 €	18,05 €	27,08 €	36,10 €	45,13 €
16						

Lösung

Nehmen Sie beispielsweise an, Sie hätten eine Wertematrix im Bereich A5:F50 angelegt (mit Längenmaßen in der Spalte A, Breitenmaßen in der Zeile 5 und den korrespondierenden Preisen im Bereich B6:F50). Nun möchten Sie den Preis für eine bestimmte Produktgröße ermitteln und geben dazu die gesuchte Länge in die Zelle A3 ein und die gesuchte Breite in die Zelle B3. Den dazugehörigen Preis lesen Sie in der Zelle D3 mit folgender Formel aus:

```
=SVERWEIS(A3;A5:F50;VERGLEICH(B3;A5:F5;0);0)
```

Hintergrund

Die Aufgabe lässt sich mit der Funktion `SVERWEIS()` lösen. Sie benötigt ein `Suchkriterium` (A3), das in der ersten Spalte gesucht wird, eine `Matrix`, in der die auszugebenden Werte stehen (A5:F50; inklusive der Spalte mit dem Suchkriterium), sowie die Nummer (`Index`) der Matrixspalte, aus der ein Wert geliefert werden soll.

Die Nummer der Matrixspalte ermittelt die Funktion `VERGLEICH()` durch Vergleich des Suchkriteriums (B3) mit der Suchmatrix A5:F5. Anders als `SVERWEIS()` liefert `VERGLEICH()` aber nicht den Wert aus der gefundenen Zelle, sondern die Position dieser Zelle innerhalb des Suchbereichs. Das entspricht dann dem Spaltenindex, der für die `SVERWEIS()`-Funktion benötigt wird. Die letzten Parameter beider Funktionen sorgen dafür, dass exakte Übereinstimmungen mit den Kriterien gesucht werden.

Soll die Zelle im Schnittpunkt der Suchkriterien farbig, beispielsweise in Rot hervorgehoben werden, definieren Sie zusätzlich eine bedingte Formatierung mit folgenden Bedingungen:

Formel ist: `UND(B6=$D$3;B$5=$B$3)`

Hintergrund: »Rot«

Bereich: »B6:F15«

Diese Formel prüft, ob der Inhalt der Schnittpunktzelle gleich dem Inhalt der Zelle D3 ist und der Inhalt der Zelle B3 gleich dem Inhalt des entsprechenden Spaltenwerts der Zeile 5 ist. Ergeben beiden Prüfungen den Wert `WAHR`, handelt es sich um die Schnittpunktzelle und die zugewiesene Zellvorlage färbt die Zelle rot ein.

Verwendete Funktionen

```
SVERWEIS(Suchwert;Matrix;Index[;Sortiert])
UND(Logischer_Wert1[;Logischer_Wert2[;...[;Logischer_Wert255]]])
VERGLEICH(Suchwert;Suchmatrix[;Typ])
```

5.2.7 Wertesuche mit Rückgabe von Zeilen und Spaltenreferenz

Problem

In Ihrem Lager werden Regale zum Einlagern verschiedenster Gegenstände genutzt. Jedes Regal besitzt vier Fächer. Damit die eingelagerten Gegenstände auch wiedergefunden werden, wurden den Regalen die Buchstaben von A bis G zugewiesen und die Fächer sind jeweils von 1 bis 4 durchnummeriert. Gleichzeitig wurde eine Datentabelle mit Spalten für die einzelnen Regale und Zeilen für die Fächer aufgebaut. An den entsprechenden Tabellen-Schnittpunkten wird der Inhalt des Regals eingetragen.

Zur Artikelsuche soll in die Zelle B12 der Artikel (das Suchkriterium) eingegeben werden; in C12 und D12 sollen dann der Regalbuchstabe und die Fachnummer ausgegeben werden.

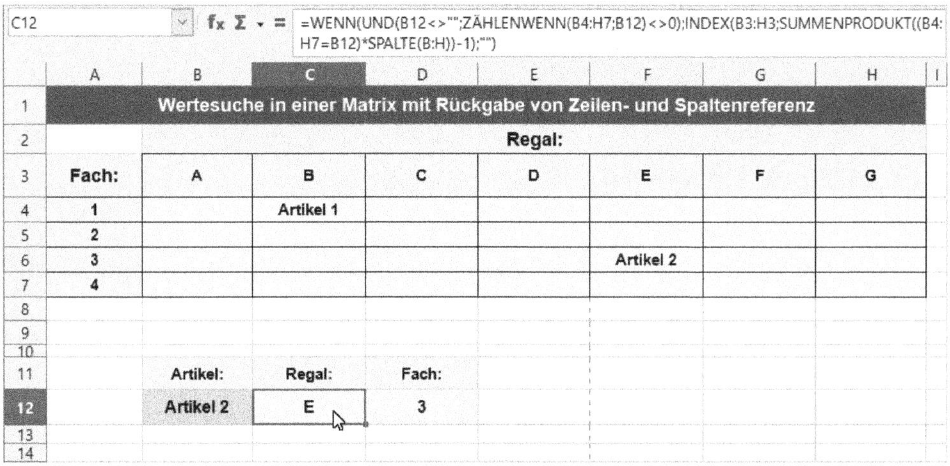

Lösung

Zur Ausgabe des entsprechenden Regalbuchstabens schreiben Sie in die Zelle C12 die Formel:

```
=WENN(UND(B12<>"";ZÄHLENWENN(B4:H7;B12)<>0);
INDEX(B3:H3;SUMMENPRODUKT((B4:H7=B12)*SPALTE(B:H))-1);"")
```

Die zutreffende Fachnummer erhalten Sie in der Zelle D12 mit der Formel:

```
=WENN(UND(B12<>"";ZÄHLENWENN(B4:H7;B12)<>0);
INDEX(A1:A7;SUMMENPRODUKT((B4:H7=B12)*ZEILE(4:7)));"")
```

Hintergrund

Die vorgestellten Formeln gehen davon aus, dass die Regalbuchstaben A bis G in der dritten Tabellenzeile, und zwar im Bereich B3:H3 eingegeben wurden. Die Fächernummern 1 bis 4 stehen in der ersten Spalte, und zwar im Bereich A4:A7. Daraus ergibt sich, dass Sie die Namen der Artikel im Bereich B4:H7 eingeben müssen.

Die eigentliche Suche der Spalten- oder Zeilenreferenz findet in der Formel mit der `INDEX()`-Funktion statt. Die umgebende `WENN()`-Funktion mit den beiden durch die `UND()`-Funktion verbundenen Kriterien dient nur dazu, Fehler auszuschließen, falls noch kein Suchkriterium eingegeben wurde oder der gesuchte Artikel nicht vorhanden ist.

Nun brauchen Sie nur noch den gesuchten Artikel in die Zelle B12 einzugeben. Die Formeln verraten Ihnen sofort, wo sich der Artikel befindet.

Verwendete Funktionen

```
INDEX(Bezug[;Zeile[;Spalte[;Bereich]]])
SUMMENPRODUKT(Matrix1[;Matrix2[;...[;Matrix255]]])
SPALTE([Bezug])
UND(Wahrheitswert1[;Wahrheitswert2[;...[;Wahrheitswert255]]])
WENN(Prüfung[;[DannWert][;[SonstWert]]])
ZÄHLENWENN(Bereich;Kriterium)
ZEILE([Bezug])
```

5.2.8 Eine Tabelle drehen

Problem

Zur besseren Darstellung in einer Präsentation möchten Sie eine Tabelle, die sich im Bereich A2:E14 befindet, drehen. Wie müssen Sie dazu vorgehen?

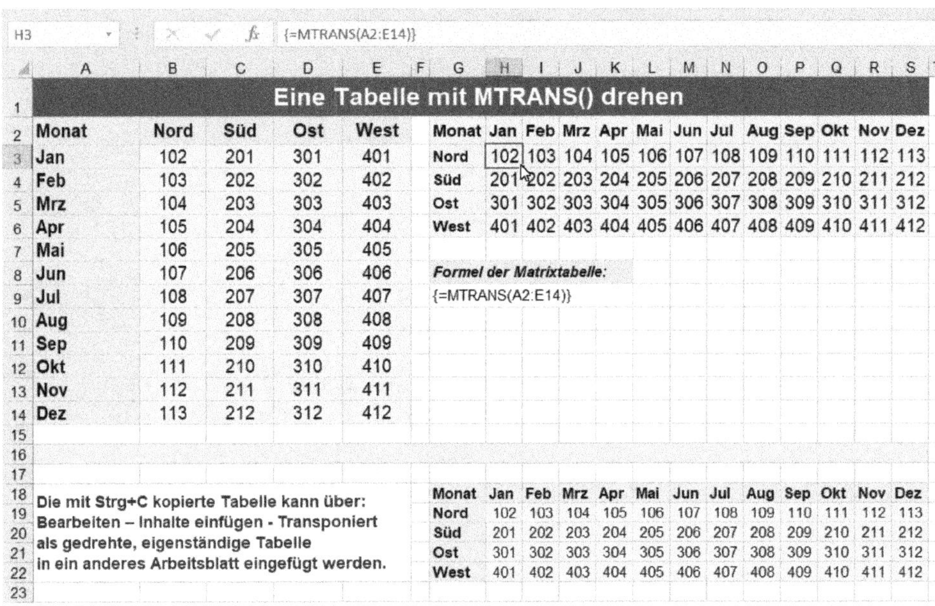

Monat	Nord	Süd	Ost	West
Jan	102	201	301	401
Feb	103	202	302	402
Mrz	104	203	303	403
Apr	105	204	304	404
Mai	106	205	305	405
Jun	107	206	306	406
Jul	108	207	307	407
Aug	109	208	308	408
Sep	110	209	309	409
Okt	111	210	310	410
Nov	112	211	311	411
Dez	113	212	312	412

Monat	Jan	Feb	Mrz	Apr	Mai	Jun	Jul	Aug	Sep	Okt	Nov	Dez
Nord	102	103	104	105	106	107	108	109	110	111	112	113
Süd	201	202	203	204	205	206	207	208	209	210	211	212
Ost	301	302	303	304	305	306	307	308	309	310	311	312
West	401	402	403	404	405	406	407	408	409	410	411	412

Monat	Jan	Feb	Mrz	Apr	Mai	Jun	Jul	Aug	Sep	Okt	Nov	Dez
Nord	102	103	104	105	106	107	108	109	110	111	112	113
Süd	201	202	203	204	205	206	207	208	209	210	211	212
Ost	301	302	303	304	305	306	307	308	309	310	311	312
West	401	402	403	404	405	406	407	408	409	410	411	412

Lösung

Wählen Sie ein neues Datenblatt oder einen leeren Bereich, der so viele Zeilen wie der Quellbereich Spalten und so viele Spalten wie der Quellbereich Zeilen hat. Aktivieren Sie die oberste linke Zelle des Zielbereichs und schreiben Sie die Formel:

```
=MTRANS(A2:E14)
```

Beenden Sie die Eingabe mit `Strg`+`Shift`+`Enter`.

Nun wird die ursprüngliche Tabelle (Quelltabelle) eingefügt, nur in gedrehter Form (Matrixtabelle). Die bisherigen Zeilenbeschriftungen erscheinen nun als

Spaltenbeschriftungen und die Spaltenbeschriftungen als Zeilenbeschriftungen. Der Zahlenbereich wird dementsprechend angepasst.

Hintergrund

Die Funktion `MTRANS()` tauscht die Zeilen und Spalten gegeneinander aus. Die so erstellte gedrehte Tabelle ist jedoch keine eigenständige Tabelle, sondern ein mit der ursprünglichen Tabelle verknüpfter Matrixbereich. Die neue Tabelle kann nicht bearbeitet werden. Änderungen müssen immer in der Quelltabelle vorgenommen werden. Ändern Sie in der Quelltabelle einen Eintrag, wird die Änderung sofort in die Matrixtabelle übernommen. Diese Funktion eignet sich besonders für Fälle, in denen die Tabelle an einer anderen Stelle nochmals angezeigt werden soll, aber dort nicht geändert werden darf.

Eine Tabelle ohne Verknüpfung transponieren

Möchten Sie die Tabelle drehen, sodass eine vollkommen neue, eigenständige Tabelle entsteht, dürfen Sie nicht die Funktion `MTRANS()` verwenden.

Stattdessen gehen Sie so vor

Markieren Sie die gesamte Tabelle mit den Beschriftungen, also im obigen Beispiel den Bereich A2:E14.
Kopieren Sie die markierte Tabelle mit der Tastenkombination [Strg]+[C] in die Zwischenablage.
Klicken Sie in die Zelle, in der die neue Tabelle beginnen soll (die oberste linke Zelle).
Rufen Sie den Befehl: BEARBEITEN|INHALTE EINFÜGEN|TRANSPONIERT auf.

Es wird nun eine gedrehte, eigenständige Tabelle mit allen Werten und Formatierungen eingefügt, die selbstständig bearbeitet werden kann.

Verwendete Funktionen

`MTRANS(Matrix)`

5.3 Zellbereiche auswerten

5.3.1 Den günstigsten Preis eines Artikels finden

Problem

Sie haben eine Händlerliste mit den Preisen verschiedener Waren angelegt. Nun sollen das billigste Angebot der jeweiligen Ware und der dazugehörige Händler ermittelt und in der daneben liegenden Liste »Günstigstes Angebot« ausgewiesen werden.

G4 =INDEX($B$3:$E$3;1;VERGLEICH(H4;B4:E4;0))

	A	B	C	D	E	F	G	H
1	Günstigster Preis eines Artikels							
2								
3		Händler 1	Händler 2	Händler 3	Händler 4		Günstigstes Angebot	
4	Artikel 1	5,00 €	6,00 €	4,00 €	7,00 €		Händler 3	4,00 €
5	Artikel 2	5,00 €	3,00 €	4,00 €	4,00 €		Händler 2	3,00 €
6	Artikel 3	5,00 €	6,00 €	4,00 €	3,00 €		Händler 4	3,00 €
7	Artikel 4	5,00 €	7,00 €	6,00 €	7,00 €		Händler 1	5,00 €
8								

Lösung

Um den günstigsten Anbieter und den jeweiligen Preis zu ermitteln, benötigt man drei Funktionen: `MIN()`, `INDEX()` und `VERGLEICH()`.
Angenommen, in der Spalte A stehen ab Zeile 4 die Artikelnamen.
In der Zeile 3 wurden in den Zellen B3:E3 die Händlernamen erfasst.
Im Bereich B4:E7 stehen die jeweiligen Einkaufspreise. Zuerst muss der niedrigste Preis jeder Zeile ermittelt werden.
In Zelle H4 finden wir durch

```
=MIN(B4:E4)
```

das billigste Angebot von Artikel 1. Die Formel in H4 muss dann noch kopiert und in die Zellen H5:H7 übertragen werden. Den dazu gehörigen Händler für die jeweilige Ware findet in der Zelle G4 die Formel:

```
=INDEX($B$3:$E$3;1;VERGLEICH(H4;B4:E4;0))
```

Hintergrund

`INDEX()` sucht im Bereich `$B$3:$E$3` die vier Anbieter ab. Die absoluten Zellbezüge sind nötig, wenn später die Funktion von G4 nach G5:G7 kopiert wird. `VERGLEICH(H4;B4:E4)` vergleicht den mit der `=MIN()`-Funktion gefundenen Preis mit den Preisen in der jeweiligen Zeile (hier der Zeile 4). Um alle Anbieter zu ermitteln, brauchen Sie die Formel nur noch nach G5:G7 zu kopieren.

Verwendete Funktionen

```
INDEX(Bezug[;Zeile[;Spalte[;Bereich]]])
MIN(Zahl1[;Zahl2[;...[;Zahl255]]])
VERGLEICH(Suchwert;Suchmatrix[;Typ])
```

5.3.2 Summierung des Datenbankbereichs mit mehreren Suchkriterien

Problem

In einer Datenbank sind alle Warenbestände aufgelistet. Wie können Sie nun die Datenbank filtern, sodass nur der Warenbestand einer ganz bestimmten Ware errechnet wird?

I5 =DBSUMME(A2:D14;"Bestand";F2:I3)

	A	B	C	D	E	F	G	H	I
1	Datenbankfunktion DBSUMME() mit mehreren Suchkriterien								
2	Artikel	Farbe	Größe	Bestand		Artikel	Farbe	Größe	Bestand
3	Socken	rot	XL	2		Hose		XL	
4	Socken	grün	XXL	3					
5	Socken	blau	M	4		Bestand:			9
6	Socken	lila	S	3					
7	Hose	rot	M	4					
8	Hose	grün	XL	4					
9	Hose	blau	XL	5					
10	Hose	lila	S	4					
11	T-Shirt	rot	X	2					
12	T-Shirt	lila	XL	2					
13	T-Shirt	blau	M	3					
14	T-Shirt	lila	S	2					
15									

Lösung

Die Datenbank befindet sich im Bereich A2:D14. Die einzelnen Spalten müssen mit Überschriften versehen sein.

Legen Sie nun einen zweizeiligen Suchbereich (hier: F2:I3) an, der die gleichen Überschriften wie der Datenbereich hat. In die zweite Zeile des Suchbereichs (unter den Überschriften) tragen Sie die Suchkriterien ein. Sie können einen Suchbegriff (z.B. nur Hose) oder mehrere Suchbegriffe verwenden. Um den Warenbestand der gesuchten Ware zu erhalten, schreiben Sie in eine freie Zelle (beispielsweise in die Zelle I5) die Formel:

```
=DBSUMME(A2:D14;"Bestand";F2:I3)
```

Als Ergebnis erhalten Sie den Bestand der gesuchten Ware.

Hintergrund

Die Funktion `DBSUMME()` bestimmt die Summe aller Zellen eines Datenbankfelds in einer Datenbank in allen Zeilen (Datensätzen), die den eingegebenen Suchkriterien entsprechen. Zur Bezugnahme auf eine Spalte anhand des Spaltenkopfs setzen Sie den Spaltenkopf in Anführungszeichen oder Sie verwenden einen Zellbezug wie in der folgenden Formel:

```
=DBSUMME(A2:D14;I2;F2:I3)
```

Verwendete Funktionen

`DBSUMME(Datenbank;Datenbankfeld;Suchkriterien)`

5.3.3 Die Summe eines bestimmten Zeitraums berechnen

Problem

In einer Tabelle werden alle Daten chronologisch erfasst. Wie errechnen Sie die Datensumme von sieben Tagen ab einem bestimmten Start-Datum?

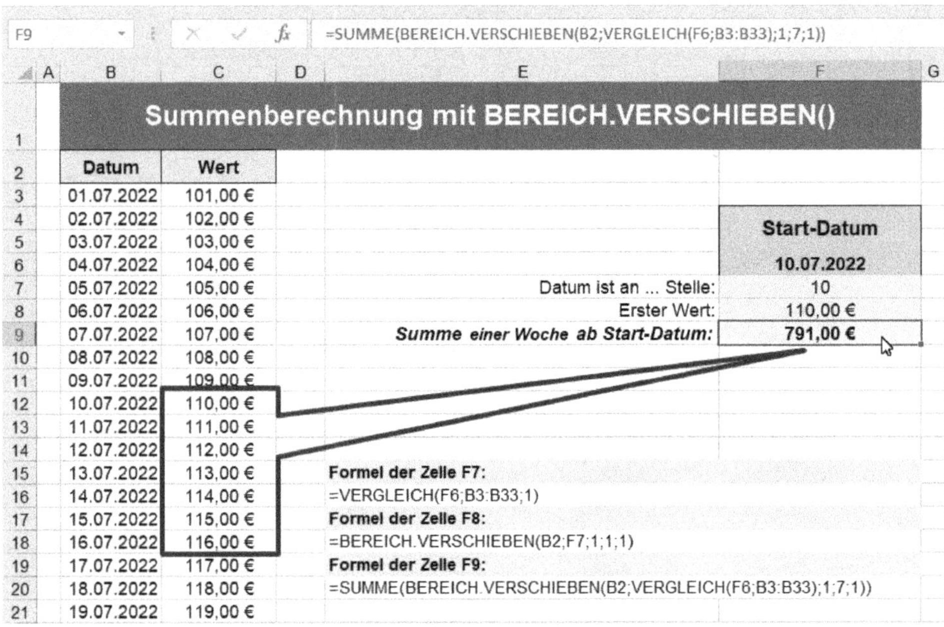

Lösung

In der Spalte B steht das Datum, in der Spalte C stehen die Werte.
Um die Summe der Zahlen ab dem Start-Datum 10.07.22 und den folgenden 6 Tagen zu errechnen, schreiben Sie in die Zelle F6 das Start-Datum »10.07.2022« und in die Zelle F9 die Formel:

```
=SUMME(BEREICH.VERSCHIEBEN(B2;VERGLEICH(F6;B3:B33);1;7;1))
```

Als Ergebnis der Summe erhalten Sie die Zahl »791,00 €«.

Hintergrund

Die Formel bildet die Summe des durch die Funktion `BEREICH.VERSCHIEBEN()` (in Calc: `VERSCHIEBUNG()`) gebildeten Bereichs, der ausgehend von der Zelle B2 (`Bezug`) mithilfe der Funktion `Vergleich()` den Ausgangspunkt (Zeilen) des Bereichs errechnet, der entsprechend des dritten Parameters um eine Spalte versetzt und entsprechend des vierten Parameters 7 Zeilen hoch und entsprechend des fünften Parameters 1 Spalte breit ist (beispielsweise der Bereich: C12:C18). Die Funktion `VERGLEICH()` ermittelt den Ausgangspunkt durch Vergleich der Zelle F6 mit dem Inhalt des Bereichs B3:B33. Wurde eine Übereinstimmung gefunden, wird die entsprechende Zeilenzahl zurückgegeben; hier die Zahl »10«, der zehnte Eintrag des Bereichs.

Ein variabler Berechnungszeitraum

Soll der Berechnungszeitraum variabel gestaltet werden, so schreiben Sie das Start-Datum (`08.07.2022`) beispielsweise in die Zelle F6 und das End-Datum (`10.07.2022`) in die Zelle H6. Mithilfe dieser zwei Datumswerte errechnen Sie die erste Zeilenzahl des Summenbereichs sowie dessen letzte Zeilenzahl. Die Differenz ergibt die aufzusummierende Bereichshöhe. Die Summe des Bereichs erhalten Sie anschließend mit der Formel:

```
=SUMME(VERSCHIEBUNG(B2;(VERGLEICH(F6;B3:B33;1));1;
(VERGLEICH(H6;B3:B33;1)-VERGLEICH(F6;B3:B33;1))+1;1))
```

Als Ergebnis erhalten Sie im Beispielfall wieder »791,00 €«.

Verwendete Funktionen

`SUMME(Zahl_1;Zahl_2;...;Zahl_255)`
`VERGLEICH(Suchwert;Suchmatrix[;Typ])`
`VERSCHIEBUNG(Bezug;Zeilen;Spalten[;Höhe[;Breite]])` (nur Calc)
`BEREICH.VERSCHIEBEN(Bezug;Zeilen;Spalten;[Höhe];[Breite])` (nur Excel)

5.3.4 Summe eines beliebigen Zeitraums mit SUMMEWENNS() berechnen

Problem

In einer Tabelle möchten Sie die Monats- und Quartalssummen eines Wertebereichs ermitteln. Die Datumsangaben stehen in der Spalte A ab Zeile 3, die Beträge in der Spalte C ab Zeile 3.

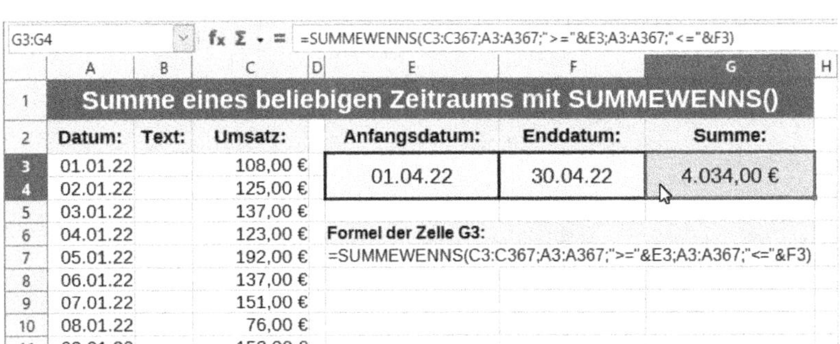

G3:G4 | =SUMMEWENNS(C3:C367;A3:A367;">="&E3;A3:A367;"<="&F3)

	A	B	C	D	E	F	G	H
1	Summe eines beliebigen Zeitraums mit SUMMEWENNS()							
2	Datum:	Text:	Umsatz:		Anfangsdatum:	Enddatum:	Summe:	
3	01.01.22		108,00 €		01.04.22	30.04.22	4.034,00 €	
4	02.01.22		125,00 €					
5	03.01.22		137,00 €					
6	04.01.22		123,00 €		Formel der Zelle G3:			
7	05.01.22		192,00 €		=SUMMEWENNS(C3:C367;A3:A367;">="&E3;A3:A367;"<="&F3)			
8	06.01.22		137,00 €					
9	07.01.22		151,00 €					
10	08.01.22		76,00 €					
11	09.01.22		153,00 €					

Die Zelle E3 enthält das Anfangsdatum und die Zelle F3 das End-Datum des aufzusummierenden Zeitraums. Für die Berechnung der Monatssumme April steht beispielsweise in E3 »01.04.2022« und in F3 »30.04.2022«. Nun möchten Sie die Summe für diesen Zeitraum berechnen.

Lösung

Schreiben Sie in die Zelle G3 folgende Formel

```
=SUMMEWENNS(C3:C367;A3:A367;">="&E3;A3:A367;"<="&F3)
```

erhalten Sie in diesem Beispiel als Ergebnis den Betrag »4034,00 €«; den Umsatz im April 2022.

Hintergrund

Die Funktion `SUMMEWENNS()` ergibt die Summe der Werte der Zellen in einem Bereich, die mehrere Bedingungen in mehreren Bereichen erfüllen. In diesem Beispiel summiert die Formel alle Beträge des Summenbereichs C3:C367, wenn das dazugehörige Datum des `Bereich1` (A3:A367) größer oder gleich dem Datum der Zelle E3 (">="&E3) und kleiner oder gleich dem Datum der Zelle F3 (<="&F3) des `Bereich2` (A3:A363) ist.

Verwendete Funktion

```
SUMMEWENNS(Summenbereich;Bereich1;Kriterium1[;Bereich2;
Kriterium2[;...]])
```

5.3.5 Summe einer gefilterten Liste mit TEILERGEBNIS()

Problem

Bestimmte Artikel einer Tabelle wurden mit der Funktion DATEN|AUTOFILTER herausgefiltert. Nun soll die Gesamtsumme der in der Spalte E angezeigten Beträge aufsummiert werden. Wie erreichen Sie, dass nur angezeigte Beträge aufsummiert werden?

Lösung

Wählen Sie mithilfe von Autofilter eine Artikelgruppe, z.B. »Artikel 03«. Bei gefilterter Liste schreiben Sie in die Ergebniszelle die Funktion:

```
=TEILERGEBNIS(9;J3:J8)
```

Als Ergebnis erhalten Sie die Summe der gefilterten Datensätze.

Hintergrund

Im Gegensatz zur Funktion `SUMME()`, die grundsätzlich alle, auch ausgeblendete Beträge aufsummiert, rechnet die Funktion `TEILERGEBNIS()` mit dem ersten Parameter 9 (= Summe), nur mit »sichtbaren« Zahlen. Ausgeblendete Werte werden nicht berücksichtigt.

Mithilfe dieser Funktion kann genauso gut der Mittelwert der gefilterten Einträge oder die Anzahl der gefilterten Listeneinträge bestimmt werden. Sie brauchen dazu nur den entsprechenden Funktionsindex zu verwenden (`MITTELWERT` = 1; `ANZAHL2` = 3; `MAX` = 4; `MIN` = 5).

Tipp

Wenn Sie diese Funktion vor dem Filtern der Liste einfügen, muss eine Leerzeile zwischen den Zahlenwerten und der Ergebniszelle mit der Funktion sein. Fügen Sie diese Funktion ohne Leerzeile ein, wird die Funktion als zur Liste gehörender Wert betrachtet und ausgeblendet.

Verwendete Funktionen

```
SUMME(Zahl1[;Zahl2[;...[;Zahl255]]])
TEILERGEBNIS(Funktion;Bereich)
```

5.3.6 Summierung bis zur nächsten Leerzelle

Problem

Es gibt immer wieder Tabellen, in denen Berechnungen in einem dynamischen Bereich, hier bis zur nächsten Leerzelle, durchgeführt werden sollen. Nehmen wir zum Beispiel an, dass Sie in einer Tabelle eine Bestandsliste der vorhandenen Getränke haben, gruppiert nach verschiedenen alkoholischen und alkoholfreien Getränkesorten. Den Aufbau einer Beispieltabelle sehen Sie in der Abbildung. Nun soll die Gesamtzahl der zutreffenden Artikel in den Zeilen mit den Gruppenüberschriften ausgegeben werden.

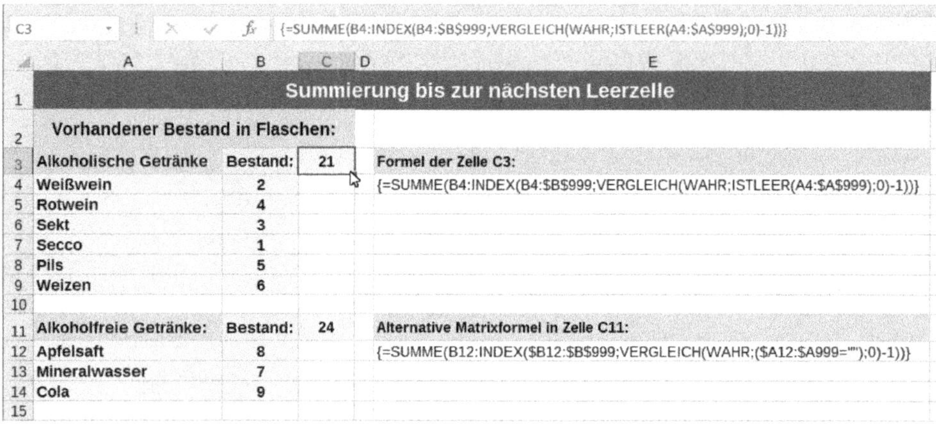

Lösung

Da die Anzahl der Artikel variiert, können Sie nicht mit einer normalen Summenformel arbeiten (in C3 müssen beispielsweise die nächsten sechs Werte addiert werden, in C11 dagegen die nächsten drei Werte usw.). Sie benötigen stattdessen eine flexible Formel, die die Anzahl der zu summierenden Zeilen automatisch anpasst. Weil die Tabelle in Blöcken, zwischen denen jeweils leere Zellen stehen, aufgebaut ist, können Sie eine allgemeingültige Formel erstellen, die jeweils die Werte bis zur nächsten leeren Zelle summiert. Dabei muss sich diese leere Zelle nicht einmal in der Spalte der zu addierenden Werte befinden.
In der Zelle C3 Ihrer Tabelle könnten Sie die Gesamtzahl der Artikel der ersten Gruppe der Spalte B mit der folgenden Formel berechnen:

```
{=SUMME(B4:INDEX(B4:$B$1000;VERGLEICH(WAHR;ISTLEER(A4:$A$1000);0)-1))}
```

Hinweis

Beachten Sie, dass es sich um eine Matrixformel handelt. Das bedeutet, dass Sie die Formel ohne die geschweiften Klammern in die Zelle C3 eingeben und die Eingabe mit der Tastenkombination `Strg`+`Shift`+`Enter` abschließen müssen. Die geschweiften Klammern fügt Excel dann automatisch hinzu.

Hintergrund

Diese Formel summiert die Werte der Spalte B ab der Zeile direkt unter der Formel (hier also ab Zeile 4) bis zum Ende des aktuellen Blocks und in diesem Fall bis maximal Zeile 1000. Das Ende des Blocks wird durch die `VERGLEICH()`-Funktion ermittelt, die in Spalte A mithilfe der Funktion `ISTLEER()` nach der nächsten leeren Zelle sucht und die entsprechende Position zurückgibt. Dabei beginnt die Suche wieder in der Zeile direkt unter der aktuellen Formel, weshalb als erster Bezug die Zelle A4 angegeben ist. Damit aber nur die Werte vor der nächsten leeren Zelle addiert werden, müssen Sie noch den Wert 1 vom Ergebnis der VERGLEICH()-Funktion abziehen.

Mithilfe der INDEX()-Funktion erhalten Sie den Bezug zu der Zelle an der mittels VERGLEICH() berechneten Position. Diese Zelle bildet das Ende des zu addierenden Bereichs, sodass die Funktion SUMME() nur die Werte des aktuellen Blocks umfasst. Die Formel der Zelle C3 können Sie anschließend ganz einfach in die anderen Zellen kopieren, in denen Sie Bestandssummen berechnen wollen. In diesem Fall können Sie die Formel zum Beispiel in die Zelle C11 usw. kopieren. Da sich der Anfang des zu summierenden Bereichs immer auf die Zeile direkt unter der Formel bezieht, erhalten Sie automatisch die passenden Summen bis zum Ende des jeweiligen Blocks.

Verwendete Funktionen

```
INDEX(Bezug[;Zeile[;Spalte[;Bereich]]])
ISTLEER(Wert)
SUMME(Zahl1[;Zahl2[;...[;Zahl255]]])
VERGLEICH(Suchwert;Suchmatrix[;Typ])
```

5.3.7 Datenauswertung mit benannten Formeln und der Funktion BEREICH.VERSCHIEBEN()

Problem

Im Bereich A3:C1000 einer Tabelle werden die Tankkosten eines Pkws erfasst. Die Daten des Datenerfassungsbereichs werden bei jedem Tanken fortgeführt.

	A	B	C	E	G	I
1	Datenerfassung			Datenauswertung mit benannten Formeln und der Funktion BEREICH.VERSCHIEBEN()		
2	Datum	KM-Stand	Tanken			
3	01.01.22	500 Km	25 Ltr.	Jahresverbrauch		Formeln:
4	01.02.22	1000 Km	26 Ltr.	Jahresfahrleistung	4000 Km	=@EndeKM-@BeginnKM
5	01.03.22	1500 Km	24 Ltr.	Jahresverbrauch	232,00 Ltr.	=SUMME(INDIREKT((@ZELLE("Address";BeginnLtr))&":"&(@ZELLE("Address";EndeLtr))))
6	01.04.22	2000 Km	28 Ltr.	Durchschnittlicher Jahresverbrauch	5,80 Ltr.	=@Jahresverbrauch/(@EndeKM-@BeginnKM)*100
7	01.05.22	2500 Km	25 Ltr.			
8	01.06.22	3000 Km	29 Ltr.	Aktueller Verbrauch		
9	01.07.22	3500 Km	25 Ltr.	Kilometerstand beim Tanken	4500 Km	=@EndeKM
10	01.08.22	4200 Km	35 Ltr.	Kilometerstand beim vorletzten Tankstopp	4200 Km	=(@BEREICH.VERSCHIEBEN(BeginnKM;@DyDatBereich-2;0;1;1))
11	01.09.22	4500 Km	15 Ltr.	Gefahrene Kilometer	300 Km	=@EndeKM-(@BEREICH.VERSCHIEBEN(BeginnKM;@DyDatBereich-2;0;1;1))
12				Getankte Liter	15,00 Ltr.	=@EndeLtr
13				Aktueller Durchschnittsverbrauch	5,00 Ltr.	=@EndeLtr/(@EndeKM-(@BEREICH.VERSCHIEBEN(BeginnKM;@DyDatBereich-2;0;1;1)))%
14						
15				Benannte Formeln:		
16				Start	01.01.22	=$A$3
17				DyDatBereich	9	=ANZAHL2($A$3:$A$1000)
18				BeginnKM	500 Km	=BEREICH.VERSCHIEBEN(Starten;0;1)
19				EndeKM	4500 Km	=@BEREICH.VERSCHIEBEN(BeginnKM;@DyDatBereich-1;0;1;1)
20				Jahresfahrleistung	4000 Km	=@EndeKM-@BeginnKM
21				BeginnLtr	25,00 Ltr.	=BEREICH.VERSCHIEBEN(Starten;0;2)
22				EndeLtr	15,00 Ltr.	=@BEREICH.VERSCHIEBEN(BeginnLtr;@DyDatBereich-1;0;1;1)
23				Jahresverbrauch	232,00 Ltr.	=SUMME(INDIREKT(@ZELLE("Address";BeginnLtr)&":"&@ZELLE("Address";EndeLtr)))
24						
25				Zellenadressierung:		
26				Datenbereich:	$A$3:$A$11	=@ZELLE("Address";Starten)&":"&(@ZELLE("Address";(BEREICH.VERSCHIEBEN(Starten;@DyDatBereich-1;0;1;1))))
27				nächster Eintrag	$A$12	=@ZELLE("Address";(BEREICH.VERSCHIEBEN(Starten;ANZAHL2($A$3:$A$1000)+0;0;1;1)))
28				Adressierung der Start-Zelle	$A$3	=@ZELLE("Address";BEREICH.VERSCHIEBEN(Starten;0;0))
29				Adressierung der Zelle B3	$B$3	=@ZELLE("Address";BEREICH.VERSCHIEBEN(Starten;0;1))
30				Adressierung der Zelle C3	$C$3	=@ZELLE("Address";BEREICH.VERSCHIEBEN(Starten;0;2))

Wie können Sie die einzelnen Datenzellen ausgehend von der Zelle A3 zur Berechnung der Verbrauchswerte so ansprechen, dass immer die aktuellen Verbrauchswerte errechnet und angezeigt werden?

Lösung

Der Ausgangspunkt, von dem aus die Zellen angesprochen werden sollen, ist im obigen Beispiel die Zelle A3, die erste Zelle des variablen Datenbereichs. Geben Sie der Zelle A3 den Namen »Starten«.
Arbeiten Sie mit Excel, klicken Sie dazu in die Zelle A3 und wählen dann FORMELN|NAMEN DEFINIEREN. Im folgenden Dialogfeld NEUER NAME schreiben Sie in das Feld NAME den Namen `Starten` und in das Eingabefeld BEZIEHT SICH AUF: die Zelladresse =`Tabelle1!$A$3`. Klicken Sie auf OK um das Dialogfeld zu schließen. Überprüfen können Sie den vergebenen Namen wie auch alle anderen vergebenen Namen im NAMENS-MANAGER. Hier können Sie vergebene Namen auch BEARBEITEN oder LÖSCHEN.

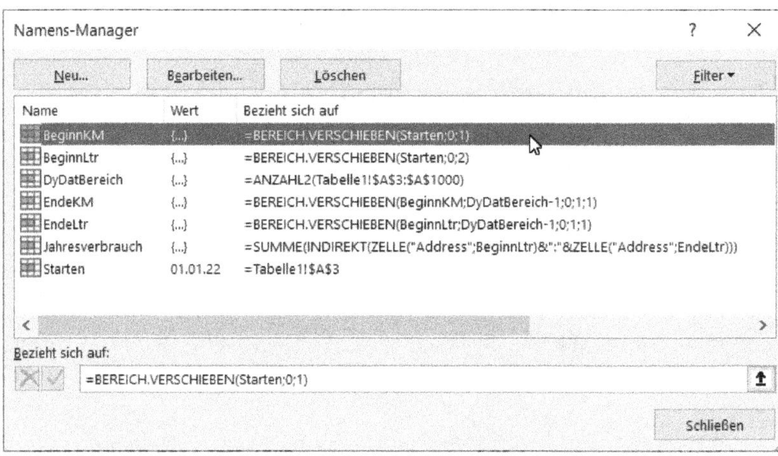

Schneller geht es in Excel und Calc mit folgender Methode:

Klicken Sie in die Zelle A3, überschreiben Sie dann im links neben der Eingabezeile liegenden NAMENFELD den angezeigten Bezug A3 mit `Starten`. Ein Klick auf [Enter] beendet die Namenszuweisung.

Die letzte Zeile des variablen Datenbereichs ermitteln Sie mit der Funktion:

```
=ANZAHL2($A$3:$A$1000)-1
```

Als Ergebnis erhalten Sie die Anzahl der belegten Zeilen des vordefinierten Bereichs A3:A1000 minus 1. Auch dieser Formel können Sie einen Namen zuweisen. Öffnen Sie den NAMENS-MANAGER und klicken dann auf NEU. Es erscheint wieder das Dialogfeld NEUER NAME. Benennen Sie diese Formel im Feld NAME mit dem Namen DyDatBereich. In das Feld BEZIEHT SICH AUF schreiben Sie die Formel: =ANZAHL2($A$3:$A$1000)-1. Ein Klick auf OK übernimmt die nun benannte Formel in die Liste, ein weiterer Klick auf OK schließt das Dialogfeld.

In Calc öffnen Sie dazu das NAMENFELD und wählen NAMEN VERWALTEN. Im erscheinenden gleichnamigen Dialogfeld klicken Sie auf HINZUFÜGEN, um den Dialog NAMEN FESTLEGEN zu öffnen. Hier können weitere Namen hinzugefügt werden.

Zur einfacheren Handhabung erstellen Sie sich noch zusätzlich folgende benannte Formeln analog zu den obigen Beispielen:

BeginnKM (erster Kilometereintrag in B3) mit:

```
=BEREICH.VERSCHIEBEN(Starten;0;+1)
```

BeginnLtr (erster Tankeintrag in C3) mit:

```
=BEREICH.VERSCHIEBEN(Starten;0;+2)
```

EndeKM (letzter Kilometereintrag) mit:

```
=BEREICH.VERSCHIEBEN(BeginnKM;DyDatBereich-1;0;1;1)
```

EndeLtr (letzter Tankeintrag) mit:

```
=BEREICH.VERSCHIEBEN(BeginnLtr;DyDatBereich-1;0;1;1)
```

Jahresverbrauch mit:

```
=SUMME(INDIREKT(ZELLE("Address";BeginnLtr)&":"&
(ZELLE("Address";EndeLtr))))
```

Haben Sie diese benannten Formeln einmal erstellt, ist die Arbeit fast erledigt. Die Jahresfahrleistung ermitteln Sie nun ganz elegant mit der Formel:

```
=EndeKM-BeginnKM
```

Den Kilometerstand beim vorletzten Tankstopp ermittelt die Formel:

```
=(BEREICH.VERSCHIEBEN(BeginnKM;DyDatBereich-2;0;1;1))
```

Die Anzahl der gefahrenen Kilometer zwischen den beiden letzten Tankstopps ermitteln Sie mit der Formel:

```
=EndeKM-(BEREICH.VERSCHIEBEN(BeginnKM;DyDatBereich-2;0;1;1))
```

Den aktuellen Durchschnittsverbrauch ermittelt die Formel:

```
=EndeLtr/(EndeKM-(BEREICH.VERSCHIEBEN(BeginnKM;DyDatBereich-2;0;1;1)))%
```

Hintergrund

Ausgehend von der mit »Starten« benannten Zelle A3 kann mit der Funktion `BEREICH.VERSCHIEBEN()` oder in Calc mit der Funktion `VERSCHIEBUNG()` jede andere Zelle des Datenbereichs angesprochen werden. Die Syntax beider Funktionen ist gleich. So liefert die Funktion `BEREICH.VERSCHIEBEN(Starten;0;+1)` den Inhalt der Zelle B3 (der Bezug »Starten« wurde in der gleichen Zeile um eine Spalte nach rechts verschoben) und `BEREICH.VERSCHIEBEN(Starten;1;+1)` liefert als Ergebnis den Inhalt der Zelle B4, weil der Bezug der Zelle A3 (Starten) um eine Zeile nach unten und eine Spalte nach rechts verschoben wurde.

> **Hinweis**
>
> Die beiden letzten Parameter `Höhe` und `Breite` können Sie ignorieren oder ihnen jeweils den Parameter 1 zuweisen, weil nur ein Bereich von 1 Zellenhöhe und 1 Zellenbreite = 1 Zelle zurückgegeben werden soll. Wenn Sie benannte Zellen direkt adressieren wollen, verwenden Sie die Funktion `ZELLE("ADDRESS";Bezug)`. Ein Beispiel dazu bietet die Berechnung des Jahresbenzinverbrauchs.

Verwendete Funktionen

`ANZAHL2(Zahl1[;Zahl2[;...[;Zahl255]]])`
`BEREICH.VERSCHIEBEN(Bezug;Zeilen;Spalten;[Höhe];[Breite])` (nur Excel)
`INDIREKT(Bezug [;A1])`
`VERSCHIEBUNG(Bezug;Zeilen;Spalten[;Höhe[;Breite]])`
`ZELLE("InfoTyp"[;Bezug])` (nur Calc)

5.3.8 Kfz-Kosten-Berechnung in einem »dynamischen Bereich«

Problem

Die Tankkosten eines Pkws sollen in einer Tabelle erfasst und ausgewertet werden. Das Problem ist nur, dass sich der Datenbereich bei jedem Eintrag ändert und die Zellbezüge der Auswertungsformeln jedes Mal neu angepasst werden müssen. Sie möchten die Datenbereiche so definieren, dass sie sich automatisch an die eingegebenen Bereiche anpassen. Welche Funktionen verwenden Sie dazu?

	A	B	C	D	E	F	G	H	I
1	Kfz-Kosten – Berechnung in einem "dynamischen" Bereich								
2	Datenerfassung							Datenauswertung:	
3	**Datum:**	**KM-Stand:**	**Getankt:**	**Gefahren:**	**Verbrauch:**		**Beschreibung:**	**Ergebnis:**	**Formeln:**
4	01.01.22	500 Km	0 Ltr.				Dynamischer Datenbereich A4:C1000	A4:C11	="A4:C"&(ANZAHL2($A$4:$A$1000)+3)
5	01.02.22	1000 Km	30 Ltr.	500 Km	6,00 Ltr.				
6	01.03.22	1400 Km	20 Ltr.	400 Km	5,00 Ltr.		Jahresfahrleistung:	3300 Km	=@INDIREKT("B"&(ANZAHL2($B$4:$B$1000)+3))-B4
7	01.04.22	1800 Km	28 Ltr.	400 Km	7,00 Ltr.		Jahresverbrauch:	194,00 Ltr.	=SUMME(INDIREKT("C4:C"&(ANZAHL2($C$4:$C$1000)+3)))
8	01.05.22	2300 Km	25 Ltr.	500 Km	5,00 Ltr.		Durchschnittlicher Jahresverbrauch:	5,88 Ltr.	=H7/H6*100
9	01.06.22	2900 Km	36 Ltr.	600 Km	6,00 Ltr.				
10	01.07.22	3400 Km	35 Ltr.	500 Km	7,00 Ltr.		Kilometerstand beim letzten Tankstopp:	3800 Km	=@INDIREKT("B"&(ANZAHL2($B$4:$B$1000)+3))
11	01.08.22	3800 Km	20 Ltr.	400 Km	5,00 Ltr.		Kilometerstand beim vorletzten Tankstopp:	3400 Km	=@INDIREKT("B"&(ANZAHL2($B$4:$B$1000)+3)-1)
12							Gefahrene Kilometer:	400 Km	=H10-H11
13							Getankte Liter:	20,00 Ltr.	=@INDIREKT("C"&(ANZAHL2($C$4:$C$1000))+3)
14							Aktueller Durchschnittsverbrauch:	5,00 Ltr.	=H13/H12*100
15									
16							Formel der Zelle D5 (Gefahrene Km):		Formel der Zelle E5 (Aktueller Verbrauch):
17							=WENN(B5<>"";B5-MAX(B$4:B4);"")		=WENN(B5="";"";C5/(B5-MAX(B$4:B4))%)

Lösung

Erstellen Sie sich eine Tabelle entsprechend folgendem Muster:
In den Zeilen 1 bis 3 befinden sich Überschriften.
In den Spalten A:E schreiben Sie in die Zeile 3 die Überschriften `Datum:`, `KM-Stand:`, `Getankt:`, `Gefahren:` und `Verbrauch:`.
In der Spalte H sollen die eingegebenen Daten weiter ausgewertet und zusammengefasst werden. Dazu ermitteln Sie den aktuell verwendeten Datenbereich in der Zelle H4 mit folgender Formel:

```
="A4:C"&(ANZAHL2($A$4:$A$1000)+3)
```

Als Ergebnis erhalten Sie den Datenbereich: A4:C11.

Die Jahresfahrleistung (aktueller Kilometerstand beim Tanken minus Kilometerstand zum Jahresbeginn) weisen Sie in der Zelle H6 mit folgender Formel aus:

```
=INDIREKT("B"&(ANZAHL2($B$4:$B$1000)+3))-B4
```

Der gesamte Jahresverbrauch errechnet sich in der Zelle H7 mit der Formel:

```
=SUMME(INDIREKT("C4:C"&(ANZAHL2($A$4:$A$1000)+3)))
```

Den durchschnittlichen Jahresbenzinverbrauch erhalten Sie in F11 mit der Formel:

```
=H7/H6*100
```

Den Kilometerstand vom letzten Tankstopp errechnet die Formel:

```
=INDIREKT("B"&(ANZAHL2($B$4:$B$1000)+3))
```

Den Kilometerstand vom vorletzten Tankstopp erhalten Sie mit der Formel:

```
=INDIREKT("B"&(ANZAHL2($B$4:$B$1000)+3)-1)
```

Die zuletzt getankten Liter zeigt die Formel

```
=INDIREKT("C"&(ANZAHL2($C$4:$C$1000))+3)
```

und den aktuellen Durchschnittsverbrauch erhält man mit der Formel:

```
=F13/F12*100
```

Damit bei jedem Tanken die gefahrenen Kilometer berechnet und in der Tabelle angezeigt werden, schreiben Sie in die Zelle D5 folgende Formel

```
=WENN(B5<>"";B5-MAX(B$4:B4);"")
```

und kopieren die Formel in die darunter liegenden Zellen der Spalte D.

Zur Ermittlung des jeweiligen Verbrauchs schreiben Sie in die Zelle E5 die Formel

```
=WENN(B5="";"";C5/(B5-MAX(B$4:B4))%)
```

und kopieren sie in die darunter liegenden Zellen der Spalte E.

Hintergrund

Die Formel zur Ermittlung eines dynamischen Bereichs ermittelt einen Bereich, der mit Daten belegt ist. Damit dieser Bereich nicht immer neu berechnet werden muss, wird er dynamisch gestaltet; das heißt, der Datenbereich soll selbstständig ermittelt werden und der betreffenden Formel die richtigen Bezüge zuweisen. Geben Sie in der nächsten Zeile Daten ein, wird der Datenbereich automatisch angepasst und alle Berechnungen werden mit den geänderten Bezügen durchgeführt und berichtigt. So erhalten Sie beispielsweise die Zelle mit dem jeweils letzten Kilometerstand des Pkws mit dem Formelteil: `="B"&(ANZAHL2($B$4:$B$1000)+3)`.

Die Funktion `ANZAHL2()` ermittelt die Anzahl der im Argument `Bereich` gefundenen Datensätze und gibt das Ergebnis als Zahl zurück. Hier die Zahl »11« (11 Datensätze). Damit nun der richtige Bezug gebildet wird, muss das Ergebnis noch um die drei davor liegenden Überschriftenzeilen berichtigt werden (`ANZAHL2()+3`). Als Ergebnis liefert die Funktion im obigen Beispiel den Bezug »B11«.

Je nachdem, wie viele Datensätze Sie hinzufügen (oder löschen), ändert sich auch der mit der Funktion `ANZAHL2()` ermittelte Datenbereich, der nun für alle weiteren Berechnungen verwendet werden kann. Übergeben Sie die Formel `=INDIREKT("B"&(ANZAHL2($B$4:$B$1000)+3))` der Funktion `INDIREKT()` als Argument `Bezug`, erhalten Sie den Inhalt der ermittelten Zelle, in diesem Beispiel den km-Stand beim letzten Tankstopp: »3800 km«. Ziehen Sie den Wert der Zelle D5 von der so ermittelten Kilometerzahl ab, erhalten Sie die Jahresfahrleistung.

Die Summe des getankten Kraftstoffs würde in der Beispieltabelle mit der Formel `=SUMME(Bereich)` errechnet werden. Sie brauchen also den Bereich C4:C11 nur dynamisch zu gestalten. Die Formel stellt sich demnach so dar:

```
=SUMME(INDIREKT("C4:C"&(ANZAHL2($C$4:$C$1000)+3)))
```

Die Funktion `INDIREKT()` stellt einen Bezug in Textform auf einen Bereich dar, dessen Inhalt zurückgegeben werden soll. Im Beispiel ist dies der Bereich C4:C11. Das Argument `Bezug` wird hier durch die Zelle `"C4:` (in Textform) als Bereichsanfang-Argument und der verketteten Funktion `ANZAHL2()` als Bereichsende-Argument gebildet. Als Formelergebnis erhalten Sie die `SUMME()` des mit der Funktion `INDIREKT()` gebildeten Bereichs. Bei weiteren Datensätzen wird das Ergebnis durch den dynamischen Bezug immer richtig berechnet. Sollen die gefahrenen Kilometer bei jedem Tankeintrag errechnet werden, so verwenden Sie dazu eine dynamische Formel mit der Funktion `MAX()` und einem teilabsoluten Bezug:

```
=B5-MAX(B$4:B4)
```

Berechnet wird hier beispielsweise in der Zelle D5 die Differenz des letzten (hier B5) und des vorletzten Kilometerstands der Spalte B, der durch den Formelteil `MAX(B$4:B4)` bestimmt wird. Kopieren Sie diese Formel einfach in die darunter liegenden Zellen der Spalte D, um die gefahrenen Kilometer bei den übrigen Tankstopps zu erhalten. Durch die sich automatisch ändernden Bezüge erhalten

Sie immer die richtigen Kilometerzahlen. Die umschließende `WENN()`-Funktion vermeidet Fehlermeldungen bei leeren Zellen.

Verwendete Funktionen

```
ANZAHL2(Zahl1[;Zahl2[;...[;Zahl255]]])
INDIREKT(Bezug[;A1])
MAX(Zahl1[;Zahl2[;...[;Zahl255]]])
SUMME(Zahl1[;Zahl2[;...[;Zahl255]]])
WENN(Prüfung[;[DannWert][;[SonstWert]]])
```

5.3.9 Anzahl der Besucher an einem bestimmten Tag – Datenauswertung mit der Funktion ERSTERWERT() oder WAHL()

Problem

Die Anzahl der Besucher einer privaten Kunstausstellung werden in einer Tabelle erfasst. Dazu stehen im Bereich B2:H2 die Wochentage als Überschriften. Darunter befinden sich in der Zeile 3 die Anzahl der Vormittagsbesucher und in der Zeile 4 die Anzahl der Besucher am Nachmittag.

	A	B	C	D	E	F	G	H
1	Datenauswertung mit der Funktion ERSTERWERT()							
2	Besucher der Kunstausstellung:	Mo	Di	Mi	Do	Fr	Sa	So
3	Vormittag:	33	55	21	31	15	24	25
4	Nachmittag:	52	6	22	32	42	33	29
5								
6	Datum:	19.01.2023						
7	Tag:	Do						
8	Wochentag:	4						
9								
10	Besucher am Donnerstag:	63						
11	Besucher in der Woche:	420						
12	Alternative zur Formel in B11:	420						
13								
14	Alternative: Datenauswertung mit der Funktion WAHL()							
15	Wochentag:	4						
16	Besucher am Donnerstag:	63						
17	Besucher in der Woche:	420						
18	Alternative zur Formel in B17:	420						
19								
20	Formeln:							
21	Formel der Zelle B6							
22	=HEUTE()							
23	Formel der Zelle B7							
24	=ERSTERWERT(WOCHENTAG(B6;11); 1;"Mo";2;"Di";3;"Mi"; 4;"Do";5;"Fr"; 6;"Sa"; 7;"So"; "keine Übereinstimmung")							
25	Formel der Zelle B8 und B14							
26	=WOCHENTAG(HEUTE();11)							
27	Formel der Zelle B10							
28	=ERSTERWERT(WOCHENTAG(B6;11); 1;SUMME(B3:B4);2;SUMME(C3:C4); 3;SUMME(D3:D4);4;SUMME(E3:E4);5; SUMME(F3:F4);6;SUMME(G3:G4); 7;SUMME(H3:H4))							
29	Formel der Zelle B11							
30	=ERSTERWERT("WOCHE";1;SUMME(B7:B11);2;SUMME(C7:C11);3;SUMME(D7:D11);4;SUMME(E7:E11);5; SUMME(F7:F11);6;SUMME(G7:G11);7;SUMME(H7:H11);SUMME(B3:H4))							
31	Formel der Zelle B12; alternative zu B11							
32	=ERSTERWERT("WOCHE";;;;;;;;;;;;;;;SUMME(B3:H4))							
33	Formel der Zelle B16							
34	=SUMME(WAHL(B15;B3:B4;C3:C4;D3:D4;E3:E4;F3:F4;G3:G4;H3:H4))							
35	Formel der Zelle B17							
36	=SUMME(WAHL(8;B3:B4;C3:C4;D3:D4;E3:E4;F3:F4;G3:G4;H3:H4;B3:H4))							
37	Formel der Zelle B18							
38	=SUMME(WAHL(8;;;;;;;;B3:H4))							

Nun möchten Sie in einer separaten Zelle die Anzahl der aktuellen Tagesbesucher ausweisen. Das aktuelle Tagesdatum steht in der Zelle B6.

Lösung

Arbeiten Sie mit Excel, verwenden Sie zur Ermittlung der aktuellen Tagesbesucher (= Sa) die Funktion:

```
=ERSTERWERT(WOCHENTAG(B6;11);
1;"Mo";2;"Di";3;"Mi"; 4;"Do";5;"Fr"; 6;"Sa"; 7;"So"; "keine Übereinstimmung")
```

Arbeiten Sie mit Calc, verwenden Sie den Funktionsnamen SCHALTER(). Die Parameter sind die gleichen. In jedem Fall erhalten Sie den Wochentag vom Datum der Zelle B6. Die Summe der Tagesbesucher (Vormittag und Nachmittag) errechnet in der Zelle B10 die Formel

```
=SCHALTER(WOCHENTAG(B6;11);1;SUMME(B3:B4);2;SUMME(C3:C4);3;SUMME(D3:D4);
4;SUMME(E3:E4);5;SUMME(F3:F4);6;SUMME(G3:G4);7;SUMME(H3:H4))
```

und die Gesamtzahl der Besucher der ganzen Woche errechnet in der Zelle B11 die Formel:

```
=SCHALTER("WOCHE";1;SUMME(B7:B11);2;SUMME(C7:C11);3;SUMME(D7:D11);4;
SUMME(E7:E11);5;SUMME(F7:F11);6;SUMME(G7:G11);7;SUMME(H7:H11);SUMME(B3:H4))
```

Hintergrund

Mit der Funktion SCHALTER() oder ERSTERWERT() wird ein Wert (Parameter Ausdruck) anhand einer Liste mit Werten ausgewertet. Die Funktion wählt aus mehreren Bedingungen das erste zutreffende Ergebnis aus. Trifft keine Bedingung zu (der erste Parameter Ausdruck der dritten Formel, hier: WOCHE, hat keinen entsprechenden Wert), wird das letzte Ergebnis (Parameter Standardwert, hier SUMME(B3:H4)) zurückgegeben.

Hinweis

Die Funktion ERSTERWERT() liefert ähnlich der Funktion WAHL() ein Ergebnis, das aus dem Vergleich zwischen dem Ausdruck im ersten Argument und den Paaren aus Wert und Ergebnis ermittelt wird. Auch hier wird als Ergebnis der erste übereinstimmende Wert zurückgegeben, allerdings kennt die Funktion keinen Parameter Standardwert.

Verwendete Funktionen

```
=ERSTERWERT(Zu vergleichender Wert;
Wert für Übereinstimmung1...[2-126];
Rückgabewert bei Übereinstimmung...[2-126];
Rückgabewert bei fehlender Übereinstimmung)
```
(nur Excel)

```
=WAHL(Index;Wert1[;Wert2[;...[;Wert254]]])
```

5.3.10 Noten anhand einer Punktetabelle vergeben

Problem

Für die Schüler Ihrer Klasse haben Sie eine Liste mit der erreichten Punktzahl einer Klassenarbeit angelegt. Wie erreichen Sie, dass neben der erreichten Punktzahl auch die dazugehörige Note angezeigt wird?

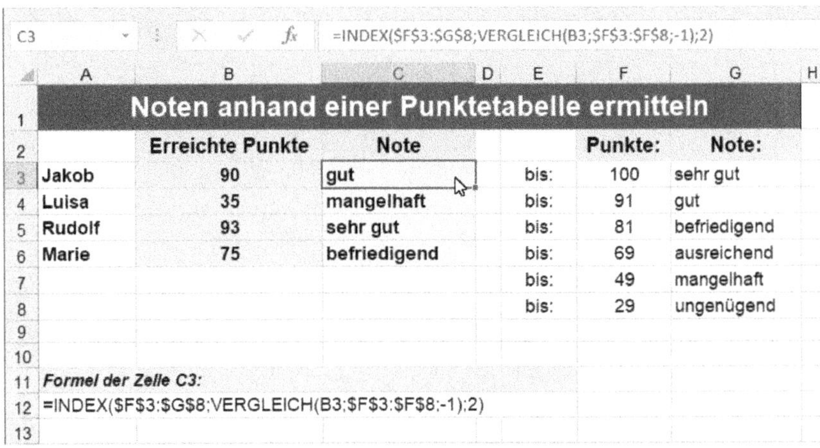

C3 =INDEX($F$3:$G$8;VERGLEICH(B3;$F$3:$F$8;-1);2)

	A	B	C	D	E	F	G	H
1	Noten anhand einer Punktetabelle ermitteln							
2		Erreichte Punkte	Note			Punkte:	Note:	
3	Jakob	90	gut		bis:	100	sehr gut	
4	Luisa	35	mangelhaft		bis:	91	gut	
5	Rudolf	93	sehr gut		bis:	81	befriedigend	
6	Marie	75	befriedigend		bis:	69	ausreichend	
7					bis:	49	mangelhaft	
8					bis:	29	ungenügend	
9								
10								
11	*Formel der Zelle C3:*							
12	=INDEX($F$3:$G$8;VERGLEICH(B3;$F$3:$F$8;-1);2)							
13								

Lösung

In der Spalte A stehen die Namen der Schüler.
In der Spalte B wird die erreichte Punktzahl eingetragen.
Im Bereich F3:G8 steht die Punkteliste mit der entsprechenden Note.
In die Zelle C3 schreiben Sie folgende Formel:

```
=INDEX($F$3:$G$8;VERGLEICH(B3;$F$3:$F$8;-1);2)
```

Kopieren Sie die Formel mithilfe des Aufziehkästchens nach unten. Als Ergebnis werden in der Spalte C die zur erreichten Punktzahl gehörenden Noten ausgewiesen.

Hintergrund

Die Funktion `VERGLEICH()` vergleicht die Punktzahl der Zelle B3 mit den Punkten der Liste des Bereichs F3:F8, wobei die Liste entsprechend des dritten Parameters `Typ` absteigend sortiert sein muss. Als Ergebnis wird die relative Position des in der Liste gefundenen, der Zelle B3 entsprechenden Elements geliefert. Hier die Zahl »2«, das Suchkriterium befindet sich in der zweiten Zeile des Bereichs F3:G8.

Die Funktion `INDEX()` liefert anschließend die dazugehörige Note. Der Bezug bezeichnet den Bereich, in dem Punktzahl und zugehörige Note (F3:G8) erfasst sind. Die Position der Zeile wurde mit der Funktion `VERGLEICH()` bestimmt. Aus welcher Spalte des Bereichs F3:G8 der Inhalt angezeigt werden soll, bestimmt der Parameter `Spalte` (hier: zweite Spalte des Bereichs F3:F8).

Verwendete Funktionen

`INDEX(Bezug[;Zeile[;Spalte[;Bereich]]])`
`VERGLEICH(Suchwert;Suchmatrix[;Typ])`

5.4 Zufallszahlen

5.4.1 Zufallszahlen erzeugen

Problem

Es gibt immer wieder Situationen, in denen Sie einen Bereich mit Zufallszahlen für weitere Berechnungen generieren möchten. Der Bereich E4:H12 soll zu Testzwecken mit unterschiedlichen Werten zwischen 200 und 300 gefüllt werden.

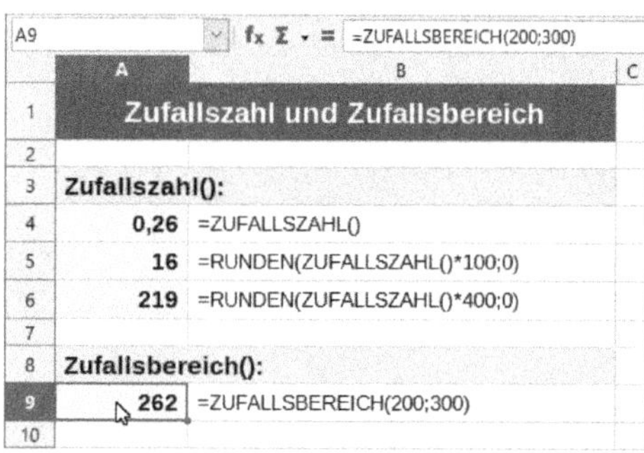

Lösung

Mithilfe der Funktion `ZUFALLSBEREICH()` kommen Sie schnell zum Ziel. Schreiben Sie dazu in die Zelle E4 die Formel:

```
=ZUFALLSBEREICH(200;300)
```

Das Ergebnis ist eine zufällige ganze Zahl aus dem durch `Kleinste_Zahl` und `Größte_Zahl` vorgegebenen Wertebereich, hier beispielsweise für eine zufällige Zahl zwischen 200 und 300. Um den Bereich E4:H12 mit den Zufallszahlen zu füllen, brauchen Sie die Formel nur in alle markierten Zellen einzufügen und der Bereich wird mit Zufallszahlen gefüllt.

Hintergrund

Mit der Funktion `ZUFALLSBEREICH()` kann man mit zwei Parametern bestimmen, zwischen welchen beiden Grenzen die Zufallszahl liegen soll.

Tipp

Alternative: Mit der Funktion `ZUFALLSZAHL()` lässt sich eine zufällige Zahl zwischen 0 und 1 erzeugen. Die Funktion ist sehr einfach und hat keinerlei Parameter. Multipliziert man das Ganze beispielsweise mit 100 und kombiniert die Funktion noch mit der RUNDEN()-Funktion, erhält man Zufallszahlen zwischen 0 und 100:

```
=RUNDEN(ZUFALLSZAHL()*100;0)
```

Verwendete Funktionen

```
ZUFALLSZAHL()
ZUFALLSBEREICH(Kleinste_Zahl;Größte_Zahl)
RUNDEN(Zahl[;Stellen])
```

5.4.2 Zufallszahlen ohne Duplikate erstellen

Problem

Sie möchten die Einträge einer Liste nach dem Zufallsprinzip durchnummerieren. Hierzu stehen Ihnen die Funktionen ZUFALLSZAHL() und ZUFALLSBEREICH() zur Verfügung. Mit diesen beiden Funktionen erhalten Sie zwar zufällige Nummerierungen, aber einige Zufallszahlen könnten doppelt vorhanden sein. Wie können Sie solche doppelten Zufallszahlen vermeiden?

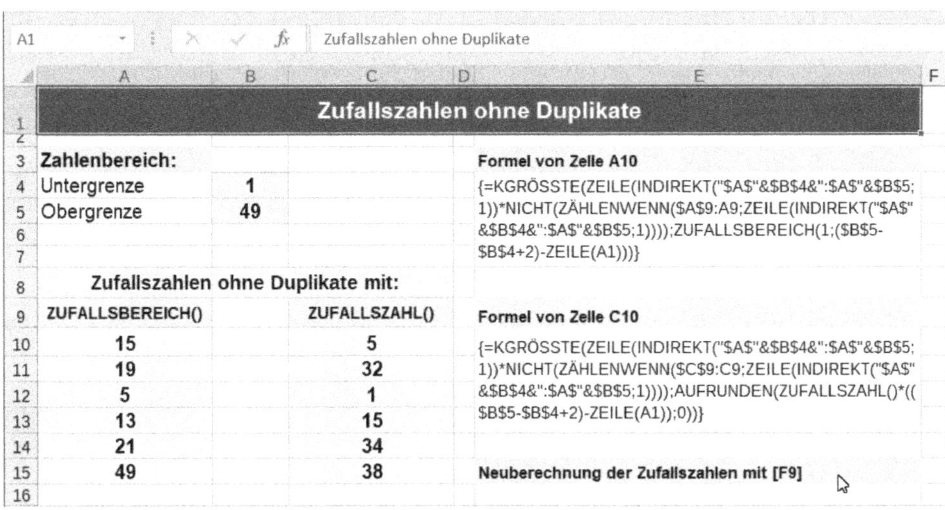

Lösung

Zufallszahlen ohne Duplikate erstellen Sie mit einer Matrixformel, in der Sie den »k-größten« aus der Liste der zulässigen Werte nach dem Zufallsprinzip herausgreifen und dafür sorgen, dass bereits verwendete Zufallszahlen aus der Liste der zulässigen Werte ausgeschlossen werden. Geben Sie die Unter- und Obergrenze

des Zufallszahlenbereichs in einem Tabellenblatt in den Zellen B4 und B5 ein – zum Beispiel die Lottozahlen 1 und 49.
Nun sollen im Bereich A10:A15 sechs zufällige Zahlen aus dem Bereich 1 bis 49 ausgegeben werden, ohne dass ein Wert doppelt vorkommt. Dazu schreiben Sie in Zelle A10 folgende Matrixformel:

```
=KGRÖSSTE(ZEILE(INDIREKT("$A$"&$B$4&":$A$"&$B$5;1))*
NICHT(ZÄHLENWENN($A$9:A9;ZEILE(INDIREKT("$A$"&$B$4&":$A$"&$B$5;1))));
ZUFALLSBEREICH(1;($B$5-$B$4+2)-ZEILE(A1)))
```

Beenden Sie die Matrixformel mit [Strg]+[Shift]+[Enter]. Die Formel wird nun automatisch mit geschweiften Klammern umgeben und berechnet. Kopieren Sie die Formel nach unten in die Zellen A11:A15.

Hintergrund

Die Formel erstellt mit der Funktion `ZEILE()` eine Zahlenmatrix, die alle ganzen Zahlen zwischen Unter- und Obergrenze umfasst. Dabei erstellt die Funktion `INDIREKT()` den Zellbezug für die Funktion `ZEILE()`. In den Grenzen 1 und 49 ergibt die `INDIREKT()`-Funktion beispielsweise den Matrix-Bezug `$A$1:$A$49`. Die gleiche Zahlenmatrix kommt auch als Kriterium in der `ZÄHLENWENN()`-Funktion zum Einsatz. Dabei wird geprüft, ob ein Wert bereits in den Zellen über der aktuellen Zelle als Zufallszahl ausgewählt worden ist. Das Ergebnis ist eine Zahlenmatrix aus Nullen und Einsen (0 = Zahl wurde noch nicht gezogen; 1 = Zahl wurde bereits gezogen).

Mithilfe dieser Zahlenmatrix können bereits vorhandene Zufallszahlen aus der Liste zulässiger Werte ausgeschlossen werden. Sie müssen die Matrix der verfügbaren Werte nur mit der Prüfmatrix multiplizieren. Dabei kehrt die Funktion `NICHT()` die Matrixwerte um. Aus dem Wert 0 wird somit der Wert 1 für einen weiterhin verfügbaren Zahlenwert.

Das Ergebnis ist eine neue Zahlenmatrix, in der alle gezogenen Zufallswerte den Wert 0 erhalten.

Diese Zahlenmatrix übernimmt nun die Funktion `KGRÖSSTE()`. Sie sucht aus den Matrixwerten den k-größten Wert heraus. Der wievielt-größte Wert gezogen wird, ergibt sich durch die Zufallsfunktionen `ZUFALLSBEREICH()`. Durch die Subtraktion von `ZEILE(A1)` (oder nach dem Kopieren der Formel: `ZEILE(A2)`, `ZEILE(A3)` usw.) kann maximal der k-größte Wert gesucht werden, der noch nicht auf null gesetzt worden ist.

Tipp

Die Zufallszahlen können auch mithilfe der Funktion `ZUFALLSZAHL()` errechnet werden. Die abgeänderte Formel lautet:

```
=KGRÖSSTE(ZEILE(INDIREKT("$A$"&$B$4&":$A$"&$B$5;1))*NICHT(
ZÄHLENWENN($C$9:C9;ZEILE(INDIREKT("$A$"&$B$4&":$A$"&$B$5;1))));
AUFRUNDEN(ZUFALLSZAHL()*(($B$5-$B$4+2)-ZEILE(A1));0))
```

Diese Formel muss ebenfalls mit [Strg]+[Shift]+[Enter] abgeschlossen werden. Der einzige Unterschied der Formel liegt in der Zufallszahl, die mit der aktuellen Zeilenzahl der Matrix multipliziert und auf eine Ganzzahl aufgerundet wird.

Verwendete Funktionen

```
AUFRUNDEN(Zahl[;Stellen])
INDIREKT(Bezug[;A1])
KGRÖSSTE(Daten;RangC)
NICHT(LogischerWert)
ZÄHLENWENN(Bereich;Kriterium)
ZEILE([Bezug])
ZUFALLSBEREICH(Kleinste_Zahl;Größte_Zahl)
ZUFALLSZAHL()
```

5.4.3 Zufälligen Eintrag aus einer Liste auswählen

Problem

Zur Ermittlung des Gewinners möchten Sie einen zufälligen Namen aus einer Liste auswählen.

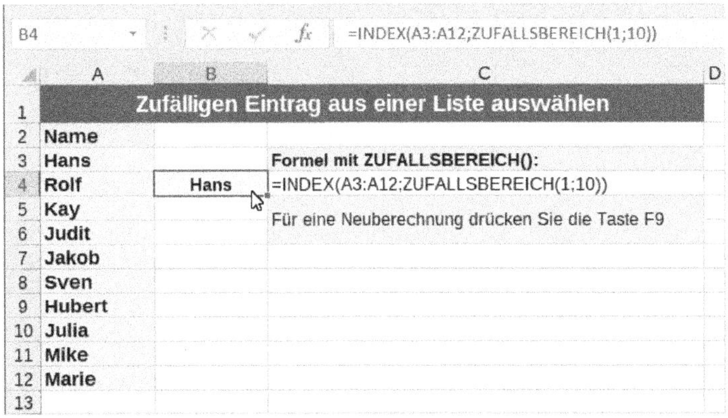

Lösung

Mit der Funktion ZUFALLSBEREICH() in Kombination mit der Funktion INDEX() können Sie ganz einfach einen zufälligen Eintrag aus einer Liste auswählen. Ausgehend von einer Namensliste im Bereich A3:A12 erhalten Sie mit der Funktion

```
=INDEX(A3:A12;ZUFALLSBEREICH(1;10))
```

mit jeder Neuberechnung der Formel einen zufälligen neuen Namen angezeigt. Jedes Mal, wenn Sie die [F9]-Taste drücken, wird die Formel aktualisiert und damit ein neuer Name angezeigt.

Hintergrund

Die `INDEX()`-Funktion gibt einen Wert aus einem Bereich, hier aus dem Bereich A3:A12 zurück. Welcher Wert aus dem Bereich zurückgegeben wird, bestimmt die Funktion `ZUFALLSBEREICH()`.

> **Wichtig**
>
> Wichtig ist, dass der Wertebereich der Funktion `ZUFALLSBEREICH()` immer genau der Anzahl der Elemente der Auswahlliste entspricht.

Verwendete Funktionen

```
INDEX(Bezug;Zeile;Spalte;Bereich)
ZUFALLSBEREICH(Kleinste_Zahl;Größte_Zahl)
```

5.4.4 Zelleninhalt aus einem Tabellenbereich zufällig auswählen

Problem

Aus einem Bereich, der 20 Zeilen und 4 Spalten umfasst, möchten Sie den Inhalt einer zufällig gewählten Zelle auslesen und angezeigt bekommen. Welche Formel liefert Ihnen das gewünschte Ergebnis?

F5:F7 =INDIREKT(ADRESSE(GANZZAHL(ZUFALLSZAHL()*20)+3;GANZZAHL(ZUFALLSZAHL()*4+1)))

	A	B	C	D	E	F	G
1	Zelleninhalt aus einem Tabellenbereich zufällig auswählen						
2							
3	Emma	Jonas	Vanessa	Tobias		Gewonnen hat:	
4	Sophie	Jakob	Romy	Benjamin			
5	Marie	Luca	Paula	Noel		Isabella	
6	Emilia	Ben	Lucy	Christian			
7	Leonie	Paul	Franziska	Sebastian			
8	Ella	Lois	Klara	Kilian			
9	Lilly	Felix	Elisabeth	Nick			
10	Laura	Emil	Paulina	Lucas			
11	Lena	Julian	Sofia	Justus			
12	Anna	Max	Maria	Gabriel			
13	Greta	Alexander	Mona	Kevin			
14	Lara	Tim	Jessica	Manuel			
15	Leni	Anton	Josefine	Karl			
16	Julia	David	Lotte	Alex			
17	Maja	Nico	Rosa	Toni			
18	Clara	Oskar	Carla	Matthias			
19	Johanna	Simon	Sara	Patrick			
20	Pia	Daniel	Saskia	Christoph			
21	Isabella	Leonard	Melanie	Bastian			
22	Antonia	Erik	Nicole	Fritz			
23							

Lösung

Angenommen, die Daten befinden sich im Bereich A3:D22. Der Inhalt der zufällig gewählten Zelle aus diesem Bereich soll in der Zelle F5 angezeigt werden. Dazu schreiben Sie in F5 folgende Formel:

```
=INDIREKT(ADRESSE(GANZZAHL(ZUFALLSZAHL()*20)+3;GANZZAHL(ZUFALLSZAHL()*4+1)))
```

Bei jedem Druck auf die Taste [F9] wird der Inhalt einer anderen, willkürlich gewählten Zelle des Bereichs A3:D22 angezeigt.

Hintergrund

Eine bestimmte Zelle kann grundsätzlich über die Funktion `ADRESSE()` angesprochen werden. So ergibt die Formel

```
=ADRESSE(5;2)
```

als Ergebnis den Zellbezug `$B$5`. Soll die Funktion einen willkürlichen Zellbezug liefern, müssen die starren Zahlen »5« beziehungsweise »2«, die für die Parameter `Zeile` beziehungsweise `Spalte` stehen, mithilfe der Funktion `ZUFALLSZAHL()` ausgewählt werden. Weil die Funktion `ZUFALLSZAHL()` jedoch nur zufällige Zahlen zwischen 0 und 1 liefert, muss der Umfang der zu liefernden Zahlen angepasst werden. In diesem Beispiel umfasst der auszuwählende Bereich 20 Zeilen. Damit die Funktion `ZUFALLSZAHL()` auch den Wert 20 liefern kann, brauchen Sie nur das Ergebnis mit der Zeilenzahl 20 zu multiplizieren. Weil Dezimalzahlen in der Funktion `ADRESSE()` jedoch zu Fehlermeldungen führen, müssen sie mithilfe der Funktion `GANZZAHL()` auf die nächstkleinere ganze Zahl abgerundet werden. Als Ergebnis liefert die Formel

```
GANZZAHL(ZUFALLSZAHL()*20)
```

ganzzahlige Werte zwischen 0 und 20. Nachdem der Datenbereich in der dritten Zeile beginnt, darf die niedrigste gelieferte Zufallszahl aber nicht kleiner als 3 sein. Das Ergebnis der Formel muss daher um +3 berichtigt werden.

Der Formelteil `GANZZAHL(ZUFALLSZAHL()*20)+3` liefert nun eine Zufallszahl zwischen 3 und 22 (= 20 Zeilen), die die Funktion `ADRESSE()` als ersten Parameter verwendet. Der zweite Parameter `Spalte` wird auf die gleiche Weise errechnet, der Unterschied liegt allein in der Begrenzung der Werte auf 4 Spalten durch die Multiplikation mit 4 und der Berichtigung um den Wert +1, damit 0-Werte vermieden und zufällige Ganzzahlen zwischen 1 und 4 geliefert werden.

Hinweis

Das Ergebnis der Funktion `ADRESSE()` ist ein zufälliger Zellbezug in der Form von beispielsweise `$D$6`. Die umschließende Funktion `INDIREKT()` liefert letztendlich den Inhalt der so bestimmten Zelle.

Verwendete Formeln

```
ADRESSE(Zeile;Spalte[;Bezug[;A1 [;"Tabelle"]]])
GANZZAHL(Zahl)
INDIREKT(Bezug[;A1])
ZUFALLSZAHL()
```

5.4.5 Listeneinträge mischen

Problem

In Ihrer Kartenspielrunde soll der Meistertitel ausgetragen werden. Um gleiche Chancen zu gewährleisten, soll die Besetzung der Spieltische vom Computer per Zufallszahl aus der Teilnehmerliste »ausgewürfelt« werden. Die Namen der Teilnehmer/innen stehen alle in der Spalte A einer Liste ab Zeile 3. Wie können Sie nun diese Teilnehmerliste in eine zufällig sortierte Reihenfolge bringen?

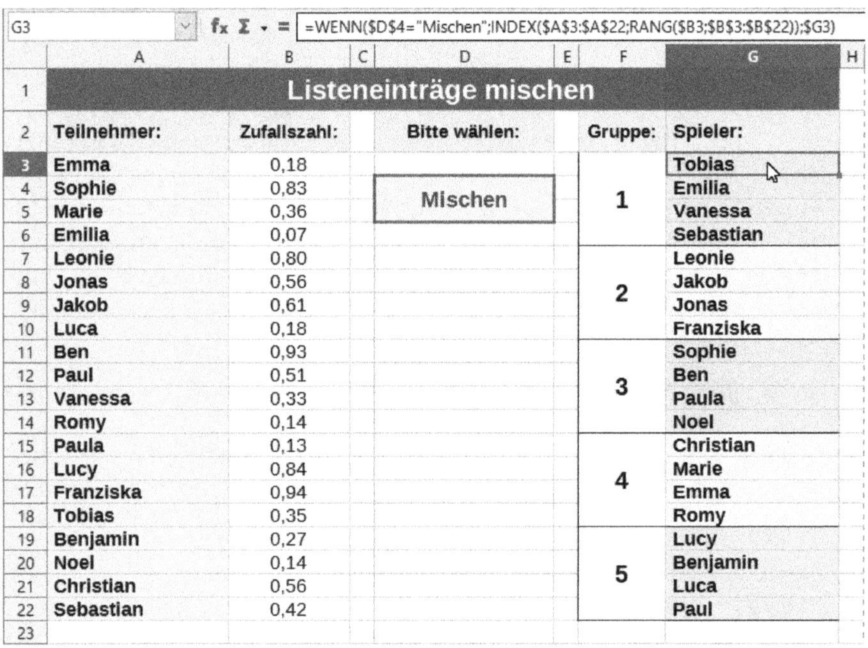

G3 | =WENN($D$4="Mischen";INDEX($A$3:$A$22;RANG($B3;$B$3:$B$22));$G3)

	A	B	C	D	E	F	G
1	Listeneinträge mischen						
2	Teilnehmer:	Zufallszahl:		Bitte wählen:		Gruppe:	Spieler:
3	Emma	0,18				1	Tobias
4	Sophie	0,83		Mischen			Emilia
5	Marie	0,36					Vanessa
6	Emilia	0,07					Sebastian
7	Leonie	0,80				2	Leonie
8	Jonas	0,56					Jakob
9	Jakob	0,61					Jonas
10	Luca	0,18					Franziska
11	Ben	0,93				3	Sophie
12	Paul	0,51					Ben
13	Vanessa	0,33					Paula
14	Romy	0,14					Noel
15	Paula	0,13				4	Christian
16	Lucy	0,84					Marie
17	Franziska	0,94					Emma
18	Tobias	0,35					Romy
19	Benjamin	0,27				5	Lucy
20	Noel	0,14					Benjamin
21	Christian	0,56					Luca
22	Sebastian	0,42					Paul
23							

Lösung

Verwenden Sie Microsoft Excel, aktivieren Sie in den OPTIONEN unter FORMELN den Eintrag ITERATIVE BERECHNUNG AKTIVIEREN.
In LibreOffice-Calc aktivieren Sie dazu unter EXTRAS|OPTIONEN|LIBREOFFICE CALC|BERECHNEN im ZIRKULÄRE BEZÜGE die Option ITERATIONEN durch ein Häkchen. Die Schrittweite ist egal, sie kann bei den Voreinstellungen belassen werden.

Anschließend errechnen Sie die zufällige Rangzahl des Teilnehmers der Zeile 3 in der Zelle B3 mit der Funktion:

```
=ZUFALLSZAHL()
```

Kopieren Sie diese Funktion bis zum letzten Teilnehmernamen nach unten, um allen Namen eine Rangzahl zuzuweisen.

Als Nächstes klicken Sie in die Zelle D4, um sie zu aktivieren. Dann rufen Sie DATEN|DATENTOOLS auf und klicken auf DATENÜBERPRÜFUNG. Im nun erscheinenden Dialogfeld DATENÜBERPRÜFUNG wählen Sie in der Registerkarte EINSTELLUNGEN unter ZULASSEN den Eintrag LISTE und schreiben in das Eingabefeld QUELLE den Ausdruck: `Mischen; Nicht Mischen`. Ein Klick auf OK schließt das Dialogfeld.

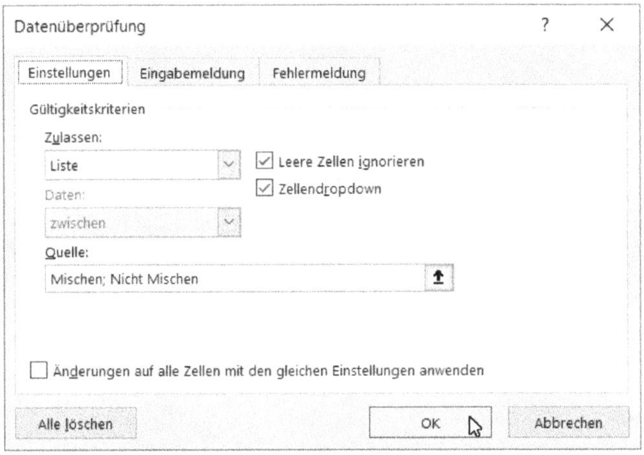

Die Auswahlliste in der Zelle D4 ist einsatzbereit. Wählen Sie in D4 aus der Liste `Gültigkeit` den Eintrag `Mischen`.

Diese Auswahl verwendet die `WENN()`-Funktion der Zelle G3 als ersten Parameter `Prüfung`. Steht in der Zelle D4 der Text `Mischen`, wird die Teilnehmerliste nach den errechneten Zufallszahlen gemischt. Zeigt D4 den Text `Nicht Mischen`, wird keine Mischung der Teilnehmernamen durchgeführt. So kann sichergestellt werden, dass die Spielerzusammensetzung auch nachträglich noch geprüft werden kann. In die Zelle G3 schreiben Sie die Formel

```
=WENN($D$4="Mischen";INDEX($A$3:$A$22;RANG($B3;$B$3:$B$22));$G3)
```

und kopieren sie bis zum letzten Namen der Liste nach unten. Als Ergebnis erhalten Sie, so wie bei jeder Neuberechnung der Tabelle, durch Drücken der Taste F9 eine neue gemischte Teilnehmerliste.

Hintergrund

Ergibt die `Prüfung` der Zelle D4 durch die Funktion `WENN($D$4="Mischen")` den Wert `WAHR`, wird die `INDEX()`-Funktion des zweiten Parameters `DannWert` ausgeführt. Der Funktionsteil `INDEX($A$3:$A$22;RANG(B3;$B$3:$B$22))` übergibt der `WENN()`-Funktion den gefundenen Namen aus dem Bereich A3:A22, der dem errechneten `RANG(B3;...)` des Bereichs `RANG(...;B3:B22)` entspricht.

Steht in der Zelle D4 der Text `Nicht Mischen`, zeigt die `WENN()`-Funktion als alternativen Parameter `SonstWert` den bisherigen Inhalt der Zelle `$G3` an, sodass die momentane Reihenfolge der Spieler erhalten bleibt und nicht versehentlich geändert wird.

Verwendete Funktionen

```
INDEX(Bezug[;Zeile[;Spalte[;Bereich]]])
RANG(Wert;Daten[;Art]))
WENN(Prüfung[;[DannWert][;[SonstWert]]])
ZUFALLSZAHL()
```

Kapitel 6

Textfunktionen

6.1 Texte verbinden oder trennen

6.1.1 Inhalt mehrerer Zellen in einer anderen Zelle anzeigen

Problem

Wie können Sie den Inhalt verschiedener Zellen in einer anderen Zelle zusammenfassen?

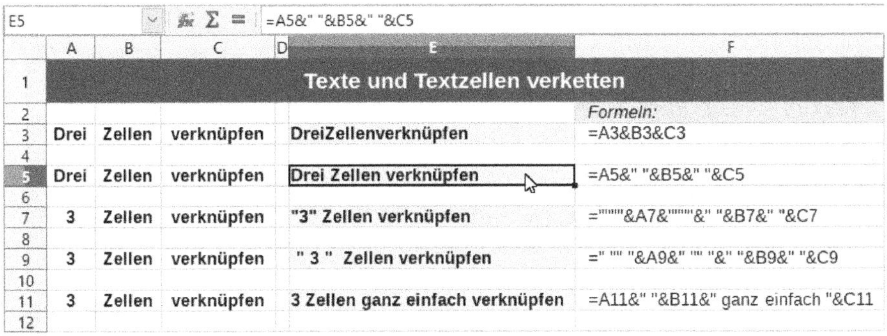
E5 =A5&" "&B5&" "&C5

	A	B	C	D	E	F
1	Texte und Textzellen verketten					
2						Formeln:
3	Drei	Zellen	verknüpfen		DreiZellenverknüpfen	=A3&B3&C3
4						
5	Drei	Zellen	verknüpfen		Drei Zellen verknüpfen	=A5&" "&B5&" "&C5
6						
7	3	Zellen	verknüpfen		"3" Zellen verknüpfen	=""""&A7&""""&" "&B7&" "&C7
8						
9	3	Zellen	verknüpfen		" 3 " Zellen verknüpfen	=" """&A9&""" "&" "&B9&" "&C9
10						
11	3	Zellen	verknüpfen		3 Zellen ganz einfach verknüpfen	=A11&" "&B11&" ganz einfach "&C11
12						

Lösung

Sie können den Inhalt verschiedener Zellen ganz einfach mit dem kaufmännischen & zusammenfassen.

Beispiel:

In A3 steht der Text »Drei«.
In B3 steht der Text »Zellen«.
In C3 steht der Text »verknüpfen«.
In der Zelle E3 soll der Inhalt der Zellen A3:C3 zusammengefasst werden. Dazu schreiben Sie in die Ergebniszelle folgende Formel:

```
=A3&B3&C3
```

Als Ergebnis erhalten Sie den Text »DreiZellenverknüpfen«. Um ein optimales Ergebnis zu erhalten, müssen zusätzliche Leerzeichen eingefügt werden. Dies erreichen Sie mit der Formel:

```
=A5&" "&B5&" "&C5
```

Soll ein Anführungszeichen hinzugefügt werden, so muss auch dieses in doppelter Schreibweise in umschließenden Anführungszeichen geschrieben werden. Die Formel

```
=""""&A7&""""&" "&B7&" "&C7
```

liefert beispielsweise das Ergebnis »"3" Zellen verknüpfen«.

Hintergrund

Mit dem Textoperator & (UND) werden einzelne Texte zu einem Gesamttext verknüpft (der Text wird einfach aneinandergereiht).

> **Hinweis**
>
> Um ein optimales Ergebnis zu erzielen, können Leerzeichen oder zusätzlicher Text in Anführungszeichen eingefügt werden. Auch bei Leerzeichen handelt es sich um Text. Leerzeichen müssen deshalb – wie normaler Text – mit Anführungszeichen umschlossen werden.

6.1.2 Textbereiche verbinden

Problem

In einem Tabellenblatt sollen Texte verschiedener Bereiche und Zellen verbunden werden. Mit welcher Funktion erreichen Sie dies?

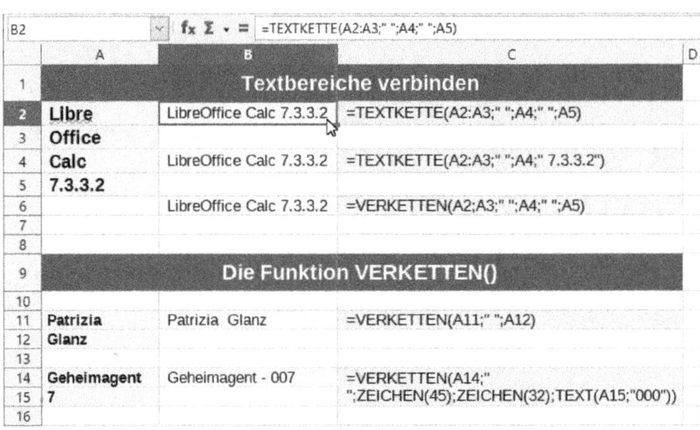

Lösung

Verwenden Sie die Funktion `TEXTKETTE()`, um verschiedene Bereiche und Zellen miteinander zu verbinden. Die Formel

```
=TEXTKETTE(A2:A3;" ";A4;" ";A5)
```

verbindet die Texte des Bereichs A2:A3 mit den Texten der Zellen A4 und A5 zu einer Zeichenkette. Leerzeichen können durch leere Parameter " " hinzugefügt werden.

Alternative:

Mit der Funktion VERKETTEN() können ebenfalls zwei oder mehr Zeichenfolgen zu einer Zeichenfolge verbunden werden. Beispiel: In A14 steht der Text »Geheimagent«; in A15 steht die Zahl »7«. Als Ergebnis soll die Textkette »Geheimagent – 007« ausgegeben werden. Dazu können Sie folgende Formel verwenden:

```
=VERKETTEN(A14;" ";ZEICHEN(45);ZEICHEN(32);TEXT(A15;"000"))
```

Hintergrund

Die Funktionen TEXTKETTE() und VERKETTEN() kombinieren den Text aus mehreren Bereichen und/oder Zeichenfolgen.

Wichtig

Obwohl die Funktion VERKETTEN() aus Gründen der Abwärtskompatibilität noch verfügbar ist, sollten Sie die Verwendung von TEXTKETTE() in Betracht ziehen. Möglicherweise steht VERKETTEN() in künftigen Excel-Versionen nicht mehr zur Verfügung.

Verwendete Funktionen

```
TEXT(Wert;Format)
TEXTKETTE(Text1[;Text2[;...[;Text255]]])
VERKETTEN(Text1[;Text2[;...[;Text255]]])
```

6.1.3 Den Familiennamen mit einer förmlichen Anrede verbinden

Problem

In einer Tabelle enthält die Spalte A die Anrede und die Spalte B die Vor- und Nachnamen der Personen. Wie können Sie sich in einer anderen Zelle den Nachnamen, verbunden mit der Anrede, anzeigen lassen?

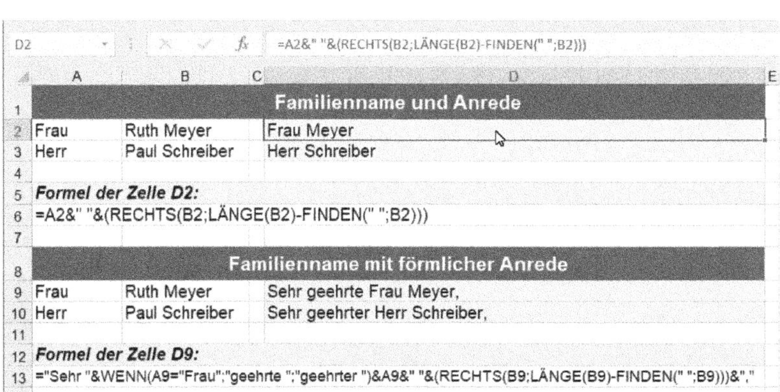

Lösung

In der Zelle A2 befindet sich die Anrede: »Frau«, in der Zelle B2 steht der Name »Ruth Meyer«. In die Zelle D2 schreiben Sie die Formel:

```
=A2&" "&(RECHTS(B2;LÄNGE(B2)-FINDEN(" ";B2)))
```

Als Ergebnis erhalten Sie die Zeichenfolge: »Frau Meyer«.

Hintergrund

Mithilfe der Funktionen RECHTS() und FINDEN() extrahiert die Formel, beginnend mit dem letzten rechten Zeichen der Zelle, alle Buchstaben nach links bis zum ersten Leerzeichen. Die so gewonnene Zeichenkette wird mit dem Inhalt der Zelle A2 verbunden. Als Ergebnis erhalten Sie die Anrede mit dem Familiennamen. Die so ermittelte Anrede kann auch in einer förmlichen Briefanrede verwendet werden.

Das Wort »Sehr« wird, je nachdem, ob es sich bei der Anrede um eine »Frau« oder einen »Herrn« handelt, mit dem über eine WENN()-Funktion ausgewählten Wort »geehrte« oder »geehrter« verbunden. Anschließend folgt dann die bereits oben erarbeitete Anrede. Den Abschluss der Verkettung bildet ein angehängtes Komma.

Hinweis

Achten Sie darauf, dass bei den mit Anführungszeichen umschlossenen Zeichenketten »geehrte « oder »geehrter « auch ein nachfolgendes Leerzeichen enthalten ist, sonst wird das folgende Wort direkt angehängt.

Die komplette Formel zum Erstellen einer förmlichen Anrede lautet:

```
="Sehr "&WENN(A2="Frau";"geehrte ";"geehrter ")&A2&" "&
(RECHTS(B2;LÄNGE(B2)-FINDEN(" ";B2)))&","
```

Als Ergebnis erhalten Sie im obigen Beispiel die Anrede: »Sehr geehrte Frau Meyer, «

Verwendete Funktionen

```
FINDEN("TextFinden";"Text"[;Position])
LÄNGE("Text")
RECHTS("Text"[;Zahl])
WENN(Prüfung[;[DannWert][;[SonstWert]]])
```

6.1.4 Ein Zeilenumbruch mit der Funktion ZEICHEN()

Problem

Name, Straße und Ort stehen in verschiedenen Zellen einer Tabelle. Sie möchten diese Adressdaten zusammenführen, aber zwischen diesen Daten jeweils einen Zeilenumbruch einfügen.

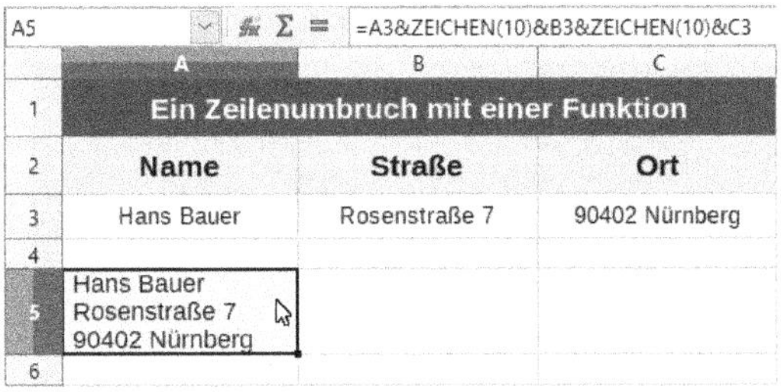

Lösung

In der Zelle A3 stehen Name und Vorname: »Hans Bauer«.
In der Zelle B3 steht die Anschrift: »Rosenstraße 7«.
In der Zelle C3 steht der Ort mit Postleitzahl.
In die Zelle A5 schreiben Sie folgende Formel:

```
=A3&ZEICHEN(10)&B3&ZEICHEN(10)&C3
```

Als Ergebnis erhalten Sie den formatierten Text in einer Zelle.

Hintergrund

Mit der Funktion `ZEICHEN()` können Sie Zeichen aus der aktuellen Codetabelle übergeben. Diese Funktion ist hervorragend zum Einfügen von Sonderzeichen geeignet. So liefert `ZEICHEN(10)` den hier benötigten Zeilenumbruch. Damit die gesamte Adresse auch in einer Zelle angezeigt wird, brauchen Sie das Optionsfeld TEXTUMBRUCH nur über ZAHL|ZELLEN FORMATIEREN|AUSRICHTUNG|TEXTSTEUERUNG zu aktivieren.

Verwendete Funktion

`ZEICHEN(Zahl)`

6.1.5 Straßennamen und Hausnummer trennen

Problem

In einer importierten Adressdatei befinden sich Straßenname und Hausnummer in einer Zelle. Nun möchten Sie diese beiden Datenbestandteile in getrennten Zellen ausweisen.

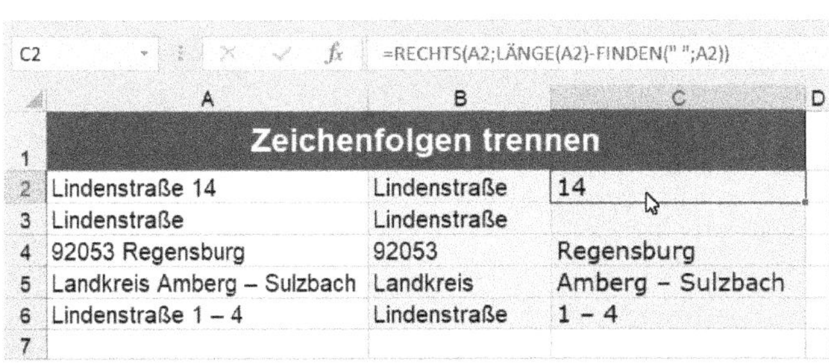

Lösung

In der Zelle A2 befindet sich die Straßenbezeichnung mit der Hausnummer: »Lindenstraße 14«. In die Zelle B2 schreiben Sie die Formel:

```
=LINKS(A2;FINDEN(" ";A2)-1)
```

Als Ergebnis erhalten Sie den Straßennamen: »Lindenstraße«.

In die Zelle C2 schreiben Sie die Formel:

```
=RECHTS(A2;LÄNGE(A2)-FINDEN(" ";A2))
```

Als Ergebnis erhalten Sie die Hausnummer: »14«.

Hinweis

Diese Formel funktioniert aber nur, wenn auch eine Hausnummer vorhanden ist. Ohne Hausnummer erhalten Sie den Fehlerwert `#Wert!`. Um diesen Fehler abzufangen, benutzen Sie die Funktion: `ISTFEHLER()` in einer `WENN()`-Funktion. Die so erweiterte Formel zum Extrahieren des Straßennamens in B2 lautet dann:

```
=WENN(ISTFEHLER(LINKS(A2;FINDEN(" ";A2)-1));A2;
LINKS(A2;FINDEN(" ";A2)-1))
```

Die Hausnummer oder evtl. eine Leerzelle ohne Fehlerwert erhalten Sie mit der erweiterten Formel:

```
=WENN(ISTFEHLER(RECHTS(A2;LÄNGE(A2)-
FINDEN(" ";A2)));"";RECHTS(A2;LÄNGE(A2)-FINDEN(" ";A2)))
```

Selbst Hausnummern wie »33a«, »33 a«, »3-5« oder »3 - 5« werden von dieser Formel richtig erkannt und zugeordnet.

Hintergrund

Mithilfe der Funktionen `LINKS()` und `RECHTS()` können Textsegmente aus einem Text extrahiert werden, die entweder am Anfang oder am Ende einer Textkette stehen. Welcher Text gefunden werden soll und wie viele Zeichen extrahiert werden sollen, bestimmen Sie mit den Funktionen `FINDEN()` und `LÄNGE()`. Eventuelle Fehler unterdrückt oder vermeidet die umschließende `WENN()`-Funktion mithilfe der Funktion `ISTFEHLER()`.

Verwendete Funktionen

```
FINDEN("TextFinden";"Text"[;Position])
ISTFEHLER(Wert)
LÄNGE("Text")
LINKS("Text"[;Zahl])
RECHTS("Text"[;Zahl])
WENN(Prüfung;DannWert;SonstWert)
```

6.1.6 Bankleitzahl aus einer IBAN extrahieren

Problem

Anhand der Überweisungsliste sollen alle Überweisungsbeträge einer Bank zusammengefasst werden. Dazu muss die Bankleitzahl extrahiert und in einer eigenen Spalte ausgewiesen werden. Wie können Sie diese Zahlengruppe herauslesen und in einer eigenen Spalte erfassen?

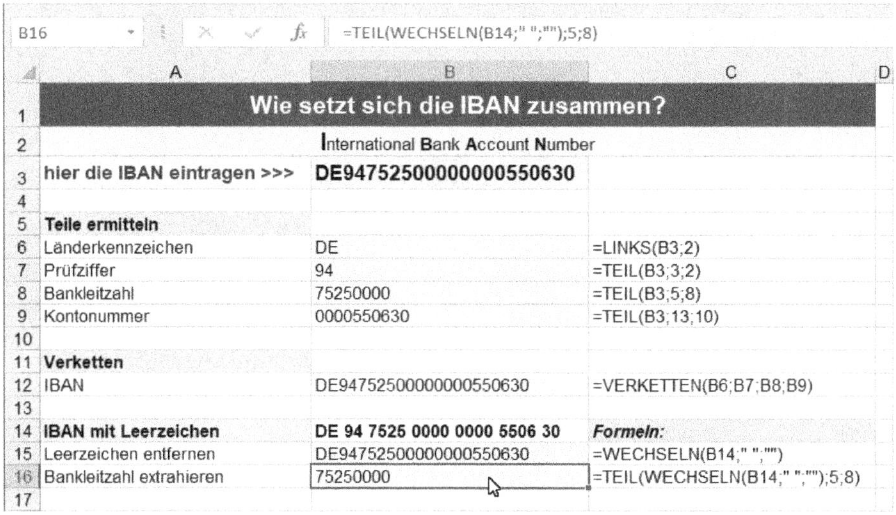

B16 =TEIL(WECHSELN(B14;" ";"");5;8)

	A	B	C
1	Wie setzt sich die IBAN zusammen?		
2		International Bank Account Number	
3	hier die IBAN eintragen >>>	DE94752500000000550630	
4			
5	**Teile ermitteln**		
6	Länderkennzeichen	DE	=LINKS(B3;2)
7	Prüfziffer	94	=TEIL(B3;3;2)
8	Bankleitzahl	75250000	=TEIL(B3;5;8)
9	Kontonummer	0000550630	=TEIL(B3;13;10)
10			
11	**Verketten**		
12	IBAN	DE94752500000000550630	=VERKETTEN(B6;B7;B8;B9)
13			
14	**IBAN mit Leerzeichen**	**DE 94 7525 0000 0000 5506 30**	***Formeln:***
15	Leerzeichen entfernen	DE94752500000000550630	=WECHSELN(B14;" ";"")
16	Bankleitzahl extrahieren	75250000	=TEIL(WECHSELN(B14;" ";"");5;8)
17			

Lösung

In der Zelle B3 steht die IBAN, beispielsweise »DE94752500000000550630«.
In der Zelle B8 soll nun die in der IBAN enthaltene Bankleitzahl extrahiert werden. Dazu schreiben Sie in die Zelle B12 folgende Formel:

```
=TEIL(B3;5;8)
```

Als Ergebnis erhalten Sie die gesuchte Bankleitzahl: »75250000«.

Hintergrund

Die IBAN (International Bank Account Number) besteht aus 22 Ziffern. Darin sind das fünfte und die darauf folgenden sieben Zeichen für die Bankleitzahl reserviert. Um diesen Teil zu extrahieren, verwenden Sie die Funktion `TEIL()`. Diese Funktion gibt einen bestimmten Teil einer Zeichenkette zurück. Der Parameter `Text` bestimmt den Quelltext oder einen entsprechenden Zellverweis, hier: den Verweis auf die Zelle B3. Der Parameter `Start` bestimmt die Position des ersten Zeichens des auszuschneidenden Textsegments, hier: ab dem fünften Zeichen. Der Parameter `Zahl` bestimmt die Zahl der Zeichen, die herausgelesen werden sollen, hier: acht Zeichen. Die Funktion `TEIL()` ist auf Text und Zahlen anwendbar. Leerzeichen werden wie normaler Text behandelt.

Tipp

Damit auch die Bankleitzahlen aus IBANs extrahiert werden können, die, wie teilweise üblich, als Vierer-Blöcke mit dazwischen liegenden Leerzeichen geschrieben wurden (beispielsweise die IBAN der Zelle B14: »DE 94 7525 0000 0000 5506 30«), müssen zuerst mit der Formel

```
=WECHSELN(B14;" ";"")
```

alle eingefügten Leerzeichen entfernt werden. Diese Funktion kann als Parameter `Text` der Funktion `TEIL()` verwendet werden.

Die für alle Fälle gültige Formel lautet demnach:

```
=TEIL(WECHSELN(B14;" ";"");5;8)
```

Damit erhalten Sie die Bankleitzahlen aus allen IBANs mit und ohne enthaltene Leerzeichen.

Verwendete Funktionen

```
TEIL("Text";Start;Zahl)
WECHSELN("Text";"Suchtext";"NeuerText"[;GefundeneTextstelle])
```

6.2 Texte und Zeichenfolgen suchen

6.2.1 Texte SUCHEN() und FINDEN()

Problem

Sie suchen die Position einer Textzeichenfolge innerhalb einer anderen Textzeichenfolge. Wie gehen Sie vor?

	A	B	C
1	Texte SUCHEN() und FINDEN()		
2	***Das erste "E" im Text suchen:***		***Formeln:***
3	Einkaufen	**1**	=SUCHEN("E";A3)
4	***Das erste "e" im Text suchen:***		
5	Einkaufen	**1**	=SUCHEN("e";A5)
6	***Suchen mit dem Platzhalter "?":***		
7	Frau Meyer kommt	**6**	=SUCHEN("Me?er";A7)
8	***Nach Übereinstimmung suchen:***		
9	Herr Meyer kommt	**enthalten**	=WENN(ISTZAHL(SUCHEN("Meyer";A9)); "enthalten";"nicht enthalten")
10	***Nach mehreren Suchkriterien suchen:***		
11	Einkaufen	**2**	=ANZAHL(SUCHEN({"e";"d";"n"};A11)) - Der Buchstabe "d" wurde nicht gefunden!
12			
13			
14	***Das erste Auftreten des Buchstabens "e" finden:***		
15	Einkaufen	**8**	=FINDEN("e";A15;1)
16	***Das erste Auftreten des Buchstabens "E" finden:***		
17	Einkaufen	**1**	=FINDEN("E";A15;1)
18	***Das erste Auftreten des Buchstabens "F" finden:***		
19	Einkaufen in der Stadt Fürth	**24**	=FINDEN("F";A19;1)
20	***Das erste Leerzeichen finden:***		
21	Emil Bauer	**5**	=FINDEN(" ";A21;1)
22	***Das zweite "a" im Text finden:***		
23	Auch am Bach wird gefeiert	**10**	=FINDEN("a";A23;FINDEN("a";A23)+1)
24	***Das zweite "A" im Text finden:***		
25	Auch im Amt wird Arbeit verrichtet	**9**	=FINDEN("A";A25;FINDEN("A";A25;1)+1)
26	***Das dritte "A" im Text finden:***		
27	Auch im Amt wird Arbeit verrichtet	**18**	=FINDEN("A";A27;FINDEN("A";A27;FINDEN("A";A27;2)+1))

Lösung

Verwenden Sie die Formel

```
=SUCHEN("e";A5)
```

um die Position (als Zahl) des ersten Auftretens des Buchstabens »e« im Suchtext zu erhalten. Soll geprüft werden, ob der zu prüfende Text den Suchtext enthält, verwenden Sie die Formelkombination:

```
=WENN(ISTZAHL(SUCHEN("Me?er";A9)); "enthalten";"nicht enthalten")
```

Enthält der Prüftext einen der Namen »Meyer« oder »Meier«, erhalten Sie als Ergebnis »enthalten«. In Kombination mit der Funktion `ISTZAHL()` kann geprüft werden, ob eine bestimmte Zeichenfolge in einer Zelle vorkommt. Da es sich bei dem Ergebnis der Funktion `SUCHEN()` um eine Positionsangabe (Zahl) handelt, kann dieses Ergebnis mit der Funktion `ISTZAHL()` in einen `WAHR`- oder `FALSCH`-Wert umgewandelt und von der Funktion `WENN()` ausgewertet werden.

Die Funktion `FINDEN()` können Sie auch verschachteln, sodass beispielsweise nach dem zweiten oder dritten Vorkommen eines Suchtextes gesucht werden kann. So findet zum Beispiel die Formel

```
=FINDEN("A";A25;FINDEN("A";A25)+1)
```

das zweite Vorkommen des Großbuchstabens »A« im Text der Zelle A25.

Hintergrund

Mit den Funktionen `SUCHEN()` und `FINDEN()` kann man die Position (als eine Zahl) einer Textzeichenfolge in einer anderen Textzeichenfolge ermitteln. `SUCHEN()` gibt die Position des ersten Zeichens von Suchtext innerhalb des Textes wieder.

Hinweis

Im Gegensatz zu `FINDEN()` erlaubt `SUCHEN()` Platzhalter und unterscheidet nicht zwischen Groß- und Kleinschreibung. `FINDEN()` dagegen unterscheidet zwischen Groß- und Kleinschreibweise im Suchtext.

Verwendete Funktionen

```
FINDEN(Suchtext;Text;[Erstes_Zeichen])
SUCHEN(Suchtext;Text;[Erstes_Zeichen])
ISTZAHL(Wert)
WENN(Prüfung[;[DannWert][;[SonstWert]]])
```

6.2.2 Die ersten fünf Zeichen von LINKS() oder RECHTS()

Problem

Die Adressdaten wurden in einer Tabelle erfasst. Die Zellen der Spalte A enthalten die Postleitzahl und den Ort. Nun möchten Sie die Postleitzahlen in einer eigenen Spalte ausweisen.

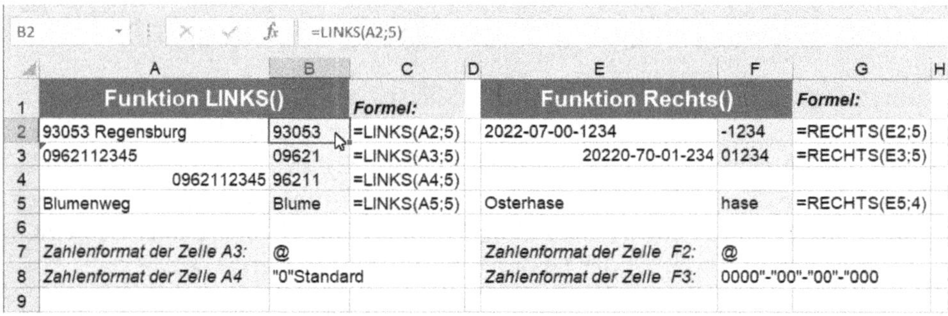

B2 =LINKS(A2;5)

	A	B	C	D	E	F	G	H
1	Funktion LINKS()		*Formel:*		Funktion Rechts()		*Formel:*	
2	93053 Regensburg	93053	=LINKS(A2;5)		2022-07-00-1234	-1234	=RECHTS(E2;5)	
3	0962112345	09621	=LINKS(A3;5)		20220-70-01-234	01234	=RECHTS(E3;5)	
4	0962112345	96211	=LINKS(A4;5)					
5	Blumenweg	Blume	=LINKS(A5;5)		Osterhase	hase	=RECHTS(E5;4)	
6								
7	*Zahlenformat der Zelle A3:*	@			*Zahlenformat der Zelle F2:*	@		
8	*Zahlenformat der Zelle A4*	"0"Standard			*Zahlenformat der Zelle F3:*	0000"-"00"-"00"-"000		
9								

Lösung

In der Zelle A2 stehen PLZ und Ort: »93053 Regensburg«.
In die Zelle B2 schreiben Sie die Formel:

```
=LINKS(A2;5)
```

Als Ergebnis erhalten Sie die PLZ »93053«, die ersten fünf Zeichen von rechts.

Tipp

Soll aus einer intern zugewiesenen Rechnungsnummer nur die eigentliche Rechnungsnummer, also der Bindestrich und die letzten vier Zeichen ausgewiesen werden, verwenden Sie die Formel:

```
=RECHTS(E2;5)
```

Als Ergebnis erhalten Sie die Zeichenfolge: »-1234«.

Hintergrund

Mit den Funktion `LINKS()` und `RECHTS()` können Sie aus einer Zeichenkette einen Teil extrahieren, der mit dem linken oder rechten Zeichen beginnt und dessen Länge durch den Parameter `Zahl` bestimmt wird. Die Zeichenkette kann Text, Zahlen oder beides enthalten. Ist die Zeichenkette kürzer als die Anzahl der zu extrahierenden Zeichen, wird die gesamte Zeichenkette ausgewiesen. Es wird immer die tatsächliche Zeichenkette ausgewertet. Formatierungen werden nicht berücksichtigt.

Verwendete Funktion

```
LINKS("Text"[;Zahl])
RECHTS("Text"[;Zahl])
```

6.2.3 Die Länge einer Zeichenkette ermitteln

Problem

Sie möchten die Länge der Zeichenkette einer Zelle, hier beispielsweise der Zelle A2, ermitteln.

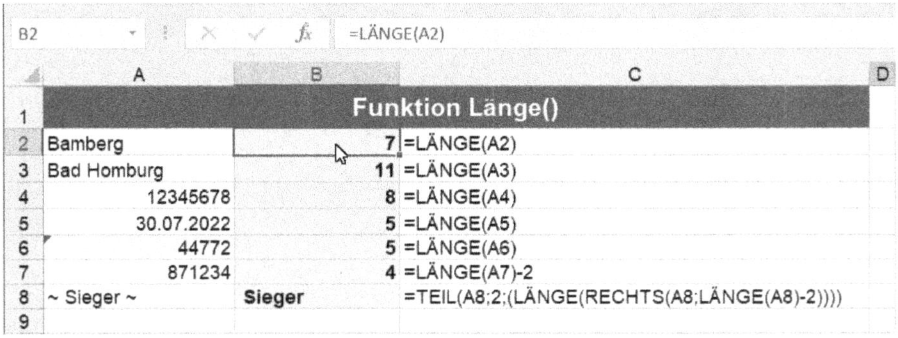

B2 =LÄNGE(A2)

	A	B	C
1		Funktion Länge()	
2	Bamberg	7	=LÄNGE(A2)
3	Bad Homburg	11	=LÄNGE(A3)
4	12345678	8	=LÄNGE(A4)
5	30.07.2022	5	=LÄNGE(A5)
6	44772	5	=LÄNGE(A6)
7	871234	4	=LÄNGE(A7)-2
8	~ Sieger ~	Sieger	=TEIL(A8;2;(LÄNGE(RECHTS(A8;LÄNGE(A8)-2))))
9			

Lösung

In der Zelle A2 steht der Text »Bamberg«.
In der Zelle B2 soll die Anzahl der Textzeichen der Zelle A2 ermittelt werden.
Tragen Sie dazu folgende Formel ein:

```
=LÄNGE(A2)
```

Das Ergebnis ist »7«.

Hintergrund

Die Funktion LÄNGE() ermittelt die Anzahl der Zeichen in `Text`. Das Argument `Text` kann die verschiedensten Zeichenfolgen wie Text, Zahlen oder auch Wahrheitswerte enthalten. Leerzeichen werden mitgezählt. Formatierungen werden jedoch nicht berücksichtigt.

Beinhaltet die Zelle A5 beispielsweise das Datum »30.07.2022« (= 10 Zeichen), ergibt die Funktion LÄNGE(A5) nur den Wert 5. Datumswerte werden bei dieser Funktion nämlich in serielle Zahlen umgewandelt. Die serielle Zahl des Datums »30.07.2022« ist 44772. Das Ergebnis der Funktion LÄNGE() ist demnach richtigerweise »5«.

Tipp

Die Funktion `LÄNGE()` wird selten allein verwendet. Häufig findet man sie als Argument in anderen Funktionen, wie folgendes Beispiel zeigt: In der Zelle A8 befindet sich der Zellinhalt: »˜ Sieger ˜«. Mit der Funktion

```
=TEIL(A9;2;(LÄNGE(RECHTS(A9;LÄNGE(A9)-2))))
```

erhalten Sie als Ergebnis: »Sieger«. Das erste und das letzte Zeichen des Zellinhalts wurden entfernt.

Verwendete Funktionen

```
LÄNGE("Text")
TEIL("Text";Start;Zahl)
RECHTS("Text"[;Zahl])
```

6.2.4 Position der ersten Ziffer in einer Zeichenfolge finden

Problem

Aus einem Adressprogramm haben Sie eine Spalte mit der Anschrift und der Hausnummer in eine Tabelle importiert. Die Anschrift und die Hausnummer wurden dabei ohne Leerzeichen zwischen den Buchstaben und den Ziffern übernommen, beispielsweise »Hasenweg33«. In Ihrer Tabelle sollen aber Anschrift und Hausnummer mit einem Leerzeichen dazwischen erscheinen – also »Hasenweg 33«. Mit welcher Formel finden Sie die erste Ziffer in dieser Zeichenfolge und wie fügen Sie ein Leerzeichen davor ein?

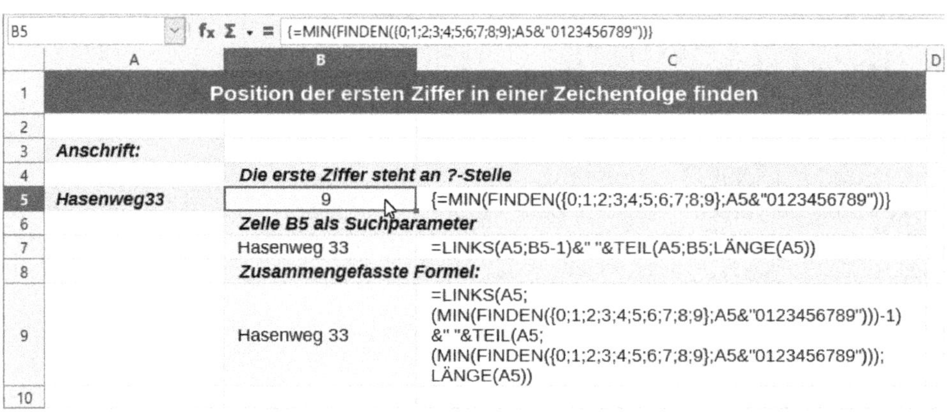

Lösung

Die Position der ersten Ziffer in einer Zeichenfolge kann mit der Kombination aus den beiden Funktionen `MIN()` und `FINDEN()` ermittelt werden. Wenn die zu untersuchende Zeichenfolge zum Beispiel in der Zelle A5 steht, geben Sie in Zelle B5 folgende Formel ein:

```
=MIN(FINDEN({0;1;2;3;4;5;6;7;8;9};A5&"0123456789"))
```

Schließen Sie diese Matrixformel mit [Strg]+[Shift]+[Enter] ab. Als Ergebnis erhalten Sie im Beispielfall die Zahl »9«.

Hintergrund

Mit der `MIN()`-Funktion können Sie die `FINDEN()`-Funktion mit mehreren Suchkriterien in einer einzigen Zelle ausführen. Die Suchkriterien bestimmen Sie dazu in Form einer Matrix, die Sie in geschweifte Klammern eingeben. Die Matrix besteht hier aus den möglichen Ziffern 0 bis 9. Diese Ziffern suchen Sie in der Zeichenfolge der Zelle A5, der Sie noch alle Ziffern als Text anhängen (`A5&"0123456789"`). So liefert die Funktion `FINDEN()` in jedem Fall ein Ergebnis und verfälscht die Berechnung nicht durch Fehlerwerte, wenn irgendeine der in der Matrix enthaltenen Ziffern nicht im Text vorhanden ist.

Die Funktion `MIN()` liefert schließlich den kleinsten Wert aus den einzelnen Positionen, die von der Matrixfunktion `FINDEN()` ausgegeben werden. Dies entspricht der ersten Ziffernposition. Diese Positionsangabe können Sie in einer zweiten Formel verwenden, um den Teil vor dieser Position mit dem Teil dahinter zu verketten und dazwischen ein Leerzeichen zu setzen.

Wenn die importierte Zeichenfolge in der Zelle A5 steht und die Formel für die erste Ziffernposition in der Zelle B5, erhalten Sie das gewünschte Ergebnis beispielsweise mit folgender Formel:

```
=LINKS(A5;B5-1)&" "&TEIL(A5;B5;LÄNGE(A5))
```

Ohne Hilfszelle errechnen Sie das Ergebnis, wenn beide Formelteile zu einer einzigen Formel zusammengefasst werden. Die Formel lautet dann:

```
=LINKS(A5;(MIN(FINDEN({0;1;2;3;4;5;6;7;8;9};A5&"0123456789")))-1)
&" "&TEIL(A5;(MIN(FINDEN({0;1;2;3;4;5;6;7;8;9};A5&"0123456789")));
LÄNGE(A5))
```

Wichtig

Auch diese Matrixformel muss mit [Strg]+[Shift]+[Enter] abgeschlossen werden.

Verwendete Funktionen

```
FINDEN("TextFinden";"Text"[;Position])
LÄNGE("Text")
```

```
LINKS("Text"[;Zahl])
MIN(Zahl1[;Zahl2[;...[;Zahl255]]])
TEIL("Text";Start;Zahl)
```

6.2.5 Das erste Wort einer Zeichenkette

Problem

In einer Tabelle wurden die Namen einer Teilnehmergruppe in der Form von »Herr Max Rosenbauer« übermittelt. Wie können Sie nun die Anrede »Herr« in einer gesonderten Zelle ausweisen?

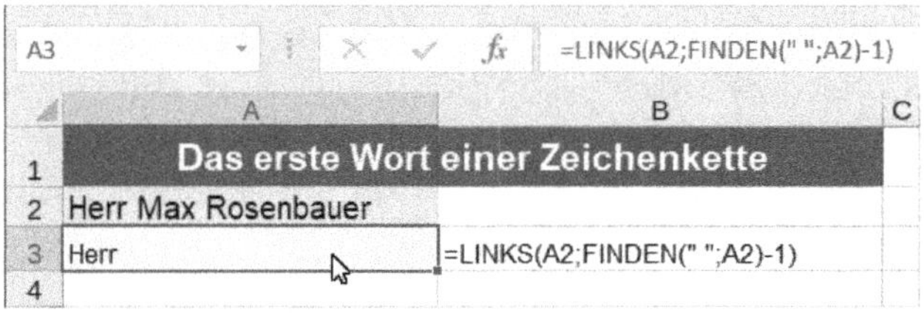

Lösung

In der Zelle A3 steht der Text »Herr Max Rosenbauer«.
Das erste Wort dieser Zeichenkette, die Anrede, ermitteln Sie in der Zelle B1 mit der Formel:

```
=LINKS(A3;FINDEN(" ";A3)-1)
```

Als Ergebnis erhalten Sie die Zeichenfolge »Herr«.

Hintergrund

Die Funktion `LINKS()` liefert die Anzahl der mit dem zweiten Parameter bestimmten Zeichen aus einem mit dem ersten Parameter bestimmten Text. Die Anzahl der Zeichen errechnet in dieser Formel die Funktion `FINDEN()`. Sie sucht in diesem Beispiel nach dem ersten Leerzeichen des im zweiten Parameter bestimmten Textes und gibt dessen Position als Ergebnis zurück. Weil das Leerzeichen mitgezählt wird, muss das Ergebnis um `-1` korrigiert werden.

Tipp

Sollen eventuelle Fehlermeldungen unterdrückt werden, verwenden Sie folgende erweiterte Formel:

```
=WENN(ISTFEHL(LINKS(A3;FINDEN(" ";A3)-1));A3;LINKS(A3;FINDEN(" ";A3)-1))
```

Verwendete Funktionen

```
FINDEN("TextFinden";"Text"[;Position])
ISTFEHL(Wert)
LINKS("Text"[;Zahl])
WENN(Prüfung[;[DannWert][;[SonstWert]]])
```

6.2.6 Das letzte Wort einer Zeichenkette

Problem

Die Zelle A2 enthält die Anrede und den Namen eines Mitglieds in der Form von »Frau Paula Puschke«. Wie können Sie den Nachnamen »Puschke« in einer gesonderten Zelle ausweisen?

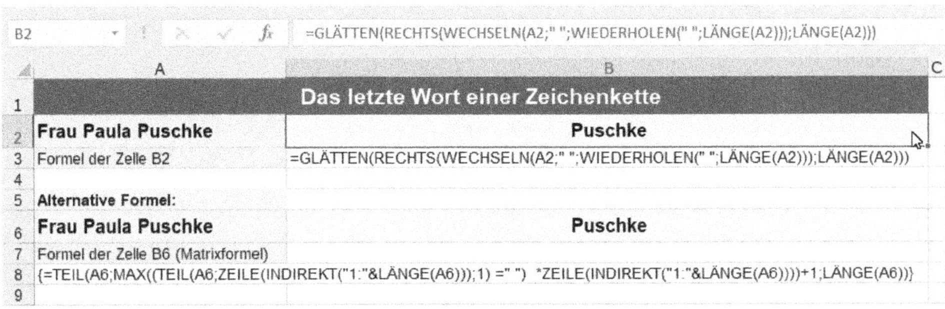

Lösung

Verwenden Sie folgende Formel, um das letzte Wort der Zeichenkette der Zelle A2 zu extrahieren:

```
=GLÄTTEN(RECHTS(WECHSELN(A2;" ";WIEDERHOLEN(" ";LÄNGE(A2)));LÄNGE(A2)))
```

Hintergrund

Zuerst ermittelt die Formel die Gesamtlänge der Zeichenkette der Zelle A2 mithilfe der Funktion `LÄNGE()`, hier 18 Zeichen.

Anschließend tauscht die Funktion `WECHSELN()` alle gefundenen Leerzeichen durch so viele Leerzeichen aus, wie die Funktion `LÄNGE()` ermittelt hat (jedes Leerzeichen wird durch 18 Leerzeichen ersetzt). Dies erledigt der Formelteil: `WECHSELN(A2;" ";WIEDERHOLEN(" ";LÄNGE(A2)))`.

Von dem so aufbereiteten Text liefert nun die Funktion `RECHTS()` so viele Zeichen und Leerzeichen, wie die Funktion `LÄNGE()` ergab.

Zum Schluss werden mithilfe der Funktion `GLÄTTEN()` alle zusätzlich mit dem letzten Wort ausgeschnittenen Leerzeichen entfernt, sodass nur das letzte Wort übrig bleibt.

Tipp

Alternative Matrixformel:

```
=TEIL(A6;MAX((TEIL(A6;ZEILE(INDIREKT("1:"&LÄNGE(A6)));1)="")*
ZEILE(INDIREKT("1:"&LÄNGE(A6))))+1;LÄNGE(A6))
```

Beenden Sie die Matrixformel mit der Tastenkombination `Strg`+`Shift`+`Enter`.

Die Formel der alternativen Lösung gibt mithilfe der Funktion `TEIL(Text; Start; Zahl)` alle Zeichen hinter dem letzten Leerzeichen der zu untersuchenden Zeichenfolge aus. Der Parameter `Text` ist der Text, der die Zeichen enthält, die extrahiert werden sollen; hier der Text der Zelle A6. Der Parameter `Start` bezeichnet die Position des ersten Zeichens im Text, der extrahiert werden soll; hier der Text ab dem letzten Leerzeichen. Dieses letzte Leerzeichen findet die Funktion `MAX()`, die wiederum eine `TEIL()`-Funktion enthält. Diese zweite `TEIL()`-Funktion prüft für alle Zeichen der zu untersuchenden Zeichenfolge, ob es sich um Leerzeichen handelt. Dieses wiederholte Prüfen einzelner Zeichen ergibt sich durch die Multiplikation des Matrixbereichs mit sich selbst, wobei die Funktion `ZEILE()` als Zähler dient.

Der Zeichenvergleich mit dem Leerzeichen ergibt eine Matrix aus Wahrheitswerten `FALSCH`, wenn an dieser Position kein Leerzeichen vorkommt, und `WAHR`, wenn ein Leerzeichen gefunden wurde. Die Multiplikation mit der zweiten `ZEILE()`-Formel wandelt das Ergebnis in eine Zahlenmatrix mit den Positionsnummern der gefundenen Leerzeichen um. Die mithilfe der umschließenden Funktion `MAX()` gefundene größte Positionsnummer entspricht dem Vorkommen des letzten Leerzeichens.

Diese Positionsnummer +1 verwendet die äußere Funktion `TEIL()` als zweiten Parameter `Start`, der Position des ersten Zeichens des zu extrahierenden Textes. Der dritte Parameter `Zahl` gibt die Anzahl der Zeichen der Zelle A6 an. Die Berechnung erfolgt mithilfe der Funktion `LÄNGE(A6)`. Als Ergebnis liefert die Funktion `TEIL()` die Zeichenfolge ab dem letzten Leerzeichen des Textes der Zelle A6, hier den Nachnamen »Puschke«.

Verwendete Funktionen

```
GLÄTTEN("Text")
INDIREKT(Bezug[;A1])
LÄNGE("Text")
MAX(Zahl1[;Zahl2[;...[;Zahl255]]])
RECHTS("Text"[;Zahl])
TEIL("Text";Start;Zahl)
WECHSELN("Text";"Suchtext";"NeuerText"[;GefundeneTextstelle])
WIEDERHOLEN("Text";Zahl)
ZEILE([Bezug])
```

6.2.7 Das zweite Wort einer Zeichenkette

Problem

In einer Tabelle wurden die Namen einer Teilnehmergruppe in der Form von »Herr Max Rosenbauer« übermittelt. Wie können Sie den Vornamen »Max« in einer gesonderten Zelle ausweisen?

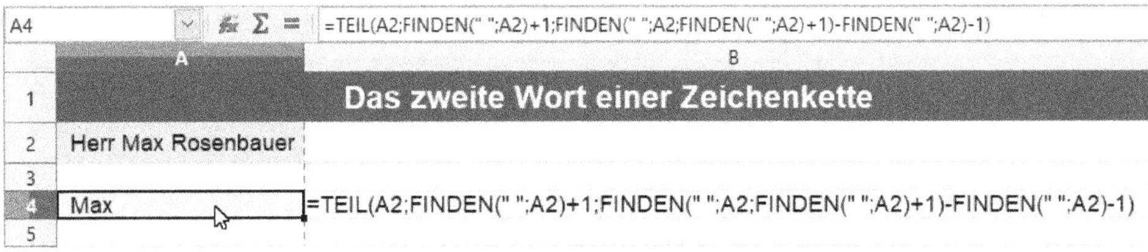

Lösung

In der Zelle A2 steht der Text »Herr Max Rosenbauer«.
Das zweite Wort dieser Zeichenkette, den Vornamen, ermitteln Sie in der Zelle B2 mit der Formel:

```
=TEIL(A2;FINDEN(" ";A2)+1;FINDEN(" ";A2;FINDEN(" ";A2)+1)-
FINDEN(" ";A2)-1)
```

Als Ergebnis erhalten Sie die Zeichenfolge »Max«.

Hintergrund

Die Funktion `TEIL()` extrahiert aus der Zeichenkette der Zelle A2 alle Zeichen zwischen den mit den Parametern `Anfang` und `Zahl` bestimmten Positionen. Den Parameter `Anfang` errechnet die Funktion `FINDEN()` durch Ermittlung der Position des ersten Leerzeichens +1 mit dem Formelteil: `FINDEN(" ";A2)+1`. Der Formelteil `FINDEN(" ";A2;FINDEN(" ";A2)+1)` liefert, ausgehend von ersten Leerzeichen, die Position des zweiten Leerzeichens als Zahl. Diese Positionszahl minus der Positionszahl des ersten Leerzeichens ergibt die Zeichenzahl zwischen erstem und zweitem Leerzeichen.

Wichtig

Zur Berücksichtigung des zweiten Leerzeichens muss das Ergebnis noch um -1 korrigiert werden.

Verwendete Funktionen

```
FINDEN("TextFinden";"Text"[;Position])
TEIL("Text";Start;Zahl)
```

6.2.8 Ist der Name in der Liste?

Problem

Sie haben eine ziemlich lange Liste mit verschiedenen Namen erhalten. Nun möchten Sie die Liste hinsichtlich bestimmter Namen überprüfen.

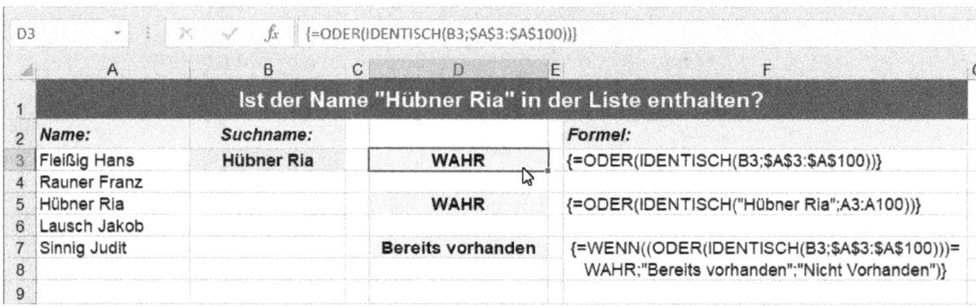

D3 | {=ODER(IDENTISCH(B3;$A$3:$A$100))}

	A	B	C	D	E	F
1	Ist der Name "Hübner Ria" in der Liste enthalten?					
2	*Name:*	*Suchname:*				*Formel:*
3	Fleißig Hans	Hübner Ria		WAHR		{=ODER(IDENTISCH(B3;$A$3:$A$100))}
4	Rauner Franz					
5	Hübner Ria			WAHR		{=ODER(IDENTISCH("Hübner Ria";A3:A100))}
6	Lausch Jakob					
7	Sinnig Judit			Bereits vorhanden		{=WENN((ODER(IDENTISCH(B3;$A$3:$A$100)))= WAHR;"Bereits vorhanden";"Nicht Vorhanden")}
8						
9						

Lösung

In der Spalte A stehen die Namen.
In die Zelle B2 schreiben Sie den zu überprüfenden Namen, zum Beispiel: »Hübner Ria«.
In die Auswertungszelle D2 schreiben Sie die Formel:

```
=ODER(IDENTISCH(B2;A2:A1000))
```

Beenden Sie die Formel mit `Strg`+`Shift`+`Enter`. Als Ergebnis erhalten Sie entweder den Wahrheitswert `FALSCH`, wenn der Name nicht enthalten ist, oder `WAHR`, wenn der Name in der Liste gefunden wurde.

Hintergrund

Die Funktion `IDENTISCH()` überprüft den Inhalt der Zelle B2 mit allen Zellen des Bereichs A2:A1000 auf Identität. Bedingt durch die umschließende Funktion `ODER()` ergibt sich der Wahrheitswert `WAHR` bereits beim Zutreffen einer einzigen Identität. Soll der Suchtext direkt in der Formel erfasst werden, so muss er in Anführungszeichen geschrieben werden:

```
{=ODER(IDENTISCH("Hübner Ria";A2:A1000))}
```

Beenden Sie die Formel wieder mit `Strg`+`Shift`+`Enter`.

Verwendete Funktionen

```
IDENTISCH("Text1";"Text2")
ODER(Logischer_Wert1[;Logischer_Wert2[;...[;Logischer_Wert255]]])
```

6.2.9 Texte und Zeichenfolgen suchen und vergleichen

Problem

Eine bestehende Datenreihe soll mit einer importierten Datenreihe hinsichtlich abweichender Daten oder Werte geprüft werden. Wie spüren Sie abweichende Daten auf?

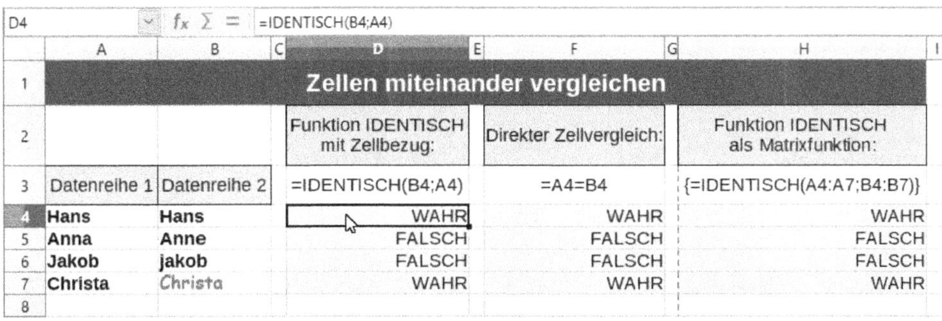

Lösung

In den Spalten A und B stehen die abzugleichenden Daten.
In die erste Datenzeile der Spalte D schreiben Sie die Formel:

```
=ISTIDENTISCH(B4;A4)
```

Als Ergebnis erhalten Sie den Wahrheitswert `WAHR`, wenn die beiden zu vergleichenden Zellen identisch sind, andernfalls den Wert `FALSCH`.

Hintergrund

Die Funktion `IDENTISCH()` prüft, ob zwei Zeichenfolgen identisch sind. Ist dies der Fall, wird `WAHR` zurückgegeben, andernfalls `FALSCH`. Diese Funktion berücksichtigt auch die Groß- und Kleinschreibung. Formatierungsunterschiede werden jedoch ignoriert.

> **Tipp**
>
> Eine andere Möglichkeit, um zwei Zeichenfolgen auf ihre Identität hin zu überprüfen, ist der direkte Zellvergleich. Dazu wird die Zelle A4 direkt mit der Zelle B4 verglichen. Die Formel dazu lautet: `=A4=B4`.
>
> Verständlicher liest sich die Formel, wenn Sie den eigentlichen Zellvergleich in Klammern setzen: `=(A4=B4)`

Das Ergebnis ist immer ein Wahrheitswert. Sollen zwei große Bereiche miteinander verglichen werden, können Sie die Funktion `IDENTISCH()` auch als Matrixfunktion einsetzen. Um den Datenbereich A4:A7 mit dem Datenbereich B4:B7 auf Übereinstimmung zu überprüfen, verwenden Sie in einer leeren Spalte die Matrixformel:

```
=IDENTISCH(A4:A7;B4:B7)
```

Beenden Sie die Formel mit `Strg`+`Shift`+`Enter`. Es werden Ihnen sofort alle Wahrheitswerte in einem gleich großen Bereich angezeigt.

Verwendete Funktion

`IDENTISCH("Text1";"Text2")`

6.2.10 Die Häufigkeit eines Zeichens ermitteln

Problem

In der Zelle A3 steht der Text: »Eierbecher«. In der Zelle B3 soll ermittelt werden, wie oft die Buchstaben »e« oder »E« vorkommen. Welche Formel führt Sie zu Ihrem Ziel?

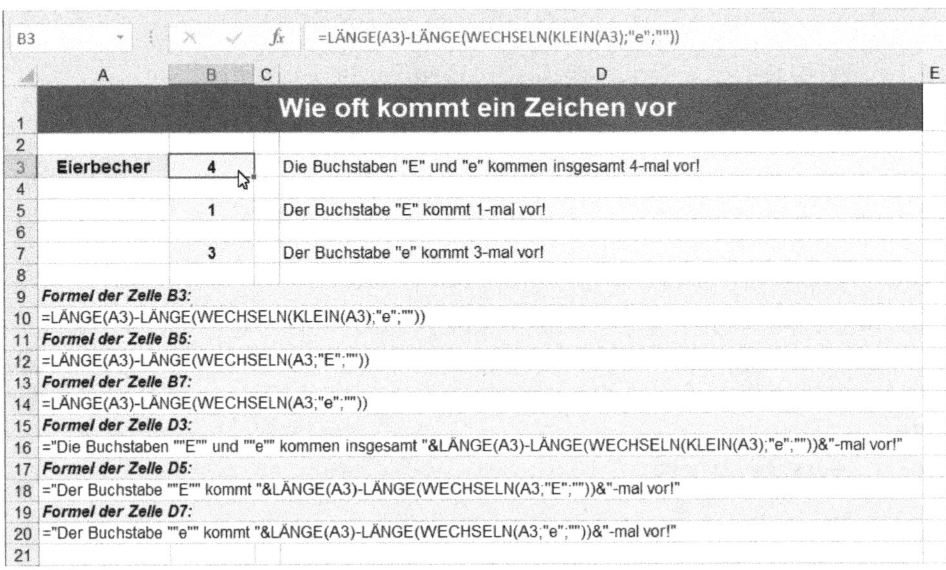

Lösung

Schreiben Sie in die Zelle B3 die Formel:

```
=LÄNGE(A3)-LÄNGE(WECHSELN(KLEIN(A3);"e";))
```

Das Ergebnis ist »4«.

Soll ermittelt werden, wie oft der Großbuchstabe »E« in der Zelle vorkommt, verzichten Sie auf das Einbinden der `KLEIN()`-Funktion. Die abgewandelte Formel lautet dann:

```
=LÄNGE(A3)-LÄNGE(WECHSELN(A3;"E";""))
```

Als Ergebnis erhalten Sie die Zahl »1«. Um die Anzahl der Kleinbuchstaben »e« zu erhalten, ersetzen Sie den Buchstaben »E« einfach durch »e«. Wenn das Ergebnis in einen Text gekleidet werden soll, verwenden Sie beispielsweise die Formel:

```
="Der Buchstabe ""e"" kommt "&LÄNGE(A3)-LÄNGE(WECHSELN(A3;"e";""))&
"-mal vor!"
```

Hintergrund

Zuerst berechnet Excel mithilfe der Funktion `LÄNGE()` die tatsächliche Anzahl der Buchstaben des Wortes »Eierbecher« (die Anzahl der Buchstaben der Zelle A3). Dann wandelt Excel mit der Funktion `KLEIN()` den Inhalt der Zelle A3 in Kleinbuchstaben um und entfernt durch die Funktion `WECHSELN()` alle »e« aus dem Text. Die Anzahl der verbleibenden Buchstaben werden nun wieder mithilfe der Funktion `LÄNGE()` ermittelt und von der zuerst berechneten Anzahl der Gesamtbuchstaben abgezogen. Das Ergebnis ist die Anzahl der gesuchten Buchstaben.

Verwendete Funktionen

```
LÄNGE("Text")
WECHSELN("Text";"Suchtext";"NeuerText"[;GefundeneTextstelle])
KLEIN("Text")
```

6.2.11 Anzahl der Wörter in einer Tabellenzelle ermitteln

Problem

Eine Tabelle enthält mehrere Zellen mit Texten. Sie möchten nun herausfinden, wie viele Wörter die jeweiligen Zellen enthalten. Welche Lösung gibt es, um die Wörter zählen zu lassen?

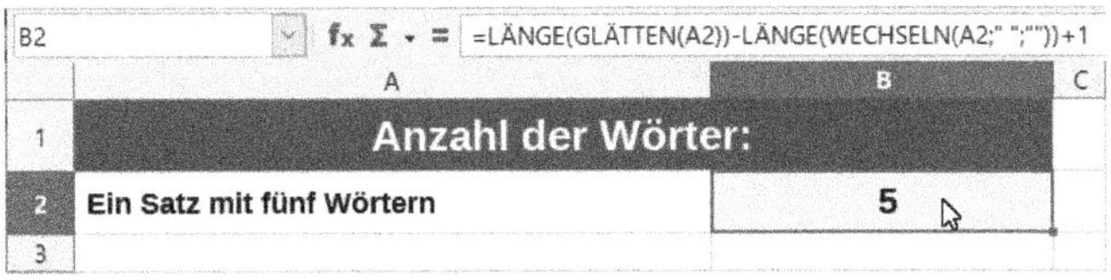

Lösung

Wenn der Text zum Beispiel in Zelle A2 steht, erhalten Sie die Wortanzahl mit folgender Formel:

```
=LÄNGE(GLÄTTEN(A2))-LÄNGE(WECHSELN(A2;" ";""))+1
```

Hintergrund

Die Formel geht davon aus, dass Wörter durch Leerzeichen getrennt sind. Die Anzahl der Wörter ergibt sich somit aus der Differenz zwischen der Länge des Zellinhalts und der Länge des Texts, nachdem alle Leerzeichen durch die Funktion `WECHSELN()` entfernt worden sind.

> **Hinweis**
>
> Bei der Länge des ganzen Textes wird übrigens berücksichtigt, dass auch zwei oder mehr Leerzeichen zwischen den Wörtern stehen können. Damit dies die Berechnung nicht verfälscht, wird die Gesamtlänge mithilfe der Funktion `GLÄTTEN()` ermittelt. `GLÄTTEN()` löscht eventuell vorhandene überflüssige Leerzeichen aus dem Text.

Verwendete Funktionen

```
GLÄTTEN("Text")
LÄNGE("Text")
WECHSELN("Text";"Suchtext";"NeuerText"[; GefundeneTextstelle])
```

6.3 Zeichenketten bearbeiten

6.3.1 Text in Großbuchstaben oder Kleinbuchstaben umwandeln

Problem

Die Überschrift in der Zelle A3 soll von »Wichtig!« in »WICHTIG!« geändert werden. Mit welcher Funktion können Sie Großbuchstaben in Kleinbuchstaben (oder umgekehrt) umwandeln?

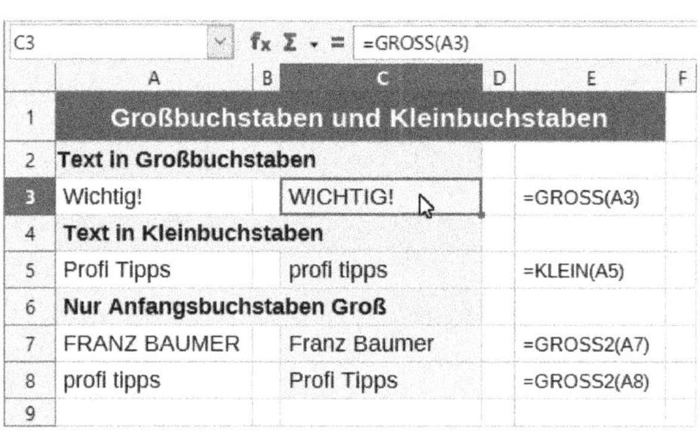

C3 =GROSS(A3)

	A	C	E
1	Großbuchstaben und Kleinbuchstaben		
2	Text in Großbuchstaben		
3	Wichtig!	WICHTIG!	=GROSS(A3)
4	Text in Kleinbuchstaben		
5	Profi Tipps	profi tipps	=KLEIN(A5)
6	Nur Anfangsbuchstaben Groß		
7	FRANZ BAUMER	Franz Baumer	=GROSS2(A7)
8	profi tipps	Profi Tipps	=GROSS2(A8)
9			

Lösung

Schreiben Sie in eine leere Zelle die Formel:

```
=GROSS(A3)
```

Als Ergebnis erhalten Sie »WICHTIG!«.

Hintergrund

Die Funktion GROSS() wandelt alle Buchstaben in Großbuchstaben um. Wenn Sie alle Buchstaben in Kleinbuchstaben ausweisen möchten, verwenden Sie die Funktion KLEIN().

Die Funktion GROSS2() wandelt alle Wortanfänge einer Textzeichenkette in Großbuchstaben um, was besonders bei importierten Namen sehr nützlich sein kann.

Verwendete Funktionen

```
GROSS("Text")
GROSS2("Text")
KLEIN("Text")
```

6.3.2 Zeichenfolgen wiederholen

Problem

Die Zahl in der Zelle A2 soll in einer anderen Zelle nochmals ausgewiesen werden. Dabei soll vor dieser Zahl sieben Mal das Sternchen-Zeichen * (Asterisk) und nach der Zahl das Euro-Zeichen € stehen.

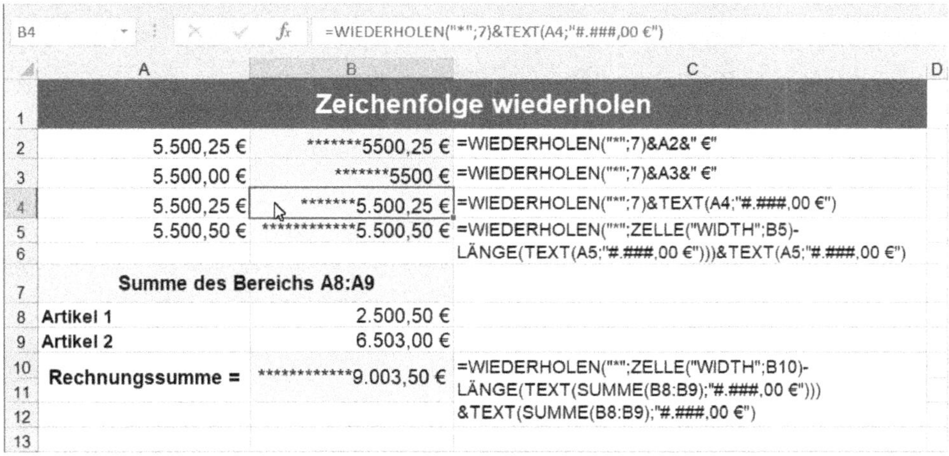

Lösung

In der Zelle A2 steht die Zahl »5.500,25«.
In die Zelle B2 schreiben Sie die Formel:

```
=WIEDERHOLEN("*";7)&A2&" €"
```

Als Ergebnis erhalten Sie »*******5500,25 €«.

Soll jedoch der Rechnungsbetrag einer Lieferung errechnet und der freie Betrag der Summenzelle mit Sternchen entwertet werden, wird die Formel etwas umfangreicher. Stehen die Rechnungsbeträge von Artikel 1 und Artikel 2 in den Zellen B8 und B9, so erhalten Sie die Rechnungssumme in der Zelle B10 mit der Formel:

```
=WIEDERHOLEN("*";ZELLE("WIDTH";B10)-LÄNGE(TEXT(SUMME(B8:B9);
"#.###,00 €"))) &TEXT(SUMME(B8:B9);"#.###,00 €")
```

Als Ergebnis wird Ihnen die Summe in Form von »************9.003.50 €« angezeigt. Die Anzahl der Entwertungssternchen richtet sich nach der Spaltenbreite.

Hintergrund

Die Funktion `WIEDERHOLEN()` schreibt im ersten Beispiel sieben Mal das Sternchen-Zeichen »*«, verknüpft diese Zeichenkette mit dem Inhalt der Zelle A2 und hängt zum Schluss das Euro-Zeichen »€« daran. Gleichzeitig wandelt diese Formel die Zahl »5.500,25« in den Text »5500,25« um, sodass sämtliche Zahlenformate verloren gehen und der neue »Text« linksbündig ausgerichtet wird.

> **Tipp**
>
> Eine bessere Alternative stellt folgende Formel dar:
>
> `=WIEDERHOLEN("*";7)&TEXT(A2;"#.###,00 €")`
>
> Diese Formel schreibt sieben Mal ein Sternchen und hängt dann den Inhalt der Zelle A2 als formatierten Text daran – eine optimale Methode, um Zellen vor Zahlenfälschung zu schützen.

Im zweiten Beispiel errechnet die Formel mithilfe der Funktion `ZELLE("WIDTH")` die Breite der Zelle mit dem Rechnungsbetrag und zieht dann die Länge des mit der Funktion `TEXT()` ermittelten Rechnungsbetrags ab. Das Ergebnis ist die Anzahl der benötigten Sternchen, das zweite Argument der Funktion `WIEDERHOLEN()`. Zum Schluss wird an die eingefügten Füllzeichen der als Text formatierte Summenbetrag angehängt.

Verwendete Funktionen

```
LÄNGE("Text")
SUMME(Zahl1[;Zahl2[;...[;Zahl255]]])
TEXT(Wert;Format)
WIEDERHOLEN("Text";Zahl)
ZELLE("InfoTyp"[;Bezug])
```

6.3.3 Leerzeichen zwischen Text und Zahl einfügen

Problem

Eine importierte Tabelle enthält in einer Spalte die Straßenbezeichnung und die Hausnummer. Leider ist zwischen diesen beiden Bestandteilen kein Leerzeichen vorhanden. Wie können Sie zwischen dem Straßennamen und der Hausnummer ein Leerzeichen einfügen? Eine andere Spalte enthält die Postleitzahl mit sofort angehängter Ortsbezeichnung. Auch zwischen diese beiden Datenteile soll ein Leerzeichen eingefügt werden. Wie gelingt ihnen das?

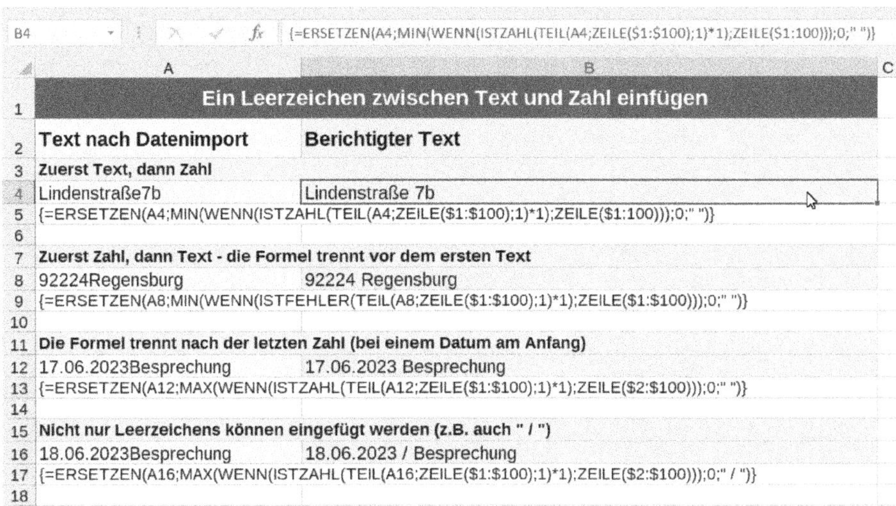

B4 | {=ERSETZEN(A4;MIN(WENN(ISTZAHL(TEIL(A4;ZEILE($1:$100);1)*1);ZEILE($1:100)));0;" ")}

	A	B
1	Ein Leerzeichen zwischen Text und Zahl einfügen	
2	Text nach Datenimport	Berichtigter Text
3	Zuerst Text, dann Zahl	
4	Lindenstraße7b	Lindenstraße 7b
5	{=ERSETZEN(A4;MIN(WENN(ISTZAHL(TEIL(A4;ZEILE($1:$100);1)*1);ZEILE($1:100)));0;" ")}	
6		
7	Zuerst Zahl, dann Text - die Formel trennt vor dem ersten Text	
8	92224Regensburg	92224 Regensburg
9	{=ERSETZEN(A8;MIN(WENN(ISTFEHLER(TEIL(A8;ZEILE($1:$100);1)*1);ZEILE($1:$100)));0;" ")}	
10		
11	Die Formel trennt nach der letzten Zahl (bei einem Datum am Anfang)	
12	17.06.2023Besprechung	17.06.2023 Besprechung
13	{=ERSETZEN(A12;MAX(WENN(ISTZAHL(TEIL(A12;ZEILE($1:$100);1)*1);ZEILE($2:$100)));0;" ")}	
14		
15	Nicht nur Leerzeichens können eingefügt werden (z.B. auch " / ")	
16	18.06.2023Besprechung	18.06.2023 / Besprechung
17	{=ERSETZEN(A16;MAX(WENN(ISTZAHL(TEIL(A16;ZEILE($1:$100);1)*1);ZEILE($2:$100)));0;" / ")}	
18		

Lösung

Steht beispielsweise in der Zelle A4 der Text »Lindenstraße7b«, dann trennen Sie Straßenname und Hausnummer ganz einfach mit der Matrixformel:

```
=ERSETZEN(A4;MIN(WENN(ISTZAHL(TEIL(A4;ZEILE($1:$100);1)*1);
ZEILE($1:100)));0;" ")
```

Beenden Sie die Matrixformel mit Strg+Shift+Enter. Als Ergebnis erhalten Sie: »Lindenstraße 7b«. Postleitzahl und Ort trennen Sie durch ein Leerzeichen mit der Matrixformel

```
=ERSETZEN(A8;MIN(WENN(ISTFEHLER(TEIL(A8;ZEILE($1:$100);1)*1);
ZEILE($1:$100)));0;" ")
```

die ebenfalls mit Strg+Shift+Enter abgeschlossen werden muss.

Ein Datum trennen Sie von sofort nachfolgendem Text mithilfe der Matrixformel:

```
=ERSETZEN(A12;MAX(WENN(ISTZAHL(TEIL(A12;ZEILE($1:$100);1)*1);
ZEILE($2:$100)));0;" ")
```

Beenden Sie auch diese Formel mit Strg+Shift+Enter.

Hintergrund

Mithilfe der Funktion ERSETZEN() wird an einer bestimmten Stelle eine Zeichenfolge fester Länge gegen eine andere ausgetauscht. Wie viele Zeichen ersetzt werden sollen, bestimmt dabei der dritten Parameter Länge. Weil aber in obigen Beispielen *nichts* ersetzt werden soll, verwenden Sie als Parameter Länge den Wert »0«.

Als Parameter NeuerText verwenden Sie eine leere Zeichenfolge: " ". Die Position, an der das Leerzeichen hinzugefügt werden soll, errechnet in der Matrix der Formelteil:

```
=MIN(WENN(ISTZAHL(TEIL(A4;ZEILE($1:$100);1)*1);ZEILE($1:100)))
```

Die Funktion MIN() sucht hier in einer WENN()-Formel nach dem ersten Auftreten eines Zahlenwerts, wobei die Funktion ZEILE() als Zähler in der Matrix fungiert. Als Ergebnis der Formel erhalten Sie die Zahl »13«. Es wird also nach dem 12. Zeichen ein Leerzeichen hinzugefügt. Aus »Lindenstraße7b« wird somit »Lindenstraße 7b«.

Hinweis

Stehen an erster Stelle Zahlen und dann Text, verwenden Sie anstelle der Funktion ISTZAHL() einfach die Funktion ISTFEHLER(), die das Leerzeichen vor dem ersten Buchstaben einfügt.

Steht am Anfang ein Datum oder durch andere Zeichen formatierte Zahlen, verwenden Sie im Parameter Position die Funktion MAX() mit der Funktion ISTZAHL(), damit die Zeichenkette nach dem letzten gefundenen Zahlenwert das Leerzeichen einfügt.

Verwendete Funktionen

```
ERSETZEN("Text";Position;Länge;"NeuerText")
ISTZAHL(Wert)
MAX(Zahl1[;Zahl2[;...[;Zahl255]]])
MIN(Zahl1[;Zahl2[;...[;Zahl255]]])
TEIL("Text";Start;Zahl)
WENN(Prüfung;DannWert;SonstWert)
ZEILE([Bezug])
```

6.3.4 Wörter umdrehen und Namen und Vornamen trennen

Problem

Sie haben eine unsortierte Adressenliste importiert, in der Vorname und Nachname in einer Zelle stehen. Wie können Sie in einer anderen Spalte die Namen umdrehen, sodass zuerst der Familienname angezeigt wird und die Liste nach dem Familiennamen sortiert werden kann?

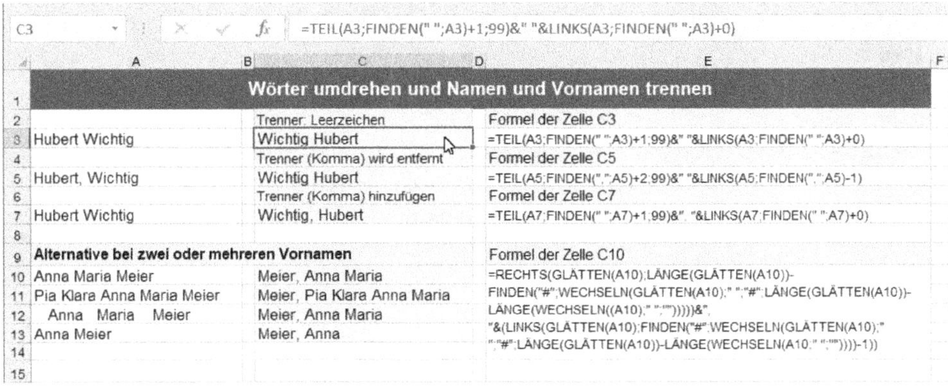

Lösung

In A3 steht der Name »Hubert Wichtig«. Damit der Nachname an erster Stelle steht, schreiben Sie in C3 folgende Formel:

```
=TEIL(A3;FINDEN(" ";A3)+1;99)&" "&LINKS(A3;FINDEN(" ";A3)+0)
```

Als Ergebnis erhalten Sie: »Wichtig Hubert«.

Hintergrund

Excel sucht zuerst über den Formelteil `FINDEN(" ";A3)` nach dem Leerzeichen, das sich zwischen Vornamen und Familiennamen befindet, und schneidet dann ab dem ersten Zeichen danach (`TEIL( ; ;+1`) den restlichen Text (hier höchstens 99 Zeichen) aus. Dem so gefundenen Familiennamen wird nun ein Leerzeichen hinzugefügt (&" "&) und anschließend der Vorname. Diesen bestimmt die Formel über die Funktion `LINKS()`. Sie nimmt dazu den ersten Buchstaben von links bis hin zum nächsten Leerzeichen.

Enthalten die Datensätze Datentrenner, wie zum Beispiel in der Zelle A5 bei »Hubert, Wichtig« ein Komma, müssen Sie die Formel in C5 wie folgt ändern:

```
=TEIL(A5;FINDEN(",";A5)+2;99)&" "&LINKS(A5;FINDEN(",";A5)-1)
```

Sie können ein Komma als Datentrenner auch nachträglich hinzufügen. Steht der Datensatz in der Zelle A7, lautet die angepasste Formel in der Zelle C7:

```
=TEIL(A7;FINDEN(" ";A7)+1;99)&", "&LINKS(A7;FINDEN(" ";A7)+0)
```

Enthält die Liste auch Namen mit mehreren Vornamen wie beispielsweise Anna Maria Meier, müssen Sie die Funktionen `RECHTS(Text;[Anzahl_Zeichen])` und

`LINKS(Text;[Anzahl_Zeichen])` verwenden, um ein richtiges Ergebnis zu erhalten. Wie viele Zeichen Sie jeweils verwenden müssen, ermittelt die Funktion `LÄNGE()`. So ermittelt der Funktionsteil

```
LÄNGE(GLÄTTEN(A10))-FINDEN("#";WECHSELN(GLÄTTEN(A10);" ";"#";
LÄNGE(GLÄTTEN(A10))-LÄNGE(WECHSELN((A10);" ";""))))
```

der Funktion `RECHTS()` die Anzahl der Zeichen des Nachnamens »Meier«, hier die Zahl »5«. Weil der Name auch ein oder mehrere zusätzliche Leerzeichen enthalten kann, bereinigt die Funktion `GLÄTTEN()` den Text von überflüssigen Leerzeichen, sodass das Ergebnis richtig dargestellt wird.

Verwendete Funktionen

```
FINDEN(Suchtext;Text;[Erstes_Zeichen])
GLÄTTEN(Text)
ISTZAHL(Wert)
LÄNGE(Text)
LINKS(Text;[Anzahl_Zeichen])
RECHTS(Text;[Anzahl_Zeichen])
TEIL("Text";Start;Zahl)
WECHSELN(Text;Alter_Text;Neuer_Text;[ntes_Auftreten])
WENN(Prüfung;DannWert;SonstWert)
```

6.3.5 Das Minuszeichen von rechts nach links setzen

Problem

In einer importierten Datenreihe stehen die Minuszeichen immer rechts von der Zahl. Wie bringen Sie das Minuszeichen vor die Zahl?

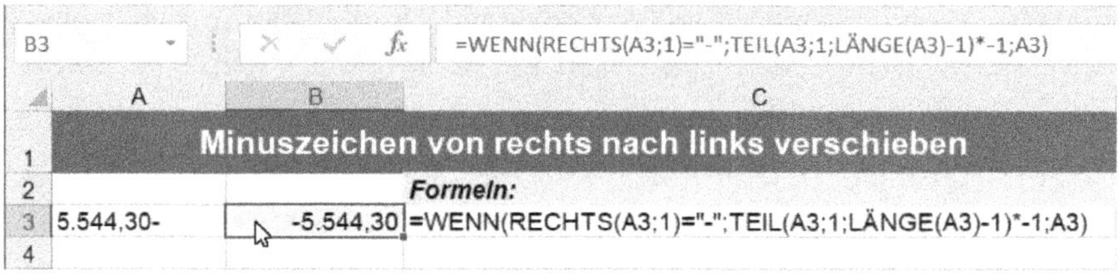

Lösung

In der Zelle A3 steht die importierte Zahl »5.544,30«.
In die Zelle B3 schreiben Sie die Formel:

```
=WENN(RECHTS(A3;1)="-";TEIL(A3;1;LÄNGE(A3)-1)*-1;A3)
```

Als Ergebnis erhalten Sie die Zahl »-5.544,30«.

Hintergrund

In einer WENN()-Funktion überprüft die Funktion RECHTS(), ob das letzte Zeichen der Zeichenkette ein Minus (»-«) ist. Trifft dies zu, wird mithilfe der Funktion LÄNGE() die Anzahl der Zeichen des Inhalts von der Zelle A3 (der Zeichenkette) berechnet. Anschließend extrahiert die Funktion TEIL() vom ersten linken Zeichen an eine Teillänge, die der Anzahl der ermittelten Buchstaben minus eins (= das Minuszeichen) entspricht. Die so ohne Minuszeichen extrahierte Zahl wird nun mit -1 multipliziert und in der Zelle angezeigt. Entsprechend der Systemeinstellung wird die jetzt negative Zahl mit einem vorangestellten Minuszeichen ausgewiesen. Ist das letzte Zeichen der überprüften Zeichen kein Minuszeichen, bleibt die Zahl unverändert.

Verwendete Funktionen

```
LÄNGE("Text")
RECHTS("Text"[;Zahl])
TEIL("Text";Start;Zahl)
WENN(Prüfung;DannWert;SonstWert)
```

6.3.6 Zeichenfolgen ERSETZEN()

Problem

In der Zelle A4 steht die Telefonnummer »09622 35566«. In der Zelle C4 möchten Sie nun die erste 0 der Telefonnummer durch die Ländervorwahl »+49« ersetzen. Die Leerzeichen zwischen Ländervorwahl, Vorwahl und Rufnummer sollen jedoch erhalten bleiben.

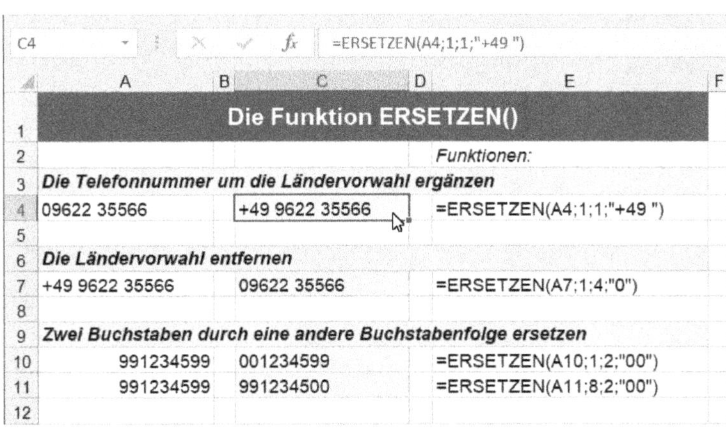

C4 =ERSETZEN(A4;1;1;"+49 ")

	A	B	C	D	E
1	Die Funktion ERSETZEN()				
2				Funktionen:	
3	Die Telefonnummer um die Ländervorwahl ergänzen				
4	09622 35566		+49 9622 35566	=ERSETZEN(A4;1;1;"+49 ")	
5					
6	Die Ländervorwahl entfernen				
7	+49 9622 35566		09622 35566	=ERSETZEN(A7;1;4;"0")	
8					
9	Zwei Buchstaben durch eine andere Buchstabenfolge ersetzen				
10	991234599		001234599	=ERSETZEN(A10;1;2;"00")	
11	991234599		991234500	=ERSETZEN(A11;8;2;"00")	
12					

Lösung

Schreiben Sie in die Zelle C4 die Formel:

```
=ERSETZEN(A3;1;1;"+49 ")
```

Als Ergebnis erhalten Sie: »+49 9622 35566«.

Hintergrund

Die Funktion ERSETZEN() verwenden Sie überall dort, wo in einer Zeichenfolge eine bestimmte, an einer bekannten Stelle beginnende Zeichenfolge fester Länge ersetzt werden soll.

Angewandte Funktionen

ERSETZEN("Text";Position;Länge;"NeuerText")

6.3.7 Nummerierungen sortieren

Problem

Sie haben ein Manuskript erhalten, in dem die Inhaltsliste alphanumerisch sortiert wurde und deshalb durcheinandergeraten ist. Das Programm hat die numerischen Werte alle am Anfang der Liste eingefügt, dann erst folgen die Zahlen- bzw. Buchstaben-Nummerierungen. Wie bringen Sie die Inhaltsnummerierung wieder in die richtige Reihenfolge?

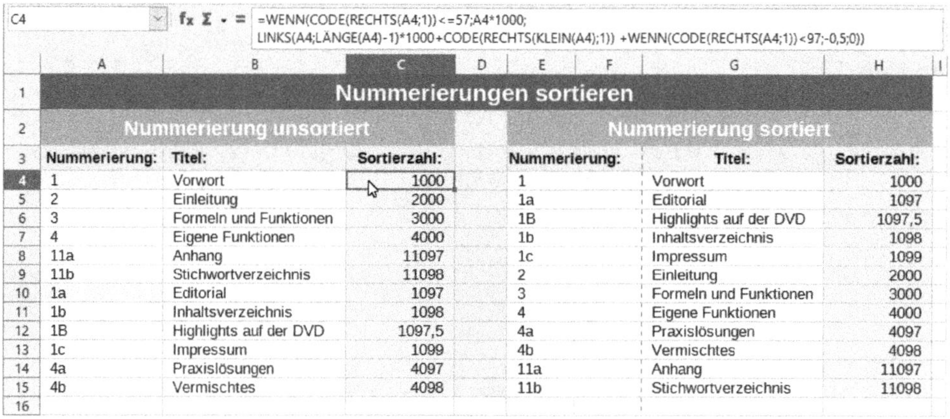
C4 =WENN(CODE(RECHTS(A4;1))<=57;A4*1000;LINKS(A4;LÄNGE(A4)-1)*1000+CODE(RECHTS(KLEIN(A4);1)) +WENN(CODE(RECHTS(A4;1))<97;-0,5;0))

Nummerierungen sortieren

Nummerierung unsortiert				Nummerierung sortiert		
Nummerierung:	Titel:	Sortierzahl:		Nummerierung:	Titel:	Sortierzahl:
1	Vorwort	1000		1	Vorwort	1000
2	Einleitung	2000		1a	Editorial	1097
3	Formeln und Funktionen	3000		1B	Highlights auf der DVD	1097,5
4	Eigene Funktionen	4000		1b	Inhaltsverzeichnis	1098
11a	Anhang	11097		1c	Impressum	1099
11b	Stichwortverzeichnis	11098		2	Einleitung	2000
1a	Editorial	1097		3	Formeln und Funktionen	3000
1b	Inhaltsverzeichnis	1098		4	Eigene Funktionen	4000
1B	Highlights auf der DVD	1097,5		4a	Praxislösungen	4097
1c	Impressum	1099		4b	Vermischtes	4098
4a	Praxislösungen	4097		11a	Anhang	11097
4b	Vermischtes	4098		11b	Stichwortverzeichnis	11098

Lösung

Beginnt beispielsweise die unsortierte Nummerierung in der Spalte A ab Zeile 4 mit der Nummer 1, schreiben Sie in die nächste freie Spalte, hier die Spalte C, folgende Formel:

```
=WENN(CODE(RECHTS(A4;1))<=57;A4*1000;LINKS(A4;LÄNGE(A4)-1)*1000+
CODE(RECHTS(KLEIN(A4);1)) +WENN(CODE(RECHTS(A4;1))<97;-0,5;0))
```

Als Ergebnis erhalten Sie die Sortierzahl »1000«. Kopieren Sie diese Formel in alle übrigen Zeilen der Spalte C. Sortieren Sie anschließend die Inhaltsliste nach dieser Spalte, wird die Nummerierung wieder richtig einsortiert.

Hintergrund

Calc und Excel sortieren Zellinhalte alphanumerisch nach der Codierung der Zeichen. So haben die Zahlen von 0 bis 9 die Codierung 48–57, die Großbuchstaben A–Z den Code 65–90 und die Kleinbuchstaben a–z die Codierung 97–122. Die übrigen Zeichen des ANSI-Codes bis zur Codezahl 255 sind Sonderzeichen aller Art.

Mit der Funktion `CODE()` können Sie sich diesen Umstand zunutze machen. Die `WENN()`-Funktionen der oben angewandten Formel prüfen den Inhalt der Zelle hinsichtlich drei Kriterien und errechnen daraus eine Sortierzahl mit der Codenummer. Zuerst prüft die `WENN()`-Funktion mit dem Formelteil `CODE(RECHTS(A3;1))<=57`, ob das letzte Zeichen des Zellinhalts der Zelle A3 eine Zahl ist. Trifft dies zu, ergibt sich der Wahrheitswert `WAHR`. Die Nummerierung enthält folglich keinen nachfolgenden Buchstaben, sodass der `DannWert` der `WENN()`-Funktion zutrifft. Die Zahl der Nummerierung wird mit 1000 multipliziert (`A3*1000`).

Im Beispielfall ergibt die Nummer »1« der Nummerierung die Sortierzahl 1000. Ergibt die `Prüfung` der `WENN()`-Funktion, beispielsweise in der Zelle A12, den Wert `Falsch`, ist die letzte Zahl des Zellinhalts ein Buchstabe (Code >57) und die Formel errechnet den `SonstWert` als Sortierzahl. Dazu extrahiert die Funktion `LINKS()` mithilfe der Funktion `LÄNGE()` den Inhalt der Zelle A12 (hier die Nummerierung 1B) ohne das letzte Textzeichen und liefert als Ergebnis den Zahlenwert der Nummerierung, hier die Zahl »1«, die wiederum mit 1000 multipliziert wird (`LINKS(A3;LÄNGE(A3)-1)*1000`).

Zu diesem Wert muss noch der `CODE()`-Wert des letzten Zeichens des Zellinhalts gerechnet werden (`CODE(RECHTS(KLEIN(A3);1))`). Weil als letzter Buchstabe entweder ein Kleinbuchstabe wie hier ein `b` oder ein Großbuchstabe wie `B` zutreffen kann, wird das letzte Zeichen mithilfe der Funktion `KLEIN()` in einen Kleinbuchstaben der Code-Gruppe 97–122 umgewandelt und der ermittelte Codewert 98 der Summe hinzugerechnet. Als Gesamtergebnis der `WENN()`-Funktion ergibt sich somit die Sortierzahl »1098«.

Zur Berücksichtigung des Codewerts von Groß- und Kleinschreibung des letzten Buchstabens sorgt die angehängte zweite `WENN()`-Funktion `+WENN(CODE(RECHTS(A3;1))<97;-0,5;0))`. Ergibt sich bei der Prüfung ein `CODE()-Wert` <97, handelt es sich um einen Großbuchstaben und die errechnete Summe der ersten `WENN()`-Funktion wird um den Wert `0,5` berichtigt.

Hinweis

Je nach gewünschter Sortierreihenfolge wird um `-0,5` korrigiert, wenn die Großbuchstaben vorrangig sind, um `+0,5`, wenn in der Sortierliste zuerst nach Kleinbuchstaben sortiert werden soll. Ist der Codewert größer als 97, handelt es sich um Kleinbuchstaben und die Sortierzahl braucht nicht berichtigt zu werden.

Verwendete Funktionen

```
CODE("Text")
KLEIN("Text")
LÄNGE("Text")
LINKS("Text"[;Zahl])
RECHTS("Text"[;Zahl])
WENN(Prüfung;DannWert;SonstWert)
```

6.3.8 Nicht druckbare Zeichen und überflüssige Leerzeichen mit SÄUBERN() und GLÄTTEN() entfernen

Problem

Beim Datenimport erhalten Sie immer wieder Texte mit mehreren Leerzeichen oder mit nicht druckbaren Zeichen, die entfernt werden müssen. Wie entfernen Sie diese Zeichen?

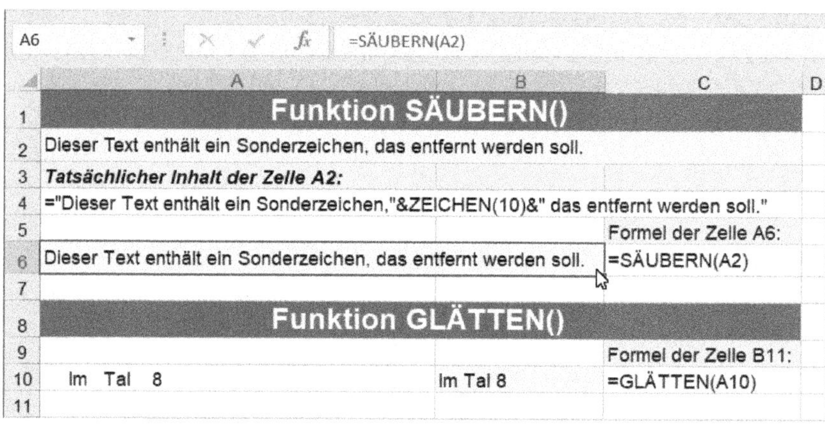

Lösung

In der Zelle A2 steht ein Text mit dem nicht druckbaren Sonderzeichen `ZEICHEN(10)`. In die Zelle A6 schreiben Sie die Formel:

```
=SÄUBERN(A2)
```

Alle nicht druckbaren Zeichen werden entfernt. Weist die Zeichenkette hintereinander mehrere Leerzeichen aus, wie beispielsweise in der Anschrift » Im Tal 8 «, entfernen Sie alle überflüssigen Leerzeichen mit der Formel:

```
=GLÄTTEN(A10)
```

Als Ergebnis erhalten Sie: »Im Tal 8«.

Hintergrund

Die Funktion SÄUBERN() löscht alle nicht druckbaren Zeichen im Text. Mit der Funktion GLÄTTEN() löschen Sie alle Leerzeichen aus einem Text, die nicht als Trennzeichen zwischen zwei Wörtern stehen. Diese Funktion löscht auch Leerzeichen, die vor oder nach dem Text stehen.

Verwendete Funktionen

```
SÄUBERN("Text")
GLÄTTEN("Text")
```

6.3.9 Aus einem Text alle Leerzeichen entfernen, Zeichenfolgen ersetzen oder auswechseln

Problem

Aus einem Text sollen nicht nur alle überflüssigen, sondern grundsätzlich alle Leerzeichen entfernt werden, weil der Text in einer Formel verwendet werden soll. Wie entfernen Sie alle Leerzeichen aus einem Text?

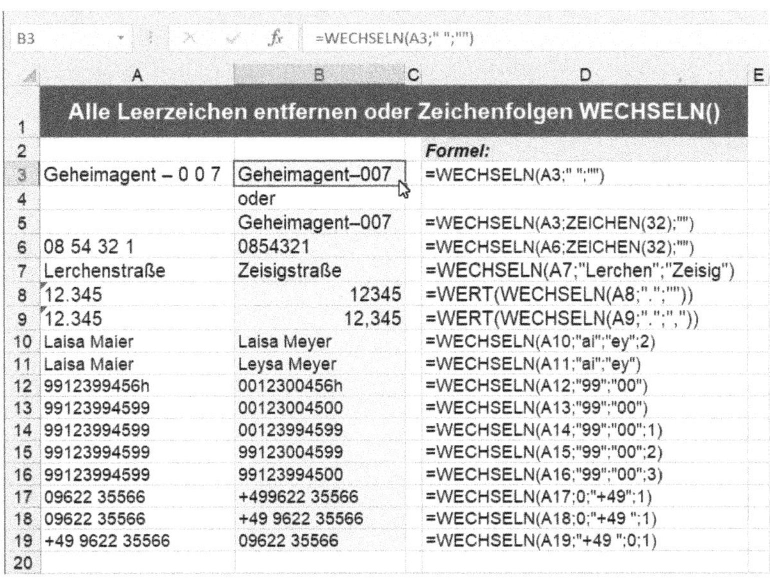

B3 =WECHSELN(A3;" ";"")

	A	B	C	D
1	Alle Leerzeichen entfernen oder Zeichenfolgen WECHSELN()			
2				*Formel:*
3	Geheimagent – 0 0 7	Geheimagent–007		=WECHSELN(A3;" ";"")
4		oder		
5		Geheimagent–007		=WECHSELN(A3;ZEICHEN(32);"")
6	08 54 32 1	0854321		=WECHSELN(A6;ZEICHEN(32);"")
7	Lerchenstraße	Zeisigstraße		=WECHSELN(A7;"Lerchen";"Zeisig")
8	12.345	12345		=WERT(WECHSELN(A8;".";""))
9	12.345	12,345		=WERT(WECHSELN(A9;".";","))
10	Laisa Maier	Laisa Meyer		=WECHSELN(A10;"ai";"ey";2)
11	Laisa Maier	Leysa Meyer		=WECHSELN(A11;"ai";"ey")
12	9912399456h	0012300456h		=WECHSELN(A12;"99";"00")
13	99123994599	00123004500		=WECHSELN(A13;"99";"00")
14	99123994599	00123994599		=WECHSELN(A14;"99";"00";1)
15	99123994599	99123004599		=WECHSELN(A15;"99";"00";2)
16	99123994599	99123994500		=WECHSELN(A16;"99";"00";3)
17	09622 35566	+499622 35566		=WECHSELN(A17;0;"+49";1)
18	09622 35566	+49 9622 35566		=WECHSELN(A18;0;"+49 ";1)
19	+49 9622 35566	09622 35566		=WECHSELN(A19;"+49 ";0;1)
20				

Lösung

In der Zelle B3 soll die Zeichenfolge aus A3 ohne Leerzeichen ausgegeben werden. Verwenden Sie dazu die Formel

```
=WECHSELN(A3;" ";"")
```

und schon wird aus »Geheimagent – 0 0 7« »Geheimagent-007«.

Diese Funktion eignet sich nicht nur zum Entfernen überflüssiger Leerzeichen, sondern auch zum Austausch beliebiger Zeichenketten. Steht in der Zelle A9 beispielsweise »Lerchenstraße«, so wird mit der Funktion

```
=WECHSELN(A7;"Lerchen";"Zeisig")
```

im Handumdrehen aus der »Lerchenstraße« die »Zeisigstraße«.

Hintergrund

Die Funktion `WECHSELN()` tauscht in einer Zeichenkette einen alten gegen einen neuen Text aus. `Text` ist der Text, in dem Teiltexte ausgetauscht werden sollen. Der im zweiten Parameter eingegebene `Suchtext` ist das zu ersetzende Textsegment. `NeuerText` (dritter Parameter) ist der Text, der den `Suchtext` ersetzen soll. Mithilfe des vierten optionalen Parameters `GefundeneTextstelle` bestimmen Sie, wie häufig der Suchtext (wie viele Instanzen) ersetzt werden soll. Wenn dieser Parameter fehlt, wird der Suchtext immer ersetzt. Im oben angewandten Beispiel wird nach Leerzeichen » « gesucht und diese durch kein Zeichen »« ersetzt. Nachdem kein vierter Parameter vorhanden ist, werden alle Leerzeichen entfernt.

> **Tipp**
>
> Anstelle des mit Anführungszeichen umschlossenen Leerzeichens » « können Sie auch das `ZEICHEN(32)` suchen und ersetzen lassen.

Verwendete Funktionen

```
WECHSELN("Text";"Suchtext";"NeuerText"[;GefundeneTextstelle])
ZEICHEN(Zahl)
```

6.3.10 Einen leeren Zellbereich mit dem Währungsstrich — durchstreichen (entwerten)

Problem

Eine leere Zelle soll durchgestrichen dargestellt werden. Mit welcher Formel können Sie dies erledigen?

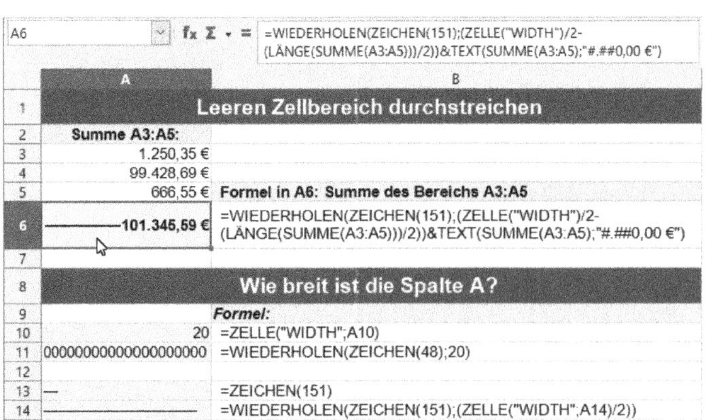

Lösung

Um beispielsweise die Zelle A14 durchzustreichen, verwenden Sie die Formel:

```
=WIEDERHOLEN(ZEICHEN(151);(ZELLE("WIDTH";A14)/2))
```

Hintergrund

Die Funktion `ZELLE()` mit dem `InfoTyp WIDTH` liefert die Breite der Zelle. Die Maßeinheit ist die Anzahl der Nullen (0), die in die Spalte passen, und zwar in der Standardschrift mit Standardgröße. Das ideale Zeichen, um den freien, nicht mit Zahlen belegten Raum der Zelle zu entwerten (durchzustreichen), ist das Zeichen 151 des Zahlencodes. Dieses Zeichen, der Währungsstrich —, ist genauso breit wie zwei Nullen der Standardschrift. Zum Füllen der leeren Zelle brauchen Sie also die Hälfte der mit der Funktion `ZELLE("WIDTH")` ermittelten Anzahl von Zeichen.

Soll der freie Raum einer Summenzelle durchgestrichen dargestellt werden, so können Sie dazu folgende Formel verwenden:

```
=WIEDERHOLEN(ZEICHEN(151);(ZELLE("WIDTH")/2
-(LÄNGE(SUMME(A3:A5)))/2)) &TEXT(SUMME(A3:A5);"#.##0,00 €")
```

Die Formel geht davon aus, dass die Summe des Bereichs A3:A5 in der Zelle A6 errechnet und der verbleibende freie Teil der Zelle durchgestrichen dargestellt werden soll.

Zum Füllen des leeren Zellenteils brauchen Sie wiederum die Hälfte der mit der Funktion `ZELLE("WIDTH")` ermittelten Anzahl von Zeichen abzüglich des Teils, der durch die Zahlen der Summe belegt wird. Die so berechnete Zahl verwendet die Funktion `WIEDERHOLEN("Text"; Zahl)` als zweiten Parameter zur Bestimmung, wie oft das Zeichen 151 wiederholt werden muss. Die eingefügten und wiederholten — Zeichen werden nun mit der als Text hinzugefügten Summe verkettet, entsprechend formatiert und rechtsbündig ausgerichtet.

Verwendete Funktionen
`LÄNGE("Text")`
`SUMME(Zahl1;Zahl2;...;Zahl255)`
`TEXT(Zahl;Format)`
`WIEDERHOLEN("Text";Zahl)`
`ZEICHEN(Zahl)`
`ZELLE("InfoTyp"[;Bezug])`

6.3.11 Alle Umlaute entfernen oder Umlaute einfügen

Problem

Die erstellte Datenbank soll aus Kompatibilitätsgründen keine Umlaute enthalten. Wie können Sie alle Umlaute durch Selbstlaute ersetzen?

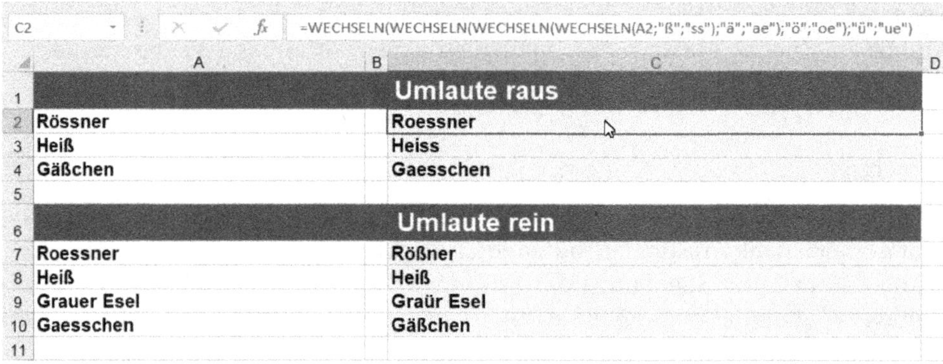

Lösung

In der Zelle A2 steht der Namen mit den Umlauten: »Rössner«.
In der Zelle C2 soll der Name ohne Umlaute ausgewiesen werden. Dazu schreiben Sie in die Zelle C2 die Formel:

```
=WECHSELN(WECHSELN(WECHSELN(
WECHSELN(A2;"ß";"ss");"ä";"ae");"ö";"oe");"ü";"ue")
```

Als Ergebnis erhalten Sie den Namen ohne Umlaute: »Roessner«. Auch der umgekehrte Weg ist möglich. Steht in der Zelle A14 der Name »Roessner«, so erhält man mit der Formel

```
=WECHSELN(WECHSELN(WECHSELN(
WECHSELN(A14;"ss";"ß");"ae";"ä");"oe";"ö");"ue";"ü")
```

den Namen »Rößner«.

Hintergrund

Die Funktion `WECHSELN()` sucht nach allen möglichen (in der Funktion unter den Suchtexten eingetragenen) Umlauten und tauscht diese gegen das entsprechende Selbstlautpaar (oder umgekehrt) aus. Ohne vierten Parameter werden alle gefundenen Suchtexte ersetzt.

> **Vorsicht!**
>
> Nicht immer sollen alle »ss« in ein »ß« umgewandelt werden und nicht immer ist ein »ue« ein »ü«. Eine genaue Korrektur lohnt sich allemal!

Verwendete Funktion

`WECHSELN("Text";"Suchtext";"NeuerText"[;GefundeneTextstelle])`

6.3.12 Ein Häkchen in einer Zelle erscheinen lassen, um etwas als »erledigt« zu markieren

Problem

Sie haben eine Liste erstellt, die alle ausstehenden Rechnungsbeträge enthält. Wie erreichen Sie, dass in der Spalte E der Zeile ein Häkchen erscheint, wenn der gesamte Rechnungsbetrag bezahlt wurde?

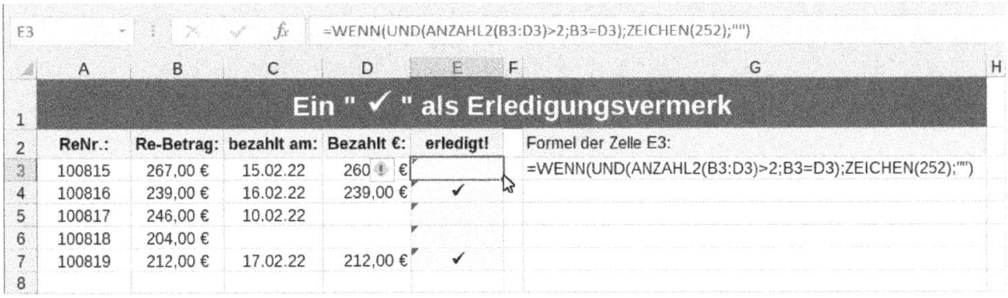

E3 =WENN(UND(ANZAHL2(B3:D3)>2;B3=D3);ZEICHEN(252);"")

	A	B	C	D	E	F	G
1	Ein " ✓ " als Erledigungsvermerk						
2	ReNr.:	Re-Betrag:	bezahlt am:	Bezahlt €:	erledigt!		Formel der Zelle E3:
3	100815	267,00 €	15.02.22	260 €			=WENN(UND(ANZAHL2(B3:D3)>2;B3=D3);ZEICHEN(252);"")
4	100816	239,00 €	16.02.22	239,00 €	✓		
5	100817	246,00 €	10.02.22				
6	100818	204,00 €					
7	100819	212,00 €	17.02.22	212,00 €	✓		
8							

Lösung

In der Tabelle werden die Rechnungsbeträge in der Spalte B ab Zeile 3 erfasst. Die Zahlungseingänge werden in die Spalte D eingetragen. In die Zelle, in der das Häkchen erscheinen soll (hier: Zelle E3), schreiben Sie folgende Formel:

```
=WENN(UND(ANZAHL2(B3:D3)>2;B3=D3);ZEICHEN(252);"")
```

Kopieren Sie die Formel mithilfe des Aufziehkästchens in alle Ergebniszellen der Spalte E. Bei vollständig bezahlter Rechnung erscheint in der Ergebniszelle ein Buchstabe entsprechend dem Zeichen 252 des jeweiligen Zeichensatzes; normalerweise ein »ü«. Formatieren Sie die Zelle mit der Schriftart Wingdings, so erhalten Sie das gewünschte Häkchen.

Hintergrund

Mit einer `WENN()`-Funktion prüft die Formel, ob Einträge in allen drei Zellen der Spalten B bis D vorhanden sind (`ANZAHL2(B3:D3)>2`) und ob auch der gesamte Rechnungsbetrag bezahlt wurde (`B3=D3`). Treffen beide Prüfkriterien zu, wird in der Ergebniszelle ein Häkchen gesetzt (Zeichen 252 des Zeichensatzes Wingdings). Andernfalls bleibt die Zelle leer.

Verwendete Funktionen

```
ANZAHL2(Zahl1[;Zahl2[;...[;Zahl255]]])
UND(Wahrheitswert1[;Wahrheitswert2[;...[;Wahrheitswert 255]]])
WENN(Prüfung[;[DannWert][;[SonstWert]]])
ZEICHEN(Zahl)
```

6.3.13 Versteckte Kommentare

Problem

Eine Tabelle mit sehr komplexen Formeln soll weitergegeben werden. Deshalb möchten Sie einige Formeln mit ergänzenden Hinweisen versehen, um deren Verständnis zu erleichtern. Wie machen Sie das?

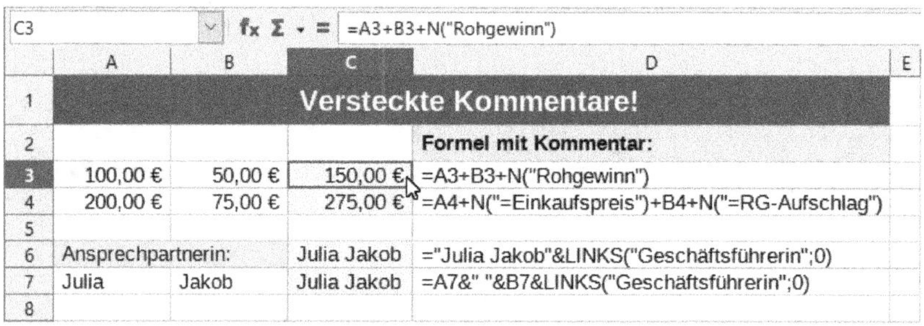

C3 =A3+B3+N("Rohgewinn")

	A	B	C	D	E
1	Versteckte Kommentare!				
2				Formel mit Kommentar:	
3	100,00 €	50,00 €	150,00 €	=A3+B3+N("Rohgewinn")	
4	200,00 €	75,00 €	275,00 €	=A4+N("=Einkaufspreis")+B4+N("=RG-Aufschlag")	
5					
6	Ansprechpartnerin:		Julia Jakob	="Julia Jakob"&LINKS("Geschäftsführerin";0)	
7	Julia	Jakob	Julia Jakob	=A7&" "&B7&LINKS("Geschäftsführerin";0)	
8					

Lösung

Eine Möglichkeit, um Text zu verstecken, liefert die Formel:

```
=A3+B3+N("Rohgewinn")
```

Sie ergibt die Summe aus A3 und B3. Der mithilfe der Funktion `N()` angehängte Kommentar »Rohgewinn« verändert weder das Zellergebnis noch die Zellformatierung und ist nur beim Studium der Formel in der Eingabezeile ersichtlich.

Anstelle der Funktion `N()` können Sie auch wahlweise eine der Funktionen `LINKS()` oder `RECHTS()` mit dem Wert 0 als Parameter `Zahl` benutzen. Die konkrete Formel lautet demnach beispielsweise:

```
=A2+B2&LINKS("Rohgewinn";0)
```

Hintergrund

Besteht der Inhalt der zu kommentierenden Zelle aus Zahlen, nutzen Sie die Funktion `N(Wert)`.

Die Funktion `N()` liefert die Zahl 0, wenn `Wert` ein Text ist. Ist `Wert` eine Zahl, liefert die Funktion den Wahrheitswert 1 (`WAHR`). Nachdem ein als Parameter eingefügter Kommentar immer Text ist, können Sie den damit zurückgegebenen Wert 0 problemlos an Ihre Formel anhängen. Erläuternde Kommentare können auch innerhalb von Formeln hinzugefügt werden, wie das folgende Beispiel zeigt:

```
=A4+N("=Einkaufspreis")+B4+N("=RG-Aufschlag")
```

Tipp

Als Alternative können Sie auch Kommentare mithilfe der Funktionen RECHTS() oder LINKS() an die Formel hängen, wobei Sie den Parameter Zahl mit 0 bestimmen:

```
=A7&" "&B7&LINKS("Geschäftsführerin";0)
```

Verwendete Funktionen

```
LINKS("Text";Zahl)
N(Wert)
RECHTS("Text";Zahl)
```

6.4 Textwerte und Zeichencodes

6.4.1 Zahlen mit einer festen Nachkommazahl als Textwert ausgeben

Problem

Die Ergebnisse meiner Berechnungen sollen grundsätzlich mit einer dreistelligen Zahl rechts vom Komma ausgegeben werden. Mit welcher Methode erreichen Sie dieses Ziel?

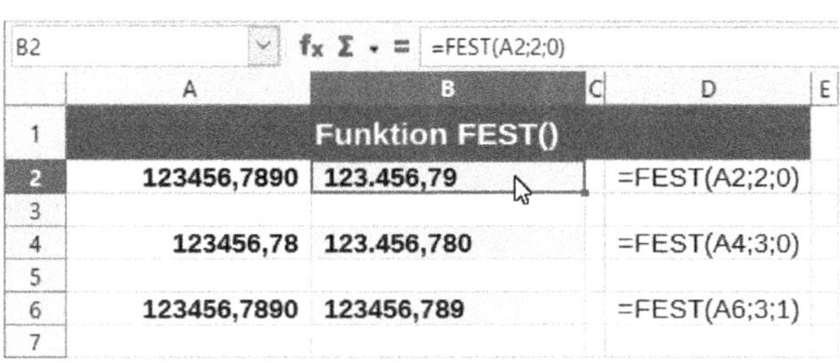

	A	B	C	D	E
1	Funktion FEST()				
2	123456,7890	123.456,79		=FEST(A2;2;0)	
3					
4	123456,78	123.456,780		=FEST(A4;3;0)	
5					
6	123456,7890	123456,789		=FEST(A6;3;1)	
7					

Lösung

In der Zelle A2 steht die Zahl: »123456,7890«.
Schreiben Sie in die Ergebniszelle B2 folgende Funktion:

```
=FEST(A2;3;0)
```

Als Ergebnis erhalten Sie die Zahl »123.456,789«.

Hintergrund

Die Tabellenfunktion: FEST() wandelt eine Zahl in Text um und rundet auf eine vorgegebene Zahl ab. Die Zahl der Dezimalstellen, auf die abgerundet werden soll, bestimmen Sie durch den zweiten Parameter Dezimalstellen der Funktion. Der optionale dritte Parameter `KeineTausendertrennzeichen` gibt an, ob ein Tausenderpunkt verwendet wird.

> **Hinweis**
>
> Wenn Sie für diesen Parameter eine Zahl ungleich 0 eingeben, werden keine Tausenderseparatoren gesetzt. Wenn Sie die Zahl 0 oder überhaupt keinen Wert eingeben, werden die in den aktuellen Einstellungen der Sprachumgebung definierten Tausenderseparatoren (in Deutschland der Punkt) verwendet. Mit dieser Funktion können Zahlen sehr bequem mit einer festen Nachkommazahl versehen und somit am Komma ausgerichtet werden.

Verwendete Funktion

```
FEST(Zahl;[Dezimalstellen=2[;
Keine_Tausendertrennzeichen=FALSCH]])
```

6.4.2 Mit Textwerten rechnen

Problem

In einer Tabellenkalkulation werden Zahlen aus einer anderen Datei importiert. Leider wurden alle Zahlen mit dem Zahlenformat Text @ formatiert. Wie können Sie diese Zahlen in ein Zahlenformat umwandeln?

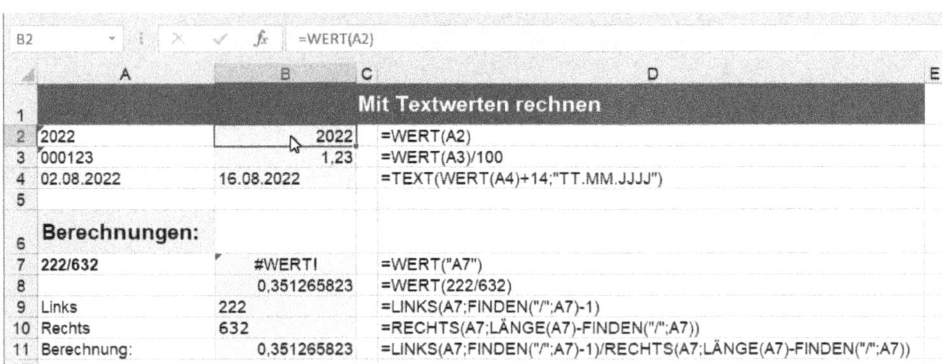

B2 =WERT(A2)

	A	B	C / D
1	Mit Textwerten rechnen		
2	2022	2022	=WERT(A2)
3	000123	1,23	=WERT(A3)/100
4	02.08.2022	16.08.2022	=TEXT(WERT(A4)+14;"TT.MM.JJJJ")
5			
6	Berechnungen:		
7	222/632	#WERT!	=WERT("A7")
8		0,351265823	=WERT(222/632)
9	Links	222	=LINKS(A7;FINDEN("/";A7)-1)
10	Rechts	632	=RECHTS(A7;LÄNGE(A7)-FINDEN("/";A7))
11	Berechnung:	0,351265823	=LINKS(A7;FINDEN("/";A7)-1)/RECHTS(A7;LÄNGE(A7)-FINDEN("/";A7))
12			

Lösung

In A2 steht die importierte Textzahl »2022«.
In der Ergebniszelle (B2) übernehmen Sie den Textwert »2022« mit der Funktion:

```
=WERT(A2)
```

Als Ergebnis erhalten Sie die Zahl »2022«.

Hintergrund

Die Funktion WERT() wandelt eine Zahl im Textformat in eine serielle Zahl um.

Am auffälligsten sehen Sie dies an der Ausrichtung des Zelleninhalts. Stand der Zahlentext bisher am linken Zellenrand, wird die umgewandelte Zahl nunmehr rechts ausgerichtet. Soll der Textwert der Zelle A2 beispielsweise durch 100 geteilt werden, verwenden Sie die Funktion:

```
=Wert(A3)/100
```

Zuerst wird der Text in eine Zahl umgewandelt, diese ist dann jederzeit durch 100 teilbar.

> **Hinweis**
>
> Enthält die Zeichenkette aber nicht nur Zahlen, sondern auch andere Textwerte, beispielsweise einen Schrägstrich wie den Teilungsstrich eines Bruchs, müssen Sie anders vorgehen. Steht in der Zelle A7 beispielsweise der Bruch »222/632« in Textform, erhalten Sie in der Zelle B11 das Ergebnis des Bruchs, hier den Wert 0,35 mit folgender Formel:
>
> `=LINKS(A7;FINDEN("/";A7)-1)/RECHTS(A7;LÄNGE(A7)-FINDEN("/";A7))`
>
> In dieser Formel wird mithilfe des Formelteils `=LINKS(A7;FINDEN("/";A7)-1)` nach dem Zählerwert des Bruchs gesucht. Dazu werden mit den Funktionen LINKS() und FINDEN() alle Zahlen links vom Schrägstrich / extrahiert. Mit dem Formelteil
>
> `=RECHTS(A7;LÄNGE(A7)-FINDEN("/";A7))`
>
> extrahiert die Formel anschließend den Nenner des Bruchs, der aus den Zahlen RECHTS() des Schrägstrichs / besteht. Mit den beiden so gefundenen Werten kann nun der Bruch errechnet werden.

Verwendete Funktion

```
FINDEN("TextFinden";"Text"[; Position])
LÄNGE("Text")
LINKS("Text"[;Zahl])
RECHTS("Text"[;Zahl])
WENN(Prüfung;DannWert;SonstWert)
WERT("Text")
```

6.4.3 Zeichencodes ermitteln

Problem

Wie ermitteln Sie den Codewert eines Zeichens und wie können Sie diese Zeichen in Ihren Funktionen verwenden?

B3 | =CODE(A3)

	A	B	C	D	E
1	Die Funktionen CODE() und ZEICHEN()				
2	Zeichen	Code()	*Formel:*	Zeichen()	*Formel:*
3	A	65	=CODE(A3)	A	=ZEICHEN(B3)
4	a	97		a	
5	©	169		©	
6	Leerzeichen	32			

Lösung

Wenn Sie beispielsweise das Code-Zeichen für den Doppelpunkt »:« suchen, schreiben Sie einfach in eine Zelle, beispielsweise in die Zelle A14, einen Doppelpunkt. In eine andere Zelle, beispielsweise in die Zelle B14, schreiben Sie die Formel:

```
=CODE(A14)
```

Als Ergebnis erhalten Sie die Code-Zahl »58«. Die so ermittelte Code-Nummer kann jetzt in eine Formel eingebaut werden. So errechnet die Formel

```
="Gesamt"&ZEICHEN(58)&ZEICHEN(32)&TEXT(SUMME(A17:A19);"#.##00,00")&
ZEICHEN(32)&ZEICHEN(128)
```

nichts anderes als die mithilfe der Funktion `TEXT()` formatierte Summe des Bereichs A17:A19 und verkettet sie mit dem Text »Gesamt«, dem €-Symbol und ein paar Leerzeichen zur formatierten Ausgabe »Gesamt: 30,00 €«.

Hintergrund

Mit der Funktion `CODE()` ermitteln Sie den Codewert eines bestimmten Zeichens. Das Beispiel

```
=CODE(":")
```

ergibt das Ergebnis »58«. Soll dagegen das zu einem bestimmten `CODE()` gehörende Zeichen ermittelt werden, verwenden Sie die Funktion `ZEICHEN()`. Der Parameter `Zahl` ist eine Zahl zwischen 1 und 255, die den Codewert für das Zeichen darstellt. Das Beispiel

```
=ZEICHEN(58)
```

liefert als Ergebnis einen »:«.

Verwendete Funktionen

```
CODE("Text")
SUMME(Zahl1[;Zahl2[;...[;Zahl255]]])
TEXT(Wert;Format)
ZEICHEN(Zahl)
```

6.4.4 RÖMISCH() – ARABISCH()

Problem

Wie können Sie römische Ziffern erzeugen oder sich römische Zahlen in arabische Ziffern übersetzen lassen?

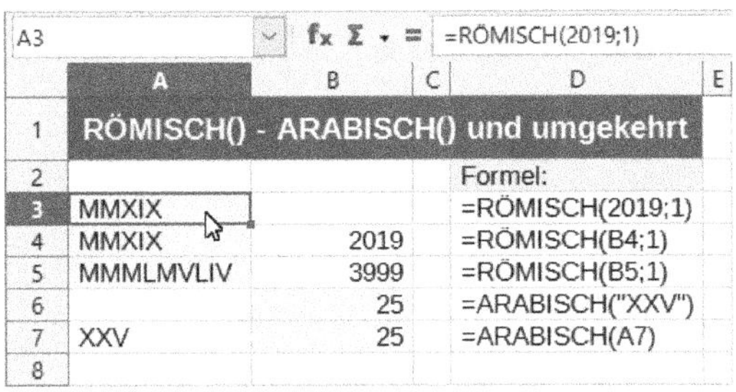

A3 | =RÖMISCH(2019;1)

	A	B	C	D
1	RÖMISCH() - ARABISCH() und umgekehrt			
2				Formel:
3	MMXIX			=RÖMISCH(2019;1)
4	MMXIX	2019		=RÖMISCH(B4;1)
5	MMMLMVLIV	3999		=RÖMISCH(B5;1)
6		25		=ARABISCH("XXV")
7	XXV	25		=ARABISCH(A7)
8				

Lösung

Calc und Excel können mit einer einfachen Formel aus jeder arabischen Zahl bis 3999 eine römische Zahl erzeugen. Klicken Sie in eine beliebige freie Zelle und geben Sie die folgende Formel ein:

```
=RÖMISCH(2019;1)
```

Es wird Ihnen die römische Zahl »MMXIX« präsentiert.

Sie können, anstatt die Zahl direkt in die Formel zu schreiben, auch eine Zelle als Bezug nehmen. Die Formel würde dann lauten: `=RÖMISCH(A1;1)`. Verwenden Sie als zweiten Parameter die Zahl 1, damit eine genaue Darstellung erfolgt.

Soll eine römische Zahl als arabische Zahl angezeigt werden, so verwenden Sie die Funktion `ARABISCH()`. Die Formel würde also lauten

```
=ARABISCH(B7)
```

oder direkt in die Formel geschrieben: `=ARABISCH("XXV")`.

Als Ergebnis erhalten Sie die Zahl »25«.

Hintergrund

Calc und Excel wandeln mit der Funktion RÖMISCH() jede Zahl bis 3999 in eine römische um. Umgekehrt erzeugt die Funktion ARABISCH() aus einer römischen Zahl eine arabische.

Verwendete Funktionen

```
ARABISCH("Text")
RÖMISCH(Zahl;Modus)
```

Kapitel 7

Formatvorlagen und weitere nützliche Funktionen

7.1 Bedingte Formatierungen

Die BEDINGTE FORMATIERUNG von Excel oder Calc bietet Ihnen die Möglichkeit, nicht den Inhalt einer Zelle, sondern deren Aussehen an bestimmte Bedingungen zu knüpfen. Mit dieser Funktion können Sie selbst erstellte Formatierungen automatisch auf Zellen anwenden, die bestimmte Kriterien erfüllen.

Festgelegt werden diese Bedingungen im Dialogfeld BEDINGTE FORMATIERUNG.

In Excel klicken Sie dazu auf der Registerkarte START in der Gruppe FORMATVORLAGEN auf die Schaltfläche BEDINGTE FORMATIERUNG. Im folgenden Menü haben Sie nun die Möglichkeit, bereits vordefinierte Formatvorlagen zu verwenden oder neue Formatierungsregeln zu erstellen.

Um die folgenden Beispiele nachvollziehen zu können, wählen Sie in der Liste den Eintrag NEUE REGEL. Es öffnet sich das Dialogfeld NEUE FORMATIERUNGSREGEL. Wählen Sie im oberen REGELTYP AUSWÄHLEN: einen angebotenen Regeltyp.

Je nach Wahl des Regeltyps ändern sich nun im unteren REGELBESCHREIBUNG BEARBEITEN die Eingabe- und Auswahlmöglichkeiten. Alle hier notwendigen Eingaben sind in den jeweiligen Lösungsvorschlägen beschrieben.

In Calc erhalten Sie das Dialogfeld BEDINGTE FORMATIERUNG über den Menübefehl FORMAT|BEDINGTE_FORMATIERUNG.

7.1.1 Alle Werte über 5.000 € hervorheben

Problem

Alle Zellen mit Werten über 5.000 Euro sollen farbig hervorgehoben werden. Wie können Sie eine solche bedingte Formatierung erstellen?

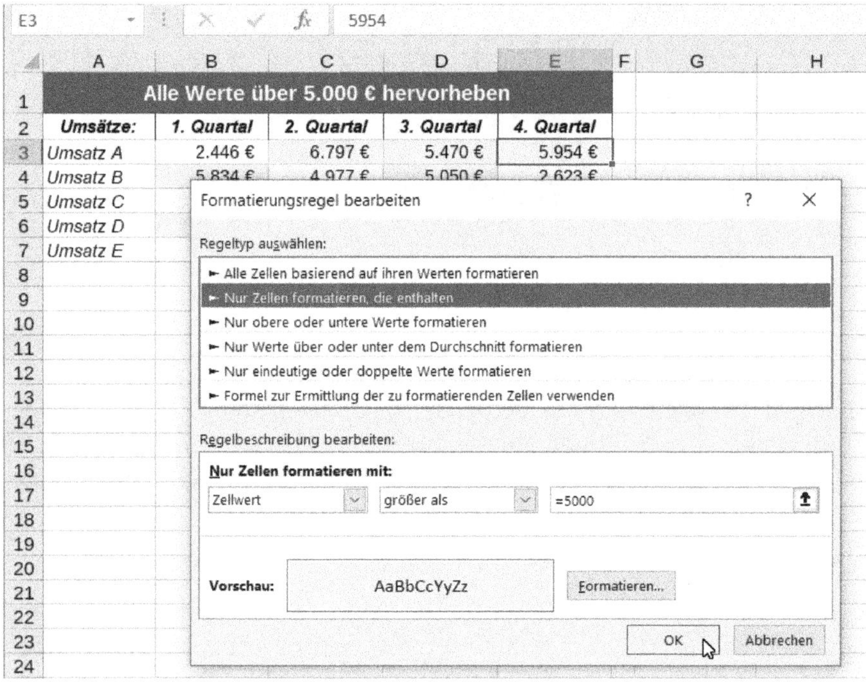

Lösung

Rufen Sie in Excel unter START|FORMATVORLAGEN|BEDINGTE FORMATIERUNG|NEUE REGEL den MANAGER FÜR REGELN ZUR BEDINGTEN FORMATIERUNG auf. Im erscheinenden Dialogfenster FORMATIERUNGSREGEL BEARBEITEN wählen Sie bei REGELTYP AUSWÄHLEN: den Menüpunkt NUR ZELLEN FORMATIEREN, DIE ENTHALTEN. Bei REGELBESCHREIBUNG BEARBEITEN wählen Sie

```
"Zellwert" "größer als" =5000
```

und weisen dann der Zelle über die Schaltfläche FORMATIEREN einen farbigen Hintergrund zu.

Hintergrund

Der Zellinhalt des festgelegten Bereichs wird auf Werte über 5000 Euro überprüft. Trifft dies zu, wird der Zelle die vorgegebene Hintergrundfarbe zugewiesen.

7.1.2 Werte über 5.000 € gelb und Werte über 7.000 € grün hervorheben

Problem

Alle Zellen mit Werten über 5.000 Euro sollen mit gelben und alle Zellen mit Werten über 7.000 Euro mit grünem Hintergrund markiert werden.

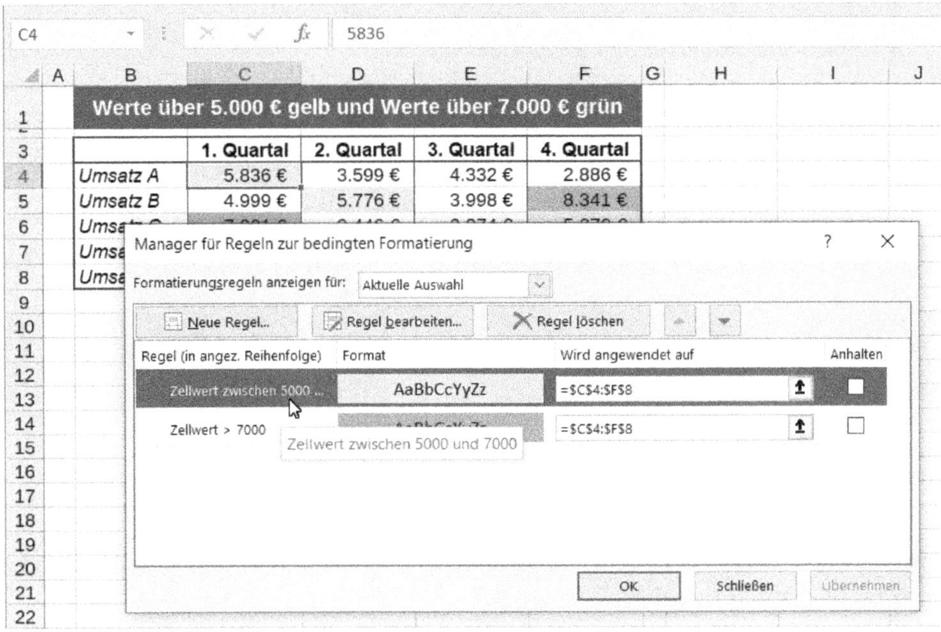

Lösung

Wählen Sie im Dialogfeld NEUE FORMATIERUNGSREGEL im REGELTYP AUSWÄHLEN: den Eintrag: NUR ZELLEN FORMATIEREN, DIE ENTHALTEN.
Erstellen Sie eine bedingte Formatierung mit den folgenden zwei Bedingungen:

Regel 1: Zellwert ist zwischen =5000 und =7000
Hintergrund: Gelb

Regel 2: Zellwert ist größer als =7000
Hintergrund: Grün

Hintergrund

Mithilfe der Vergleichsoperatoren `zwischen` und `größer als` werden die Zellen des festgelegten Bereichs auf ihren Wert hin überprüft und mit der zugewiesenen Hintergrundfarbe formatiert.

7.1.3 Den niedrigsten und den höchsten Wert einer Reihe markieren

Problem

In einer Versuchsreihe sollen der niedrigste und der höchste Wert hervorgehoben werden.

	A	B	C
1	Niedrigster und höchster Wert		
2	1	*Bedingte Formatierung:*	
3	2	*Bedingung 1*	
4	0	Formel ist:	A2=MIN($A$2:$A$7)
5	2	Formatvorlage:	gelb
6	8		
7	6	*Bedingung 2*	
8	7	Formel ist:	A2=MAX($A$2:$A$7)
9	3	Formatvorlage:	rot

Lösung

Erstellen Sie für die Reihe eine bedingte Formatierung mit drei Regeln:

Regel 1: Zellwert ist gleich: ""
Hintergrund: Standard

Regel 2: Formel ist: =`A2=MIN($A$2:$A$7)`
Hintergrund: Gelb

Regel 3: Formel ist: =`A2=MAX($A$2:$A$7)`
Hintergrund: Rot

Nun sehen Sie mit einem Blick, welcher Versuch den niedrigsten und welcher den höchsten Wert ergibt. Leere Zellen behalten die Standardvorlage.

Hintergrund

Mithilfe der beiden Funktionen `MIN()` und `MAX()` weisen Sie den Zellen eine bestimmte Farbe zu.

Verwendete Funktionen

```
MIN(Zahl1[;Zahl2[;...[;Zahl255]]])
MAX(Zahl1[;Zahl2[;...[;Zahl255]]])
```

7.1.4 Alle Zellen mit dem Wert 0 grün einfärben

Problem

Sie möchten alle Zellen mit dem Wert 0 grün hinterlegen, ohne dass dabei Leerzellen mit eingefärbt werden.

	A	B	C	D	E	F	G
1	Alle "0"-Werte grün einfärben						
2	*1. Möglichkeit*		*2. Möglichkeit*		*Bedingte Formatierung:*		
3	0		0		*1. Möglichkeit (Bereich A3:A8):*		
4	1		1		*Regel:*	UND(NICHT(ISTLEER(A3));A3=0)	
5	2		0		Hintergrund:	"grün"	
6	0						
7	3		2		*2. Möglichkeit (Bereich C3:C8):*		
8			0		*Regel 1:*	ISTLEER(A3)	
9					Hintergrund:	"Standard"	
10					*Regel 2:*	C3=0	
11					Hintergrund:	"grün"	

Lösung

Erstellen Sie dazu eine bedingte Formatierung für den bestimmten Bereich mit der Formel

```
=UND(NICHT(ISTLEER(C3));C3=0)
```

und weisen Sie der Bedingung einen grünen Hintergrund zu.

Alternative Möglichkeit:
Erstellen Sie für den Bereich eine bedingte Formatierung mit folgenden zwei Bedingungen:

Regel 1: Formel ist: `=ISTLEER(C3)`
Hintergrund: Standard

Regel 2: Formel ist: `=C3=0`
Hintergrund: Grün

Auch diese bedingte Formatierung führt zum gewünschten Erfolg.

Hintergrund

In der ersten Lösung wird die Hintergrundfarbe »Grün« zugewiesen, wenn folgende Voraussetzungen erfüllt sind: Die Zelle darf nicht leer sein und der Wert der Zelle muss 0 sein. Nur wenn beide Voraussetzungen erfüllt sind, wird ein grüner Hintergrund zugewiesen.

Bei der zweiten Lösung wird durch Regel 1 allen leeren Zellen die Standardvorlage zugewiesen; alle Zellen, die den Wert 0 beinhalten, erhalten einen grünen Hintergrund.

Verwendete Funktionen

```
UND(Logischer_Wert1[;Logischer_Wert2[;...[;Logischer_Wert255]]])
NICHT(LogischerWert)
ISTLEER(Wert)
```

7.1.5 Leere Zellen hervorheben

Problem

Sie möchten alle Zellen der Tabelle, in denen noch keine Eingabe erfolgte, rot hervorheben.

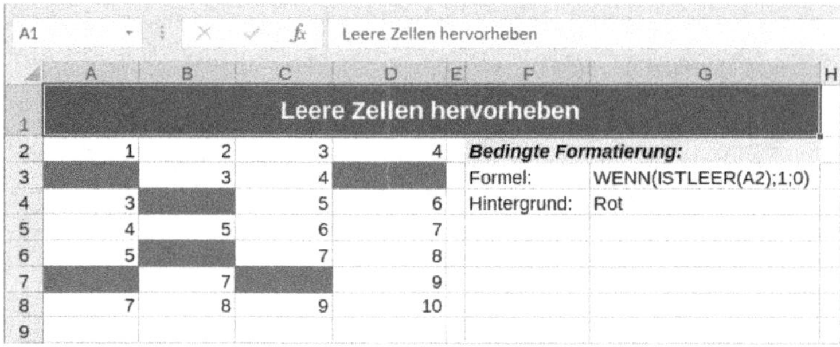

Lösung

Erstellen Sie für den entsprechenden Bereich, hier für den Bereich A2:D8, folgende bedingte Formatierung:
Formel ist: =`WENN(ISTLEER(A2);1;0)`
Hintergrund: Rot
Als Ergebnis erhalten Sie eine Tabelle mit rot gefärbten Leerzellen.

Hintergrund

Die Prüfung der Zelle A2 durch die Funktion `ISTLEER()` ergibt `WAHR`, wenn der Wert ein Bezug zu einer leeren Zelle ist. Diesen Wahrheitswert nutzt die Funktion `WENN()` als `DannWert` und weist der Formel den Hintergrund »Rot« zu. Ergibt die Prüfung den Wert `FALSCH`, wird die Zellvorlage nicht geändert.

Verwendete Funktionen

`ISTLEER(Wert)`
`WENN(Prüfung;DannWert;SonstWert)`

7.1.6 Textzellen aufspüren

Problem

Eine importierte Liste enthält mehrere Zellen mit Text. Weil diese fehlerhaften Zellen, die sowohl Zahlen als auch Buchstaben enthalten, schwer zu erkennen sind, sollen sie mithilfe einer bedingten Formatierung aufgespürt werden.

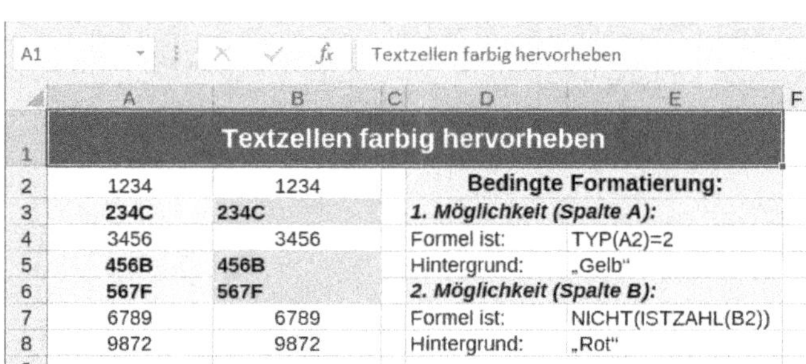

Lösung
Erstellen Sie eine bedingte Formatierung mit der Bedingung
Formel ist: =TYP(A2)=2
Hintergrund: Gelb
oder alternativ mit der Bedingung:
Formel ist: =NICHT(ISTZAHL(B2))
Hintergrund: Rot
Mit jeder dieser bedingten Formatierung können Textzellen eingefärbt und sichtbar gemacht werden.

Hintergrund

Mithilfe der Funktion `NICHT(ISTZAHL())` wird geprüft, ob die Zelle einen Zahlenwert enthält. Ergibt sich der Wahrheitswert `WAHR` (kein Zahlenwert), wird die Zelle farbig markiert. Eine Textzelle kann mit der Funktion `TYP()` auch anhand ihres `Werts` identifiziert werden, wobei der Wert 2 für Text steht.

Verwendete Funktionen
`NICHT(LogischerWert)`
`ISTZAHL(Wert)`
`TYP(Wert)`

7.1.7 Zellen mit Formeln suchen

Problem

In einer Tabelle sollen alle Formelzellen gelb hervorgehoben werden, um den Anwender darauf aufmerksam zu machen, dass diese Zellen nicht verändert werden dürfen.

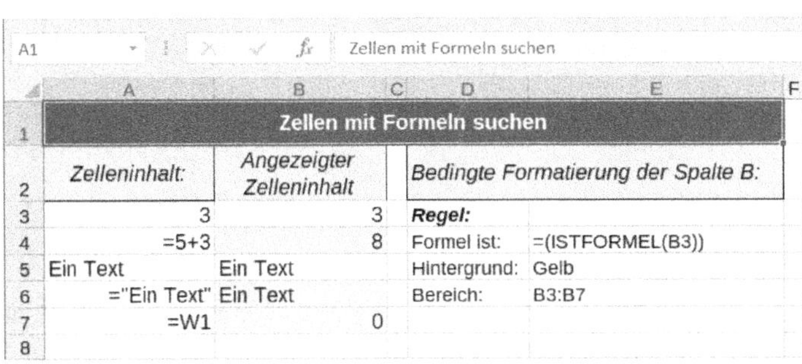

	A	B	C	D	E
1	Zellen mit Formeln suchen				
2	Zelleninhalt:	Angezeigter Zelleninhalt		Bedingte Formatierung der Spalte B:	
3	3	3		Regel:	
4	=5+3	8		Formel ist:	=(ISTFORMEL(B3))
5	Ein Text	Ein Text		Hintergrund:	Gelb
6	="Ein Text"	Ein Text		Bereich:	B3:B7
7	=W1	0			
8					

Lösung
In Excel verwenden Sie dazu folgende Formel in der bedingten Formatierung

```
=(ISTFORMEL(B3))
```

um alle Zellen mit Formeln farbig anzuzeigen. Alle Zellen, die Formeln enthalten, werden nun mit gelber Farbe hinterlegt.

Hintergrund

In Excel können Sie mithilfe der Funktion `ISTFORMEL()` eine Zelle auf ihren Inhalt hinsichtlich eines Formelwerts überprüfen lassen.

In Calc kann mithilfe der Funktion `TYP()` jeder Wert, den eine Zelle haben kann, ermittelt werden. Der Parameter `Wert` ist der spezifische Wert, dessen Datentyp ermittelt wird. Verwenden Sie als Wert die Zahl 8, sucht die Funktion nach Formeln. Verwenden Sie als Wert die Zahl 2, wird nach Textzellen gesucht.

Verwendete Funktion

```
TYP(Wert)
ISTFORMEL(Bezug)
ISTTEXT(Wert)
ISTZAHL(Wert)
```

7.1.8 Ungeschützte Formelzellen einfärben

Problem

Alle Formeln der Tabelle sollen mit einem Schreibschutz versehen werden, damit sie nicht versehentlich überschrieben und somit zerstört werden können. Wie können Sie das Tabellenblatt hinsichtlich nicht geschützter Formelzellen überprüfen?

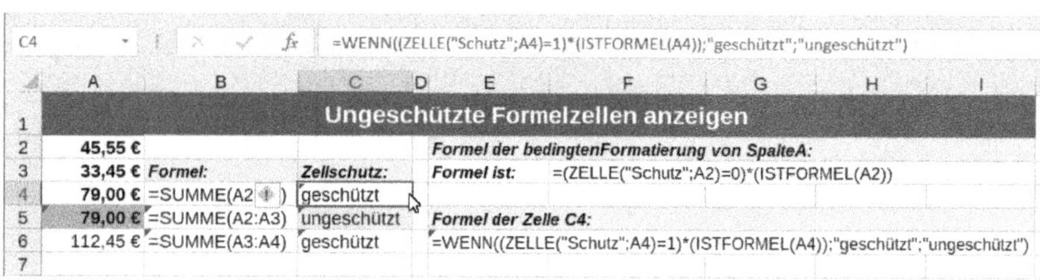

Lösung

Erstellen Sie für den zu überprüfenden Bereich eine bedingte Formatierung mit der Formel

```
=(ZELLE("Schutz";A2)=0)*(ISTFORMEL(A2))
```

um ungeschützte Formelzellen farbig hervorzuheben. Ein Klick auf OK, und alle ungeschützten Formelzellen werden Ihnen farbig angezeigt.

Hintergrund

In Excel überprüft die Formel, ob die Zelle gesperrt ist und ob es sich um eine Formelzelle handelt.

Handelt es sich um eine ungeschützte Zelle (`Schutz` = 0) mit einer Formel `ISTFORMEL()`, ergibt das Produkt der beiden Wahrheitswerte den Wert `Wahr` und die Zelle wird eingefärbt.

In Calc verwenden Sie die Formel: `WENN(UND(ZELLE("protect";A2)=0;TYP(A2)=8);1)`

`WENN()` die Zelle nicht geschützt ist (`protect` = 0) und die Zelle eine Formel enthält (`TYP` = 8), dann ergibt sich der Wahrheitswert 1 (WAHR). Als Folge wird die Zelle rot eingefärbt.

Verwendete Funktionen

```
WENN(Prüfung;DannWert;SonstWert)
UND(Logischer_Wert1[;Logischer_Wert2[;...[;Logischer_Wert255]]])
ZELLE("InfoTyp";Bezug)
TYP(Wert)
ISTFORMEL(Bezug)
```

7.1.9 Leerzeichen suchen

Problem

Eine importierte Tabelle enthält viele überflüssige Leerzeichen, deren Position nicht eindeutig bestimmt werden kann. Wie können Sie alle Zellen, die überflüssige Leerzeichen enthalten, markieren, um Berechnungsprobleme zu vermeiden?

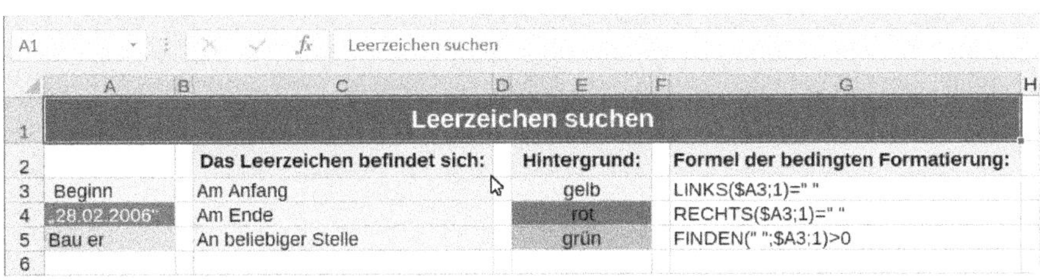

Lösung

Am einfachsten finden Sie Leerzeichen mithilfe einer bedingten Formatierung, die Zellen mit überflüssigen Leerzeichen farbig kennzeichnet. Zellen mit einem Leerzeichen am Anfang des Worts finden Sie mit der Bedingung:
Formel ist: `LINKS($A3;1)=" "`
Hintergrund: Gelb

Zellen mit einem Leerzeichen am Ende des Textes finden Sie mit der Bedingung:
Formel ist: `RECHTS($A3;1)=" "`
Hintergrund: Rot

Befindet sich das Leerzeichen an einer unbekannten Stelle im Text, so verwenden Sie die Bedingung:
Formel ist: `FINDEN(" ";A3;1)>0`
Hintergrund: Grün

Tipp

Mit farbig gekennzeichneten Zellen können Leerzeichen schnell lokalisiert werden.

Hintergrund

Die Funktion `FINDEN()` durchsucht einen beliebigen Text ab einer bestimmten Stelle nach einem beliebigen Zeichen. Für den Parameter `TextFinden` schreiben Sie das Leerzeichen " ", der Parameter `Text` verweist auf den Zellbezug A3 und der Parameter `Position` mit dem Wert 1 bedeutet, dass die Suche nach dem Leerzeichen an der ersten Stelle der Zelle beginnt. Wird ein Leerzeichen gefunden (>0), ergibt die Formel den Wert `WAHR` und die Zelle wird grün eingefärbt.

> **Tipp**
>
> Suchen Sie nur nach Leerzeichen am Anfang oder Ende eines Textes, können Sie auch die Funktionen `LINKS()` oder `RECHTS()` verwenden.

Verwendete Funktionen

```
FINDEN("TextFinden";"Text";Position)
LINKS("Text";Zahl)
RECHTS("Text";Zahl)
```

7.1.10 Wochenenden farbig einfärben

Problem

Sie erstellen sich einen Jahreskalender und möchten die Wochenenden farbig hervorheben.

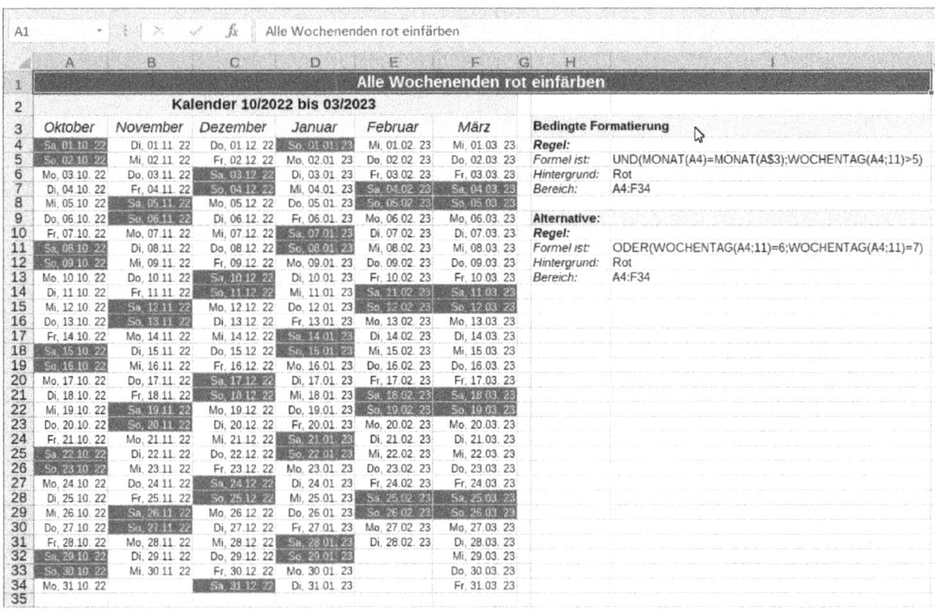

A1 | Alle Wochenenden rot einfärben

Alle Wochenenden rot einfärben

Kalender 10/2022 bis 03/2023

	Oktober	November	Dezember	Januar	Februar	März
4	Sa, 01.10. 22	Di, 01.11. 22	Do, 01.12. 22	So, 01.01. 23	Mi, 01.02. 23	Mi, 01.03. 23
5	So, 02.10. 22	Mi, 02.11. 22	Fr, 02.12. 22	Mo, 02.01. 23	Do, 02.02. 23	Do, 02.03. 23
6	Mo, 03.10. 22	Do, 03.11. 22	Sa, 03.12. 22	Di, 03.01. 23	Fr, 03.02. 23	Fr, 03.03. 23
7	Di, 04.10. 22	Fr, 04.11. 22	So, 04.12. 22	Mi, 04.01. 23	Sa, 04.02. 23	Sa, 04.03. 23
8	Mi, 05.10. 22	Sa, 05.11. 22	Mo, 05.12. 22	Do, 05.01. 23	So, 05.02. 23	So, 05.03. 23
9	Do, 06.10. 22	So, 06.11. 22	Di, 06.12. 22	Fr, 06.01. 23	Mo, 06.02. 23	Mo, 06.03. 23
10	Fr, 07.10. 22	Mo, 07.11. 22	Mi, 07.12. 22	Sa, 07.01. 23	Di, 07.02. 23	Di, 07.03. 23
11	Sa, 08.10. 22	Di, 08.11. 22	Do, 08.12. 22	So, 08.01. 23	Mi, 08.02. 23	Mi, 08.03. 23
12	So, 09.10. 22	Mi, 09.11. 22	Fr, 09.12. 22	Mo, 09.01. 23	Do, 09.02. 23	Do, 09.03. 23
13	Mo, 10.10. 22	Do, 10.11. 22	Sa, 10.12. 22	Di, 10.01. 23	Fr, 10.02. 23	Fr, 10.03. 23
14	Di, 11.10. 22	Fr, 11.11. 22	So, 11.12. 22	Mi, 11.01. 23	Sa, 11.02. 23	Sa, 11.03. 23
15	Mi, 12.10. 22	Sa, 12.11. 22	Mo, 12.12. 22	Do, 12.01. 23	So, 12.02. 23	So, 12.03. 23
16	Do, 13.10. 22	So, 13.11. 22	Di, 13.12. 22	Fr, 13.01. 23	Mo, 13.02. 23	Mo, 13.03. 23
17	Fr, 14.10. 22	Mo, 14.11. 22	Mi, 14.12. 22	Sa, 14.01. 23	Di, 14.02. 23	Di, 14.03. 23
18	Sa, 15.10. 22	Di, 15.11. 22	Do, 15.12. 22	So, 15.01. 23	Mi, 15.02. 23	Mi, 15.03. 23
19	So, 16.10. 22	Mi, 16.11. 22	Fr, 16.12. 22	Mo, 16.01. 23	Do, 16.02. 23	Do, 16.03. 23
20	Mo, 17.10. 22	Do, 17.11. 22	Sa, 17.12. 22	Di, 17.01. 23	Fr, 17.02. 23	Fr, 17.03. 23
21	Di, 18.10. 22	Fr, 18.11. 22	So, 18.12. 22	Mi, 18.01. 23	Sa, 18.02. 23	Sa, 18.03. 23
22	Mi, 19.10. 22	Sa, 19.11. 22	Mo, 19.12. 22	Do, 19.01. 23	So, 19.02. 23	So, 19.03. 23
23	Do, 20.10. 22	So, 20.11. 22	Di, 20.12. 22	Fr, 20.01. 23	Mo, 20.02. 23	Mo, 20.03. 23
24	Fr, 21.10. 22	Mo, 21.11. 22	Mi, 21.12. 22	Sa, 21.01. 23	Di, 21.02. 23	Di, 21.03. 23
25	Sa, 22.10. 22	Di, 22.11. 22	Do, 22.12. 22	So, 22.01. 23	Mi, 22.02. 23	Mi, 22.03. 23
26	So, 23.10. 22	Mi, 23.11. 22	Fr, 23.12. 22	Mo, 23.01. 23	Do, 23.02. 23	Do, 23.03. 23
27	Mo, 24.10. 22	Do, 24.11. 22	Sa, 24.12. 22	Di, 24.01. 23	Fr, 24.02. 23	Fr, 24.03. 23
28	Di, 25.10. 22	Fr, 25.11. 22	So, 25.12. 22	Mi, 25.01. 23	Sa, 25.02. 23	Sa, 25.03. 23
29	Mi, 26.10. 22	Sa, 26.11. 22	Mo, 26.12. 22	Do, 26.01. 23	So, 26.02. 23	So, 26.03. 23
30	Do, 27.10. 22	So, 27.11. 22	Di, 27.12. 22	Fr, 27.01. 23	Mo, 27.02. 23	Mo, 27.03. 23
31	Fr, 28.10. 22	Mo, 28.11. 22	Mi, 28.12. 22	Sa, 28.01. 23	Di, 28.02. 23	Di, 28.03. 23
32	Sa, 29.10. 22	Di, 29.11. 22	Do, 29.12. 22	So, 29.01. 23		Mi, 29.03. 23
33	So, 30.10. 22	Mi, 30.11. 22	Fr, 30.12. 22	Mo, 30.01. 23		Do, 30.03. 23
34	Mo, 31.10. 22		Sa, 31.12. 22	Di, 31.01. 23		Fr, 31.03. 23

Bedingte Formatierung
Regel:
Formel ist: UND(MONAT(A4)=MONAT(A$3);WOCHENTAG(A4;11)>5)
Hintergrund: Rot
Bereich: A4:F34

Alternative:
Regel:
Formel ist: ODER(WOCHENTAG(A4;11)=6;WOCHENTAG(A4;11)=7)
Hintergrund: Rot
Bereich: A4:F34

Lösung

Erstellen Sie eine bedingte Formatierung mit folgender Bedingung:
Regel: Formel: `=UND(MONAT(A4)=MONAT(A$3);WOCHENTAG(A4;11)>5)`
Hintergrund: Rot

Jede Zelle, deren Monatsdatum mit dem Datum der Monatsüberschrift übereinstimmt und deren `Wochentag()` >5 ist (= Samstag und Sonntag), wird mit rotem Hintergrund eingefärbt.

Hintergrund

Beachten Sie den zweiten Parameter der Funktion `WOCHENTAG()`. Hat der Parameter `Art` den Wert 11, so zählt der Montag als der erste Tag der Woche, sodass die Wochenenden die Bedingung >5 erfüllen. Sollen Samstag und Sonntag eine unterschiedliche Farbe erhalten, dürfen die beiden `WOCHENTAG()`-Funktionen nicht mit der Funktion `ODER()` verbunden werden, sondern Sie müssen zwei Bedingungen definieren: eine erste für den Samstag mit der Regel: `WOCHENTAG(A4;11)=6` und eine zweite Regel für den Sonntag mit `WOCHENTAG(A4;11)=7`. Außerdem müssen Sie zwei verschiedene Farben zuweisen.

Verwendete Funktionen

```
MONAT(Zahl)
ODER(Logischer_Wert1[;Logischer_Wert2[;...[;Logischer_Wert255]]])
UND(Logischer_Wert1[;Logischer_Wert2[;...[;Logischer_Wert255]]])
WOCHENTAG(Zahl[;Art])
```

7.1.11 Drei Tage vor und nach dem aktuellen Datum markieren

Problem

In einer Liste mit Tagesdaten sollen die drei Tagesdaten vor und die drei Tagesdaten nach dem aktuellen Datum in roter Schrift und hellgelben Hintergrund erscheinen.

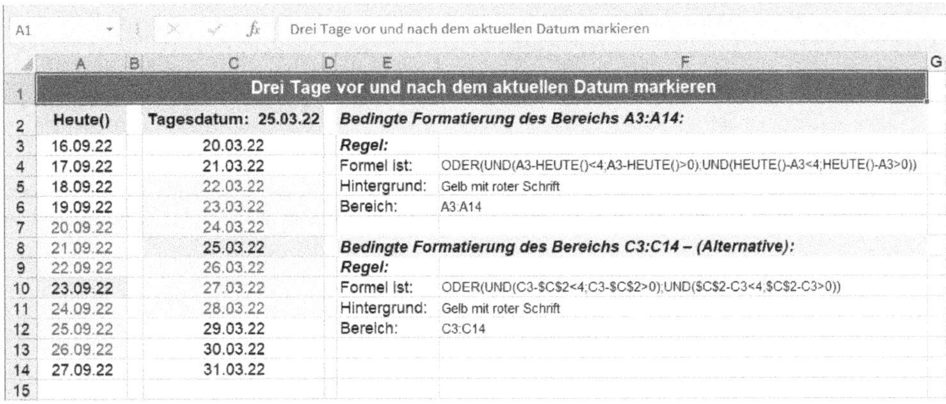

Lösung

In Excel finden Sie den MANAGER FÜR REGELN ZUR BEDINGTEN FORMATIERUNG unter START|FORMATVORLAGEN|BEDINGTE FORMATIERUNG|NEUE REGEL, mit dem Sie neue Formatierungsregeln hinzufügen können.

Zur Erstellung der eigentlichen bedingten Formatierung wählen Sie:

Regel:
Formel: `=ODER(UND(A3-HEUTE()<4;A3-HEUTE()>0);UND(HEUTE()-A3<4;HEUTE()-A3>0))`
Schrift: Rot
Hintergrund: Gelb

Ein Klick auf OK beendet die Aktion und färbt die drei Tage vor und nach dem aktuellen Datum mit der zugewiesenen Farbe ein.

Hintergrund

Mithilfe von zwei `UND()`-Funktionen prüft das Programm, ob ein Datum der Datumsreihe der Spalte C innerhalb der ersten drei Tage vor dem Vergleichsdatum oder innerhalb der ersten drei Tage nach dem Vergleichsdatum liegt. Dazu muss das Ergebnis beider Parameter einer Funktion `UND()` den Wahrheitswert `WAHR` ergeben.

Ergibt eine der beiden Prüfungen den Wert `FALSCH`, liegt das überprüfte Datum außerhalb des Drei-Tage-Bereichs. Die Wahrheitswerte beider `UND()`-Funktionen wertet anschließend die umschließende Funktion `ODER()` aus. Hat auch nur eine der beiden `UND()`-Funktionen den Wahrheitswert 1, wird der Zelle eine rote Schrift mit gelbem Hintergrund zugewiesen.

Verwendete Funktionen

```
HEUTE()
ODER(Logischer_Wert1[;Logischer_Wert2[;...[;Logischer_Wert255]]])
UND(Logischer_Wert1[;Logischer_Wert2[;...[;Logischer_Wert255]]])
```

7.1.12 Bedingte Formatierung als Suchfunktion

Problem

Sie möchten die bedingte Formatierung als Suchfunktion einsetzen, um in einer Adressenliste nach Namen zu suchen. Der Suchbegriff wurde in diesem Beispiel in die Zelle D4 ausgelagert. Die gefundenen Ergebnisse sollen farbig hervorgehoben werden.

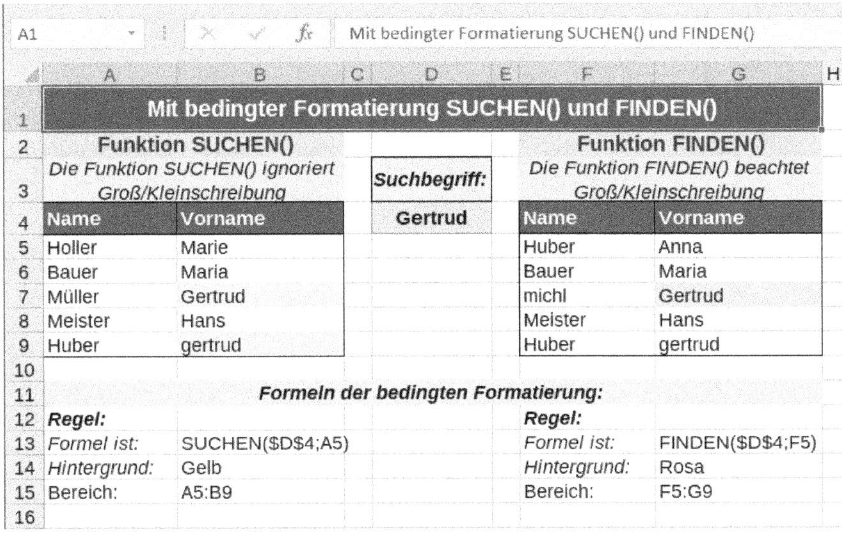
A1 | fx | Mit bedingter Formatierung SUCHEN() und FINDEN()

	A	B	C	D	E	F	G
1	Mit bedingter Formatierung SUCHEN() und FINDEN()						
2	Funktion SUCHEN()					Funktion FINDEN()	
3	*Die Funktion SUCHEN() ignoriert Groß/Kleinschreibung*			**Suchbegriff:**		*Die Funktion FINDEN() beachtet Groß/Kleinschreibung*	
4	Name	Vorname		**Gertrud**		Name	Vorname
5	Holler	Marie				Huber	Anna
6	Bauer	Maria				Bauer	Maria
7	Müller	Gertrud				michl	Gertrud
8	Meister	Hans				Meister	Hans
9	Huber	gertrud				Huber	gertrud
10							
11	***Formeln der bedingten Formatierung:***						
12	***Regel:***					***Regel:***	
13	*Formel ist:*	SUCHEN($D$4;A5)				*Formel ist:*	FINDEN($D$4;F5)
14	*Hintergrund:*	Gelb				*Hintergrund:*	Rosa
15	Bereich:	A5:B9				Bereich:	F5:G9
16							

Lösung

Erstellen Sie für den Suchbereich eine bedingte Formatierung mit einer der Bedingungen.

Regel: Formel: =`SUCHEN($D$4;A5)`
Hintergrund: Gelb

oder als Alternative:

Regel: Formel: =`FINDEN($D$4;F5)`
Hintergrund: Rosa

Als Ergebnis werden alle gefundenen Suchbegriffe farbig hervorgehoben.

Hintergrund

Sie haben zwei Möglichkeiten, um mit Funktionen nach Texten zu suchen. Zum einen mit der Funktion `SUCHEN()`, zum anderen mit der Funktion `FINDEN()`.

> **Hinweis**
>
> Der wichtigste Unterschied: Die Funktion `SUCHEN()` ignoriert die Groß- und Kleinschreibung, bei der Funktion `FINDEN()` ist die Groß- und Kleinschreibung zu beachten. Die Funktion `FINDEN()` findet den Namen »Gertrud« nur, wenn die Groß- und Kleinschreibung berücksichtigt wird.

Verwendete Funktionen

```
FINDEN("TextFinden";"Text";Position)
SUCHEN("TextFinden";"Text";Position)
```

7.1.13 Nicht identische Zellen mithilfe einer bedingten Formatierung markieren

Problem

Sie möchten die Inhalte von zwei Spalten miteinander vergleichen, aber keine identischen Zellen zur Überprüfung markieren.

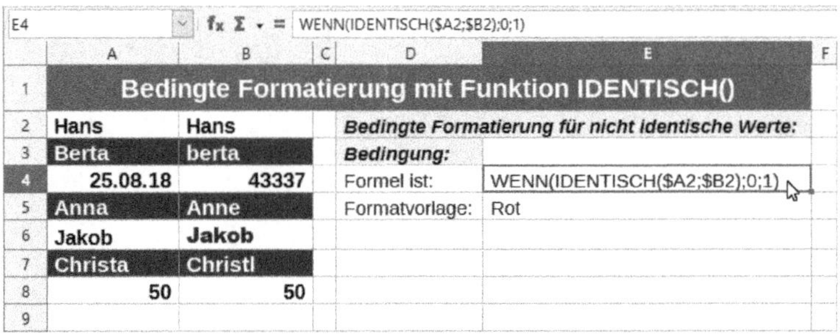

Lösung

Markieren Sie die beiden Spalten und erstellen Sie folgende bedingte Formatierung:
Regel: Formel: =`WENN(IDENTISCH($A2;$B2);0;1)`
Hintergrund: Rot

Es werden Ihnen sämtliche Zeilen mit unterschiedlichen Zellinhalten farbig angezeigt.

Hintergrund

Die Funktion `IDENTISCH()` prüft, ob der Inhalt der beiden Zellen gleich ist. Das Ergebnis der Funktion ist entweder `WAHR`, wenn die Inhalte identisch sind, oder `FALSCH` bei ungleichen Zellinhalten. Dabei wird auch die Groß- und Kleinschreibung berücksichtigt, Unterschiede aufgrund verschiedener Formatierungen werden jedoch ignoriert. Die umschließende `WENN()`-Funktion nutzt die Ergebnisse der Datenmatrix und färbt die zu vergleichenden Zellen bei Rückgabe des Werts 1 (= »nicht identisch«) mit der gewünschten Farbe ein.

Verwendete Funktion

```
IDENTISCH("Text1";"Text2")
WENN(Prüfung[;[DannWert][;[SonstWert]]])
```

7.1.14 Text als Suchbedingung

Problem

Zur Erstellung des Stundenplans sollen alle Zellen hervorgehoben werden, in denen ein bestimmter Lehrer eingeteilt ist, in diesem Beispiel »Frau Bauer«.

F2 | fx | Frau Bauer

	A	B	C	D	E	F	G	H	I	J
1	Wer gibt Unterricht?									
2				*Suchbegriff:*	=>>	Frau Bauer				
3	Unterrichtsplan									
4	**Zeit**	**Montag**	**Dienstag**	**Mittwoch**	**Donnerstag**	**Freitag**			**Lehrkräfte:**	
5	**08 - 09 Uhr**	Herr Lampert	**Frau Bauer**	Herr Maier	**Frau Bauer**	Herr Lämpel			Frau Bauer	
6	**09 - 10 Uhr**	Herr Lampert	Herr Ritter	Herr Lampert	Herr Wichtig	Frau Schön			Frau Bausch	
7	**10 - 11 Uhr**	**Frau Bauer**	Herr Bauer	Herr Lampert	Herr Fritz	Frau Schön			Frau Meier	
8	**11 - 12 Uhr**	**Frau Bauer**	Herr Lampert	Herr Lampert	**Frau Bauer**	Frau Schön			Herr Bauer	
9	**12 - 13 Uhr**								Herr Fritz	
10	**13 - 14 Uhr**	Frau Bausch		**Frau Bauer**	Herr Lampert	Herr Wichtig			Herr Lämpel	
11	**14 - 15 Uhr**	**Frau Bauer**		**Frau Bauer**	Herr Lampert	Herr Maier			Herr Lampert	
12	**15 - 16 Uhr**								Herr Maier	
13	**16 - 17 Uhr**	Frau Meier	Frau Meier	Herr Lampert		**Frau Bauer**			Herr Ritter	
14	**17 - 18 Uhr**	Frau Meier	Herr Lampert	Herr Fritz		Herr Bauer			Herr Wichtig	
15										
16	***Bedingte Formatierung:***			***Alternative mit Namen:***						
17	**Regel:**			**Regel:**						
18	Zellwert ist:	gleich	$F$2	Zellwert ist:	gleich	„Frau Bauer“				
19	Hintergrund:	Gelb		Hintergrund:	Gelb					
20										

Lösung

Erstellen Sie dazu folgende bedingte Formatierung:
Regel: ZELLWERT | GLEICH | `="Frau Bauer"`
Hintergrund: Gelb

Hintergrund

Excel überprüft für jede mit dieser bedingten Formatierung hinterlegte Zelle, ob deren Inhalt mit dem in der Bedingung festgelegten Text »Frau Bauer« übereinstimmt (= gleich ist).

Hinweis

Beachten Sie, dass Text in Anführungszeichen geschrieben werden muss.

Wird eine Übereinstimmung festgestellt, wird die Zelle mit blauer Schrift auf gelben Hintergrund formatiert. Sie können auch den Suchnamen in eine gesonderte Zelle auslagern und anstelle des Namens (»Frau Bauer«) den Zellbezug `$F$2` als Suchkriterium eintragen.

Regel: ZELLWERT | GLEICH | `=$F$2`

Ändern Sie in der Zelle F2 den Namen des Lehrers, werden automatisch die Unterrichtsstunden der nunmehr in der Zelle F2 stehenden Lehrkraft markiert.

7.1.15 Duplikate mit einer bedingten Formatierung aufspüren

Problem

Eine Adressenliste soll hinsichtlich möglicher Duplikate geprüft werden. Wie können Sie doppelte Datensätze farblich markieren?

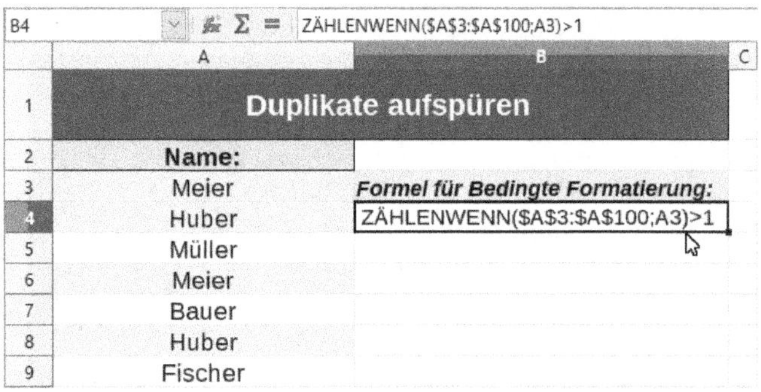

Lösung

Erstellen Sie eine bedingte Formatierung, die Datensätze, die mehr als einmal vorkommen, markiert. Definieren Sie dazu folgende Bedingung:
Regel: Formel: `=ZÄHLENWENN($A$3:$A$100;A3)>1`
Hintergrund: Gelb

Die bedingte Formatierung kennzeichnet alle Datensätze, die mehr als einmal vorkommen.

Hintergrund

Die Funktion `ZÄHLENWENN()` vergleicht jeden Datensatz der Liste mit den übrigen Datensätzen des Bereichs.

Die Zahl der gefundenen gleichen Datensätze wird summiert. Wird mehr als ein Datensatz gefunden, ist die Bedingung erfüllt (>1) und der Zellenhintergrund wird gelb eingefärbt.

Verwendete Funktion

`ZÄHLENWENN(Bereich;Kriterium)`

7.1.16 Suchen mit zwei Bedingungen (Vor- und Nachname müssen stimmen)

Problem

Sie möchten die bedingte Formatierung zur Suche in einer Adressenliste einsetzen. Es sollen alle Adressen farbig markiert werden, die hinsichtlich des Vor- und Nachnamens den Suchkriterien entsprechen.

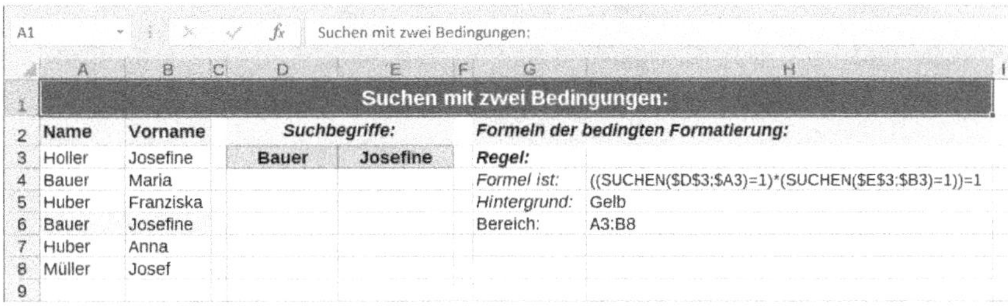

A1 | Suchen mit zwei Bedingungen:

	A	B	D	E	G	H
1	Suchen mit zwei Bedingungen:					
2	Name	Vorname	Suchbegriffe:		Formeln der bedingten Formatierung:	
3	Holler	Josefine	Bauer	Josefine	Regel:	
4	Bauer	Maria			Formel ist:	((SUCHEN($D$3;$A3)=1)*(SUCHEN($E$3;$B3)=1))=1
5	Huber	Franziska			Hintergrund:	Gelb
6	Bauer	Josefine			Bereich:	A3:B8
7	Huber	Anna				
8	Müller	Josef				
9						

Lösung

Erstellen Sie folgende bedingte Formatierung:
Regel: Formel: `=((SUCHEN($D$3;$A3)=1)*(SUCHEN($E$3;$B3)=1))=1`
Hintergrund: Gelb

Als Ergebnis werden alle Namen, die den Suchkriterien entsprechen, gelb eingefärbt. Die übrigen »Bauer« sowie die anderen »Josefine« werden von der bedingten Formatierung nicht erfasst.

Hintergrund

Die Funktionen `SUCHEN()` prüfen die Zellenhalte hinsichtlich ihres Wahrheitswerts. Ergeben beide `SUCHEN()`-Funktionen in der Formel den Wahrheitswert `WAHR` = 1, werden die gefundenen Adresszellen gelb eingefärbt.

Verwendete Funktionen

`SUCHEN("TextFinden";"Text";Position)`

7.1.17 Zwischensummen farbig hervorheben

Problem

In der Umsatzliste wurden die Sportschuhe nach Farben gruppiert und die vierteljährlichen Teilergebnisse berechnet. Wie können Sie die Teilergebnisse auch farbig hervorheben?

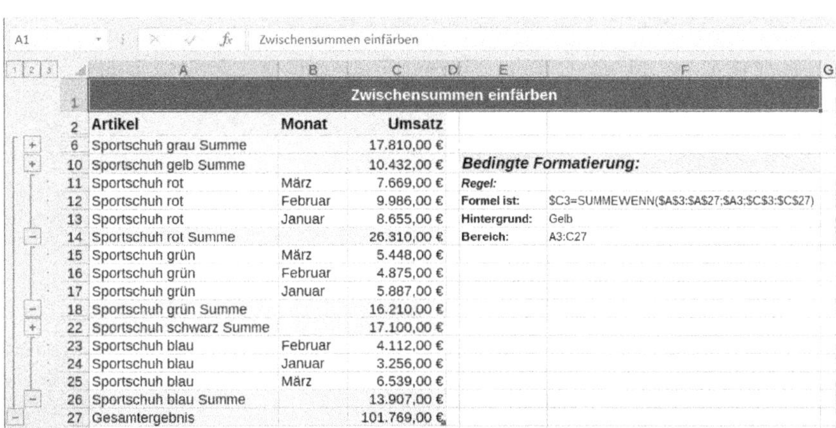

A1 | Zwischensummen einfärben

	A	B	C	E	F
1	Zwischensummen einfärben				
2	Artikel	Monat	Umsatz		
6	Sportschuh grau Summe		17.810,00 €		
10	Sportschuh gelb Summe		10.432,00 €	Bedingte Formatierung:	
11	Sportschuh rot	März	7.669,00 €	Regel:	
12	Sportschuh rot	Februar	9.986,00 €	Formel ist:	$C3=SUMMEWENN($A$3:$A$27;$A3;$C$3:$C$27)
13	Sportschuh rot	Januar	8.655,00 €	Hintergrund:	Gelb
14	Sportschuh rot Summe		26.310,00 €	Bereich:	A3:C27
15	Sportschuh grün	März	5.448,00 €		
16	Sportschuh grün	Februar	4.875,00 €		
17	Sportschuh grün	Januar	5.887,00 €		
18	Sportschuh grün Summe		16.210,00 €		
22	Sportschuh schwarz Summe		17.100,00 €		
23	Sportschuh blau	Februar	4.112,00 €		
24	Sportschuh blau	Januar	3.256,00 €		
25	Sportschuh blau	März	6.539,00 €		
26	Sportschuh blau Summe		13.907,00 €		
27	Gesamtergebnis		101.769,00 €		
28					

Lösung

Erstellen Sie eine bedingte Formatierung mit folgender Regel:
Formel: =`$C3=SUMMEWENN($A$3:$A$27;$A3;$C$3:$C$27)`
Hintergrund: Gelb
Bereich: A3:C27

Im Ergebnis werden alle Zeilen mit einer Summenzelle in der Spalte C gelb eingefärbt.

Hintergrund

Die Formel prüft für jede einzelne Zelle der Spalte C, ob deren Inhalt die Summe einer Vielzahl von Einzelbeträgen ist. Trifft dies zu, handelt es sich um eine Summenzelle und die entsprechende Zeile wird mit der zugewiesenen Farbe formatiert.

Verwendete Funktionen

`SUMMEWENN(Bereich;Bedingung[;Summenbereich])`

7.1.18 Ampelfunktion für optische Wertanzeige

Problem

Die erreichte Punktezahl der Teilnehmer eines Wettbewerbs wird in einer Tabelle ausgewertet. Dabei stehen in der Spalte A die Namen der Teilnehmer und in der Spalte B steht die erreichte Punktezahl. Der Name des letzten Teilnehmers steht in der Zeile 20. In den daneben liegenden Spalten D:F soll nun farbig angezeigt werden, in welchem Punktebereich die erreichte Punktezahl liegt.

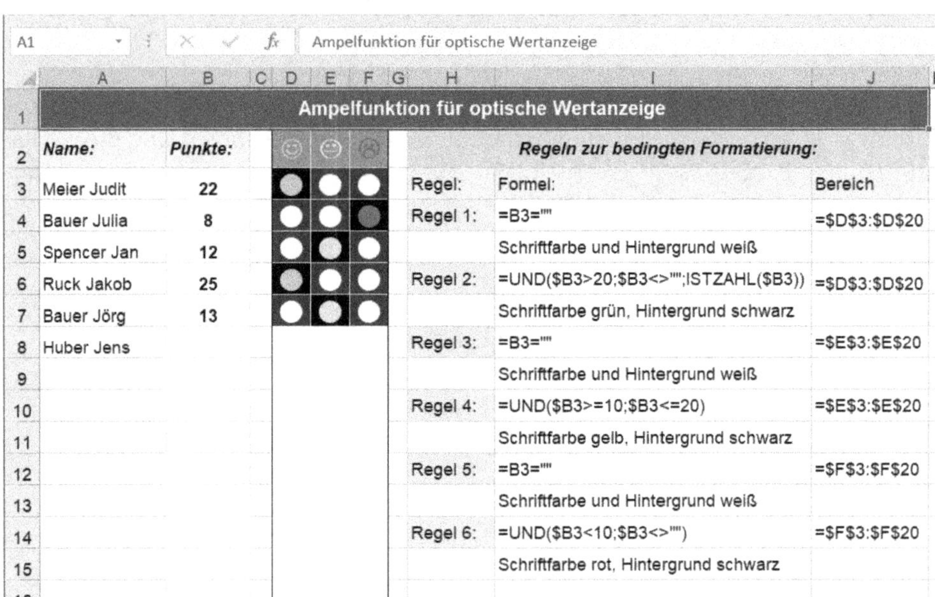

A1 | Ampelfunktion für optische Wertanzeige

	A	B	H	I	J
1	Ampelfunktion für optische Wertanzeige				
2	*Name:*	*Punkte:*	*Regeln zur bedingten Formatierung:*		
3	Meier Judit	22	Regel:	Formel:	Bereich
4	Bauer Julia	8	Regel 1:	=B3=""	=$D$3:$D$20
5	Spencer Jan	12		Schriftfarbe und Hintergrund weiß	
6	Ruck Jakob	25	Regel 2:	=UND($B3>20;$B3<>"";ISTZAHL($B3))	=$D$3:$D$20
7	Bauer Jörg	13		Schriftfarbe grün, Hintergrund schwarz	
8	Huber Jens		Regel 3:	=B3=""	=$E$3:$E$20
9				Schriftfarbe und Hintergrund weiß	
10			Regel 4:	=UND($B3>=10;$B3<=20)	=$E$3:$E$20
11				Schriftfarbe gelb, Hintergrund schwarz	
12			Regel 5:	=B3=""	=$F$3:$F$20
13				Schriftfarbe und Hintergrund weiß	
14			Regel 6:	=UND($B3<10;$B3<>"")	=$F$3:$F$20
15				Schriftfarbe rot, Hintergrund schwarz	
16					

Teilnehmer mit weniger als 10 Punkten sollen in der Spalte F eine rote Markierung erhalten, eine erreichte Punktezahl zwischen 10 und 20 soll in der Spalte E gelb markiert werden, Punktezahlen über 20 werden in der Spalte D grün markiert.

Lösung

Zur Lösung dieser Vorgaben bietet es sich an, die Daten in Form einer Ampelfunktion zu gestalten. Wie bei einer Ampel üblich, werden die Farben Rot, Gelb und Grün auf schwarzem Hintergrund dargestellt. Die Ampelfarben sollen sich abhängig vom Wert der entsprechenden Zelle in der Spalte B ändern.
Möglich macht dies eine bedingte Formatierung abhängig vom Wert der Spalte B. Steht die Punktezahl des ersten Datensatzes beispielsweise in der Zelle B3, soll die Farbampel die Zellen D3:F3 umfassen: Grün in der Zelle D3, Gelb in der Zelle E3 und Rot in der Zelle F3.
Wird kein Wert erfasst oder eine ungültige Zahl eingetragen, soll auch keine Farbe angezeigt werden.

Die Ampel vorbereiten:

Arbeiten Sie mit Excel, formatieren Sie die Zellen D3:F3 mit der Schriftart Webdings, der Schriftgröße 14, dem Schriftstil Fett und der Schriftfarbe Weiß. Schreiben Sie den Buchstaben `n` in die drei Zellen. Sie haben nun eine Ampel mit drei weißen Lichtern auf weißem Hintergrund. Jetzt müssen Sie die drei formatierten Zellen mit dem Aufziehkästchen nur bis zur Zeile 20 nach unten kopieren.

Zur Erstellung der Zellvorlage für die grüne Ampel mit Calc weisen Sie einer freien Zelle einen schwarzen Hintergrund und eine grüne Schrift zu. Schreiben Sie den Buchstaben `n` in die Zelle mit Schriftgröße 14 und Schriftstil Fett. Richten Sie den Buchstaben horizontal und vertikal in der Mitte aus. Als Schriftart wählen Sie Webdings. Sie erhalten nun eine schwarze Zelle mit grünem Leuchtpunkt.

Markieren Sie die so formatierte Zelle und drücken Sie [F11]. Im erscheinenden Dialogfeld FORMATVORLAGEN klicken Sie in der Kopfleiste auf das mittlere Symbol der rechten Seite NEUE VORLAGE AUS AUSWAHL. In der folgenden Dialogbox vergeben Sie den Namen `Ampel_Grün` und klicken auf OK. Die so erstellte Vorlage wird den bereits vorhandenen Vorlagen hinzugefügt und ist sofort einsatzbereit. Erstellen Sie auf diese Weise noch zwei weitere Zellvorlagen mit gelber und roter Schrift (gelbem und rotem Lichtkreis) und benennen Sie die Vorlagen mit den Namen `Ampel_Gelb` und `Ampel_Rot`. Dazu brauchen Sie die bereits erstellte Mustervorlage nur abzuändern.

Tipp

Damit keine Ampel angezeigt wird, wenn die entsprechende Zelle der Spalte B keinen Eintrag enthält, erstellen Sie anhand der Mustervorlage noch eine weitere Zellvorlage mit weißem Hintergrund und weißer Schrift und benennen die Vorlage mit `Ampel_leer`.

Die Ampel in Betrieb:

Um die Ampeln in Betrieb zu setzen, öffnen Sie in Excel über START|BEDINGTE FORMATIERUNG|REGELN VERWALTEN das Dialogfeld MANAGER FÜR REGELN ZUR BEDINGTEN FORMATIERUNG und erstellen folgende neue Regeln (in Calc unter: FORMAT|BEDINGTE FORMATIERUNG|BEDINGUNG).

Regel 1: Formel: `=B3=""`
Formatierung: Weiße Schriftfarbe und weißer Hintergrund (in Calc verwenden Sie die zuvor erstellte Zellvorlage: `Ampel_leer`).
Zellbereich: D3:D20

Regel 2: Formel: `=UND($B3>20;$B3<>"";ISTZAHL($B3))`
Formatierung: Grüne Schrift auf schwarzen Hintergrund (in Calc: Zellvorlage `Ampel_grün`)
Zellbereich: D3:D20

Regel 3: Formel: `=B3=""`
Formatierung: Weiße Schrift auf weißem Hintergrund (in Calc: Zellvorlage `Ampel_leer`)
Zellbereich: E3:E20

Regel 4: Formel ist: `=UND($B3>=10;$B3<=20)`
Formatierung: Gelbe Schrift auf schwarzem Hintergrund (in Calc: Zellvorlage: `Ampel_gelb`)
Zellbereich: E3:E20

Regel 5: Formel: `B3=""`
Formatierung: Weiße Schrift auf weißem Hintergrund (in Calc: Zellvorlage: `Ampel_leer`)
Zellbereich: F3:F20

Regel 6: Formel ist: `=UND($B3<10;$B3<>"")`
Formatierung: Rote Schrift auf schwarzem Hintergrund (in Calc: Zellvorlage: `Ampel_rot`)
Zellbereich: F3:F20

Ein Klick auf OK nimmt die Ampel in Betrieb. Die Ampelfarben werden nun entsprechend der Punkte der Spalte B angezeigt. Falls die entsprechende Zelle der Spalte B keinen Eintrag enthält, wird auch keine Ampel angezeigt.

Verwendete Funktionen

```
ISTZAHL(Wert)
UND(Logischer_Wert1[;Logischer_Wert2[;...[;Logischer_Wert255]]])
```

7.2 Zeilen und Spalten einfärben

7.2.1 Jede zweite Zeile einfärben

Problem

Als Lesehilfe soll jede zweite Zeile eines Bereichs grau eingefärbt werden. Diese Formatierung soll auch nach einer Sortierung der Daten bestehen bleiben. Welche Formatierung müssen Sie dazu verwenden?

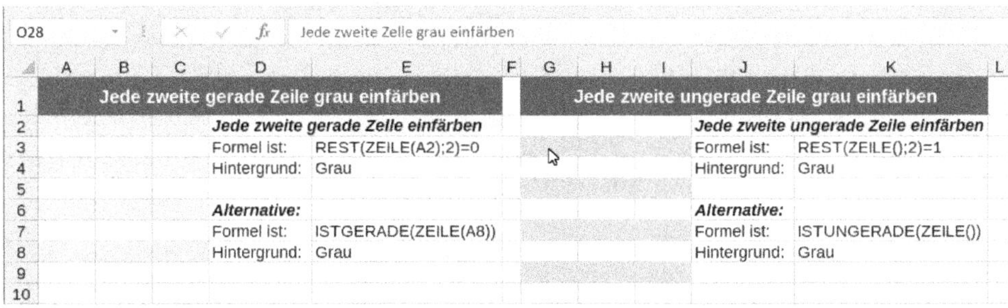

Lösung

Um alle Zeilen mit einer **geraden Zeilennummer** einzufärben, markieren Sie den mit einer Zeilenformatierung zu hinterlegenden Bereich und erstellen folgende bedingte Formatierung:
Formel: =REST(ZEILE(A2);2)=0
Hintergrund: Grau

Alternativ können Sie auch die Funktion ISTGERADE() für die bedingte Formel verwenden:
Formel: =ISTGERADE(ZEILE(A8))
Mit diesen Bedingungen werden alle Zeilen eines Bereichs mit einer geraden Zeilennummer grau eingefärbt. Die Formatierung wird auch beibehalten, wenn Sie die Liste nach anderen Kriterien sortieren.

Sollen alle Zeilen mit einer **ungeraden Zeilennummer** (Zeile 1, 3, 5 usw.) eingefärbt werden, verwenden Sie folgende bedingte Formatierung:
Formel: =REST(ZEILE();2)=1
Hintergrund = Grau

Alternativ können Sie auch die Funktion ISTUNGERADE() für die bedingte Formel verwenden:
Formel: =ISTUNGERADE(ZEILE())
Hintergrund: Blaugrau

Hintergrund

Die Funktion REST() prüft alle Zeilen, ob sie ohne Rest durch 2 teilbar sind. Alle geraden Zeilen geben den Wahrheitswert WAHR zurück und erfüllen die geforderte Bedingung sowohl bei der Prüfung mit der Funktion REST() als auch mit der Funktion ISTGERADE(). Weil alle geraden Zeilen auch bei einer Sortierung Gerade bleiben, ändert sich die zugewiesene Formatierung auch bei einer Sortierung der Daten nicht.

Hinweis

Alle Zeilen, die mit dem Divisor 2 der Funktion REST() einen Rest ergeben, sind ungerade Zeilen und geben den Wahrheitswert WAHR bei der Prüfung ungerader Zeilennummern. Sie erfüllen somit die geforderte Bedingung. Weil alle ungeraden Zeilen auch bei einer Sortierung Ungerade bleiben, ändert sich die zugewiesene Formatierung auch bei einer Sortierung der Daten nicht.

Verwendete Funktionen

```
ISTGERADE(Wert)
ISTUNGERADE(Wert)
REST(Divident;Divisor)
ZEILE(Bezug)
```

7.2.2 Jede zweite Spalte einfärben

Problem

Jede zweite Spalte soll grau eingefärbt werden.

Lösung

Erstellen Sie eine bedingte Formatierung mit der Bedingung:
Regel: Formel: `=REST(SPALTE();2)=0`
Hintergrund: Grau
Als Ergebnis wird jede zweite gerade Spalte des bestimmten Bereichs grau eingefärbt.

Sollen ungerade Spalten eingefärbt werden, verwenden Sie die
Regel: Formel: `=REST(SPALTE();2)<>0`
Hintergrund: Grau

Hintergrund

Die Funktion `REST()` prüft jede Spalte des bestimmten Bereichs, ob sie ohne Rest durch zwei teilbar ist. Trifft dies zu, ergibt sich der Wahrheitswert `Wahr` und die Spalte wird grau eingefärbt.

Verwendete Funktionen

`REST(Divident;Divisor)`
`SPALTE(Bezug)`

7.2.3 Jede zweite Zeile erst dann einfärben, wenn sie ausgefüllt wird

Problem

Jede zweite ungerade Zeile eines Bereichs soll grau eingefärbt werden. Diese Formatierung soll sich aber auch in weiteren Zeilen fortsetzen, wenn diese beschrieben werden. Werden keine weiteren Zeilen beschrieben, bleiben die restlichen Zeilen weiß.

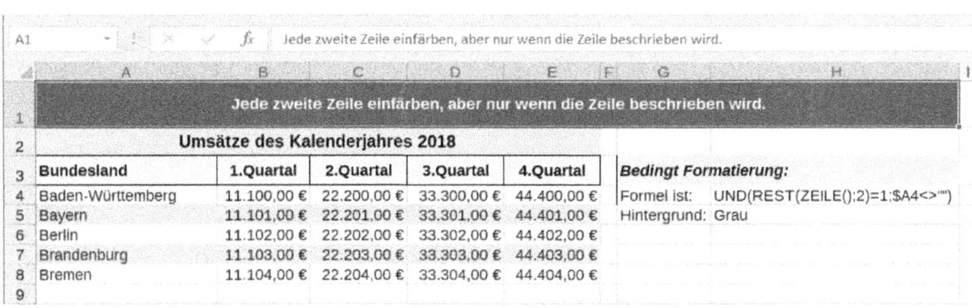

Lösung

Markieren Sie den mit einer Zeilenformatierung zu hinterlegenden Bereich und erstellen Sie folgende bedingte Formatierung:
Formel: `=UND(REST(ZEILE();2)=1;$A4<>"")`
Hintergrund: Grau

Werden weitere Zeile dem Bereich hinzugefügt, wird jede zweite ungerade Zeile grau eingefärbt.

Hintergrund

Mithilfe der verschachtelten Funktionen `UND()`, `REST()` und `ZEILE()` wird überprüft, ob die folgenden beiden Bedingungen erfüllt werden: Zum einen darf die Zeilennummer nicht ohne Rest durch zwei teilbar sein; zum anderen darf die entsprechende Zeilenzelle der Spalte A nicht leer sein.

Verwendete Funktionen

```
UND(Logischer_Wert1[;Logischer_Wert2[;...[;Logischer_Wert255]]])
REST(Divident;Divisor)
ZEILE(Bezug)
```

7.2.4 Jede zweite Zeile auch beim Filtern einfärben

Problem

Um die Einträge einer umfangreichen Liste besser lesbar zu machen, haben Sie die Zeilen abwechselnd schattiert. Zum Einsatz kam eine bedingte Formatierung mit der Formel: `=REST(ZEILE();2)=1`, die alle ungeraden Zeilen grau einfärbte. Wird die Liste gefiltert, geht die abwechselnde Schattierung leider teilweise verloren, sodass manchmal mehrere eingefärbte Zeilen untereinander stehen.

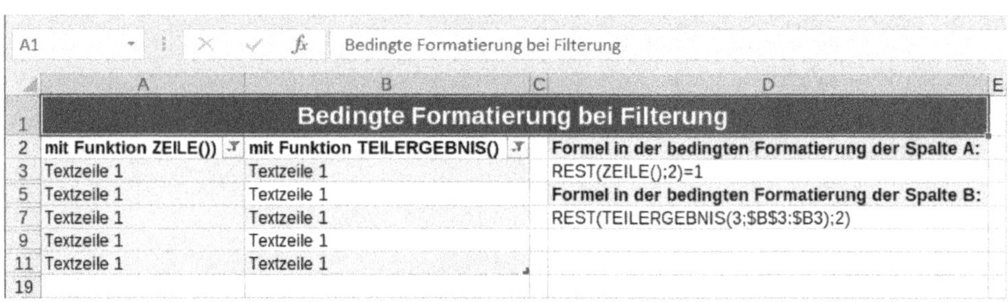

A1 | fx | Bedingte Formatierung bei Filterung

	A	B	C	D
1	Bedingte Formatierung bei Filterung			
2	mit Funktion ZEILE()	mit Funktion TEILERGEBNIS()		Formel in der bedingten Formatierung der Spalte A:
3	Textzeile 1	Textzeile 1		REST(ZEILE();2)=1
5	Textzeile 1	Textzeile 1		Formel in der bedingten Formatierung der Spalte B:
7	Textzeile 1	Textzeile 1		REST(TEILERGEBNIS(3;$B$3:$B3);2)
9	Textzeile 1	Textzeile 1		
11	Textzeile 1	Textzeile 1		
19				

Lösung

Damit bei der Schattierung eventuelle Filter berücksichtigt werden, verwenden Sie in der Formel für die bedingte Formatierung die Funktionen `REST()` und `TEILERGEBNIS()`. Als Formel für die bedingte Formatierung schreiben Sie deshalb:

```
=REST(TEILERGEBNIS(3;$B$3:$B3);2)
```

So bleibt die abwechselnde Schattierung der Zeilen beim Filtern der Datensätze in Zukunft erhalten.

Hintergrund

Die TEILERGEBNIS()-Funktion ersetzt die Funktion ZEILE(), um die Anzahl nicht leerer Zellen in dem Bereich von der ersten Zelle des Listenbereichs bis zur jeweils aktuellen Zeile zu berechnen. Dabei berücksichtigt die Funktion nur die sichtbaren Zellen. Ob eine Zeile eingefärbt wird, richtet sich dann wie in der ursprünglichen Formel nach dem REST() aus der Zeilenanzahl und dem Wert 2.

Verwendete Funktionen

```
REST(Divident;Divisor)
TEILERGEBNIS(Funktion;Bereich)
ZEILE([Bezug])
```

7.2.5 Mehrere zusammenhängende Zellen einfärben, wenn in einer der Zellen ein Eintrag erfolgt

Problem

Es gehören immer drei Zellen untereinander zusammen, beispielsweise A3:E5. Sie möchten, dass diese drei Zellen automatisch rot eingefärbt werden, wenn etwas in eine dieser drei Zellen eingetragen wird.

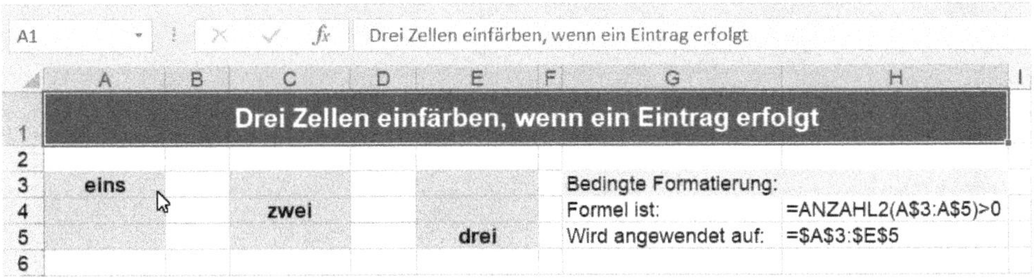

Lösung

Dieses Problem lösen Sie mit einer bedingten Formatierung.
Markieren Sie den Bereich, für den die bedingte Formatierung gelten soll, hier: für den Bereich A3:E5, und rufen Sie über START|BEDINGTE_FORMATIERUNG|NEUE REGEL das Dialogfeld NEUE FORMATIERUNGSREGEL auf. Bei Regeltyp wählen Sie FORMEL und schreiben in das Eingabefeld REGELBESCHREIBUNG die Formel:

```
=ANZAHL2(A$3:A$5)>0
```

Über die Schaltfläche FORMATIEREN weisen Sie einen farbigen Hintergrund zu und klicken auf OK.

Hintergrund

Die Funktion ANZAHL2() prüft die betreffenden drei Zellen auf einen Eintrag. Findet sie in einer der drei Zellen einen Eintrag, werden alle drei Zellen eingefärbt.

Verwendete Funktionen

ANZAHL2(Zahl1[;Zahl2[;...[;Zahl255]]])

7.2.6 Drei unterschiedliche Zeilenfarben

Problem

Wie erhalten Sie ein Tabellenblatt mit drei unterschiedlichen Zeilenfarben, die sich immer wiederholen?

Lösung

Legen Sie drei bedingte Formatierungen an.

Regel 1: Formel: =REST(ZEILE();3)=0
Zellvorlage: Türkis-1

Regel 2: Formel: =REST(ZEILE();3)=1
Zellvorlage: Türkis-2

Regel 3: Formel: =REST(ZEILE();3)=2
Zellvorlage: Türkis-3

Damit erhalten Sie drei abwechselnde Zeilen-Hintergrundfarben.

Hintergrund

Die Funktion REST() prüft, ob das Ergebnis der Division der aktuellen Zeilennummer / 3 (bei drei einzufärbenden Zeilen) den Rest 0, 1 oder 2 ergibt. Je nach Ergebnis (WAHR oder FALSCH) wird die Zelle mit der zugewiesenen Farbe eingefärbt. Möchten Sie noch mehr unterschiedliche Farben haben, dann erhöhen Sie den Teiler (Divisor) und ergänzen die bedingte Formatierung für jede hinzukommende Variante um eine weitere Hintergrundfarbe.

Verwendete Funktionen

`REST(Divident;Divisor)`
`ZEILE(Bezug)`

7.2.7 Zeilen- und Spaltenfarbe als Lesehilfe

Problem

Sie haben sich einen kleinen Kreditrechner erstellt und möchten nun, dass die der Berechnung zugrunde liegenden Daten farbig hervorgehoben werden.

- Im Bereich B3:B5 stehen die veränderlichen Daten der Beispielsrechnung: der gewünschte Kreditbetrag, die Laufzeit des Darlehens und der Zinssatz.
- Im Bereich B12:H24 der Tabelle wird die sich daraus ergebene monatliche Belastung errechnet.

Damit die errechnete monatliche Belastung auf einen Blick ersichtlich ist, sollen die Spalte mit der gewählten Laufzeit sowie die Zeile des gewählten Kreditbetrags gelb eingefärbt und die dazugehörende Zeilen- bzw. Spaltenüberschrift mit grünem Hintergrund hervorgehoben werden.

B7 =RMZ(B6;B$4;-B3)

	A	B	C	D	E	F	G	H
1	**Zeilenfarbe als Lesehilfe**							
2	**am Beispiel einer Ratenzahlung**							
3	***Kreditbetrag***	**600,00 €**						
4	***Laufzeit***	**18 Monate**						
5	***Zinssatz jährlich***	**5 %**	**Formeln:**					
6	Zinssatz monatlich	0,41%	=((100+$B$5)/100)^(1/12)-100%					
7	monatliche Rate	34,64 €	=RMZ(B6;B$4;-B3)					
8	effektiver Kaufpreis	623,49 €	=B7*B4					
9								
10	**Kreditbetrag**	**Laufzeit in ... Monaten**						
11		**4**	**8**	**12**	**18**	**24**	**36**	**48**
12	**50,00 €**	12,63 €	6,37 €	4,28 €	2,89 €	2,19 €	1,50 €	1,15 €
13	**100,00 €**	25,26 €	12,73 €	8,56 €	5,77 €	4,38 €	2,99 €	2,30 €
14	**200,00 €**	50,51 €	25,46 €	17,11 €	11,55 €	8,76 €	5,98 €	4,60 €
15	**300,00 €**	75,77 €	38,19 €	25,67 €	17,32 €	13,15 €	8,98 €	6,89 €
16	**400,00 €**	101,02 €	50,92 €	34,22 €	23,09 €	17,53 €	11,97 €	9,19 €
17	**500,00 €**	126,28 €	63,65 €	42,78 €	28,87 €	21,91 €	14,96 €	11,49 €
18	**600,00 €**	151,53 €	76,38 €	51,33 €	34,64 €	26,29 €	17,95 €	13,79 €
19	**700,00 €**	176,79 €	89,11 €	59,89 €	40,41 €	30,68 €	20,94 €	16,09 €
20	**800,00 €**	202,04 €	101,84 €	68,45 €	46,18 €	35,06 €	23,94 €	18,38 €
21	**900,00 €**	227,30 €	114,57 €	77,00 €	51,96 €	39,44 €	26,93 €	20,68 €
22	**1.000,00 €**	252,55 €	127,30 €	85,56 €	57,73 €	43,82 €	29,92 €	22,98 €
23	**1.500,00 €**	378,83 €	190,95 €	128,33 €	86,60 €	65,73 €	44,88 €	34,47 €
24	**2.000,00 €**	505,10 €	254,61 €	171,11 €	115,46 €	87,64 €	59,84 €	45,96 €
25								

Lösung

Diese scheinbar komplizierte Formatierung besteht in Wahrheit aus vier einzelnen, voneinander unabhängigen bedingten Formatierungen: aus einer bedingten Formatierung für die Spaltenköpfe, einer anderen für die Zeilenbeschriftung, einer dritten für die Tabellenwerte und einer für die Ergebniszelle.

Die bedingte Formatierung für die Spaltenüberschriften
Regel: Formel: =SPALTE()=VERGLEICH($B$4;$A$11:$H$11;0)
Hintergrund: Grün
Bereich: B11:H11

Hintergrund

Der Formelteil =VERGLEICH($B$4;$A$11:$H$11;0)) vergleicht den Inhalt der Zelle B4 (gewählte Laufzeit) mit jeder einzelnen Zelle des Bereichs A11:H11 (Spaltenüberschriften). Der dritte Parameter 0 bestimmt, dass eine exakte Übereinstimmung der Werte gefunden werden muss. Stimmen die Werte in einer Zelle überein, ergibt sich der Wahrheitswert WAHR (=1). Die Funktion SPALTE() liefert als Ergebnis die aktuelle Spalte als Zahl. Ergibt die Funktion VERGLEICH() in der Überschriftenzelle der so ermittelten Spalte den Wert WAHR, wird der Hintergrund der entsprechenden Überschriftenzelle grün eingefärbt.

Die bedingte Formatierung für die Zeilenbeschriftung
Regel: Formel: =ZEILE()-11=VERGLEICH($B$3;$A$12:$A$24;0)
Hintergrund: Grün
Bereich: A12:A24

Hintergrund

Der Formelteil =VERGLEICH($B$3;$A$12:$A$24;0) vergleicht den Inhalt der Zelle B3 (gewählter Kreditbetrag) mit jeder einzelnen Zelle des Bereichs A12:A24 (Zeilenbeschriftungen). Stimmen die Werte in einer Zelle überein, ergibt sich der Wahrheitswert WAHR (= 1). Die Funktion Zeile() liefert als Ergebnis die aktuelle Zeile als Zahl. Weil der zu vergleichende Bereich aber erst in der Zeile 12 beginnt, muss die aktuelle Zeilenzahl um den Wert -11 korrigiert werden. Ergibt die Funktion VERGLEICH() in der Beschriftungszelle der so ermittelten Zeile den Wert WAHR, wird die entsprechende Beschriftungszelle grün eingefärbt.

Die bedingte Formatierung für den Datenbereich der Tabelle
Regel: Formel: ODER(UND(ZEILE()-11=VERGLEICH($B$3;$A$12:$A$24;0);SPALTE()<=VERGLEICH($B$4;$A$11:$H$11;0));UND(ZEILE()-11<VERGLEICH($B$3;$A$12:$A$24;0);SPALTE()=VERGLEICH($B$4;$A$11:$H$11;0)))
Hintergrund: Gelb
Bereich: B12:H24

Hintergrund

Die in der Tabelle verwendete Formel setzt sich aus den beiden oben erläuterten Formeln für die Überschriftenzellen zusammen. Sie unterscheidet sich hauptsächlich im Vergleichsoperator. Während bei den Überschriftenzellen der Vergleichsoperator = (zutreffender Wert) verglichen wird, kommt im Datenbereich der Vergleichsoperator <= (Wert kleiner oder gleich) zum Tragen. Auch hier sucht die Formel nach der Spalte mit der gewählten Laufzeit bzw. nach der Zeile mit dem gewählten Kreditbetrag.

Treffen auf eine Zelle beide Kriterien zu (Funktion `UND()`), handelt es sich um die Zielzelle, die im Schnittpunkt der betreffenden Spalte mit der zutreffenden Zeile liegt und der ein gelber Hintergrund zugewiesen wird. Trifft nur eine der beiden Bedingungen zu (Funktion `ODER()`), handelt es sich entweder um die gesuchte Betragszeile oder um die gesuchte Laufzeitspalte, deren Zellen gelb eingefärbt werden sollen, aber nur, sofern auch die zweite Bedingung: Zeilennummer bzw. Spaltennummer <= Zeilen- bzw. Spaltennummer der Zielzelle, zutrifft. Alle Zellen nach der Zielzelle behalten somit die Formatvorlage »Standard«.

Die bedingte Formatierung für die Ergebniszelle
Regel: Formel: `=$B$7=B12`
Hintergrund: gelb mit roter Umrandung
Bereich B12:H24

Hintergrund:

Die Formel vergleicht den Inhalt des Tabellenbereichs B12:H24 mit dem Rechenergebnis der Zelle `$B$7`. Bei Übereinstimmung wird die gefundene Ergebniszelle mit gelbem Hintergrund und rotem Rahmen formatiert.

Verwendete Funktionen

```
ODER(Logischer_Wert1[;Logischer_Wert2[;...[;Logischer_Wert255]]])
SPALTE(Bezug)
UND(Logischer_Wert1[;Logischer_Wert2[;...[;Logischer_Wert255]]])
VERGLEICH(Suchkriterium;Suchmatrix;Typ)
ZEILE(Bezug)
```

7.2.8 Fehlerhafte Einträge farbig kennzeichnen

Problem

In einer Tabelle muss der Wert der nachfolgenden Zelle immer größer sein als der Wert der vorhergehenden (z.B. Kilometerstand in einem Fahrtenbuch). Damit keine falschen Einträge und Berechnungen zustande kommen, möchten Sie auf fehlerhafte Einträge hingewiesen werden.

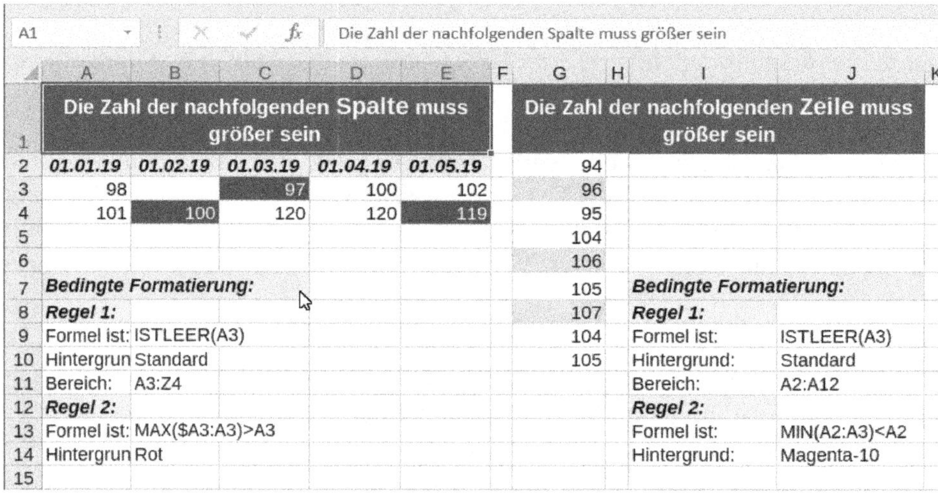
A1 | Die Zahl der nachfolgenden Spalte muss größer sein

	A	B	C	D	E	F	G	H	I	J	K
1	Die Zahl der nachfolgenden Spalte muss größer sein						Die Zahl der nachfolgenden Zeile muss größer sein				
2	*01.01.19*	*01.02.19*	*01.03.19*	*01.04.19*	*01.05.19*		94				
3	98		97	100	102		96				
4	101	100	120	120	119		95				
5							104				
6							106				
7	*Bedingte Formatierung:*						105		*Bedingte Formatierung:*		
8	*Regel 1:*						107		*Regel 1:*		
9	Formel ist:	ISTLEER(A3)					104		Formel ist:	ISTLEER(A3)	
10	Hintergrun	Standard					105		Hintergrund:	Standard	
11	Bereich:	A3:Z4							Bereich:	A2:A12	
12	*Regel 2:*								*Regel 2:*		
13	Formel ist:	MAX($A3:A3)>A3							Formel ist:	MIN(A2:A3)<A2	
14	Hintergrun	Rot							Hintergrund:	Magenta-10	
15											

Lösung

Prüfung des nachfolgenden Zeileneintrags

Folgende bedingte Formatierungen machen Sie auf fehlerhafte Eingaben in der nachfolgenden Zeile aufmerksam:

Regel 1: Formel: `=ISTLEER(A3)`
Hintergrund: Standard
Bereich A2:A12

Regel 2: Formel: `=MIN(A2:A3)<A2`
Hintergrund: Magenta

Wird in der nachfolgenden Zeile ein niedrigerer Wert als in der vorhergehenden Zeile eingetragen, wird die vorhergehende Zelle mit rot formatiertem Hintergrund hervorgehoben.

Prüfung des nachfolgenden Spalteneintrags

Wird in der nachfolgenden Spalte ein niedrigerer Wert als in der vorhergehenden Spalte eingetragen, so werden Sie mit folgender bedingter Formatierung auf den fehlerhaften Eintrag hingewiesen:

Regel 1: Formel: `=ISTLEER(A3)`
Hintergrund: Standard
Zellbereich: A3:Z4

Regel 2: Formel: `=MAX($A3:A3)>A3`
Hintergrund: Rot
Zellbereich: A3:Z4

Hintergrund

Falsche Eingaben und Tippfehler sind mit diesen farbigen Hinweisen leicht zu erkennen. Die erste Bedingung `ISTLEER(A3)` weist allen leeren Zellen die Zellvorlage `Standard` zu. Die zweite Formel `=MIN(A2:A3)<A2` (Zeile) oder `=MAX($A3:A3)>A3` (Spalte) prüft, ob der neu eingegebene Wert kleiner ist als die vorhergehende Zahl. Trifft dies zu, schlägt die Formel Alarm und weist der vorhergehenden Zelle einen roten Hintergrund zu.

Verwendete Funktionen

```
ISTLEER(Wert)
MAX(Zahl1[;Zahl2[;...[;Zahl255]]])
MIN(Zahl1[;Zahl2[;...[;Zahl255]]])
```

7.3 Zahlenformate

Excel und Calc stellen zur Formatierung von Zahlen in einer Tabelle diverse vorgegebene Formate zur Verfügung. Mit diesen Formaten sind Sie für fast jede Aufgabe gerüstet. Excel und Calc können jedoch noch wesentlich mehr. Mit Zahlenformat-Codes kann das Erscheinungsbild von Daten vollkommen frei gestaltet werden. Jedes Zahlenformat besteht aus bis zu vier durch Strichpunkte ; getrennten Abschnitten. Der erste Abschnitt legt fest, wie positive Zahlen dargestellt werden. Der zweite Abschnitt definiert den negativen Zahlenbereich. Der dritte Abschnitt übernimmt diese Aufgabe für den Wert 0 und im vierten Abschnitt bestimmen Sie, wie eingegebener Text angezeigt werden soll. Es müssen jedoch nicht alle vier Abschnitte vorhanden sein. Alle nicht vorhandenen Abschnitte werden definiert wie der erste. Die optische Darstellung der Zahl in einer Zelle bestimmen Sie durch Platzhalter, die intern die nackten Zahlen für die Berechnung weiterhin zur Verfügung stellen, für eine sinnvolle Darstellung jedoch ein bestimmtes Format repräsentieren. Normalerweise wenden Excel und Calc auf alle eingegebenen Zahlen das Format `Standard` an. Die Zahlen werden also genauso dargestellt, wie sie eingegeben werden.

Sind Sie mit dieser Darstellung nicht zufrieden, können Sie jederzeit ein anderes Zahlenformat zuweisen oder ein eigenes Zahlenformat erstellen und das Erscheinungsbild der Zellwerte Ihren Wünschen entsprechend anpassen. Dazu gehen Sie folgendermaßen vor:

Klicken Sie in die Zelle, um sie zu aktivieren. Klicken Sie anschließend mit der rechten Maustaste auf die Zelle (oder den markierten Zellbereich), um das Kontextmenü aufzurufen. Aktivieren Sie den Befehl ZELLEN FORMATIEREN. In der darauf folgenden Dialogbox ZELLEN FORMATIEREN wechseln Sie zur Registerkarte ZAHLEN. Hier finden Sie alle vorhandenen Zahlenformate nach Kategorien sortiert. Eigene Zahlenformate erstellen Sie in der KATEGORIE BENUTZERDEFINIERT.

Klicken Sie dazu in die Eingabezeile des Abschnitts TYP: und erstellen Sie darin das gewünschte Zahlenformat. In der Zeile BEISPIEL sehen Sie, wie sich das gewählte oder erstellte Format auf den Inhalt der markierten Zelle auswirkt. Mit welchen Zahlenformaten Sie eine bestimmte Darstellung erreichen, erfahren Sie in den folgenden Beispielen.

Tipp

Oft bietet es sich an, eines der bereits bestehenden Formate zu bearbeiten, statt ein völlig neues Format zu erstellen. Markieren Sie in der Kategorie BENUTZERDEFINIERT im TYP das Format, das Ihren Vorstellungen am ehesten entspricht, und führen Sie dann die Veränderungen in der Eingabezeile TYP: wie bei der Festlegung eines neuen Formats durch. Das für die Bearbeitung verwendete Format bleibt in der ursprünglichen Form trotzdem erhalten.

7.3.1 Zahlen im Tausend-Euro-Format oder in Millionen darstellen

Problem

Eine Tabelle mit sehr großen Zahlen soll für eine Präsentation aufbereitet werden. Da bei Präsentationen mit großen Zahlen meist die Übersicht verloren geht, sollen alle Zahlen mit einem benutzerdefinierten Zahlenformat versehen werden, sodass nur die Tausender angezeigt werden und sich die Zuschauer auf das Wesentliche konzentrieren können.

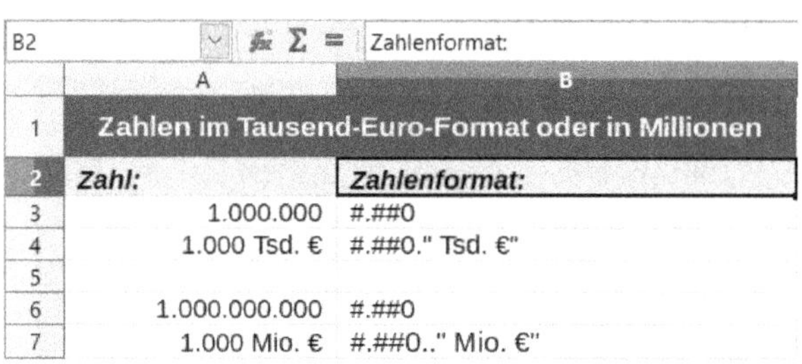

B2 | Zahlenformat:

	A	B
1	Zahlen im Tausend-Euro-Format oder in Millionen	
2	Zahl:	Zahlenformat:
3	1.000.000	#.##0
4	1.000 Tsd. €	#.##0." Tsd. €"
5		
6	1.000.000.000	#.##0
7	1.000 Mio. €	#.##0.." Mio. €"

Lösung

Calc oder Excel bieten Ihnen hierzu eine einfache Lösung. Verwenden Sie das benutzerdefinierte Zahlenformat:

```
#.##0." Tsd. €"
```

Hintergrund

Der Trick bei diesem Zahlenformat besteht darin, hinter der 0 einen Punkt ohne weitere Zahlencodes zu setzen. Text wie »Tsd. €« oder »T€« können Sie jederzeit hinzufügen.

Sollen große Zahlen in Millionen dargestellt werden, so können Sie dies sehr gut über folgendes Zahlenformat erreichen.

```
0,00.." Mio. €"
```

Tipp

Der Trick bei diesem Zahlenformat besteht darin, hinter der Null zwei Punkte ohne weitere Zahlencodes zu setzen. Ein Punkt rundet auf 1000er-Zahlen, ein weiterer Punkt auf Millionen ab. Auch hier kann erklärender Text wie »Mio. €« hinzugefügt werden.

7.3.2 Nur bestimmte Zahlen anzeigen

Problem

In einer Tabelle sollen nur Zahlen eines bestimmten Wertebereichs angezeigt werden.

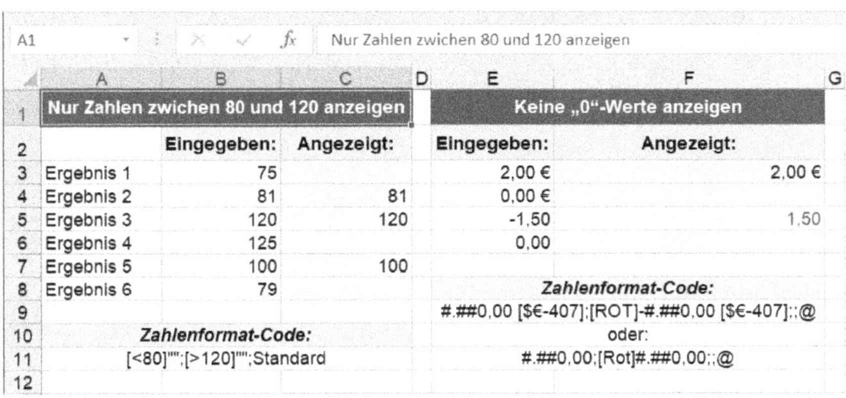

A1 | fx | Nur Zahlen zwichen 80 und 120 anzeigen

	A	B	C	D	E	F	G
1	Nur Zahlen zwichen 80 und 120 anzeigen				Keine „0"-Werte anzeigen		
2		Eingegeben:	Angezeigt:		Eingegeben:	Angezeigt:	
3	Ergebnis 1	75			2,00 €	2,00 €	
4	Ergebnis 2	81	81		0,00 €		
5	Ergebnis 3	120	120		-1,50	1,50	
6	Ergebnis 4	125			0,00		
7	Ergebnis 5	100	100				
8	Ergebnis 6	79			Zahlenformat-Code:		
9					#.##0,00 [$€-407];[ROT]-#.##0,00 [$€-407];;@		
10	Zahlenformat-Code:				oder:		
11	[<80]"";[>120]"";Standard				#.##0,00;[Rot]#.##0,00;;@		
12							

Lösung

Dieses Ergebnis erreichen Sie mithilfe eines benutzerdefinierten Zahlenformats. Markieren Sie den betreffenden Bereich und rufen Sie dann den Befehl FORMAT|ZELLEN auf. Wechseln Sie in der erscheinenden Dialogbox zur Registerkarte ZAHLEN. Klicken Sie im KATEGORIE auf BENUTZERDEFINIERT und tragen Sie anschließend im Eingabefeld FORMAT-CODE beispielsweise folgenden Code ein:

```
[<80]"";[>120]"";Standard
```

Ein Klick auf OK überträgt das Zahlenformat auf den markierten Bereich. In Zukunft werden in diesem Bereich nur noch Zahlen zwischen 80 und 120 angezeigt. Möchten Sie nur Werte, die größer als 120 sind, anzeigen lassen, so genügt der Code:

```
[>120]Standard
```

Sollen alle 0-Werte ausgeblendet werden, verwenden Sie als Zahlencode:

```
#.##0,00;[Rot]#.##0,00;;@
```

Hintergrund

In Excel ist das Zahlenformat grundsätzlich aus vier Teilen aufgebaut: Format für positive Zahlen, Format für negative Zahlen, Format für Nullwerte, Format für Texte. Möchten Sie nur die Null-Werte in einer Zelle ausblenden, so lassen Sie einfach das dritte Format weg: `0;-0; ;@`.

7.3.3 Ein bedingtes Zahlenformat mit Text und Farbe

Problem

Die Temperaturdaten des aktuellen Monats sollen in einer Tabelle erfasst werden. Dabei sollen alle Werte mit 0 Grad Celsius oder mit Minusgraden in blauer Farbe angezeigt werden. Nach der Zahl soll der Text: » ° C = kalt « folgen.

Temperaturen zwischen 0 Grad Celsius und weniger als 20 Grad Celsius sollen in schwarzer Farbe angezeigt werden und den Textzusatz: » ° C = normal« erhalten.

Werte mit 20 Grad Celsius und darüber sollen in roter Farbe erscheinen und nach der Zahl den Textzusatz: »° C = warm« anzeigen.

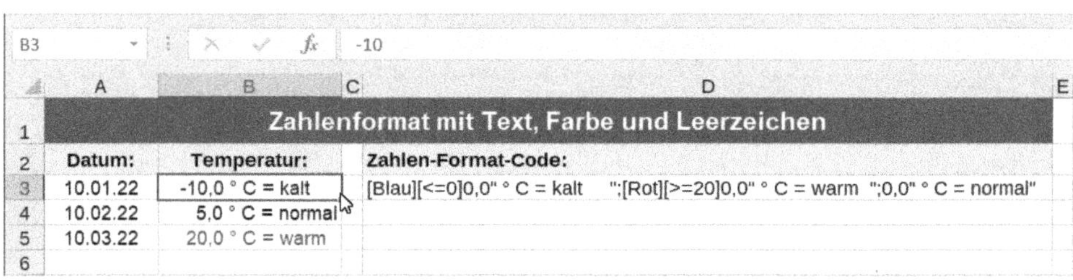

Lösung

Mit folgendem benutzerdefinierten Zahlenformat erreichen Sie in Excel diese Vorgaben:

```
[Blau][<=0]0,0" ° C = kalt     ";[Rot][>=20]0,0" ° C = warm  ";
0,0" ° C = normal"
```

In Calc verwenden Sie das Zahlenformat:

```
[<=0][BLAU]0,0" ° C = kalt     ";[>=20][ROT]"+"0,0" ° C = warm  ";
0,0" ° C = normal"
```

Sollen die Zahlen auch untereinander ausgerichtet werden, so können Sie hier aber nicht den Zahlenformatcode `_Buchstabe` verwenden, weil hier mehr als eine Buchstabenbreite zum Ausgleich benötigt wird. Eine Möglichkeit besteht jedoch, den verschieden großen Abstand mithilfe von Leerzeichen auszugleichen.

7.3.4 Ein Zahlenformat zur Entwertung des Leerraums einer Betragszelle mit einem beliebigen Zeichen

Problem

Um Zahlenänderungen vorzubeugen, sollen alle Betragszellen vom linken Rand bis zur ersten Zahl mit Sternchen aufgefüllt werden. Wie füllen Sie am effektivsten den Leerraum zwischen Betrag und Zellenrand mit einer Zeichenfolge?

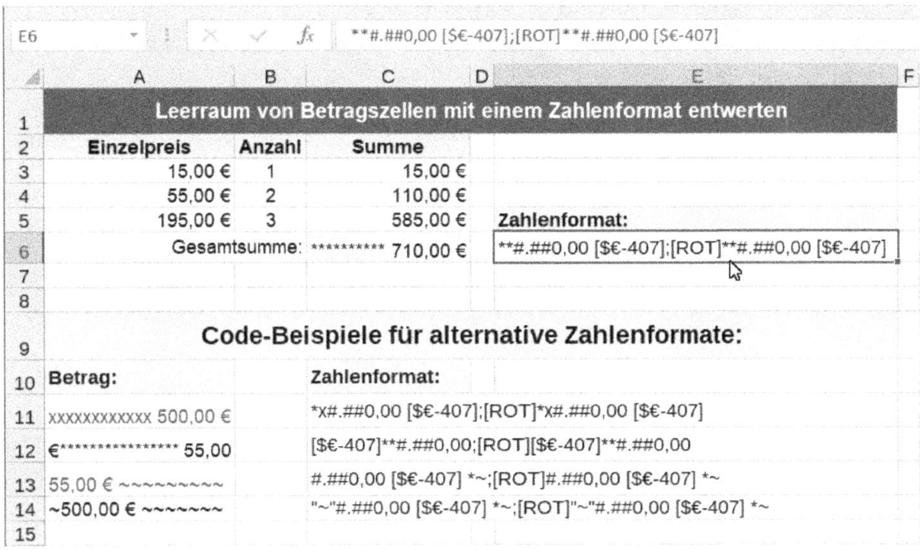

Lösung

Formatieren Sie die Betragszelle mit einem Währungsformat zum Beispiel mit dem €-Format. Arbeiten Sie mit Calc, öffnen Sie nun das Dialogfeld ZELLEN FORMATIEREN über das Kontextmenü der rechten Maustaste und wechseln zur Registerkarte ZAHLEN. Im Eingabefeld FORMAT-CODE sehen Sie das zugewiesene Zahlenformat.

```
#.##0,00 [$€-407];[ROT]-#.##0,00 [$€-407]
```

Ergänzen Sie das Zahlenformat um jeweils zwei Sternchen ** vor den eigentlichen Zahlencodes

```
**#.##0,00 [$€-407];[ROT]**-#.##0,00 [$€-407]
```

Ein Klick auf OK füllt die Zelle vom linken Rand bis zur ersten Betragszahl mit Sternchen.

Arbeiten Sie mit Excel, klicken Sie im Dialogfeld ZELLEN FORMATIEREN in der Registerkarte ZAHLEN auf die Kategorie BENUTZERDEFINIERT und schreiben in das Feld TYP das gewünschte Zahlenformat.

Hintergrund

Um einen Leerraum aufzufüllen, verwenden Sie als Formatzeichen ein Sternchen (*), gefolgt von dem Zeichen, das als Füllzeichen verwendet werden soll, in diesem Fall ebenfalls ein Sternchen.

Je nachdem, an welcher Stelle Sie die Füllzeichen platzieren, erhalten Sie eine andere Zahlenformatierung. Sie können wahlweise die Füllzeichen vor dem Betrag oder nachher hinzufügen. Selbst eine Umstellung der einzelnen Codes ist möglich, sodass beispielsweise das Währungssymbol am linken Rand und der Betrag nach den Füllzeichen am rechten Zellenrand angezeigt werden, wie folgendes Beispiel zeigt:

```
[$€-407]*~#.##0,00;[ROT][$€-407]*~#.##0,00
```

In der Zelle steht nun ganz links das €-Zeichen und ganz rechts der Betrag. Der Zwischenraum wurde mit dem Zeichen 126 (~) aufgefüllt.

7.4 Eigene Konstanten, Funktionen und Datenprüfung

7.4.1 Eigene Konstanten erstellen – benannte Formeln

Problem

Viele mathematische Berechnungen basieren auf Konstanten. Die wichtigsten davon liefern Excel und Calc bereits gratis mit. So berechnet beispielsweise die Formel `=5^2*PI()` die Fläche eines Kreises mit dem Radius 5.

Benötigen Sie weitere Konstanten, können Sie sich jederzeit eine eigene Sammlung anlegen. Besonders für Umrechnungsfunktionen wie Mehrwertsteuerberechnung, Bruttobetragsberechnung oder auch zur Bestimmung des Fälligkeitstags sind eigene Konstanten interessant.

Lösung

Und so legen Sie sich eine eigene Konstanten-Sammlung an.
Rufen Sie den NAMENS-MANAGER zur Erstellung eigener Konstanten in Excel über FORMELN|NAMENS-MANAGER auf. Hier sehen Sie auch alle bereits erstellten Konstanten. Klicken Sie auf NEU, erscheint ein weiteres Dialogfeld NEUER NAME, in dem eine neue Konstante definiert werden kann. Vergeben Sie im Feld NAME einen aussagekräftigen Namen, zum Beispiel `MWSt_7` zur Errechnung der ermäßigten Umsatzsteuer, und tragen Sie dann im Feld BEZIEHT SICH AUF: die neue Konstante ein:

```
="7%"
```

Klicken Sie auf HINZUFÜGEN. Ab sofort können Sie mit der neuen Konstanten rechnen.

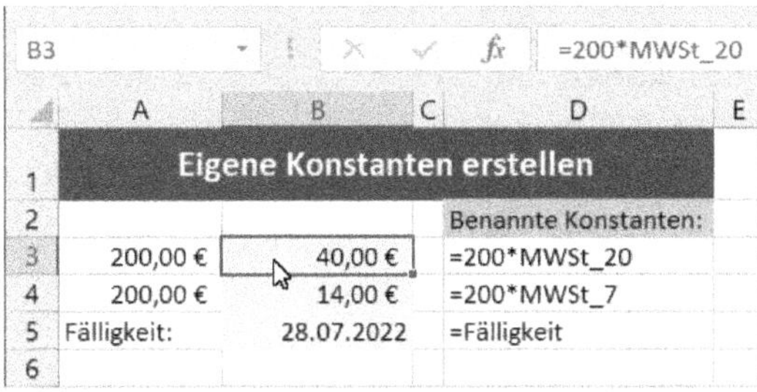
B3 =200*MWSt_20

	A	B	C	D	E
1	Eigene Konstanten erstellen				
2				Benannte Konstanten:	
3	200,00 €	40,00 €		=200*MWSt_20	
4	200,00 €	14,00 €		=200*MWSt_7	
5	Fälligkeit:	28.07.2022		=Fälligkeit	
6					

Im Tabellenblatt genügt dann die Eingabe

```
=200 * MWSt_7
```

um als Ergebnis 14 Euro zu erhalten. Zum Ändern einer Konstante drücken Sie Strg+F3, um das Dialogfeld des NAMENS-MANAGER zu erhalten. Darin können Sie Konstanten ändern, neue hinzufügen oder nicht mehr benötigte löschen.

7.4.2 Eigene Funktionen erstellen

Problem

Excel und Calc bieten Ihnen für fast jeden Zweck eine Funktion an. Manche Formeln sind aber trotz der angebotenen Funktionsvielfalt nicht oder nur schwer zu realisieren oder fehlen gänzlich. Benötigen Sie eine bestimmte Formel öfter, lohnt es sich, eine eigene Funktion zu schreiben. Diese steht Ihnen dann genauso zur Verfügung wie eine Funktion, die mit Excel oder Calc geliefert wird.

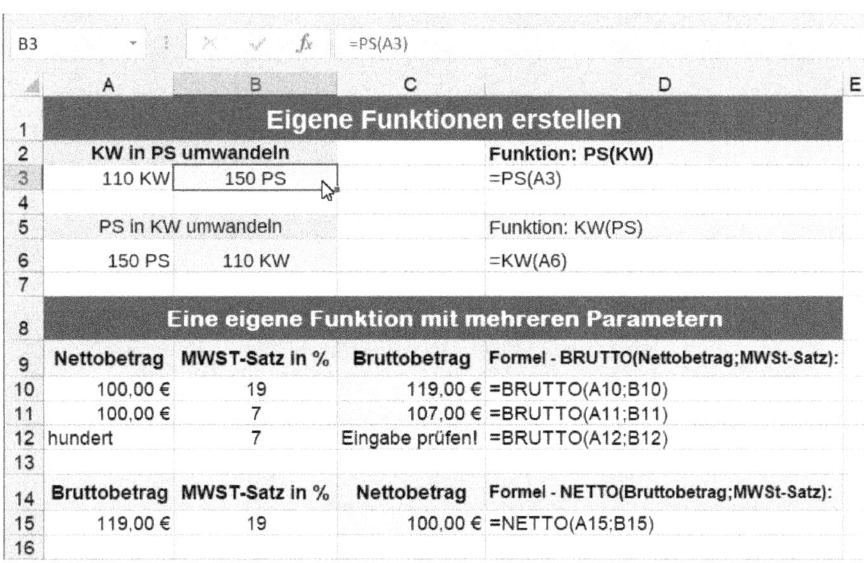
B3 =PS(A3)

	A	B	C	D	E
1	Eigene Funktionen erstellen				
2	KW in PS umwandeln			Funktion: PS(KW)	
3	110 KW	150 PS		=PS(A3)	
4					
5	PS in KW umwandeln			Funktion: KW(PS)	
6	150 PS	110 KW		=KW(A6)	
7					
8	Eine eigene Funktion mit mehreren Parametern				
9	Nettobetrag	MWST-Satz in %	Bruttobetrag	Formel - BRUTTO(Nettobetrag;MWSt-Satz):	
10	100,00 €	19	119,00 €	=BRUTTO(A10;B10)	
11	100,00 €	7	107,00 €	=BRUTTO(A11;B11)	
12	hundert	7	Eingabe prüfen!	=BRUTTO(A12;B12)	
13					
14	Bruttobetrag	MWST-Satz in %	Nettobetrag	Formel - NETTO(Bruttobetrag;MWSt-Satz):	
15	119,00 €	19	100,00 €	=NETTO(A15;B15)	
16					

Lösung

In Excel wird eine eigene Funktion ähnlich wie ein Makro erstellt. Dazu muss zuerst der Reiter ENTWICKLERTOOLS aktiviert werden. Diese Option versteckt sich in den OPTIONEN unter MENÜBAND ANPASSEN. Ein Häkchen im rechten Feld HAUPTREGISTERKARTEN bei ENTWICKLERTOOLS aktiviert die Registerkarte. Ein Klick auf die nun eingeblendete Registerkarte ENTWICKLERTOOLS und dann auf die Schaltfläche MAKROS öffnet das Dialogfeld MAKRO.

Nachdem ein Makroname – hier PS – eingetippt wurde, wird auch die Schaltfläche ERSTELLEN aktiv. Ein Klick darauf öffnet das Code-Fenster von Modul 1.

Die bereits vorhandenen Zeilen mit den Code-Schnipsel `Sub` und `End Sub` können Sie löschen, denn sie werden zur Erstellung einer benutzerdefinierten Funktion nicht benötigt.

Als Beispiel soll nun eine benutzerdefinierte Funktion erstellt werden, mit der die im Fahrzeugschein angegebenen KW (Kilowatt) in PS (Pferdestärken) umgerechnet werden.

Geben Sie dazu folgenden Code ein:

```
Function PS(KW) ' Funktionsname
' Umwandlung von KW in PS
PS = (KW*1.3605442)  ' 1KW = 1,3605442 PS
End Function
```

Zum Speichern drücken Sie [Strg]+[S] oder die Schaltfläche SPEICHERN. Die Funktion PS wird im Modul 1 der Bibliothek »Standard« gespeichert. Die benutzerdefinierte Funktion ist nun sofort unter der Syntax `=PS(KW)` verfügbar und kann wie jede andere Funktion verwendet werden. Wenn beispielsweise in der Zelle A3 die KW-Zahl »110« steht, erhalten Sie in B3 mit der Formel

```
=PS(A3)
```

die PS-Zahl von »150« (mit dem Format-Code 0). Die KW-Zahl kann natürlich auch direkt in die Funktion geschrieben werden. Verwenden Sie dazu die Formel:

```
=PS(110)
```

Als Ergebnis erhalten Sie wieder den in PS umgerechneten Wert von 150 KW.

Achtung!

Wenn Sie die Datei in Excel speichern, muss als Speicherformat `.xlsm` gewählt werden, weil das Speicherformat `.xlsx` keine Makros speichert.

Eine eigene Funktion in Calc

In Calc erstellen Sie benutzerdefinierte Funktionen in der integrierten Entwicklungsumgebung von LibreOffice Basic. Aufgerufen wird der Dialog unter EXTRAS|

MAKROS|MAKROS VERWALTEN|BASIC. Es öffnet sich die Dialogbox BASIC-MAKROS. Hier können sowohl eigene Funktionen wie auch Makros erstellt werden.

Hintergrund

Alle Zeilen, die mit einem Hochkomma ' beginnen, stellen Kommentarzeilen dar, die nur der Erläuterung dienen und keinen Einfluss auf die Funktion haben. Kommentare können auch an das Ende einer Codezeile angehängt werden, wie aus den übrigen Zeilen ersichtlich ist. Auch ein angehängter Kommentar beginnt mit einem Hochkomma. Nach einem Kommentar kann jedoch kein Code mehr in der Zeile folgen.

Die eigentliche Funktion beginnt mit dem Schlüsselwort `Function` und nachfolgendem Funktionsnamen, einschließlich der notwendigen Parameter in Klammern: `PS(KW)`.

Im Anschluss daran folgt die eigentliche Funktion. Hier die Umrechnungsformel: `PS = KW*1.3605442`.

Den Abschluss bildet der Befehl: `End Function`.

Hilfe, ein Fehler!

Vertippen Sie sich und schreiben zum Beispiel anstelle einer Zahl einen Buchstaben, so kommt es zu einem Fehler. In so einem Fall öffnet sich das BASIC-Makro-Fenster und zeigt Ihnen den Funktions-Code zur eventuellen Fehlerkorrektur. BASIC kann nämlich nicht unterscheiden, ob der Fehler im »Programm« oder in einer falschen Dateneingabe liegt. Dies können Sie vermeiden, indem Sie Ihre Funktionen um kurze Fehlerroutinen ergänzen. Die vollständigen Codezeilen dazu:

```
'
Function PS(KW) ' Funktionsname
On Error GoTo ErrorHandler ' Hinweis auf Fehlerroutine
' Umwandlung von KW in PS
PS = (KW * 1.3605442) ' 1KW = 1,3605442 PS
Exit Function
ErrorHandler: ' Fehlerroutine
KW = "keine Zahl!"
End Function
```

Bei einer fehlerhaften Eingabe weist die Fehlerroutine nun darauf hin und gibt Ihnen die Möglichkeit, den Fehler zu korrigieren.

Eine Funktion mit mehreren Parametern

Möchten Sie eigene Funktionen mit mehreren Parametern erstellen, wie beispielsweise die Errechnung des Bruttobetrags auf Grundlage der Parameter `Nettobetrag` und `MWSTSatz`, ist das auch kein Problem. Schreiben Sie folgenden Code in das Modulblatt:

```
' Den Bruttobetrag aus Nettobetrag und Steuersatz berechnen
Function Brutto(Netto, MWSTSatz)
Brutto = Netto+(Netto * MWSTSatz/100)
End Function ' Ende der Funktion
```

Drücken Sie [Strg]+[S], um den Code zu speichern.

Die Funktion `Brutto(Netto;MWStSatz)` ist ab jetzt im Dokument verfügbar und wird Ihnen auch in der Dialogbox BASIC MAKROS angezeigt. Schreiben Sie nun in A3 den Nettobetrag und in B3 den Mehrwertsteuersatz, so liefert Ihnen die Formel

```
=Brutto(A3;B3)
```

den Bruttobetrag des Artikels.

Um eventuelle Fehlermeldungen zu vermeiden, ergänzen Sie den Funktionscode noch um eine kurze Fehlerroutine. Sie können dazu die gleiche wie im vorhergehenden Beispiel verwenden.

Hinweis

Beachten Sie, dass in der Funktion selbst (im Modulblatt) mehrere enthaltene Parameter mit Komma getrennt werden, beim Aufruf in der Zelle jedoch wie üblich mit Semikolon getrennt werden müssen. Als Parameter können Sie, wie bei allen anderen Funktionen auch, Zahlenwerte oder Zelladressen, die Zahlenwerte enthalten, übergeben.

7.4.3 Doppelte Einträge in einer Spalte oder in einer Zeile verhindern

Problem

Sie wollen sicherstellen, dass keine doppelten Werte in einer Spalte oder Zeile vorhanden sind, damit Rechnungsnummern, Kundennummern oder Ähnliches eindeutig sind und nicht versehentlich doppelt vergeben werden.

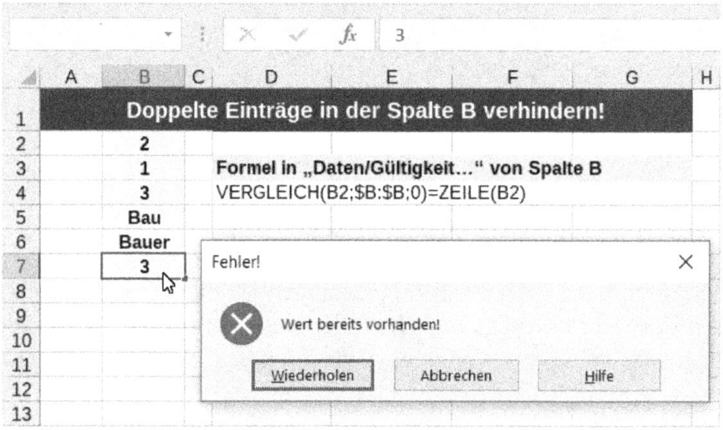

Lösung

Werden die zu überprüfenden Daten alle in einer Spalte, beispielsweise in der Spalte B erfasst, gehen Sie wie folgt vor:

1. Markieren Sie die komplette Spalte, in der die Eingabe von doppelten Werten verhindert werden soll (hier die Spalte B).
2. Wählen Sie den Menübefehl DATEN|DATENTOOLS|DATENÜBERPRÜFUNG.
3. Wählen Sie in der Registerkarte EINSTELLUNGEN im Auswahlfeld ZULASSEN: den Eintrag BENUTZERDEFINIERT und schreiben in das Feld FORMEL folgenden Ausdruck:

```
=VERGLEICH(B2;$B:$B;0)=ZEILE(B2)
```

4. Wechseln Sie nun zur Registerkarte FEHLERMELDUNG und geben den Inhalt ein, der bei Eingabe eines doppelten Werts angezeigt werden soll.
5. Bestätigen Sie Ihre Eingaben mit OK.

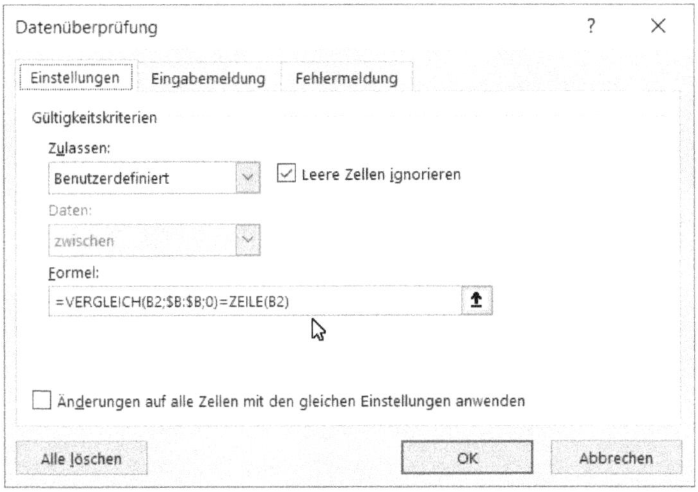

Ab sofort ist die Eingabe eines doppelten Werts nicht mehr möglich.

Doppelte Eingaben in einer Zeile vermeiden

Werden die Daten in einer Zeile erfasst, erfolgt die Datenüberprüfung ähnlich wie die Prüfung der Eingaben in einer Spalte. Werden die zu überprüfenden Daten alle in einer Zeile, beispielsweise in der Zeile 3, erfasst, verwenden Sie als Formel folgenden Ausdruck

```
=ZÄHLENWENN($3:$3;C3)<2
```

und geben Sie in der Registerkarte FEHLERMELDUNG den Inhalt ein, der bei Eingabe eines doppelten Werts angezeigt werden soll. Bestätigen Sie Ihre Eingaben mit OK.

Hintergrund

Die Formel vergleicht mithilfe der Funktion `VERGLEICH()` den Inhalt der aktuellen Zelle mit dem übrigen Inhalt der Spalte. Als Ergebnis liefert die Funktion die Nummer der Zeile, in der die Funktion fündig wurde.

Liegt keine doppelte Eingabe vor, entspricht diese Zeilennummer der aktuellen Eingabezeilennummer und als Ergebnis liefert die Funktion den Wert `WAHR`, sodass die Eingabe von Excel genehmigt wird. Befinden sich die zu prüfenden Werte nicht in der Spalte B, so ersetzen Sie einfach den Buchstaben »B« durch den Buchstaben der zutreffenden Spalte. Arbeiten Sie mit Calc, öffnen Sie über DATEN|GÜLTIGKEIT das Dialogfeld GÜLTIGKEIT. In der Registerkarte KRITERIEN wählen Sie unter ZULASSEN BENUTZERDEFINIERT und tragen in das Feld FORMEL obige Formel ein.

Befinden sich die Einträge alle in einer Zeile, ermitteln Sie mit der Funktion `ZÄHLENWENN()`, wie oft der Inhalt einer Zelle in der kompletten Zeile vorkommt. Ist das Ergebnis <2, liegt keine Doppeleingabe vor und ein Eintrag wird zugelassen.

Verwendete Funktionen

```
VERGLEICH(Suchkriterium;Suchmatrix;Typ)
ZÄHLENWENN(Bereich;Kriterien)
ZEILE(Bezug)
```

7.4.4 Dynamische Dropdownlisten in Tabellen

Problem

Mit der Gültigkeitsfunktion können Sie mit wenig Aufwand Zellendropdownfelder erstellen, die die Eingabe bestimmter Vorgabewerte erleichtern. Dieser Funktion fehlt allerdings die Dynamik, denn standardmäßig kann nur ein fester Zellbereich als Grundlage der Listeneinträge eingegeben werden. Häufig soll jedoch der Bereich der Auswahlwerte beliebig erweitert oder reduziert werden können. Wenn sich die Auswahlwerte momentan in dem Bereich B9:B12 befinden, soll es möglich sein, in B13 und darunter weitere Werte einzugeben, sodass auch die neuen Werte im Zellendropdownfeld der Gültigkeitsfunktion automatisch erscheinen. Umgekehrt sollen gelöschte Daten auch nicht mehr im Dropdownfeld erscheinen.

A3 Radreisen Deutschland

	A	B	C	E
1	Eine Dropdown-Liste mit einem dynamischen Bereich ist schnell erstellt			
2	Buch-Titel	ISBN	Preis	Dynamisch definierte Bereiche in den Dropdownlisten
3	Radreisen Deutschland	ISBN 19 977-4-91236-57	19,90 €	Zelle A3 mit Datenüberprüfung
4	E-Bike-Tuning	ISBN 2-932226-42-2	25,90 €	=BEREICH.VERSCHIEBEN($B$9;0;0;ANZAHL2($B$9:$B$1000);1)
5	456	ISBN 7-943256-11-89	22,00 €	Zelle A4 mit definiertem Namen
6	Sehenswürdige Städte	ISBN 7-943256-11-83	13,00 €	Dynamischer Bereich mit definiertem Namen "Buchliste"
7				Zelle A5 mit Vergleich von Zahlenwerten
8	ISBN	Buchtitel	Preis	=BEREICH.VERSCHIEBEN($B$9;0;0;VERGLEICH(1E+20;$B$9:$B$1000);1)
9	ISBN 19 977-4-91236-57	Radreisen Deutschland	19,90 €	Zelle A6 mit Vergleich von Textwerten
10	ISBN 3-1236546-44-8	Reise nach Nirgendwo	14,90 €	=BEREICH.VERSCHIEBEN($B$9;0;0;VERGLEICH("~#~#~";$B$9:$B$1000;-1);1)
11	ISBN 2-932226-42-2	E-Bike-Tuning	25,90 €	
12	ISBN 9-943256-11-3	Radfahren leicht gemacht	12,90 €	Formel der Zelle B3:
13				=INDEX(A9:A$1000;VERGLEICH(A3;B9:B$1000;0))
14	ISBN 7-943256-11-85	123	15,00 €	Formel der Zelle C3:
15	ISBN 7-943256-11-83	Sehenswürdige Städte	13,00 €	=SVERWEIS($A$3;$B$9:$C$1000;2;0)
16				
17	ISBN 7-943256-11-87	Flugreise	10,00 €	
18	ISBN 7-943256-11-89	456	22,00 €	
19				

Lösung

Arbeiten Sie mit Excel, klicken Sie in die Zelle A3 und wählen DATEN|DATENTOOLS|DATENÜBERPRÜFUNG.

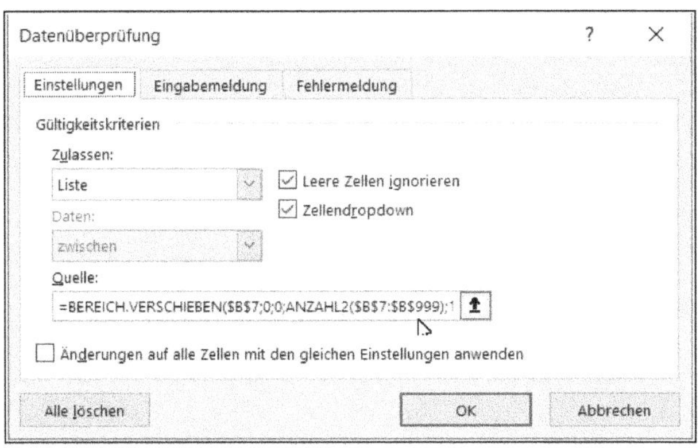

Im erscheinenden Dialogfeld DATENÜBERPRÜFUNG wählen Sie bei ZULASSEN: den Eintrag LISTE und schreiben in das Eingabefeld QUELLE die Formel:

```
=BEREICH.VERSCHIEBEN($B$9;0;0;ANZAHL2($B$9:$B$1000);1)
```

Ein Klick auf OK und Sie können das Dropdownfeld verwenden.

Ein Zellendropdownfeld ist auch in Calc schnell erstellt.

Wählen Sie DATEN|GÜLTIGKEIT. Nach Erscheinen des Dialogfelds GÜLTIGKEIT wählen Sie in der Registerkarte KRITERIEN im ZULASSEN: den Wert ZELLBEREICH und aktivieren die beiden Auswahloptionen LEERZELLEN ZULASSEN und AUSWAHLLISTE ANZEIGEN. Im QUELLE tragen Sie die dynamische Bereichsformel ein. Anstelle der

Funktion BEREICH.VERSCHIEBEN() verwenden Sie die Funktion VERSCHIEBUNG(). Die Funktionsparameter sind die gleichen. Der Suchbereich (Quelle) umfasst alle Zellen des Bereichs B9 bis zur letzten, mithilfe der Funktion ANZAHL2() gefundenen belegten Zelle des Bereichs B9:B1000.

In den beiden daneben liegenden Zellen können Sie sich nun auch die dazugehörigen Daten (hier: ISBN und Preis) anzeigen lassen.

Zur Anzeige der ISBN des ausgewählten Buch-Titels schreiben Sie in die Zelle B3 die Formel

```
=INDEX(A9:A1000;VERGLEICH(A3;B9:B1000;0))
```

und den Preis des ausgewählten Buches erhalten Sie in C3 mit der Formel:

```
=SVERWEIS(A3;B9:C1000;2;0)
```

Dynamische Bereiche mit leeren Zellen in einem benannten Bereich

Hat allerdings der mit BEREICH.VERSCHIEBEN() und ANZAHL2() definierte dynamische Datenbereich leere Zellen, reicht der Bereich, den die Formel liefert, nicht mehr bis zur letzten mit Werten gefüllten Zelle. Das liegt an der falschen Höhe, die die Funktion ANZAHL2() zurückgibt. Diesen Fall vermeiden Sie, wenn Sie einen benannten Bereich verwenden.

Stehen die Auswahldaten in der Spalte B, so benennen Sie die Spalte B oder zumindest einen großzügig ausgewählten Datenbereich wie $B$9:$B$1000 mit einem aussagekräftigen Namen wie BUCHLISTE. Wechseln Sie dazu auf das Register FORMELN und klicken Sie in der Gruppe DEFINIERTE NAMEN auf NAMEN DEFINIEREN. Geben Sie im Feld NAME den Namen für den Listenbereich ein; hier Buchliste. Anschließend schreiben Sie in das Feld BEZIEHT SICH AUF die Formel =$B$9:$B$1000.

Durch diese Namenszuweisung bezieht sich der Bereichsname immer auf den benannten Bereich, sodass auch Einträge nach einer oder mehreren Leerzellen berücksichtigt werden. In der Beispielsdatei sehen Sie die Unterschiede der Auswahllisten in den Zellen A3 und A4.

Ein dynamischer Bereich mit BEREICH.VERSCHIEBEN() und VERGLEICH()

Wie Sie sicher bemerkt haben, liegt es am Ergebnis der Funktion ANZAHL2(), dass der dynamische Bereich nicht korrekt funktioniert, wenn leere Zellen im Bereich B9:B1000 vorhanden sind. Anstatt die Anzahl der gefüllten Zellen zu zählen, müssen Sie die Position ermitteln, an der der letzte Wert im Bereich steht. Das erreichen Sie mit einer VERGLEICH()-Funktion, mit der Sie nach einer großen Zahl suchen lassen, und zwar nach einer, die in Ihrer Tabelle möglichst nie vorkommt. In der VERGLEICH()-Funktion dieses Beispiels suchen Sie nach dem Wert 1E+20, einer 1 mit 20 Nullen. Da dieser Wert nicht gefunden wird, erhalten Sie die Position des letzten kleineren Werts, also die Position der letzten mit einem Wert gefüllten Zelle mit der Formel:

```
=BEREICH.VERSCHIEBEN($B$9;0;0;VERGLEICH(1E+20;$B$9:$B$1000);1)
```

Hinweis

Diese Formel funktioniert allerdings nur mit Zahlenwerten. Wenn Sie einen dynamischen Bereich, der aus Textwerten besteht und der auch Leerzellen enthält, definieren wollen, müssen Sie in der `VERGLEICH()`-Funktion nach irgendeinem Beispieltext suchen, der in Ihrer Tabelle nicht vorkommt. Außerdem muss als Vergleichstyp-Parameter der Wert `-1` angegeben werden, wie in folgender Formel:

```
=BEREICH.VERSCHIEBEN($B$9;0;0;VERGLEICH("~#~#~";$B$9:$B$1000;-1);1)
```

Die Auswirkungen auf die Suchergebnisse sind in der Beispieldatei in den verschiedenen Dropdownlisten der Zellen A3 bis A6 ersichtlich.

Verwendete Funktionen

`ANZAHL2(Zahl1[;Zahl2[;...[;Zahl255]]])`
`INDEX(Bezug[;Zeile[;Spalte[;Bereich]]])`
`VERGLEICH(Suchwert;Suchmatrix[;Typ])`
`VERSCHIEBUNG(Bezug;Zeilen;Spalten[;Höhe[;Breite]])` (Calc)
`BEREICH.VERSCHIEBEN(Bezug;Zeilen;Spalten;[Höhe];[Breite])` (Excel)
`SVERWEIS(Suchwert;Matrix;Index[;Sortiert])`

Kapitel 8

Beispielanwendungen zum Download

Was alles mit den vorgestellten Funktionen möglich ist, zeigen Ihnen die Beispielanwendungen, die Sie in den Downloads zum Buch finden. Ein Haushaltsbuch für den schnellen Überblick, ein Quittungsformular mit der benutzerdefinierten Funktion `WortZahl()`, ein Urlaubskalender, ein Jahreskalender und eine Sternzeichenberechnung. Alle Beispielanwendungen sind ohne Schreibschutz, sodass Sie sie leicht an Ihre Bedürfnisse anpassen können. Mehr über die Arbeitsweise der einzelnen Anwendungen finden Sie in den jeweiligen Download-Ordnern.

Downloads zum Buch

Den Code, mit dem Sie die kostenlosen Downloads zum Buch herunterladen können, finden Sie in der Einleitung.

8.1 Haushaltsbuch

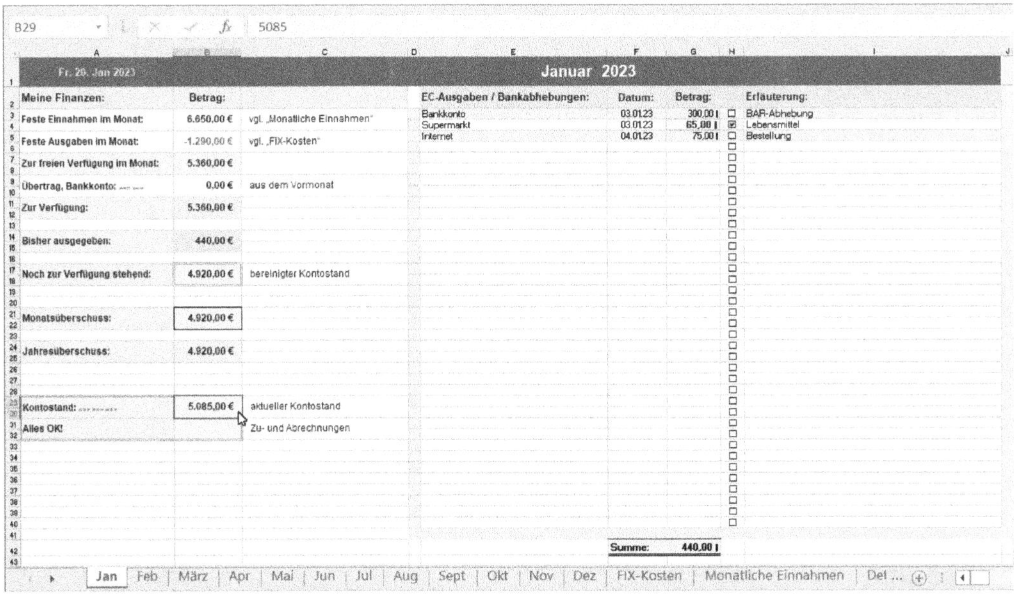

Sie möchten einen Überblick über Ihre Finanzen haben, ohne komplizierte Aufzeichnungen und Berechnungen. Auf einen Blick soll ersichtlich sein, wie viel Sie diesen Monat noch ausgeben können, ohne Ihr Konto zu überziehen. Dann ist dieses Haushaltsbuch genau das Richtige für Sie!

8.2 Quittungsformular

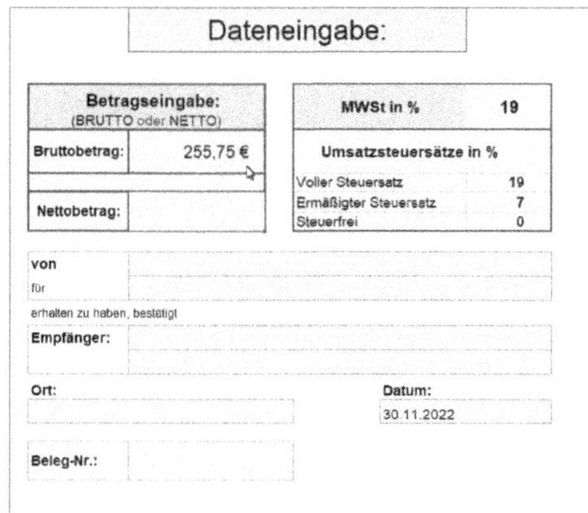

Wenn Sie hin und wieder eine Quittung für erhaltene Leistungen ausstellen müssen, brauchen Sie nicht in jedem Fall extra einen Quittungsblock zu kaufen. Mithilfe dieses Formulars können Sie jederzeit Quittungen erstellen, in denen sogar der Bruttobetrag in Buchstaben wiederholt wird.

8.3 Urlaubskalender

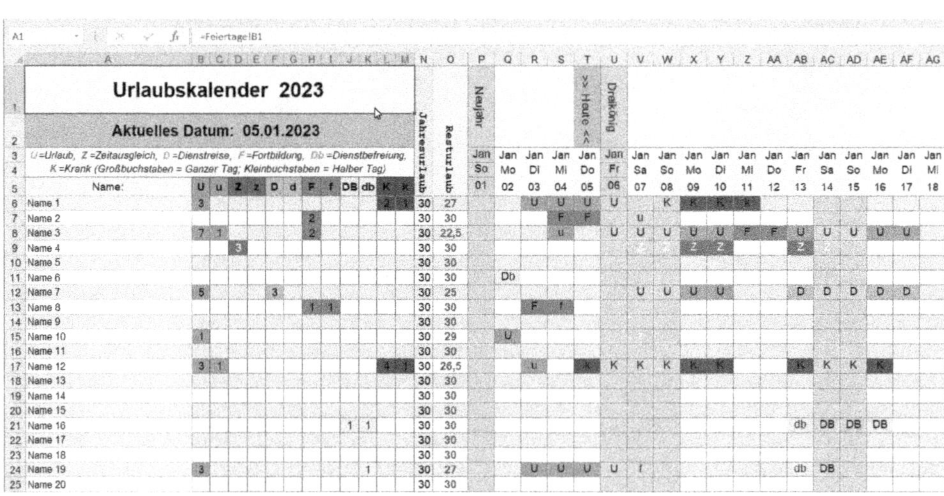

Mit diesem Urlaubskalender haben Sie einen Überblick über alle verbrauchten Urlaubstage, Krankheitstage oder sonstige Nicht-Arbeitstage. Dabei werden sogar alle Wochenenden und Feiertage berücksichtigt.

8.4 Jahreskalender

Brauchen Sie öfter einen Jahreskalender zur Überprüfung bestimmter Ereignisse, kopieren Sie sich diesen Jahreskalender, der mithilfe eines Drehfelds im Nu von einem Kalenderjahr zum nächsten wechselt. Dabei werden alle Wochenenden farbig angezeigt und auch Schaltjahre berücksichtigt.

8.5 Sternzeichenberechnung

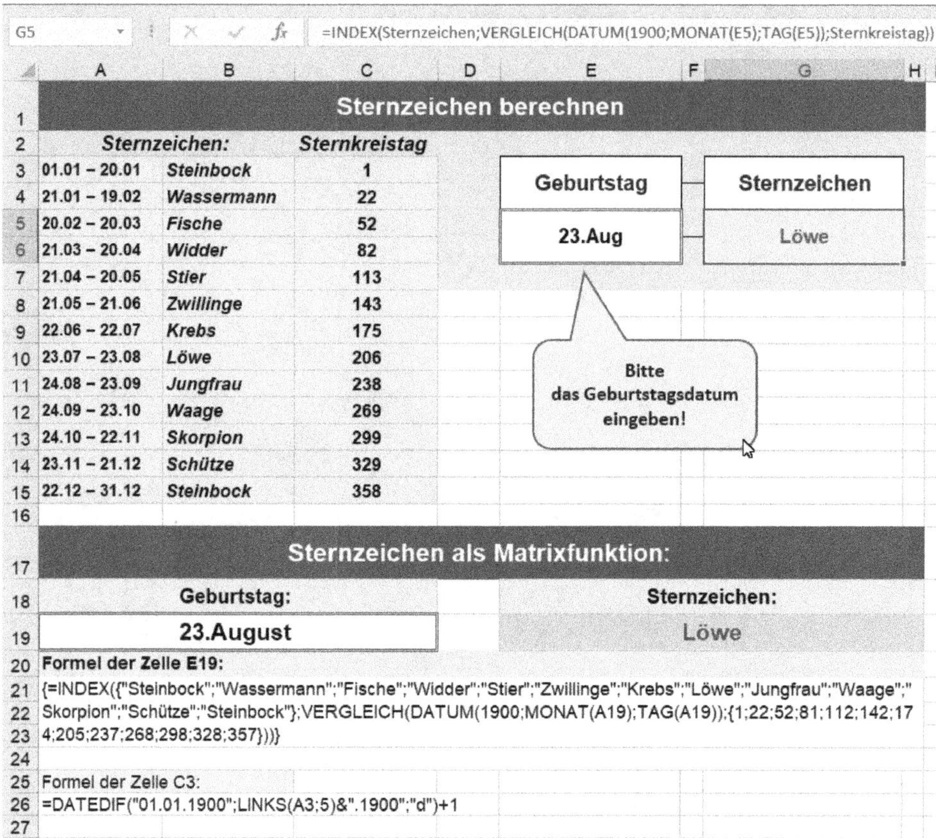

Mithilfe dieser Anwendung bestimmen Sie den Sternkreistag eines Kalendertags. So erfahren Sie blitzschnell das Sternzeichen zu einem eingegebenen Geburtstag.

Stichwortverzeichnis

Z